O Plümacher

Der Pessimismus in Vergangenheit und Gegenwart

Geschichtliches und Kritisches

O Plümacher

Der Pessimismus in Vergangenheit und Gegenwart
Geschichtliches und Kritisches

ISBN/EAN: 9783743665330

Hergestellt in Europa, USA, Kanada, Australien, Japan

Cover: Foto ©Thomas Meinert / pixelio.de

Weitere Bücher finden Sie auf **www.hansebooks.com**

Der Pessimismus

in

Vergangenheit und Gegenwart.

Geschichtliches und Kritisches

von

O. Plümacher.

Zweite Ausgabe.

Heidelberg.
Georg Weiss, Verlag.
1888.

Capt. E. H. Plumacher

der Vereinigten Staaten von N.-Amerika

Consul

zu Maracaibo, Venezuela,

zugeeignet.

Vorwort.

Die vorliegende Schrift will nichts sein als ein vorläufiger Ersatz der noch nicht geschriebenen „Geschichte des Pessimismus", welche eine Geschichte der Philosophie, eine Geschichte der Religionen, eine Cultur- und Literaturgeschichte umspannen müsste, wenn sie einerseits die zahlreichen Factoren der Entstehung des Pessimismus und andrerseits die Einwirkungen der pessimistischen Anschauungen auf die gesammten Culturverhältnisse erschöpfend behandeln wollte. Ein solches Werk dürfte einer Zeit vorbehalten sein, wo die jetzt gerade so hochgehenden Wogen des Streits sich beruhigt haben. Dagegen scheint ein vorläufiger Ersatz eines solchen Werkes durchaus nicht überflüssig und zwar nicht trotz der in den letzten Jahren so zahlreich erschienenen Schriften über den Pessimismus, sondern gerade wegen derselben. Denn gerade diese Fluth der Pessimismusliteratur verdunkelt die geschichtliche Continuität des modernen philosophischen Pessimismus mit den pessimistischen Geistesströmungen der Vergangenheit, und bekämpft dasjenige wie etwas subjectiv Willkürliches oder pathologisch Zufälliges, was folgerichtiges Product eines geschichtlichen Entwickelungsganges im Geistesleben der Menschheit ist. Diesen historischen Zusammenhang klar zu stellen und nachzuweisen, dass die letzterreichte Entwickelungsstufe des Pessimismus zugleich die höchste Gestalt desselben ist, welche die Mängel und Einseitigkeiten der bisherigen Stadien überwunden hat, ist die Aufgabe meines Buches.

Während früher der Pessimismus kaum einer wissenschaftlichen Beachtung gewürdigt wurde, bezeugt die massenhafte Pessimismus-Literatur der letzten 13 Jahre und die Heftigkeit, mit welcher der Streit geführt wird, dass die neueste Gestalt des philosophischen Pessimismus auch von den Gegnern desselben als eine Erscheinung von historischer Bedeutung erkannt worden ist; die neueste Reaction gegen den Pessimismus ist selbst ein wichtiges Blatt in der Geschichte des Pessimismus, in welcher sie sichtlich einen kritischen Punct bezeichnet. Der zweite Theil meiner Arbeit dient dem Zweck, eine sachlich geordnete Uebersicht aller der von den verschiedensten Gesichtspunkten aus geführten Angriffe gegen den Pessimismus zu gewähren und den Werth derselben zu prüfen. Es wird sich dabei ergeben, dass die Gegner des philosophischen Pessimismus wie seine historische Genesis, so auch seine Unterschiede von den früheren unvollkommenen Stufen bald in diesem bald in jenem Punkte verkennen. Die kritische Revue der neuesten um den Pessimismus geführten Streitigkeiten dürfte daher am besten geeignet sein, das wahre Wesen des modernen philosophischen Pessimismus sowohl in seinem historischen Zusammenhange mit, wie auch in seinen specifischen Differenzen von allen früheren Entwickelungsphasen klar zu stellen. Zugleich dürfte sie manchem Leser zur bibliographischen Orientirung über einen mehr und mehr anwachsenden Zweig der philosophischen Literatur der Gegenwart willkommen sein.

Stein a. Rh., im November 1883.

O. Plümacher.

Zur zweiten Ausgabe.

Der Verleger hielt die Feier der 100. Wiederkehr von Arthur Schopenhauers Geburtstag für einen geeigneten Zeitpunkt, das vorliegende Werk der Lesewelt noch einmal vorzuführen. Es hat sich bei seinem ersten Erscheinen den reichen Beifall der Freunde erworben, während ihm die Gegner die Anerkennung einer achtungswerthen tüchtigen Leistung zollten; so möge es denn noch einmal ausgehen.

D. O.

Inhalts-Verzeichniss.

Einleitung. Seite
1. „Pessimistisch" und „Pessimismus" 1
2. Die pessimistische Seinsbetrachtung und ihre Wirkung auf die religiöse und culturelle Entwickelung 7

Erster Theil.
Der geschichtliche Entwickelungsgang des Pessimismus.

I. Cap. **Der Pessimismus im Alterthum** 18
    1. Der Pessimismus im Brahmanismus und Buddhaismus. S. 18.
        a. Brahmanismus. S. 18.
        b. Buddhaismus. S. 23.
    2. Der Pessimismus im Griechenthum. S. 27.
        a. Die pessimistischen Elemente in der Religion. S. 27.
        b. Die pessimistischen Elemente in der Philosophie. S. 32.
    3. Der Pessimismus im Judenthum. S. 37.
        a. Der Tod und die Straftheorie. S. 37.
        b. Das Buch Hiob und der Prediger Salomonis. S. 39.

II. Cap. **Der Pessimismus im Christenthum** . 48
    1. Weltmüdigkeit. S. 48.
    2. Der Gnosticismus und der Pessimismus. S. 50.
    3. Verachtung der Schönheit. S. 54.
    4. Die Prädestination bei den Kirchenvätern und den Reformatoren. S. 54.
    5. Ketzergerichte und Hexenglaube. S. 57.
    6. Der Tod. S. 61.
    7. Die optimistischen Elemente: die Willensfreiheit. S. 62.
    8. Der Tractat: de contemptu mundi des Innocenz III. S. 66.
    9. Die Weltverachtung als officielle Weltanschauung der christlichen Kirche. S. 70.

III. Cap. **Der Pessimismus in der Wissenschaft** 73
    1. Der Optimismus der wiedererwachten Wissenschaften. S. 73.

  2. Der Skepticismus als Pessimismus der Wissenschaft. S. 78.
  3. Maupertuis. S. 85.
  4. Kant und der Pessimismus und die Sittenlehre.
S. 90.
IV. Cap. **Der Weltschmerz und die Poesie des Pessimismus** 101
  1. Der Weltschmerzler und seine Welt. S. 101.
  2. Der Weltschmerz in den Faust-Dichtungen. S. 108.
  3. Drei Weltschmerz-Dichter. S. 114.
  4. Pessimistisches im Sprichwort. S. 121.
V. Cap. **Der philosophische Pessimismus** 124
  1. Schopenhauer. S. 124.
   a. Schopenhauer's Weltschmerz. S. 124.
   b. Schopenhauer's Weltverachtung. S. 129.
  2. E. von Hartmann. S. 134.
   a. Hartmann's Weltprincip als Princip des Pessimismus.
S. 134.
   b. Die Lebensfactoren und die drei Stadien der Illusion.
S. 140.
   c. Die Welterlösung. S. 156.
  3. Bahnsen. S. 161.
   a. Das Princip. S. 161.
   b. Extractum vitae. S. 165.
  4. Ph. Mainländer. S. 173.
  5. Pessimisten ohne selbständige Systeme. S. 175.

Zweiter Theil.

Die neueste Reaction gegen den Pessimismus.

VI. Cap. **Die Bekämpfung des Pessimismus vom Standpuncte des naturalistischen Optimismus** 179
  1. Individuelle Verschiedenheit als angeblicher Grund
der Unmöglichkeit einer Lust- und Unlust-Bilance.
S. 179.
  2. Die angebliche Unvergleichbarkeit der aus verschiedenen Quellen stammenden Gefühle. S. 184.
  3. Die angebliche Unwissenschaftlichkeit der Hartmannschen Lust- und Unlust-Bilance. S. 190.
  4. Die angeblich falsche Gefühlstheorie als Verfälscherin des empirischen Pessimismus-Beweises.
S. 195.

5. Der Pessimismus angeblich eine pathologische Empfindungsweise. S. 199.
6. Der Werth der Arbeit. S. 210.
7. Der Werth der Liebe. S. 216.
8. Der Werth des Schönen. S. 225.
9. Der Werth der Illusion. S. 233.

VII. Cap. **Die Bekämpfung des Pessimismus vom Standpunct des ethischen Optimismus** 237
1. Das Kriterion der Sittlichkeit. S. 237.
2. Die Begründung der Sittlichkeit. S. 241.
   a. Hartmann. S. 243.
   b. Schopenhauer. S. 245.
   c. Bahnsen. S. 248.
   d. Mainländer. S. 251.
3. Die angebliche Unmöglichkeit einer pessimistischen Ethik. S. 252.
4. Die Sittlichkeit als Werthmesser der Welt. S. 259.
5. Der Begriff des Guten. S. 262.
6. Das angebliche „schwache Motiv." S. 268.
7. Die Sittlichkeit als Garantie des Glücks. S. 273.
8. Drei Preisschriften: „Der Pessimismus und die Sittenlehre." S. 283.

VIII. Cap. **Die Bekämpfung des Pessimismus vom Standpunct des religiösen Optimismus** 291
1. Der Pessimismus als irreligiös verurtheilt. S. 291.
2. Die religiöse Apathie der untersten Volksklassen als angebliche Folge des Pessimismus. S. 299.
3. Pessimistische Zugeständnisse des religiösen Optimismus. S. 305.
4. Die Rechtfertigung des Übels. S. 308.
5. Weder die Rechtfertigung des Übels, noch die Theodicee leisten, was sie sollen. S. 312.
6. Die Metaphysik des Pessimismus. S. 315.
7. Resümé. S. 319.

IX. Cap. **Die Opposition vom Standpunct des panlogistischen Optimismus** 323
1. Der Optimismus des reinen Denkens. S. 323.
2. Der metaphysische Optimismus contra metaphysischen Pessimismus. S. 333.
3. Die Erlösung vom Sein und die Bedingung ihrer Möglichkeit. S. 343.

Schlusswort 349

Namens-Verzeichniss.

(Die mit Sternchen versehenen Zahlen beziehen sich auf Fussnoten.)

Abälard. 84.
Ambrosius. 54.
Amyntor, G. v. 228.
Anhut, R. O. 292.
Augustinus. 55. 84.

Bacmeister. 312.
Baco von Verulam. 76.
Bahnsen, J. 6. 161—173. 199. 248—254. 344.
Baur, J. Ch. 52.
Biedermann, A. E. 341*.
Böhme, J. J. 125. 297.
Borries. 336—342.
Bullinger. 56.
Byron, Lord. 1. 4. 115. 119. 202.

Calvin. 56.
Cakyamuni, Gautama Buddha. 24. 26.
Caro. 234.
Cartesius. 76. 79.
Christ, Paul. 283—285.
Condillac. 81.
Cyrillus v. Alexandrien. 54.
Cyrionus 54.

Dahn, Felix. 282*.
Darwin. 76.
Deussen, E. 6. 175. 177. 278.
Dühring, E. 119*. 201. 206. 233.
Duboc, J. 203. 204—207. 228.

Ebrard, A. 305.
Emerson, Ralph Waldo. 303*.
Epicur. 12.
Erasmus. 56.

Fechner, Prof. 296.
Fischer, E. L. 291.
Frederichs, Dr. 234.
Frommel, Max. 307.

Gätschenberger, St. 213.
Gautama Buddha, siehe Cakyamuni.
Glanville, J. 60.
Goethe 109—110.
Golther, L. v. 210*.
Goltz, Bogumil. 221.
Grabbe. 109. 112. 114.

Harnisch, Pastor. 308, 311.
Hartmann, E. v. 1. 6. 19*. 27*. 32*. 34. 61. 85. 93*. 100*. 131*. 133. 134—160. 161—164. 169. 172. 177—180. 184. 185. 190*. 194—197. 200. 201*. 202. 206. 207. 209. 211—212. 217. 218. 222. 223. 225. 226—229. 232—234. 239. 240. 243—245. 247*. 248. 252—254. 257. 261—262. 263. 266. 269. 271*. 272. 273. 277. 280. 281—286. 287. 291. 305. 314. 316. 318. 320. 321. 328*. 332. 334. 339. 342. 343. 344. 346. 347. 348. 353—354.

Hegel. 65. 77. 108. 162. 163.
Heine. 114. 115. 119.
Hellenbach, L. B. 224. 268—269.
Helvetius. 81. 82.
Herwegh, G. 120.
Heymons, C. 200*.
Hieronymus. 54.
Horwicz, A. 185—189. 192. 263—267.
Huber, J. 210*. 276—277.
Hume, David. 285*. 296.

Jacobi. 153.
Jankowski, E. 297—298.
Jean Paul. 216.
Innocenz III. 66—70.
Justinus, Märtyrer. 54.

Kant. 64. 85. 90—98. 106. 131. 184. 248. 261. 340.
Kapila. 25.
Kirchmann, J. H. v. 257—258. 351.
Knox. John. 72.
Koeber, R. 133*. 176. 177. 320*.
Kreyenbühl, J. 267.
Krummacher, G. 320*.

Laban, F. 119*. 175—176.
La Mettrie. 81.
Lasson. 180. 321*.
Leibniz. 23. 78. 82—84. 90—91. 129.
Lenau. 109—111.
Lessing. 102.
Lichtenberg. 298—299*.
Liebmann. 293*.
Lindau, Rud. 63*.
Locke. 78—79.
Lorm, H. 120. 326.
Lubbock. 175.
Luthardt, H. 306.
Luther. 56. 60. 61.

Mainländer, Ph. 6. 173—175. 251—252. 259. 278. 344.
Marcion. 52.
Martensen, Bischof. 281. 305.

Maupertius. 85—91. 94. 128. 184. 185. 188.
Melzer, E. 310.
Meyer, J. Bona. 207.
Michelet, F. 308. 321*.
Möbius, Carl. 193.
Müller, Max. 7.

Nägelsbach. 29*. 30. 31*.
Nietzsche, F. 176.

Origines. 54. 57. 70.

Paulus. 55.
Pelagius. 55.
Pfleiderer, Edmund. 240. 280—281
— , Otto. 30.
— , Rudolph. 306.
Plato. 10.
Plümacher, O. 316*. 353*.

Rée, Paul. 175.
Rehmke, J. 196—197. 210*. 223. 262. 273—276. 283. 286—290. 335—337.

Schädlin, K. F. E. 292.
Schaarschmidt, Prof. 276—277.
Schiller. 264.
Schleiermacher, Fr. 153.
Schelling. 125. 197.
Schneidewin. 200*.
Schopenhauer. 1. 6. 34. 64. 119*. 124—133. 136. 139. 149. 159. 180. 196. 197. 199. 202. 206. 209. 217. 218. 226. 227. 229. 245—248. 264. 271. 272. 317. 318. 320. 344. 346. 348. 352.
Schütze, C. 200*.
Schweizer, A. 330*.
Scotus Erigena. 84.
Seidel. R. 190. 198.
Sommer, H. 185. 192. 195. 210*.
Stadion, Graf. 194*.
Strauss, D. Fr. 204. 228.
Spinoza 76—77. 79. 82.

Sully, J. 185. 189. 190. 192—193. 198. 202. 228.

Taubert, A. 177. 207. 217. 228—230.
Tertullianus. 54.
Trautz, Th. 312

Ulrici. 312.

Vaihinger, J. 234.
Valentinus. 53.
Vavassar. 54.

Veeri, Conte di. 98*.
Venetianer, M. 177.
Vischer, Th Fr. 234. 235.
Volkelt, J. 234. 235. 247*. 331—332.
Voltaire 82. 85.

Wagner, R. 16. 230.
Weis, L. 207.
Weygoldt. 200*. 210*. 307.
Wolf. 90.

Zwingli. 56. 72*.

Verzeichniss der Druckfehler:

S. 200 Zeile 21 lies: „anormal" statt „normal".
S. 266 „ 20 „ „werden" statt „worden".
S. 308 „ 16 „ „Michelet" statt „Michelis".

Einleitung.

1. „Pessimistisch" und „Pessimismus".

Der moderne philosophische Pessimismus, wie er zuerst von Arthur Schopenhauer als unausscheidbares, organisches Glied eines geschlossenen philosophischen Systems hingestellt wurde und dessen hervorragendster Vertreter in der Gegenwart Eduard von Hartmann ist, bedeutet das axiologische Urtheil: die Summe der Unlust überwiegt die Summe der Lust; folglich wäre das Nichtsein der Welt besser als deren Sein.

In dieser Form ist der Pessimismus innerhalb der occidentalischen Philosophie eine neue Idee, die in der Folge zum Ausgangspunct einer bisher nicht dagewesenen Richtung, sowohl der speculativen Philosophie (Metaphysik), als der Ethik wird.

Das wesentlich neue Moment ist aber das, dass sich an das erste Urtheil über das Bilance-Verhältniss von Unlust und Lust, die Verurtheilung des Seins überhaupt knüpft, fussend auf einer Auffassung des Seins, der Existenz, wonach diese selbst die Wurzel und der letzte Grund des Uebels ist, und zweitens der Auffassung, welche den Begriff „Welt" als die Summe der Existenz (im Gegensatz zur Subsistenz) versteht.

Betrachtet man dagegen die „Welt" als einen das Sein, die Existenz nicht erschöpfenden Begriff, versteht man also den Terminus „Pessimismus" nur als Repräsentant des einfachen Satzes „es ist mehr Unlust als Lust in dieser, unserer Welt", so ist der Pessimismus in diesem Sinne nichts Neues; vielmehr bildet er recht eigentlich den einen Pol der Geistesreligionen, also auch des Christenthums. Ausserdem bilden diejenigen Betrachtungen und Erfahrungen, aus deren Synthese das eudämonologisch negative Werthurtheil der Welt resultirt, den Untergrund, aus welchem die höheren Entwickelungsformen des Geisteslebens und dessen culturielle Niederschläge überhaupt hervorsprossen, und finden wir die Denkmäler des pessimistischen Bewusstseins so weit zurückreichend, als wir überhaupt das Geistesleben zu verfolgen im Stande sind.

Bevor wir aber einen orientirenden Blick auf das Gebiet und die Wirkung der pessimistischen Seins- und Lebensbetrachtung werfen, ist eine Verbaldefination der Termini „Pessimismus" und „pessimistisch" geboten.

„Pessimismus" ist eine willkürliche Nachbildung zur Bezeichnung des Gegensatzes zum Optimismus, wie derselbe durch Leibniz in die Philosophie eingeführt wurde. Die Behauptung der Welt als der besten der möglichen Welten, hängt an dem brüchigen Faden des religiösen Dogmas von der Allweisheit und Allmacht eines persönlichen Gott-Schöpfers; die angebliche philosophische Begründung des Leibniz durch den versuchten Nachweis der reinen Negativität der Unlust, ist so fadenscheinig, so sophistisch, dass sie wohl kaum noch viele Anhänger zählen wird. Auch die eifrigsten Optimisten versuchen heutzutage nicht mehr die Realität der Unlust anzutasten und ihr Lob der Welt ist vielmehr nur das „trotz alledem und alledem" u. s. w. Der Superlativ des Terminismus „Optimismus" würde daher eigentlich correcter durch den Comparativ (Meliorismus) ersetzt, indem doch weiter nichts als die Meinung ausgesprochen wird: dass die Weltexistenz eine zu Bejahende, das Sein dem Nichtsein vorzuziehende sei.

Dass nachdem die Existenz als solche bejaht wird, nun auch diese Existenzweise, die Welt mit ihren empirischen, physikalischen und psychologischen Gesetzen als die bestmögliche betont wird, enthält aber einen innern Widerspruch.

Die Behauptung, dass unsere mit Uebeln behaftete Welt, trotz dieser Uebel die Bestmögliche sei, setzt voraus, dass das Princip der Realität ein so geartetes sei, dass es mit seiner Wirksamkeit (seiner Activität) eo ipso auch das Uebel (als objectives Correlat der Unlust) setzt, vermittelst der Beharrungstendenz der einzelnen Momente, wodurch der Kampf die recht eigentliche Urform der Existenz wird. Also nur, wenn erstens das Sein überhaupt bejaht und zweitens die Unvermeidlichkeit der Unlust zugestanden wird, nur dann kann die Welt ungeachtet der zugestandenen eudämonologischen Mängel als die „Beste der möglichen Welten" bezeichnet werden, weil trotz der Nothwendigkeit der Unlust noch schliesslich ein überwiegend werthvolles Resultat heraus zu kommen scheint.

Das Prädicat der „Bestmöglichkeit" in Verbindung mit dem nothgedrungenen Zugeständniss des Uebels, wird aber zu einem

Armuthszeugniss für die Phantasie des Weltschöpfers. Einmal die Möglichkeit vorausgesetzt, dass eine Welt-Realität etwas anderes sein könnte als Willenserscheinung — der Wille ist das eigentliche Welt-Kampf-Princip — so ist nicht abzusehen, warum einer göttlichen Phantasie nicht eine Welt zu construiren eingefallen sein sollte, in welcher der positive Werth nicht nur trotz dessen Gegensatzes, sondern absolut ohne Abzug und Schmälerung durch das Uebel und die Unlust erreicht worden wäre.

Durch dieses Bedenken erst wird das erfolglose Bemühen des Leibniz, das Uebel als etwas unreales darzustellen, entschuldbar.

So complicirt der Begriff des Optimismus sich gestaltet, mit dem des Pessimismus steht es noch schlimmer. Beim Optimismus liegt wenigstens die Absicht vor, dass der Terminus verbal wahr sei; dagegen meinen die Pessimisten nicht eigentlich was sie mit dem Superlativ „Pessimismus" aussagen.

Die Pessimisten bekennen sich nämlich zum Willen als Princip der Realität. Das Willensprincip aber, obgleich es auch Princip der Unlust ist, garantirt auch die unmittelbare relative Berechtigung der Welt; denn die Welt ist erfüllter Wille zur Existenz. Mag sie so schlecht sein wie sie will, sie hat doch die relative Berechtigung, der einen Seite der ewigen Natur des in ihr Wesenden genug zu thun; sie ist mit all ihrem Elend die Erfüllung des Willens, der wollen will um jeden Preis. Schopenhauer ist zwar geneigt den Terminus verbal zu nehmen: als Pendant zu Leibniz, der die Unlust als blosse Negation der Lust darstellt, macht er den eben so verfehlten Versuch, die Unlust für das allein Positive, und die Lust für deren Negation zu erklären. Die Erfahrung eines Jeden widerspricht dieser Theorie ebensosehr, wie ihrem optimistischen Antipoden, ebenso widerspricht ihr die Reflexion über die Natur der ästhetischen Lust, und es liegt auf der Hand, dass, wenn man die Bezeichnung „negativ" und „positiv" für Gemüthszuständlichkeiten der Lust und Unlust anwenden will, dies nur in dem Sinne geschehen kann, wie Hartmann*) sie gebraucht: nämlich so, dass beiden im gleichen Maasse Realität zukommt, und die Bezeichnung nur benützt wird, um ihre Stellung im Verhältniss zum „Nullpunct der Empfindung" (Schmerz- und Lustfreiheit) zu fixiren.

Schopenhauer nimmt zwar auch einen Anlauf den Wortsinn des Standart-Wortes auf diese Weise zu retten, dass er aufzuzeigen versucht, dass das Naturdasein dieser Welt nur eben nothdürftig zusammenhalte, und dass wenn die Welt noch ein Bischen schlechter wäre, sie ganz in die Brüche ginge.

---

*) Phil. d. Unb. 7. u. 8. Aufl. II B XIV. Cap.

Das Natursein ist aber das sich immer wieder herstellende Gleichgewicht der gesammten Naturkräfte; die Welt schwebt auf dem Gleichgewichtspunct der jeweiligen Anpassung ihrer constituirenden Elementarkräfte und der Begriff des Gleichgewichts hat keinen Comparativ. — Die betreffende Stelle ist übrigens auch bei Schopenhauer im Gegensatz zu seiner sonstigen Naturanschauung, die durchaus teleologisch ist, und die, auch über die Anerkennung der Zweckmässigkeit hinaus, durch die ästhetische Betrachtungsweise verklärt wird.

So bedeutet denn auch bei Schopenhauer „Pessimismus" nichts anderes als „die Welt ist etwas, was vernünftiger Weise besser nicht wäre, weil sie dem Empfindungssubject mehr Unlust als Lust verursacht."

Bei Hartmann kommt es nun zur vollen Explication dieser unterschiedenen pessimistischen Momente, die sich ergeben aus dem Verhältniss der Welt einerseits zum empfindenden, anderseits zum logisch und ästhetisch beurtheilenden Subject.

Hartmann nennt seinen Pessimismus den eudämonologischen, in welchem noch Raum ist für einen evolutionellen Optimismus, d. h. für die Anschauung, dass vermöge der Logicität des reinen Formalprincipes gewisse natürliche und sociale Verhältnisse sich zu werthvolleren entwickeln können; gegensätzlich zu Schopenhauer, dessen Weltanschauung eine durchaus unhistorische, alle Entwickelung nur für Schein erklärende ist.

Es ist nun leicht zu erkennen, wie die beiden Termini „Optimismus" und „Pessimismus" im Zeitbewusstsein ihrer ursprünglichen Bedeutung entfremdet worden sind. Besonders sind es die adverbialen und adjectivischen Formen, in welchen der Begriff verflacht wurde.

Während der philosophische Pessimismus Schopenhauers und Hartmanns und einiger aus der Schopenhauer'schen Schule stammender Denker noch immer erst die Gesinnung einer relativ kleinen Zahl der Gebildeten darstellt und noch beständig von den Vertretern optimistischer Weltanschauungen angefochten wird, ist das Adverb und Adjectiv „pessimistisch" in Jedermanns Munde und wird auf alle möglichen culturiellen Zustände angewandt. In der nichtphilosophischen Sprache des allgemeinen Verkehrs, im Zeitungsjargon und in der Salonsprache bezeichnet „pessimistische Anschauungsweise oder Auffassung" nichts anderes, als entweder eine persönliche Neigung sich vorzugsweise mit den Mängeln und Schattenseiten irgend welcher Zustände und Geschehnisse zu befassen, oder auch den Mangel des Glaubens an die Verbesserungsfähigkeit gewisser Gestaltungen innerhalb des socialen oder natürlichen localen Lebens. Im ersten Sinne ist es nur eine Veranlagung und eine Bethätigungsweise, die zwar zum philosophischen Pessimismus disponirt macht, aber noch nicht nothwendig dazu führt; im zweiten Sinne ist es ein untergeordnetes Moment gewisser Formen des Pessimismus. Indem nun secundär aus dem Adverb und Adjectiv wieder ein Substantiv gebildet wird, ist damit die Gelegenheit zu jenen variantenreichen Verwechselungen zwischen letzteren mangelhaft construirten Begriffen und dem Begriff des philosophischen Pessimismus geschaffen. Diese Verwechselungen werden nicht nur von Laien, sondern von Philosophen und Kritikern vom Fach geübt, und die Inconsequenzen des zum philosophischen Pessimismus bloss die Vor- und Nebenstation bildenden Standpuncten des Pseudo-Pessimismus dem ersteren in die Schuhe geschoben.

Solcher Vor- und Nebenstationen des philosophischen Pessimismus sind vor allem der Weltschmerz und der „Entrüstungspessimismus" des Socialismus.

Der Weltschmerz ist ein Pessimismus der das eigene Ich als Weltcentrum setzt und als solches beklagt, oder seinen Jammer als Weltjammer empfindet; er ist lyrisch-poetisch und nicht philosophisch. Denn der philosophischen Betrachtungsweise ist das eigene Ich nur ein Object unter andern Objecten; die Philosophie führt aus dem Ich heraus, während der lyrischen Poesie sich alles in's Empfindungssubject, als dem poetischen Weltspiegel, concentrirt.

Der Entrüstungspessimismus dagegen ist nicht philosophisch, weil die Philosophie, als das reine Streben nach Objectivität, keinen Raum für die Entrüstung hat. Der „Philosoph" kann sich allerdings entrüstet fühlen, aber nicht als Philosoph, sondern als Mensch in seiner Eigenschaft als moralisch, ästhetisch, religiös, human, patriotisch u. s. w. empfindendes und anschauendes Subject, welche Empfindungen und Anschauungen ihm aber erst das Material bieten, an dem er sich nunmehr als Philosoph bethätigen kann.

Der Entrüstungspessimismus setzt ausserhalb seiner Sphäre und dieselbe umschliessend einen Optimismus voraus; denn nur über dasjenige kann man sich entrüsten, was man als ein relativ Zufälliges und Willkürliches, und mithin Corrigibles erachtet, wie es sich deutlich beim Entrüstungspessimismus der Socialdemokratie zeigt. Derselbe ist materieller Optimismus, denn er schreibt den materiellen Gütern positiven und eudämonologischen Werth zu, und er ist anthropologischer Optimismus, denn er sieht in dem menschlichen Leben als solchem ein eudämonologisch Werthvolles, dessen Werth nur dadurch geschmälert wird, dass durch willkürliche Kraftäusserungen die gleichmässige Vertheilung der materiellen Werthe gestört ist.

Der Entrüstungspessimismus hält sich an einen begrenzten

Complex von Weltelends-Symptomen, und weil er dessen einzelne, isolirte Momente innerhalb begrenzter Zeit- und Raumabschnitte heben kann, so glaubt er, dass der ganze Complex auch auf die Dauer gehoben werden könne, und entrüstet sich, dass es nicht geschieht. Der sociale Entrüstungspessimismus ist also eine Abzweigung des sittlichen Entrüstungspessimismus, denn er sieht mit letzterem die Ursache dazu, dass er sich gezwungen findet Pessimismus zu sein, in der Unterlassung und dem Mangel gewisser Bethätigungen und organisatorischen Schöpfungen, die er für sittlich geboten erachtet. Der sittliche Entrüstungspessimismus endlich tritt seinerseits wieder in Berührung mit dem religiösen Pessimismus, der ebenfalls in der creatürlichen Willkür der Sünde die Wurzel und Ursache des Weltleides sieht. Jedoch gilt dem letzteren die Sünde als idealiter überwunden, nämlich im „Glauben", und demgemäss auch das noch vorhandene Naturübel als relativ nicht mehr vorhanden, d. h. machtlos gegen die „Glückseligkeit in der Hoffnung." Alle diese verschiedenen Formen eines partiellen Pessimismus haben die Opposition gegen den philosophischen Pessimismus gemein: natürlich nicht sofern dieser ihre eigenen Entrüstungsobjecte als Inductions-Material in Betracht zieht, sondern sofern er den ihren Hintergrund bildenden Optimismus untergräbt, indem er die Ursachen des allseitig zugestandenen Uebels als in solchen Tiefen des Seins wurzelnde nachweist, dass sie allen Reformbestrebungen unzugänglich erscheinen und die letzten Principien der jeweiligen gegnerischen Weltanschauung über den Haufen werfen.

In den folgenden Blättern werden die verschiedenen Gestaltungen der pessimistischen Betrachtungsweise zur detaillirten Erörterung kommen, so dass die hier vorläufig nur nach den Hauptmerkmalen skizzirten Unterscheidungen ihre Begründung finden und hoffentlich vollkommen zur Klarheit gelangen werden. Vorläufig dürfte das Gesagte genügen, um unseren Gebrauch der Termini „pessimistisch" und „Pessimismus" vor irrthümlicher Auffassung zu schützen.

Den modernen Pessimismus also, wie er von Schopenhauer als philosophisch begründet aufgestellt wurde, und von Eduard von Hartmann, sowie, zwar mit wesentlichen Modificationen aber ebenfalls im Anschluss an Schopenhauer, von J. Bahnsen, Phil. Mainländer, E. Deussen u. A. vertreten wird, nennen wir in der Folge stets den „philosophischen Pessimismus", und wollen damit das Doppel-Urtheil verstanden wissen: Die Summe der Unlust überwiegt im Sein die Summe der Lust, daher das Sein besser nicht wäre.

„Pessimistisch" (adverbial und adjectivisch) gebrauchen wir im landläufigen Sinne der modernen Sprachweise: als Bezeichnung für die Reflexion auf das Leid und das Uebel schlechthin. Wo die Reflexion sich zu einem synthetischen Urtheil gestaltet, mithin zu einem ideell-objektiven Gebilde verdichtet, welches als Motiv des praktischen natürlichen und sittlichen Handelns, der theoretischen Gestaltung und der religiösen Postulirung zu wirken vermag, da müssen auch wir das Substantivum „Pessimismus" gebrauchen (wenn wir nämlich nicht für solche pessimistische Formen bereits specielle Bezeichnungen vorfinden, wie „Weltschmerz", „contemtus mundi", u. s. w.); wir werden dabei aber dem Leser mit einem Adjectiv zu Hülfe kommen, das sich auf diejenigen Objecte bezieht, welche im vorliegenden Falle der pessimistischen Reflexion besonders unterliegen. Dadurch mag es dem Leser leichter werden, sich stets gegenwärtig zu halten, dass wir an dem Wort „Pessimismus" nur eine Schaale, ein Zeichen haben, welches wir nur aus Noth gebrauchen, weil es uns an einem positiven, dem damit zu deckenden Begriffe angemessenen verbalen Gebilde mangelt. —

2. Die pessimistische Seinsbetrachtung und ihre Wirkung auf die religiöse und culturielle Entwickelung.

Das Wesen der Religiosität ist einerseits Abwendung von der empirischen Welt und dem natürlichen Leben auf Grund der pessimistischen Beschaffenheit der Welt und der Schwäche des Individuums, und andererseits Hingabe an die als real geglaubte Ideal-Welt, die als Correlat dieser „unserer Welt" gefordert wird. So ist die pessimistische Erkenntniss von der Unsicherheit des menschlichen Lebens und der Unfähigkeit, dieses und die Güter in dessen Diensten zu sichern und festzuhalten, das beängstigende Gefühl der „schlechthinigen Abhängigkeit" (Schleiermacher), der „Druck der Unendlichkeit" (Max Müller) die Bedingung und der Wurzelgrund aller religiösen Entwickelung. Aber die pessimistische Erkenntniss ist das Sprungbrett, das, indem es zum Sprunge hilft, gleichzeitig zurück geschleudert wird. Indem die im „Dienste" des religiösen Bedürfnisses thätige Phantasie die Götter producirte und zwar entsprechend dem Urwollen des Menschen, als die Lebenssichern- und Glück gewähren -Könnenden, sobald der Wille im Glauben Besitz genommen hat von diesen selbstgeschaffenen Wesen, so gewinnt die Welt ein anderes Ansehen. Ihr Haupt- und Urschrecken: die Unbeherrschbarkeit der in ihr wahrnehmbaren Kräfte ist dahin, oder doch ganz erheblich gemindert. Indem der Mensch es in seine Hand gegeben glaubt, die Götter zu bestimmen ihm „das Beste" zu gewähren, so ist die Welt nun das sein Wollen Erfüllende, und es wird vom frommen Gemüthe nur der mangelnden Einsicht in den Rathschluss der Götter zugeschrieben, wenn es Andern, oder in schwacher Stunde ihm selbst, nicht immer so erscheinen will. Jede Religion ist daher als solche optimistisch, aber um so optimistischer als Religion, je energischer die Weltverachtung in ihr betont ist. Denn je mehr die Schatten der Welt erkannt und gescheut werden, um so rückhaltsloser wird die Hingabe an die transcendenten Ergänzungen sein, um so energischer wirkt deren mythologische Gestaltung an der Umgestaltung der empirischen Welt mit.

Wir müssen eben wohl unterscheiden zwischen Religiosität und Religion. Die erstere ist wesentlich Sehnsucht nach vollkommenster und ungehindertster Auswirkung des Lebens, damit Abwendung von der empirischen Welt, als einer diese Sehnsucht nicht erfüllenden, und die Forderung und ideelle Hervorbringung der Abhilfe vermittelst ausserempirischer Mächte.

Hierbei ist es gleichgültig, ob das empfundene Ungenügen für den Menschen auf den unteren Stufen der Entwickelung die materielle Lebensgefährdung sei, oder auf höherer und höchster Culturstufe jene unstillbare, undefinirbare Sehnsucht, die Sehnsucht des Endlichen zum Unendlichen, des Einzelnen in der Vielheit zur Einheit, welche erst dann klar und unverhüllt hervorzutreten vermag, wenn die äussere, materielle Noth durch ein günstiges Zusammenwirken der Naturverhältnisse und der Cultur (dieser Natur in zweiter Potenz) zurückgedämmt ist.

Die Religion dagegen ist der objectivirte Niederschlag des religiösen Vorganges; sie ist die erfolgte Antwort auf das Postulat. Im weitesten Sinne des Begriffes „Erlösung" ist jede wirkliche Religion, d. h. jede Religion, die Niederschlag einer religiösen Gefühlsentwickelung und nicht bloss Product der im Dienste des theoretischen Bedürfniss stehenden mythologisirenden Phantasie ist, Erlösungsreligion, und als solche optimistisch; weil sie das geglaubte Wissen ist von denjenigen Mächten, welche das Uebel, das zur religiösen Weltentfremdung führt, aufzuheben vermögen, sammt dem Wissen von den Mitteln, um diese Mächte in die gewünschte Action zu bringen. Sobald die religiöse Bethätigung durch die Fixirung eines Dogmas ihre jeweilige Befriedigung gefunden hat, also zur Religion geworden ist, so schliesst sie also nunmehr trotz ihres pessimistischen Wurzelgrundes den Pessimismus vorläufig aus, und das Beharren bei demselben muss als Ketzerei erscheinen. So ergiebt sich aus der Natur der Religion heraus erstens der eigenthümliche Kampf zwischen Optimismus und

Pessimismus innerhalb ihrer Entwickelungsgeschichte, und zweitens die von den modernen Optimisten im Streite gegen den modernen Pessimismus geltend gemachte Thatsache: dass die Denkmäler pessimistischer Weltbetrachtung innerhalb der Religions-Litteratur verhältnissmässig so selten sind.

Die pessimistische Betrachtung wird aber, ausser dass sie den ersten Impuls zur anhebenden religiösen Bethätigung giebt, auch die Triebkraft zur Weiterentwickelung der Dogmen, indem sie entweder das empirische Gebiet, das ihrer Betrachtung unterliegt, erweitert, so dass es von den bestehenden Religionsgebilden nicht mehr gedeckt wird, oder indem sie sich zersetzend auf die Gestaltungen und Charaktere des Mythos selbst wirft.

Mit dem erweiterten und vertieften pessimistischen Bewusstsein tritt der Zweifel an das vorgefundene Object des Glaubens und der religiösen Hingabe, und die Unlust des Zweifels treibt nun wieder an zum Versuch der Ueberwindung des Widerspruchs zwischen dem Geforderten und dem Vorgefundenen. Wenn also manche zeitgenössische Bekämpfer des modernen Pessimismus diesen als den Untergraber der Religion denunciren, so hat dies nur dann einen Sinn, wenn sie die Religiosität identificiren mit einer bestimmten Religionsform, in unserem Falle dem Christenthume. Des Letzteren fundamentale Dogmen halten allerdings nicht Stand gegen die Positionen des modernen Pessimismus, sondern es zeigen sich Widersprüche, deren Lösung nur durch Sprengung des Dogmensystems möglich ist. Dagegen ist die Religiosität nicht nur nicht gefährdet, sondern die Bedingung zur Besitzergreifung derselben durchs Individuum ist damit erst recht gegeben, sobald man unterscheidet zwischen Religiosität als Sehnsucht nach dem Unendlichen und den unter dieser Anregung entstandenen Glaubensobjecten.

Eine Illustration zu der Ansicht, dass die erweiterte Sphäre des pessimistischen Bewusstseins zur Triebfeder der Erweiterung der religiösen Formation wird, bietet das Buch Hiob; dann aber auch die christliche Gnosis, nach der Seite hin, wo die monistischen ihrer Systeme sich mühen, das Uebel aus dem Einen, obersten Princip heraus zu erklären, wobei in erster Linie die Position des jüdischen und christlichen Gottesbegriffs erschüttert wird.

Es ist aber die Religion nicht allein das Product der Sehnsucht des beschränkten Einzelnen nach dem Unbeschränkten und Unendlichen, sowie der auf das Verlangen mit ihren Gebilden antwortenden Phantasie, sondern auch das einer gewissen Stufe der geistigen Entwickelung entsprechende Resultat des theoretischen Verlangens nach Erkenntniss des über-empirischen Zusammenhanges der Welterscheinungen.

Das theoretische Moment fehlt in keinem die Norm seiner Gattung erreichenden Menschen gänzlich, so gewaltig auch der Spielraum ist zwischen seinen niedrigsten und höchsten Graden.

Man könnte den theoretischen Trieb vielleicht eine Weiterentwickelung des Causalitätsgesetzes unseres Intellects nennen: emporgewachsen aus den unbewussten Tiefen der Seele, in der jenes sich bethätigt, hinauf in die beleuchtete Sphäre des Intellectes, wo dieser nun mit bewusstem Willen des Erkennens, die von jenem instinctiv ergriffene Aussenwelt zu umfassen strebt.

Schon Plato nannte die Verwunderung die Mutter der Philosophie. Die Objecte aber, welche den jugendlichen Menschengeist zur theoretischen Verwunderung hinreissen, sind zum Theil dieselben, die auch die religiöse Gemüthsbewegung erregen. Nicht das Object unterscheidet uranfänglich die keimende Philosophie und Religionsthätigkeit, sondern die Facultäten der Psyche, die an ihm zur Bethätigung kommen. In einem Falle folgt der Sensation eine Abschätzung derselben für's Ich; die Reflexion bleibt wesentlich unter der Herrschaft des Gefühls-Ich; das Subject bleibt in sich, setzt sich in's Centrum der Anschauung. Im anderen Falle bleibt die primäre, mit jedem Bewusstseinsact eo ipso gegebene Innerlichkeit unreflectirt; die Reflexion geht unmittelbar auf's Object, das Subject giebt sich auf in der Aussenwelt, die Vorgänge sind für sich selbst da. Die Philosophie in ihren ersten Anfängen ist aber auch noch die Einheit von den sich später specialisirenden Wissenschaften der Natur einerseits und andererseits der Metaphysik im weitesten Sinne, als dem Wissen von dem dem empirischen Sein transcendent Existirenden. Der theoretische Trieb, das Verlangen nach Wissen um des Wissens willen, gesellt sich nun insofern wieder secundär zum religiösen Triebe, als es mit der den Mythos schaffenden Phantasie zusammenarbeitet; und zwar ist das Verhältniss ein doppeltes. Zum einen bietet die wirkliche oder vermeintliche Weltkenntniss der Phantasie einzelne Form-Elemente zu ihren in die Transcendenz hinausprojicirten Gebilden; zum andern aber ist es auch wieder die Phantasie, die, wo das theoretische Erkennen-wollen das jeweilige Gebiet der Empirie überschreiten möchte, eintreten muss, um auf Grund der apriorischen Denkformen aus den empirischen Momenten ein transcendent ergänztes, abgerundetes Weltbild zu schaffen.

Jede einigermaassen ausgebildete Religion enthält auch eine theoretische Weltanschauung im Umriss, welche bei erst lückenhaft entwickelter Wissenschaft gleichzeitig den einzelnen Disciplinen derselben zum Rahmen dient. Bei selbstständiger Höherbildung der rein theoretischen Forschung tritt dann ein Moment ein, wo der Rahmen der religiösen Weltanschauung die Wissenschaft nicht mehr zu halten vermag, sondern von dieser zersprengt wird. Mit diesem Kampf zwischen theoretischem Wissen und dem religiösen Dogma ist nun wieder vom Standpunkt des letzteren ein pessimistisches Moment gegeben, denn ohne ein Einschleichen des Zweifels in die Glaubenskreise geht es dabei nicht ab. Damit aber wird der Inhalt der Dogmen selbst Object pessimistisch-zersetzender Betrachtung und das religiöse Gefühl muss neue Glaubensgebilde postuliren, welche mit den jeweiligen Errungenschaften des theoretischen Wissens wenigstens nicht in so offenem Widerspruch stehen, wie die durch den Zweifel zersetzten.

In den Göttergestalten wie in den Götter- und Weltmythen ist der Einfluss des Pessimismus deutlich erkennbar. Die Schwäche der Creatur ist der erste pessimistische Einheitsbegriff. Im Gegensatz hiezu ist es die über Leben und Tod, Werden und Vergehen herrschende Macht (gleichviel, wie roh und verderblich erfunden), welche die sehnsuchtsvolle Bewunderung und Ehrfurcht erweckt.*)

Ein Moloch, eine Aschera mit ihren blutigen, gräuelvollen Culten wäre unverständlich, wenn nicht die ältesten Götter dies nicht eben nur wären als die überwältigende Macht. Erst später wurde die Gottheit das (anthropomorphisch-formulirte und durch doppelte Negation gewonnene) Ideal weiterer Eigenschaften, nachdem sich der Begriff des Guten in die Vielheit seiner Formen auseinander zu legen begann, während es anfänglich nichts war als die das Leben frei beherrschen und garantiren könnende Macht.

Im Götter- und Welt-Mythos aber ist es die Kampf-Natur alles Seins, welches als nächst bedeutsames Moment der pessimistischen Einsicht formgebend wurde.

Das pessimistische Bewusstsein erkannte das Leben als einen Kampf, und es projicirte die Phantasie diesen auch in die Transcendenz der Götterexistenz hinaus. Dabei ist es für den Grad des pessimistischen Bewusstseins nicht gleichgültig, welche Stellung der Götterkampf zur Zeit einnimmt.

In der griechischen Mythologie sind die Titanen geschlagen;

---

*) Wir können auf anderem Gebiet noch heute analoge Vorgänge beobachten. Die rohe Kraft, die im selben Grade nützlich erscheint als sie einem Gegner zugewandt gefährlich und verderblich werden kann, findet noch immer die volle Bewunderung der rohen Massen und erwirbt leicht „Ehrfurcht", d. h. die Ehre der Furcht. Und die Bewunderung, die der Pöbel stets dem Reichthum (selbst wo dieser durch zweifelhafte Mittel erworben ist) nicht umhin kann entgegen zu bringen (so lange sein Neid durch die Verhältnisse zum blossen Zähneknirschen verurtheilt ist), beruht eben auf dem Bewusstsein, dass Reichthum Macht, für ihn unantastbare, unter Umständen vernichtende Macht ist. —

die intelligenten Mächte haben gesiegt über die im blinden Drang und brutaler Ueberkraft existirenden Elementarwesen. Die ältesten pelasgischen Cultusgötter sind bereits die siegreichen Götter und somit ist der griechischen Religion zu dem allgemeinen optimistischen Charakter, der einer jeden naturwüchsigen Religion eigen ist, noch ein besonderes optimistisches Merkmal zugesellt. Das in die Götter hinein gedachte Siegesgefühl ist der Reflex des siegesgewissen Gestaltungstriebes, des sich allmälig zur nationalen Einheit und nationalen Cultur entwickelnden Volksgeistes. Man übersieht die Mängel seiner Welt, im Glauben sie zu beherrschen; weil vieles gelingt, scheint alles erreichbar.

In den iranischen Mythen und der aus der iranischen Naturreligion sich entwickelnden Lehre des Zarathustra ist der Kampf zwischen guten und bösen Mächten ein bestehender. Die Götter stehen nicht, wie die der Griechen, in heiterer, siegesfroher Ruhe über der Welt (so wenigstens dem anschauenden Geiste einen erquicklichen Ausruhepunct gewährend), sondern der irdische Kampf in Natur und Menschenleben ist nur der Widerschein und die secundäre Wirkung desjenigen im Götterreiche. Diese Anschauung entspricht und entspringt einer düsterern Welt- und Lebensbetrachtung. Während aber die griechischen Götter dadurch, dass sie in ihrer Siegesruhe der Menschen nicht bedürfen, in einem so weltabgelösten Zustand zu denken sind, dass die Menschen einsehen lernen, dass auch sie ihrerseits von den Göttern nichts zu hoffen haben, diese sie folglich sehr wenig angehen und kümmern (principiell von Epikur ausgesprochen, natürlich aber lange vor ihm schon von Vielen empfunden), so ist hingegen die iranische Idee des Kampfes zwischen den guten und bösen Mächten unendlich viel günstiger, sowohl der Intensität des religiösen Gefühls, als besonders auch der Kräftigung des ethischen Bewusstseins. Der Mensch ist nicht allein das Object der Tücke der bösen Mächte, die ihn als Geschöpf der Lichtmacht verfolgen, sondern er ist auch Kämpfer im Dienste des guten Princips, und wo er dem Bösen etwas abringt, indem er etwas Schlimmes zum Guten wendet, gleichviel ob es in der Natur geschehe durch arbeitkrönenden Sieg über ungünstige Bodenverhältnisse (über Dürre, Versandung u. s. w.), oder im eigenen Herzen durch Besiegung der bösen Lust, immer dient er damit nicht nur sich selbst, sondern seinem guten Gotte. Durch diese Einheit der Interessen von Gott und Mensch wird der selbstsüchtige Charakter der Naturreligion veredelt zum Ethicismus. Jeder auf egoistischen, eudämonologischen Postulaten fussende Götterglaube, der seine Götter ausser die Sphäre der die Sehnsucht und das Bedürfniss nach ihnen und ihrem Schutze gebührenden Noth setzt, wird, wie er durch das pessimistische Bewusstsein geschaffen wurde, auch wieder durch dasselbe gefährdet, sobald letzteres seine Sphäre erweitert; nicht so ein Glaube, der die Götter (oder die Gottheit) für mit in die Noth des Lebens und den Kampf gegen das Böse verwickelt erachtet; da wird die Einsicht über die Grösse des drohenden Unheils dazu beitragen, dass der Mensch sich um so enger an seine Kampfführer anschliesst, ähnlich wie auch ein Volk, welches sich von einem Feinde von aussen bedroht sieht, sich um so fester mit seinem Herrscherhaus verbunden fühlt.

Auch in den alten **indischen** Mythen, bevor diese vom philosophischen Brahmanismus absorbirt wurden, ist die Welt ein Kampfplatz der guten und verderblichen Naturgötter. Dabei wird aber die Lebensanschauung immer düsterer, bis endlich die brahmanische Speculation das ganze Sein inclusive die Götter (das unpersönliche überseiende Brahm ausgenommen) als das Nichtseinsollende verurtheilte, wodurch die Religiosität also nicht nur **partielle Weltverneinung** zum Zwecke der Gewinnung einer „besseren Welt", sondern positive **Daseinsverneinung** wurde.

In der **nordischen** Mythologie endlich sehen wir den Kampf in der Zukunft; die Götter finden mit sammt der Welt ihren Untergang.

Nur aus einer tief pessimistischen Stimmung konnte jene Lebens- und Todesverachtung und Kampffreudigkeit erwachsen, die Kampf und Wunden auch noch in das Jenseits hinaussetzt; nur aus schmerzlichster Ueberzeugung heraus, dass Dasein und Leben unvermeidlich nicht nur mit der Noth, sondern auch mit der Schuld verknüpft sind, konnte der Mythos von der Götterdämmerung hervorgehen. Nur auf Grund einer das Leben in seiner unausweichbaren Schmerzhaftigkeit erkennenden Weltanschauung konnte sich das tragische Genügen an einer Walhalla entwickeln, deren Herrlichkeit darin gipfelt, dass ihre Bewohner mit den Göttern am letzten Kampfe theilnehmen dürfen, mit ihnen kämpfen dürfen, um mit ihnen unterzugehen.*) In der nordischen Mythologie hat also bereits der fundamentale Umschlag stattgefunden: von der eudämonologischen Religiosität zum tragischen Verzicht auf die ego-

---

*) Der Gedanke eines dereinstigen neuen Himmels und neuer Erde kann nicht als eine „Hoffnung", nicht als ein optimistisches, eudämonologisches Moment gelten; denn das neue Sein wurde als ein durchaus Anderes, nicht als eine blosse Metamorphose des bestehenden vorgestellt. Es möchte diese Idee vielleicht entstanden sein durch die Ungeneigtheit, sich das der Götterdämmerung folgende Nichts als reine Negation zu denken und durch die Unmöglichkeit sich das Nichts vorzustellen. Freilich ist auch die Möglichkeit nicht ausgeschlossen, dass der Gedanke einer anderen Götter- und Weltexistenz durch die Bekanntschaft mit anderen Religionen entstund, sowie der Ahnung, dass deren Göttervorstellung der eigenen überlegen sein könnte.

istischen Instincte zu Gunsten der vergöttlichten Idee der Erhabenheit und des (in diesem speciellen Falle nur relativen) sittlichen Ideals.

Was nun die Rolle des pessimistischen Bewusstseins bei der Entwickelung des sittlichen Bewusstseins anbelangt, so ist dieselbe eine sehr complicirte, und in ihren Hin- und Herzügen schwierig zu verfolgende und nachzuweisende, aber unzweifelhaft wirksame. Es sind ja gerade die Optimisten, welche die tadellose Beschaffenheit der Welt auch dadurch nachzuweisen suchen, dass sie auf die Nothwendigkeit der Uebel hinweisen, ohne deren Gegensätzlichkeit das sittlich Gute nicht wäre. Es ist aber das Uebel in diesem Sinne und in dieser Function nur vorhanden, so fern auf die Mängel des Daseins reflectirt wird; unmittelbar empfundene Unlust, verursacht durch Naturwirkungen oder Uebergriffe des Selbstunterhaltungstriebes des Nächsten ist sittlich unfruchtbar; erst durch die zusammenfassende Reflexion und abstrakte Verallgemeinerung derselben wird sie (in Verbindung mit den zu der Natur des Menschen gehörenden sittlichen Trieben) zum Motiv, durch die Negation des Uebels und des Bösen hindurch zu der gegensätzlichen Position des sittlich Guten fort zu schreiten.

Was das Leben erhält und seine Sicherung und Förderung begünstigt ist das natürlich Gute, und was das Leben gefährdet ist das natürlich Böse. Indem die dem primitiven und eudämonologischen Verlangen entsprechenden Naturgottheiten ihrem Verehrer gnädig gesinnt sind, so erscheint die diesen letztern fördernde Handlung seines Nächsten auch in den Augen der Gottheit als gut, während die ihn schädigende auch dem Willen des ihm günstigen Gottes zuwider ist; so wird das Böse zur Sünde. Das heisst also: Der Mensch setzt sich dem ihm aufgehenden Begriff von Gut und Böse zu weiterer Reflexion dadurch gegenüber, dass er das Urtheil über eine That oder einen Vorgang in das Bewusstsein seiner Gottheit hinausprojicirt.

Nun ist aber die Gottheit nicht nur seine Gottheit — wenn auch dies in erster Linie*) — sondern auch der seiner Angehörigen und Stammesgenossen, mithin wird auch seine That, wenn sie den von der Gottheit protegirten Nächsten schädigt, zur Sünde, und dieser Begriff, den nunmehr ein Jeder auf sein übergreifendes Thun anwenden muss, wird zum Schutz seines Mitmenschen, da wo dieser zu entfernt steht, um unmittelbar durch die Action der zu Triebfedern der Sittlichkeit bestimmten Instincte des Gattungswohles vor den egoistischen Ausschreitungen geschützt zu sein.

---

*) Im Canton Zürich kann man noch von alten Leuten auf dem Lande den Stossseufzer hören: „O myn Gott und alle Lüte Gott aber myne z'erste" (meiner zuerst).

Was dem Menschen Gutes geschieht durch den Menschen, geschieht ihm in erster Linie durch das Activwerden der sittlichen Instincte: der Liebe, des Mitleides, der thatkräftig werdenden Dankbarkeit und Pietät. Diese Triebe sind also recht eigentlich das Gute, ihr Mangel das Böse. Mit der religiösen Gestaltung der Begriffe gut und bös, als „gerecht" und „sündig", entwickelt sich nun auch der sittliche Begriff. Gut ist, was mir selbst oder einem Andern, dem ich mitfühlend nahe trete, wohl thut, bös ist, was schädigt. Die Handlung, welche die Wirkung beabsichtigt, wird nun selbst gut oder böse, und zwar abgesehen von der realen Wirkung, und auch wenn diese durch äussere Umstände einzutreten behindert ist. Wird nun bloss auf den Begriff gut und böse in diesem letzteren Sinne, d. h. ohne die reale eudämonologisch positive oder negative Wirkung der That zu berücksichtigen, reflectirt, so erscheint diese gute That zugleich als ein selbstständiger Werth, und der Begriff des „gut" und des „Werthes" in sittlichem Sinne ist gefunden.

Es ist nunmehr etwas vorhanden, was gewollt werden kann (eben weil es an und für sich ein Werthvolles ist), ohne eudämonologische Rücksichten, ungeachtet des eudämonologischen Fundamentes, auf welchem das Sittliche erwachsen ist, und nicht ohne, dass die Selbstsucht sich unter Umständen auch wieder auf das Idealgebilde stürzte und das sittlich Gute aus individual-eudämonistischen Absichten zu kultiviren versuchte.

Es beginnt nun ein kaum zu entwirrendes Hin- und Herweben zwischen dem sittlichen und religiösen Bewusstsein. Einestheils werden die sittlichen Begriffe und Postulate in das Bewusstsein der Götter hinausprojicirt, deren Begriff und Vorstellung sich von der aussersittlichen Naturmacht zur anthropomorphisch vorgestellten sittlichen Persönlichkeit umwandelte; zum andern werden die in die Gottheit hineingedachten Willensrichtungen maassgebend für Ziel und Inhalt der selbstlosen Willensacte des Menschen. So hebt und erweitert sich die Sphäre des sittlichen Bewusstseins in demselben Maasse, als sich das Gefühl für das Uebel schärft, und das willkürlich geschaffene Uebel, die Sünde, wird um so dunkler, je heller das Licht der Sittlichkeit zu leuchten beginnt. Es bauen die Postulate des sittlichen Bewusstseins die Himmel und es gebärt die von Furcht und Schrecken befruchtete Phantasie die Hölle; und wenn auch diese letzteren Vorstellungen im Dienste des Guten wirken, indem sie zu einem engeren sich Schaaren um das Panier des Guten und Göttlichen anregen, so zeugt die Phantasie doch auch wieder neue Leiden und Uebel, indem sie zu den realen Mängeln des Lebens noch ihre Schreckensphantome hinzufügt.

Aller Fortschritt wird durch die pessimistische Auflösung des ideal oder real Bestehenden eingeleitet.

Im Gebiete der Kunst nennt Richard Wagner das Genie „den nie zufriedenen Geist, der stets auf Neues sinnt." Dies gilt nicht nur innerhalb der Kunst, sondern für alle Gebiete der allgemeinen Entwickelung durch das Vehikel des Menschengeistes und der Menschenkraft. Aber die Wahrheit ist nur halb ausgesprochen, denn das Genie ist mehr als der unzufriedene Geist; es ist auch die schöpferische Kraft, positive Antwort zu geben auf die Frage: Giebt's nichts Besseres als dies Ungenügende? Wagner sagt also mit diesem Worte dasselbe, was wir darzulegen versuchen: dass der Pessimismus die Triebfeder zur Entwickelung ist, und dass die selbstzufriedene Genügsamkeit die unfruchtbaren Zweige, die tauben Blüthen am Baume der Weltnatur darstellen.

Wenn daher die Gegner des modernen philosophischen Pessimismus gegen diesen vorbringen: es sei der Pessimismus stets die Gefühls- und Denkweise einer sich überlebt habenden Culturperiode gewesen, so ist dies allerdings richtig. Solche Perioden aber folgen sich leider ununterbrochen; ihre Begrenzungen lassen sich immer erst erkennen, wenn sie Vergangenheit geworden sind, und jeder Schritt vorwärts ist ein Schritt über und auf Ueberwundenem. (Ist es aber nicht selbst ein Stück Pessimismus-Material, dass gerade im Gebiete der Culturformen das Wort des Mephisto gilt: dass Alles was besteht, werth ist, dass es zu Grunde geht?)

Die Constatirung obiger Thatsache kann daher auch kein Tadel, keine Minderung der Berechtigung des philosophisch formulirten Pessimismus sein; denn zugestanden, dass gewisse Culturformen ungenügend sind, so ist die Erkenntniss dieses Zustandes, welches die Erstrebung neuer Formen einleitet, einer verblendeten Conservirungstendenz doch gewiss vorzuziehen. Was aber die Berechtigung der Ueberwindung alles einst Bestandenen anbelangt, so fragen wir jeden Optimisten, ob er eine Zeit und eine Culturperiode zu nennen weiss, in welcher er mit seinem jetzigen modernen Bewusstsein zu leben vorziehen würde — nota bene: wenn er alle Seiten einer jeweiligen Epoche in Betracht zieht. Bei bloss einseitiger Betrachtung allerdings könnte ein Christ vielleicht die ersten Zeiten des Christenthums, der Aesthetiker die Zeit des Perikles, ein Politiker vielleicht die Zeiten der römischen Republik u. s. w. u. s. w. als seinen Wünschen vollständig entsprechend ansehen. Wenn aber sämmtliche Lebensformen einer Culturepoche berücksichtigt werden, so scheint uns die negative Beantwortung der Frage ausser Zweifel zu stehen.

Nun könnte man aber vielleicht einwenden, der Pessimismus

sei nur der Todtengräber jener überwundenen Periode gewesen, es sei aber der **optimistische Glaube an das „Bessere"** gewesen, der das Neue hervorgebracht. Dieser Einwand stützte sich jedoch auf eine Verwechselung zwischen dem partiellen Pessimismus, wie wir ihn **hier** verstehen (und dessen verschiedene Stadien wir in den folgenden Blättern zu zeichnen versuchen wollen) mit dem **quietistischen Verzweifelungspessimismus**, welcher das secundäre Product besonderer metaphysischer Theorien und religiöser Anschauungen ist, und als solcher allerdings unfähig ist, als treibendes Glied im Weltorganismus zu functioniren. Mit diesem Quietismus haben wir es aber hier nicht zu thun, sondern eben nur mit der **pessimistischen Betrachtungsweise** der verschiedenen Lebensfactoren und Culturgestaltungen; diese schliesst aber den Begriff des „Besseren" **nicht aus**, sondern, wenn sie das „Bessere" nicht **ideell zu anticipiren** vermöchte, so könnte sie gar nicht zur Verurtheilung ihrer empirischen Existenzformen gelangen. Das „Besser" ist ein relativer, comparativer Begriff, der auf jeder Stufe des pessimistischen Bewusstseins Bestand hat, und wie er Maass der Beurtheilung ist, auch Motiv wird; und zwar ist das „Besser" auch absolut wirksam und wird, so gering auch sein positiver eudämonologischer Werth sei, als Motiv wirken, weil in der Regel das „Bessere" vorläufig auch das „Beste", was erreichbar, ist, ohne dass das Prädikat „Best" irgend etwas über seinen wirklichen Werth enthält.

Freilich kommt hiezu, dass bei jugendlichen Menschen und jugendlichen Völkern comparative Werthe zu eudämonologisch positiven verwandelt werden.

Wenn der „niezufriedene Geist" sich auf diese seine Eigenschaft besinnt und die Gründe und die Rechtfertigung seines So-Seins aufstellt, so krystallisirt sich die pessimistische Betrachtung zum Pessimismus.

Mit den der Geschichte angehörigen Formen des Pessimismus hat es die erste Hälfte unserer vorliegenden Schrift zu thun.

Erster Theil.

I. Capitel.

Der Pessimismus im Alterthum.

1. Der Pessimismus des Brahmanismus und Buddhaismus.

a. Brahmanismus.

Zum systematischen Aufbau als Pessimismus ist die pessimistische Lebens- und Weltbetrachtung zuerst in Indien gelangt.

Der Brahmanismus ist Religion, aber er hat sich unter starker Beeinflussung des speculativ-philosophischen Geistes zu dem entwickelt, was er war und ist. Er ist empor gewachsen aus einer Naturreligion, welche in henotheistischem Sinne das Göttliche schlechthin in eben so vielen Formen verehrte, als die Naturmacht dem religiös empfänglichen Individuum als die Verehrung fordernde Ueberlegenheit entgegentrat.

Dem religiösen Bewusstsein, welches nicht umhin konnte in jedem Gotte die göttliche Wesenheit überhaupt zu sehen, kam das theoretische Bewusstsein mit seinem abstracten Begriff des absoluten Seins, dem in allem Dasein Wesenden, in allem Leben athmenden, auf halbem Wege entgegen. So entstand ein Pantheismus, der die Vielformigkeit der Gottesvorstellung in doppelter Weise in sich duldet. Erstens indem er sich aus einem Polytheismus entwickelte und diesen, mit der der religiösen Entwickelung überhaupt eigenen conservativen Tendenz, als die dem minder speculativen und an die sinnlichere Vorstellung gebundeneren Geiste der Massen angemessene Hülle und Form aufrecht erhält. Zweitens aber als Resultat des philosophischen Bestrebens die vielgestaltete empirische

Welt aus der abstracten Einheit des aller concreten Bestimmungen entleerten absoluten Seins zu begreifen.

Indem das empirische Dasein als Erscheinung des absoluten Ueberseins begriffen und erklärt werden sollte, aber weder in seiner zu unendlicher Formenvielheit zerfaserten Beschaffenheit aus der leeren Einfachheit erklärbar schien, noch seiner eudämonologisch mangelhaften Beschaffenheit nach der Qualität der Göttlichkeit entsprechend erachtet wurde, so mussten Zwischenglieder zwischen das absolute einfache Göttliche und die empirische Erscheinung geschoben werden. Diese Zwischenglieder sind nun die Göttergestalten des Volksglaubens, denen so eine gewisse Realität und Bedeutung gewahrt wurde.

Nun hat aber der Brahmanismus zwei Kosmologien. Die eine ist die Emanationstheorie, nach welcher das absolute Wesen, das unpersönliche Brahm sich seiner eigenen göttlichen Uebernatur theilweise entäussert, indem es aus seiner Unendlichkeit heraus endliche, aber reale Erscheinungen hervorgehen lässt, in deren abgeleiteten Wesenheit der Entlassungsprocess sich wiederholt und so fort durch die Welt der Götter hindurch bis hinunter in die untersten Daseinsformen des Pflanzen- und Thierlebens und der ebenfalls (nachbildlich) abgestuften Menschheit.

Die andere kosmogonische Theorie ist die illusionistische. Dieser entsprechend ist die ganze vielgestaltige Erscheinungswelt nur ein wesenloser Schein, ein täuschender quälender Traum der Weltseele, woran nichts real ist als die Unlust, welche das absolute Wesen in dem geträumten Scheindasein der Vielheit erduldet. Auch nach dieser Auffassung des Daseins sind die Götter des naturalistischen Volksglaubens vorhanden, aber sie sind nur, wie und was auch die irdische Welt und die Menschen sind: sie sind als Trugbild, als wesenlose Erscheinung des in den Trug der Maja befangenen Absoluten.

Diese Weltanschauung ist natürlich philosophischer als die Emanationslehre; nicht dass sie nicht auch wie jene unlösliche Widersprüche enthalte,*) aber sie fusst auf erkenntnisstheoretischen Forschungen, welche bereits mit dem naiven Realismus gebrochen haben. Sie ist auch vom religiösen Standpunkt aus die höhere, weil sie nicht nur fähig ist, die Emanationstheorie in sich zu absorbiren, resp. deren Constructionen als relative, phänomenale Wahrheit innerhalb des allumfassenden Weltscheines anzuerkennen, sondern auch in dem Sinne das höhere, als die Emanationstheorie da, wo es sich um die Erreichung des letzten religiösen Sehn-

---

*) Ueber den Widerspruch der Lehre von der Maja vergl. E von Hartmann: D. relig. Bewusstsein. B. I. d. Monismus pp. 283—237.

suchtszieles: der endgültigen Rückkehr zum Absoluten handelt, sich doch selbst aufgeben muss, um vermittelst der Idee der Wesenlosigkeit und blossen Trug-Natur der Existenz den letzten Schritt vom Sein zum potentiellen Uebersein machen zu können.

So stehen denn die beiden kosmologischen Theorien als exoterische und esoterische neben einander, um als Grundlagen einer eben so zweitheiligen weltlichen und religiösen Ethik zu dienen.

Wir haben es hier nicht mit dem in seinen Hauptfiguren nachgerade als allgemein bekannt anzunehmenden Götterhimmel zu thun, weder nach seiner volksthümlichen, noch nach seiner philosophisch-theologischen Seite hin, wonach die Götter bloss phantastische Hypostasen abstracter Begriffsentwickelungen zum Verständniss des Ueberganges eines Einfach-Eines zur raum-zeitlichen, quantitativ-qualitativen Vielheit sind. Auch die unendlich zahlreichen und unendlich verwickelten Mythen interessiren uns hier nur insofern, als sie zum grössten Theil auch Kampfesmythen sind, oder die Bemühungen gütiger Gottheiten den Sterblichen Erlösung oder Erleichterung von einem Uebel oder auch Belehrung zu bringen, darstellen; mithin mehr oder minder die Mitwirkung pessimistischer Reflexion bei ihrer Conception erkennen lassen. Für uns liegt das Interesse des Brahmanismus darin: dass hier nicht nur wie in jeder höheren Religion das durch bestimmte Mängel so und so verunstaltete empirische Leben, oder wie im Christenthum und in der alexandrinischen Philosophie diese unsere Welt mit dieser dualistischen materiell-geistigen Daseinsweise verneint wird, sondern dass das Sein überhaupt, die Existenz als solche, als das Nichtseinsollende im Gegensatz zu der an sich in einfacher Potentialität verharrenden Substanz aufgefasst wird.

Die Emanationstheorie zeigt uns erst ein Gemisch von optimistischen und pessimistischen Ideen. Zu dem theoretischen Staunen und dem ästhetischen Bewunderungsgefühl über die Grösse und den Reichthum der hervorbringenden Natur und ihrer verschiedenartigen heilsamen und verderblichen Erscheinungsformen, musste sich die instinctive Lebensbejahung, die das Leben als das selbstverständlich Werthvolle voraussetzt, gesellen, um diese Naturkräfte personificirt zu Cultusgöttern zu machen, deren Ausgang aus dem unpersönlichen indifferenten Brahm in dem Grade als etwas Verehrungswerthes erschien, als auch die in der Folge stattfindende Weltschaffungsthätigkeit der Götter von dem das Dasein wollenden Individuum als Bewunderung und Dank fordernde Wohlthat erachtet wird.

Sofern nur auf die Götter als die Erschaffer und Regierer der Welt und als der Herrn über die Güter des Lebens reflectirt wird, ist der vielformige Götterglaube der Indier eben so optimistisch wie jede naturalistische Religion; aber die Erfahrungen des Lebens stehen im Gegensatz zu den eudämonologischen Anforderungen und den optimistischen Hoffnungen. So erscheint denn einer tiefern Einsicht das Leben als etwas hinuntergekommenes, schwach und schlecht gewordenes. Je ferner das Sein seinem Ausfluss aus dem Absoluten ist, um so mangelhafter, leidvoller und elender wird es; am elendesten also in dieser empirischen Welt und innerhalb dieser in dem Thierleben und der untersten Menschenkaste.

Nunmehr erscheint die Emanation nicht mehr als eine preiswerthe That des Absoluten, sondern eher als ein Fehltritt oder als eine Schuld, und damit ergiebt sich die **Rückkehr zur Einheit als oberstes religiöses Ziel**. Der Drang des Absoluten, sich in die Vielheit zu entlassen, ist eine Schuld, an der ein jeder theilnimmt, der das irdische Leben und dessen Genüsse und Güter um ihrer selbst willen sucht und erstrebt. Letztes religiöses Ziel und damit Princip des zum Verständniss des wirklichen Sachverhaltes der Emanation und damit zur **Erkenntniss seines wahren Wohles** gekommenen Menschen kann also nur das Aufgeben der Existenz sein. Aber wie der Weltgang von oben nach unten ein vielstufiger war, so ist auch die Rückkehr in's Brahm nur ein allmähliches Aufsteigen.

Die Götter sind nicht nur die Herren über Leben und Tod und über die irdischen Güter, sondern auch die Hüter einer sittlichen Weltordnung und die Wegweiser zum Heile der Rückkehr, und das Individuum einer niedrigeren Kaste kann nichts weiter zu erreichen hoffen, als eine Wiedergeburt als Glied einer höheren Kaste, also eine Stufe dem Brahm näher, um endlich aus dem Stand der Brahmanen in die Götterwelt versetzt zu werden. Damit ist die Möglichkeit gegeben, dass innerhalb eines auf pessimistischen Prämissen fussenden und von dem negativen Ziel der Individual-Vernichtung gekrönten Systems doch ein eudämonistischoptimistischer Götterkultus Raum findet.

Aber er hat nur Bedeutung für die grosse Masse der zur wahren Erkenntniss noch nicht Vorgedrungenen. Der Brahmane, dem der Weisheit letzter Schluss aufgegangen ist, der die Welt der Individuation als blossen Trug der Maja erkannt hat, verehrt keine Götter mehr, denn diese gehören ja auch nur der Scheinwelt an. Dies drückt sich bildlich in der exoterischen Lehre so aus, dass der alte Brahmane, der Tapas, der sich zur direkten Erreichung des obersten Zieles der Askese ergeben hat und durch ungewöhnlich grosse Bussübungen durchgegangen ist, sich über die Götter erhebt und diesen an magischer Macht überlegen wird. Der esoterische Kern derartiger Mythen aber ist der Gedanke, dass auch die relativen Lebenswerthe und die relativ erhabensten Formen innerhalb des Seins vernichtet werden durch die pessimistische Einsicht. Dass das Dasein als solches, gleichviel ob als Sudra oder als Gott, vom Uebel ist, weshalb es sich für den Erkennenden nicht mehr um Wiedergeburt im Götterreich, sondern nur um Vernichtung der Individualität durch Untertauchen in das Absolute handeln kann.

Für den noch im Trug der Maja verstrickten, dem die Vielheit noch wesenhafte Realität ist, für den verknüpft sich mit den Begriffen „gut" und „böse" auch der Begriff von individuellem Verdienst und Schuld. Wer aber den Schleier der Maja zerrissen, wer weiss, dass er als Individuum nur eine Truggestalt ist, für den giebt es nur noch eine Schuld, und das ist die Schuld des Absoluten.

Die indische Askese mit ihren tollen Quälereien bis zum langsamen Selbstmord wird daher mit dem im Deutschen gebräuchlichen Wort „Busse" nicht gut bezeichnet. Denn obgleich die äussere Erscheinung derjenigen der syrischen und arabischen Büsser des Urchristenthums sehr ähnlich ist, so ist doch der Zweck und der Sinn der indischen Askese nur theilweise derselbe. Die Selbstquälerei wird nicht geübt, um an sich selbst eine Strafe zu vollziehen, sondern nur als Beweis von der Unabhängigkeit von dem Trug der Welt.

Nichts ist ja so real als die Schmerzen und die Unlust; indem man diesen zu trotzen vermag, beweist man damit, dass auch sie nur Schein sind, und man selber dieser Trugwelt abzusterben beginnt. Nur insofern hat die indische Askese einerlei Sinn mit derjenigen der Urchristen, der gnostischen und mancher jüdischen Secten (Essäer) und der mohammedanischen Ssufis, als es sich im Beginn derselben um eine Schwächung der sinnlichen Triebe, um Mortification des physischen Lebens handelt, im Glauben, dadurch den Geist zu entlasten und fähiger zur Erkenntniss der Wahrheit zu machen.

Wie viel Antheil an der Lehre von der Maja eine subjectivische Erkenntnisstheorie haben mag, darüber steht uns ein Urtheil nicht zu; auch interessirt uns hier diese Lehre nur als Ergebniss eines allumfassenden Pessimismus, als Ausdruck trostloser Trauer über die Flüchtigkeit des Schönsten, Besten, Höchsten, was der Mensch zu denken und zu erringen vermag; als Ergebniss der stupificirenden Wahrnehmung des ewig rastlosen Wechsel des Seins, des beständigen Sich-selbst-verschlingens alles Werdenden.

Aber freilich, wer dem Problem des beständigen Wechsels und der Vergänglichkeit gegenüber diesen gordischen Knoten, statt ihn zu lösen, einfach durchhaut, indem er das Sein für Schein erklärt, der vergisst, dass seiner Trauer über den Wechsel ein Wille des Beharrens zu Grunde liegt, der ja selber als solcher grundlos ist und zum Nicht-sein-sollenden gehört.

Den Willen des Beharrens, das Wollen des Conservirens gewisser instinctiv als positiv werthvoll angenommener Daseinsmomente hinweggedacht, ist die Flüchtigkeit der Werde- und Seinsformen durchaus gleichgültig. Es ist daher zum mindesten so correct vom Standpunkt des Illusionismus und Akosmismus aus, wenn man, statt sich als Asket zwischen vier Feuer zu stellen, sich mit dem Dichter der folgenden Zeilen auf die luftige Warte rein indifferenter Beschaulichkeit aufschwingt:

Acht Urgebirge nebst den sieben Meeren, die Sonne, wie die Götter selbst, die hehren, dich, mich, die Welt, — die Zeit wird's all' zertrümmern; warum denn hier sich noch um irgend etwas kümmern?

Denn nicht darum handelt es sich letzten Endes: so oder so zu handeln, sondern gerade darum: **nicht zu handeln, nicht zu wollen, nicht zu fühlen, nicht zu denken**; denn in all diesem liegt ja die Besonderung und damit die Trennung vom Brahm, dem in seiner begrifflichen Leere einheitlich Subsistirenden.

b. Buddhaismus.

Der Brahmanismus ist ein allmählich Gewordenes; er hat sich im Laufe vieler Jahrhunderte aus dem Zusammentreffen philosophischer Reflexion und Speculation mit einer schon ausgebildeten Naturreligion entwickelt, beeinflusst während seiner Ausbildung durch von aussen ihm zukommende Ideen (z. B. die Seelenwanderungs-Idee) und in seiner praktischen Gestaltung als Kirche durch politische Verhältnisse bestimmt. Darum ist er ein vielseitiges, man möchte sagen zackiges, zerklüftetes Gebilde, ein Conglomerat verschiedener sich zum Theil widersprechender Ideen, nur nach der Spitze zu einheitlich zusammengefasst durch die pessimistische Idee von der Unwahrheit des Seins und der Nothwendigkeit, dessen trugvolle Beschaffenheit aufzuheben.

Der Buddhaismus hingegen ist die Geistesthat eines Einzelnen und ein secundäres Extractionsproduct auf breiter historischer Basis. In dem religiösen Genie des Gautama Buddha schossen die wichtigsten Ideen des Brahmanismus krystallinisch zu einer Einheit zusammen, die Masse der naturalistischen Reminiscenzen und der politisch-hierarchischen Convenienzen gleichsam als Bodensatz zurücklassend.

Der Pessimismus, der im Brahmanismus ein Product ist, welches sich wie ein Keil in die ursprünglich naiv optimistische Naturreligion hineingeschoben und diese principiell auseinander gesprengt hat, ist hier das Erste, das treibende Moment, und daher der Buddhaismus nicht nur in dem weitesten Sinne Erlösungsreligion, wie das jede Religion ist, insofern sie lehrt die Hülfe der Götter zu gewinnen gegen die Noth des Lebens, sondern in dem eminenten Sinne, wie ausser demselben nur noch das Christenthum es ist; indem die Erlösung nicht in einer Verbesserung der Weltverhältnisse, sondern in der Ueberwindung der Welt und des Seins gesucht wird.

Gautama Buddha zog kühn die letzte Consequenz des abstracten Monismus des Brahmanismus und erklärte das absolut einfache, bestimmungslos Absolute für das reine Nichts. Wenn das Sein mit seinem unendlichen Reichthum an Formen nur Schein ist, alle Bestimmtheiten, alle Qualitäten, Quantitäten, mit einem Wort: alle Kategorien der Anschauung und des unterscheidenden Denkens, die uns ja nur mit dem Sein gegeben sind, eben dadurch als blosser Schein hinwegzudenken sind, so ist das was hinter dem vielheitlichen Sein ist, das reine Nichts, so ist die Maja, die Illusion aus dem Nichts geboren; sie ist das einzige, was wirklich ist, und ist das, was sie ist, nur als Welt, als welche sie sich selbst anschaut.

Das Nichts ist natürlich so wenig göttlich wie die Maja; daher ist der Buddhaismus eine Religion, die eben so Atheismus wie Akosmismus ist. Zwar wird das Sein der vielen Götter des Volksglaubens nicht geläugnet, aber diese sind nur Gestaltungen des Seins, etwas günstiger gestellt zwar als die Menschen, aber dennoch ebenso erlösungsbedürftig wie diese, daher Buddha ferne davon, von ihnen der Menschheit gesandt zu sein, vielmehr auch für sie der Wegweiser zur Erlösung im seligen Nichts, Nirvana, dem Ort des Verlöschens ist. Das Nirvana aber ist das selige nur per negationem, sofern die Welt, die Sansara, die unselige ist; dass sich diese einfache Negation der Unseligkeit für die des Denkens von Abstractionen weniger fähige Menge zu etwas positiv lustvollen, wenn auch von unbestimmbarem, unsagbarem Charakter gestaltet, ist ganz natürlich, hat aber mit der ursprünglichen Lehre des Buddha nichts zu thun.

Dass eine solche Weltanschauung nur das Resultat eines vollständigsten, allumfassendsten Pessimismus sein konnte, ist klar; hier sind alle Lebenswerthe zersetzt, alle Grössen mitsammt den Göttern, als deren Repräsentanten, von ihrem Throne gestossen.

Jede eudämonistische Illusion ist zerstoben, auch jene des Brahmanismus, welcher das Uebersein des Brahms als positiv lustvollen — freilich durch empirische Kategorien nicht zu bestimmenden Zustand — dadurch festhielt, dass er im Widerspruch zu der Maja-Lehre die höchsten Geisteszustände, intuitives Erkennen und Wissen, im Brahm verabsolutirt.

Für den Buddhaismus giebt es ausser dem irdischen kein Erkennen und Wissen, denn ausser der Welt ist nicht ein Geist, sondern das Nichts, und das irdische Wissen ist ja nur Wissen vom Elend und vom Mangel. So fällt auch aller Wissensstolz und alle Erkenntnissfreude hinweg, denn nicht dem Göttlichen kommt man im Wissen näher, sondern nur dem Nichts. Nicht wie im Brahmanismus ist die Welt deswegen ein trugvolles Gebilde, weil sie das ewige Eine in der Vielheit der Individuen erscheinen lässt, sondern die Welt ist das Nichtsein-sollende, weil sie wirklich dem Nichts entsprossen ist, welche Abstammung sich in der Todesverfallenheit kund thut.

Die Trauer über die Vergänglichkeit alles Irdischen, welche in den verschiedenen historischen Formen des Pessimismus eine so hervorragende Rolle spielt, hat im Buddhaismus ihr eigenthümlichstes, gewaltigstes Denkmal erhalten.

Da nun das Nichts wohl als Hintergrund, nicht aber als Ursache des Seins vorgestellt werden kann, so tritt die Illusion an diese Stelle. Die Illusion wird schöpferisches Weltprincip; aber da sie nur als Welt ist, und die Welt erfahrungsgemäss vom Uebel ist, so findet die Ethik keine Begründung, weder für das Sollen noch für ihr oberstes Princip: das Mitleid, dieses Moral-Princip par excellence des Pessimismus.

Das Mitleid mit seinem Hofstaat von stützenden Triebfedern sittlichen Thuns, wie Liebe, Freundschaft, Dankbarkeit findet sich einfach im Bewusstsein vor; eine Erklärung für sein Dasein wie das Brahmanische tat Twam asi (das Wort von der Wesenseinheit des als Vielheit erscheinenden) fehlt dem Buddhaismus. Das Nichts ist nämlich so wenig ein Band zwischen den Individuen als der Trug der Maja es sein kann; denn diese letztere ist ja eben nur, was sie als Welt ist, wo die Individuen ja gerade das Getrennte sind.

Wenn nun trotzdem der Buddhaismus zum Begriff einer sittlichen Weltordnung gelangt, in deren Dienste sich zu stellen, unter die sich zu beugen und seinen Eigenwillen unterzuordnen als die Pflicht des Individuums erscheint, und der zu folgen auch die Klugheit antreibt, weil an die Pflichterfüllung die Möglichkeit der Erlösung von dem Unheil der Existenz geknüpft ist, so zeigt sich die Thatsache als Wirkung jenes „dunklen Dranges", der den „guten Menschen den rechten Weg leitet", mag auch immerhin die äussere Vermittelung dieses ethischen Processes die Anlehnung an die Sankhya-Philosophie des Kapila sein, welche Gautama

Buddha aus dem Brahmanismus, wo sie als ein wildes Wurzelschoss emporgewachsen war, in sein System hinübernahm. Das religiöse Bewusstsein des Volkes, vor welchem Çakyamuni als Reformator trat, besass bereits die Vorstellung, dass die Schuld, falls dieselbe nicht gesühnt ist, nicht vergeht, wenn auch ihr Träger stirbt; und ebenso fand er schon als uraltes Besitzthum jene Idee vor, dass das **Uebel die Folge der Schuld sei**.

Im Brahmanismus so gut wie im Buddhaismus hat aber diese Idee durchaus keine principielle Berechtigung. Wenn entsprechend dem Brahmanismus die Vielheit nur Schein ist und das Eine Wesen Alles in Allem ist, so ist die Schuld des Einzelnen nur die partielle Erscheinungsform der Schuld des Einen. Wie soll aber das Eine eine Schuld tragen können, da man in Schuld nur im Verhältniss zu einem Andern kommen kann? Noch weniger aber kann das Nichts Träger der Schuld sein und ebensowenig die Illusion oder die Maja.

Consequenterweise müsste im Buddhaismus das Uebel das Erste, und die Schuld nur als eine Species des Uebels, als ein Uebel in einer durch menschliche Willkür gemodelten Form angesehen werden. Die Schuld wäre alsdann nur ein juridischer Begriff und sein Gegensatz wäre nur eine Rechtsordnung im Interesse Aller, während eine sittliche Weltordnung so wenig möglich wäre, wie eine sittliche Verantwortlichkeit über die conventionell rechtliche hinaus. Denn so wenig die Welt nach der Illusionstheorie real ist, so wenig ist die Schuld real; diese wie jene ist nur für den im Wahn Befangenen, und wie das wahre Wissen von der Angst des Daseins befreit, so muss es auch von allem Schuldgefühl entbinden.

Wäre Çakyamuni ein speculativer Philosoph gewesen, dem es um die Geschlossenheit seines Systems zu thun gewesen wäre, so hätte er wahrscheinlich diese Consequenz gezogen und der Buddhaismus bezeichnete dann nicht eine Religion, sondern nur eine kosmologische Theorie, die, wie sie Atheismus ist, auch jede Ethik ausschliessen würde und innerhalb ihres reinen Intellectualismus Raum böte, sowohl für den Selbstmord als für den materiellsten Hedonismus der idealistischen Verzweiflung. Aber Gautama Buddha war religiöser Genius und opferte die Geschlossenheit seines Systems der Thatsache des religiösen und sittlichen Bewusstseins, in welchem sich der Mensch nicht nur als unglücklich, sondern als schuldbeladen empfand. So adoptirte er denn die Seelenwanderungslehre, die er vorfand, und die Theorie einer sittlichen Weltordnung, nach welcher das Uebel die Folge und Sühne der Schuld ist. Die Schuld als solche ist natürlich der Drang nach dem nicht-sein-sollenden Sein und die Strafe das nun innerhalb der sittlichen Weltordnung gerechtfertigte Leid. Das Heil ist die Rückkehr in's Nichts, der

Weg dazu aber die Selbstverleugnung als Collectivbegriff sämmtlicher sittlicher, d. h. selbstloser Thaten, im Gegensatz zu der natürlichen und der bösen Bethätigung des Egoismus, als dem individuellen Repräsentanten der Urschuld des falschen Seins.*)

Nicht als Religion und nicht in ihrem Verhältniss zur Ethik haben wir es hier mit dem Brahmanismus und Buddhaismus zu thun, sondern nur mit der Thatsache, dass der absolute eudämonologische Pessimismus — d. h. die Anschauung, dass das Leben als solches, wie immer die Form seines Daseins sich gestalte, schlechter sei, als das Nichtsein, — bei ersterem die Achse, bei letzterem aber der Grund und das Alpha und Omega ist. Einen Punct aber möchten wir ganz besonders hervorheben und unseren Lesern zum Bedenken empfehlen (obgleich er eigentlich aus dieser Skizze ohne weiteres hervorgehen sollte): dass nämlich an der Unfähigkeit des Buddhaismus ohne Aufnahme seinem obersten Princip widersprechender Ideen eine Ethik zu begründen nicht der Pessimismus schuld ist, sondern allein der Illusionismus. Dies sich gegenwärtig zu halten ist deswegen von Wichtigkeit, weil die Behauptung, der Pessimismus schliesse die Ethik aus, als Haupttrumpf gegen die modernen Pessimisten ausgespielt wurde, während es so wenig als bei den indischen Religionen die Schuld des Pessimismus ist, wenn der Eine und Andere unserer modernen pessimistischen Philosophen nur vermittelst Inconsequenzen gegen sein Princip sich mit den ethischen Anforderungen unseres Zeitgeistes in Einklang zu setzen vermag.

2. Der Pessimismus im Griechenthum.

a. Die pessimistischen Elemente in der Religion.

Man ist gewohnt von dem Griechenthum als dem „heitern" zu sprechen, und gewiss ist man berechtigt, den Optimismus als das Charakteristikon der griechischen Weltanschauung und der von dieser durchdrungenen und getragenen Cultur zu bezeichnen. Es

---

*) Ueber die Unvereinbarkeit der Seelenwanderungsidee sowohl mit dem abstracten Monismus des Brahmanismus als mit dem Illusionismus des Buddhaismus, sowie ihres Verhältnisses zu dem dualistischen Transcendental-Realismus der Sankhya-Philosophie; ferner über den Begriff der Schuld im Illusionismus und die Unmöglichkeit aus der Theorie des letztern heraus der Ethik Rechnung zu tragen, verweisen wir auf E. von Hartmann's lichtvolle, erschöpfende Darstellung des Brahmanismus und Buddhaismus in „d. rel. Bewusst. der Menschheit." B. I. 1 und 2. —

steht die heitere, nicht nur Glück verlangende, sondern an die Erreichbarkeit desselben glaubende Veranlagung des Volkes im engsten Zusammenhang mit seiner Fähigkeit das Concrete vorzugsweise von seiner ästhetischen und poetischen Seite zu betrachten. Eine Betrachtungsweise, die dem Optimismus schon darum günstig ist, weil durch tragisch-ästhetische Verklärung auch das Leidvollste und Unseligste seines die pessimistische Reflexion erweckenden Stachels verlustig geht. Es wäre jedoch eine Einseitigkeit würde man über dem schimmernden Strom der Culturfreudigkeit die pessimistische Unterströmung übersehen und ihre Bedeutung für die spätere Geistesentwickelung übersehen. Gerade die eifrigste Lebensausbeutung bringt ganz neue Leiden im Gefolge, und je bewusster das Leben bejaht wird, um so drohender erhebt der Tod sein Haupt. Dazu kommt, dass wo das Diesseits im optimistischen Sinne aufgefasst wird mit dem minder energischen Postulat des Jenseits, dieses auch nur schattenhaft schwankende Gestalt besitzt. So wird die Folge des Optimismus selbst zu einem Object für pessimistische Betrachtung.

Nur auf pessimistischer Grundlage kann sich der Tod zur Rückkehr, zum Aufgehen in die Gottheit — sei es als geistiges Leben in Gott wie im Christenthum, sei es als Auslöschen der Persönlichkeit und friedvolles Ruhen im Weltwesen (Brahmanismus) — verklären. In der als optimistisch zu bezeichnenden Culturepoche der Homerischen Epik bildet der Tod, der Hades und das Schicksal (die Moira) ein abschreckend düsteres Kleeblatt.

Schon der Homerische Mensch weiss trotz seines übersprudelnden Lebensdranges, dass das Leben ein schmerzbringender Kampf ist, und ein Kampf um so wundenschlagender, je höher das Individuum auf der Stufenreihe der Menschheit steht. Unzählig sind die Mühen und Plagen des Helden; denn nicht nur mit seinesgleichen, sofern diese und er selbst sich frei bestimmen, hat er um seine Selbstbehauptung zu streiten, sondern auf der Höhe der Existenz, auf der Stufe des Heldenthums hat er auch den Neid und die Leidenschaften der Götter zu fürchten. Zwar erfreut ihn auch der Kampf als solcher; denn gerade in der Kampfesthätigkeit bestätigt er sich selbst, ist er seinem Charakter gemäss, findet er also seine vollste Befriedigung: der zu sein, der er ist. Auch ist er noch hinlänglich Naturkind, um in den Pausen des Kampfes die Genüsse der Natur mit vollen Zügen zu schlürfen, woraus ihm keine Unlust sprosst, weil er noch ganz in der Natur drinnen steht. Er wiegt das, was diese ihm bietet, noch nicht auf der Goldwage axiologischer Kritik nach, und daher ist ihm noch alles vollgewichtig.

Aber Kampfesfreude und Genusslust bilden doch nur eine

schwankende Insel, die auf düsterer Fluth schwimmt, immer bedroht, von ihr verschlungen zu werden. Den Mühen des Kampfes folgt der Tod, gegen diesen schützt kein Heldenthum. Die Seele, das Leben ($\psi v\chi \eta$) verlässt durch die Wunde oder durch den Mund beim Sterben den Körper und wird im Hades zum $\varepsilon \check{\iota}\delta\omega\lambda o\nu$, zum wesenlosen Scheinbild und Schatten des gewesenen Menschen. Der Geist ist an die Function des Leibes gebunden; das Zwerchfell ($\varphi\varrho \acute{\varepsilon}\nu\varepsilon \varsigma$) ist das rein körperliche Princip des Lebens, der Sitz des Gedächtnisses und der Intelligenz. Trennt sich die Psyche vom Soma, so hört der Geist auf zu sein; Intelligenz, Gedächtniss, mit einem Wort: Bewusstsein schwindet und die Persönlichkeit hört auf. Es ist aber die Bewusstlosigkeit des noch übrig bleibenden Schattens, die der natürliche Mensch in nicht erkanntem Widerspruch zu empfinden fürchtet. Darin liegt der eigentliche Schrecken des Todes für die homerischen Menschen; denn kein Leiden, keine Strafen birgt noch der Hades. Aber das blosse Nicht-Leben ist der Gipfel des Schrecklichen für den, der noch ganz und voll in dem natürlichen Lebensdrange steht und eben deshalb auch die Negation des Lebens nicht rein zu denken vermag, sondern nur so, dass noch immer ein Rest gespenstigen Seins zurückbleibt. Es ist kein Leben, und doch auch nicht der Friede des Verblasenseins im Nirvana. Denn der Mensch jener machtvoll treibenden Zeit kann, wenn er auch den Farbenreichthum seines kampfbewegten Lebens wegdenkt, doch nicht den Trieb fortdenken, und so wird ihm der Schatten im Hades zum hoffnungslos sich sehnenden, nach Stimme und Laut drängenden Leidensbild seiner selbst. Darum ist der lebende Schweinehirt glücklicher zu preisen, als der König im Reiche der Schatten.*) Der Tod will mit Resignation getragen sein, im ebenso düstern Glauben an das Schicksal, die $Mo\tilde{\iota}\varrho a$. Diese ist die unpersönliche, blinde Macht hinter und über den Göttern. Auch deren Geschick ist Schicksal, aber die Menschen sind doch noch viel ungünstiger gestellt, denn ausser ihrer Abhängigkeit von der blinden Moira, sind sie auch noch — natürlich im Widerspruch mit der Moira-Idee — von den Launen und der Willkür der Götter abhängig.**)

Nur die überschwängliche Lebenskraft eines jugendlichen, für hohe Culturstufen und besonders für ästhetische Lebensgestaltung prädestinirten Volkes konnte es ermöglichen, dass bei dieser Anschauung von Abhängigkeit und Tod das Leben doch mit solcher

---

*) Die Schatten möchten Blut trinken, um sich den Lebenden verständlich machen zu können. Hier möchte vielleicht der Keim gegeben sein zu dem Glauben an Vampyre bei den Neu-Griechen und Slaven.
**) Vergleiche hiezu: Nägelsbach, Homerische Theologie. Nürnberg 1844, 7. Abschn.: „Das Leben und der Tod."

Innigkeit bejaht wurde. Der zuweilen von den Helden freiwillig gewählte Tod ist gegen dies keine Instanz: denn die Verzweiflung, die zu ihm führt, geht immer hervor aus der überschwänglichen Hochschätzung gewisser Daseinsformen, gegen deren bewusstes Entbehren selbst die Schrecken des Sichselbstverlierens im Hades gering erschienen.

Doch bei diesem Glauben liess sich auf die Dauer nicht beharren. Nägelsbach ist der Ansicht, der Glaube an die Moira sei als anfängliches Resultat des Strebens nach monistischer Vereinheitlichung der Götterwelt zu denken, also als Vorläufer des spätern Monotheismus der Philosophen. Dagegen wendet O. Pfleiderer*) ein, wenn das Schicksal das Höhere gegenüber den Göttern und der Schicksalsglaube ein Fortschritt über den Polytheismus hinaus in der Richtung des Monotheismus wäre, so wäre die Thatsache unerklärlich, dass der Schicksalsglaube gerade bei den niedrigsten Religionen (z. B. dem Fetischismus) am schroffsten auftrete und bei höherer Entwickelung der Religion sich mildere. Entsprechend Nägelbachs Ansicht müsste der Schicksalsglaube um so mehr hervorgetreten sein, je mehr sich das griechische Gottesbewusstsein dem Monotheismus näherte. Das aber — sagt Pfleiderer — sei nicht der Fall, sondern je monotheistischer die Gottesidee bei Dichtern und Philosophen mit der Zeit wurde, desto mehr absorbirte sie die Schicksalsidee, und nicht aus der unpersönlichen Moira, sondern aus dem persönlichen Zeus bildete sich der Monotheismus griechischer Weisen. Letztere Ansicht scheint uns die richtigere. Die Moira ist eher ein Zersetzungsmoment, eine negative Instanz im religiösen Process; sie ist eher das Product der theoretischen Reflexion auf Grund der Zersetzung der ältesten naturalistischen Göttervorstellungen. Eine negative Instanz gegen den alten Glauben, wurde sie ein fruchtbarer Keim für die junge Wissenschaft, welche aus ihr die Gesetzmässigkeit, aber auch die Unerbittlichkeit der Naturvorgänge entwickelte. Dem religiösen Bewusstsein aber wurde sie zur Vorsehung im Geiste des Obersten der Götter.

Nun erhob sich aber allmählich die Idee eines jenseitigen Lebens, die erst nur der Besitz einer verhältnissmässig kleinen Zahl der in die Mysterien Eingeweihten, bald auch zum Glauben der Gesammtheit wurde.

Der Tod ist der Wendepunkt, wo der rein immanente Optimismus in sein Gegentheil umspringen muss. Je mehr das Leben geschätzt wird, um so mehr muss das Gefühl gegen den Tod sich sträuben; ein lückenloser, abgerundeter Optimismus ist gar nicht

---

*) Die Religion, ihr Wesen und ihre Geschichte. 2. Band

anders möglich als vermittelst der im religiösen Glauben vorgenommenen Erweiterung der Existenz durch deren vermeintlich besseres Stück im „Jenseits". Die Bewegung bildet eine Spirale: die Liebe zum Leben scheut den Tod und postulirt das jenseitige Leben; das geglaubte jenseitige Leben ohne Tod und Ende schärft den Blick für die Mängel des empirischen Lebens und lässt schliesslich den Tod in dieser Welt als ersehnten Befreier willkommen heissen. Die Hoffnung, der Glaube an die Wonnen des künftigen Lebens werfen ihre Lichtstrahlen aber wieder auf das reale Leben zurück, sofern dieses gleichsam nur als der Vorhof des wirklichen, des ewigen Lebens erscheint. So ist wieder der „Optimismus" vorhanden, aber nicht mehr der naive der unmittelbaren Empfindung, sondern der reflectirten religiösen Speculation.

In den spätern Zeiten eines Sophokles, Euripides u. s. w., als das specifische Griechenthum auf der Höhe seiner künstlerischen, staatlichen und culturiellen Entwickelung stand, hat der Tod aufgehört das wesentliche pessimistische Moment zu sein. Die Ansicht vom Tode war eine andere geworden, die Anschauung des Lebens insofern eine veränderte, als nicht sowohl mehr das Leben als solches, sondern erst mit einem bestimmten (national-culturiellen) Inhalt hochgeschätzt wurde. Das höchste Gut ist nun der Genuss. Die Macht, welche den Genuss in allen Richtungen erst ermöglicht und erweitert, auch Bildung, besonders rednerische Begabung (als Mittel der Beherrschung der Menge), Freundschaft, Gelegenheit zur Bethätigung der (besonders vom ästhetischen Standpunct betrachteten) Sittlichkeit, alles wird vom eudämonologischen Standpunct aus betrachtet. Aber das höchste Gut, der dauernde Genusszustand, das Glück, ist doch nie vollkommen seiner Idee entsprechend. Es ist vergänglich, ringsum droht ihm die Gefahr des Verlustes.*)

Wie war diesen Gefahren vorzubeugen? Die religiöse Fruchtbarkeit der Volksseele war erloschen; die fremden neueingeführten Götterkulte vermochten nicht, die denkfaule Menge länger zu fesseln, als der Reiz der Neuheit währte. Dagegen erhob sich um so mächtiger der theoretische Trieb und stellte sich als Philosophie an Stelle der Religion, die Objecte bietend, an denen das ideale Be-

---

*) Das Wort des Chores in „Oedipos in Colonos": „Das Beste ist nicht geboren zu sein, oder wenn schon geboren, dann bald wieder von hinnen zu gehen", ist nicht nur der Ausdruck individueller Anschauung des Sophokles; das Wort ist älter, es stammt schon von Hesiod, der bereits die Unmöglichkeit vollkommenen Glückes lehrte; und durch alle Jahrhunderte griechischen Lebens hindurch möchte es so geläufig gewesen sein, wie innerhalb der christlichen Welt das Wort „vom irdischen Jammerthal." Vergl. auch Nägelsbach „Nachhomerische Theologie und der Volksglaube bis Alexander." Nürnberg 1857.

dürfniss nicht minder als das eudämonologische des Einzelnen sich emporranken konnte. Es entstand die von der Stoa und von Epikur zum System erhobenen Anschauungen und praktischen Verhaltungsanweisungen zum sittlich vernünftigen Leben, welche insofern optimistisch sind, als sie nicht nur der Forderung nach eudämonologisch sind, sondern an die Möglichkeit einer Glücksconservirung glauben. Trotzdem aber ihre Ethik Glückseligkeitslehre ist, so ist sie doch auf pessimistischen Voraussetzungen erbaut, denn der „Abgrund zwischen Wunsch und Wonne" (wie ein moderner Dichter das Missverhältniss zwischen dem Glücksverlangen und dem Glückgewinnen nennt) war jenen Philosophen wohl bekannt.

b. Die pessimistischen Elemente der Philosophie.

Im Epikureismus soll der Hedonismus gewahrt bleiben, d. h. Lust bleibt höchstes Gut; aber diese Lust ist herabgemindert zur Negativität der Unlust. Die friedvolle Freiheit von Schmerz und Unlust soll erreicht werden durch Entfernung der Furcht, welche verursacht wird durch abergläubische Vorstellungen über Götter, Schicksal und Natur; durch Freierhaltung von illusorischen Hoffnungen, von Eitelkeit, Ruhm- und Herrschsucht mit ihrem unvermeidlichem Gefolge von Aerger und Enttäuschungen; durch Vermeidung aller Excesse des Geniessens; endlich durch kühle Selbstgenügsamkeit, verschönt zwar durch den Cultus der Freundschaft und der heitern Künste, aber ohne höheres Pathos für beide.

Dieses epikureische Glückseligkeitsrecept ist nun erstens nur für eine kleine Minderheit solcher, die den äussern Verhältnissen nach bereits vom Geschick begünstigt sind; zweitens passt es durchaus nicht für alle Charaktere, denn es erfordert eine Gemüthsentleerung von allen höher temperirten Gefühlen, die von kraftvoller veranlagten Naturen selbst schon als entschieden unlustvoll empfunden werden muss.*)

Ganz bedeutend höher als die Lehre Epikurs steht diejenige der Stoa. Hier wird mit dem Hedonismus entschieden gebrochen, und die Glückseligkeit, die noch immer oberstes Ziel der Ethik bleibt, auf einem ganz anderen Gebiete gesucht.

---

*) Was der Epikureismus als ästhetisch veredelte Klugheitsmoral für die moralische Weltordnung geleistet hat und noch leistet, geht uns hier nichts an; in dieser Beziehung verweisen wir auf E. von Hartmann, „Phänomenologie des sittlichen Bewusstseins." pp. 4 u. folg.

Die theoretische Philosophie der Stoa kennt zwei Principien des Seins: die Vernunft, welche die Gottheit repräsentirt, und die Materie. Die Vernunft geht in die Materie ein und ist Weltseele, wie sie Individual-Seele ist; beide Principien werden körperlich gedacht, die Seele von feuerartiger Beschaffenheit. Die Vernunft, die Seele ist an und für sich frei, wird aber in der Natur theilweise den materiellen Gesetzen unterthan, obgleich sie auch wieder Lenkerin und Formspenderin ist. Aus dieser Theorie ergiebt sich die praktische Forderung, dass der Mensch sich den Geboten der Vernunft, seines eigenen bessern Selbst unterordne, auch da, wo es seiner bloss materiellen Natürlichkeit widerstrebt. Er ist dann in Harmonie mit der göttlichen Weltvernunft, von der er ja nur ein Theil ist und in die seine Seele nach dem Tode mit Hingabe der Persönlichkeit wieder zurückfliesst. Durch äussere Einflüsse der bloss physikalischen Natur oder der bösen Handlungen Anderer kann nur das Sinnliche am Menschen leiden, der Geist aber kann deswegen doch in seiner inneren Harmonie verbleiben; denn er ist als Vernunft frei und unanfechtbar, und nur aus sich selbst konnten ihm Leiden erwachsen dadurch, dass er sich durch Hingabe an die Sinnlichkeit selbst untreu wird.

Der Stoicismus rettet sich die optimistische Weltanschauung dadurch, dass er bezüglich des Allgemeinen nur auf die Vernünftigkeit des Seins (resp. seines Formal-Principes) blickt, bezüglich des Individuellen aber sich mit dem Selbstgenügen des Philosophen, sich mit sich selbst im Einklang zu wissen, bescheidet, und auf eine weitere eudämonologische Schätzung des Lebens verzichtet, dabei die Vernunft in ihrer reflectiven Sphäre über- und ihre Wirksamkeit im Reiche des Gefühlslebens unterschätzend. Das höchste Gut ist die Tugend, die Tugend aber ist die Vernünftigkeit; alle Leidenschaften sind als in der Sinnlichkeit wurzelnd zu unterdrücken, der Geist frei zu erhalten von Furcht und Hoffnung in reinem nichts als-sich-selbst Wollen. Diese Selbstgenügsamkeit ist das Glück, welches nicht gestört werden kann durch die Leiden des Körpers oder die Kümmernisse der Welt; wo aber ausnahmsweise die durch die Materie des Leibes verursachten Leiden eine solche Form annehmen, dass sie die Klarheit des Geistes zu trüben, ihn seiner Herrschaft über sich selbst zu berauben drohen, da hat der Mensch das Recht sich rechtzeitig dem Einfluss der Sinnlichkeit durch den Selbstmord zu entziehen — und auf diese Weise wieder, wenn auch nur negativ, der Vernunft den Sieg zu sichern. Die Tugend braucht keinen Lohn, weil sie Glückseligkeit, mithin sich selbst Lohn ist; die Sünde ist Sünde gegen die Vernunft, gegen die wahre Natur des Menschen, und ist ihr daher die Strafe gewiss, wenn auch für die kurzsichtige Menge dieses Verhältniss nicht immer erkennbar hervortritt.

Der Stoicismus ist ohne Zweifel die höchste Form der Weltanschauung des klassischen Alterthums und übt bis heute noch ihren Zauber auf kräftige Charaktere, bei denen das nüchterne, reflexive Raisonnement bedeutend über Gefühl und Phantasie vorherrscht und bei denen die Vernunft sich mehr durch die punctuelle Energie als durch die Weite ihres Horizontes auszeichnet.

Diese höchste Spitze ist aber auch der Abschluss des bisherigen Standpunctes und Uebergang zu einem andern; die stoische Ethik bricht nach zwei Seiten hin mit dem Princip des klassischen Zeitalters: erstens erhebt sich ihr Intellectualismus auf einer **pessimistischen Anschauung des gesammten sinnlichen, unmittelbar gegebenen Lebens**, und zweitens fängt die **Idee der Eudämonologie des Absoluten** an neben dem Individual-Eudämonismus Raum zu gewinnen, dadurch, dass es die **Weltvernunft** ist, der im Individuum zum siegreichen Sichselbstbehaupten verholfen werden soll.

Die Stoa fand zahlreiche Jünger und erlebte später in Rom eine Nachblüthe; ihre Verherrlichung des Selbstbewusstseins, der ausgesprochen männliche Charakter ihres Tugendideales entsprach den besten Seiten des römischen Nationalcharakters, begünstigte gleichermassen seine Vorzüge wie seine Mängel. Zu den Stoikern zählt auch der Philosoph auf dem Caesarenthrone: Markus Aurelius bei dessen „Selbstgesprächen" (Meditationes) wir etwas verweilen wollen; denn in ihrer subjectiven Unmittelbarkeit und Ungekünsteltheit und in dem Verzicht auf Systematisirung der Anschauungen und Empfindungen sind sie besonders geeignet, die Eigenthümlichkeit der Stellung des Stoicismus zu der axiologischen Frage zu zeigen. Diese besteht darin, dass, obgleich das Leben bereits im pessimistischen Sinne aufgefasst wird, dasselbe dennoch als werthvoll behauptet werden soll, und zwar nicht (wie ja auch nach der modernsten Form des phil. Pess.) im Hinblick auf transcendentale Zwecke, sondern im immanenten Sinne; nicht der Weltprocess als Mittel eines ausser ihm liegenden Endzweckes, sondern der Weltprocess als solcher soll als berechtigt verziehen werden.

Markus Aurelius klagt nur ausnahmsweise und nur in leichter Andeutung über des Lebens Unlust; nicht weil er diese nur selten empfindet, sondern weil etwas so Selbstverständliches, Allgemeinzugestandenes, etwas von dem man so vollkommen durchdrungen ist, gar keines besonderen Ausspruches oder Nachweises bedarf. Er weiss einfürallemal, dass das Leben leidvoll ist, er will aber eben darum nicht klagen (VIII, 9), denn wenn man sich mit dem blossen Bewusstsein der Vernünftigkeit genügen lässt, so kann man sich auch in dieser leidendurchstürmten Welt noch ein windstilles Plätzchen retten; nur weil er sich nicht immer an dieser nackten Vernünftigkeit wollte genügen lassen, nur deswegen muss er sich selbst bekennen „du hast unendlich gelitten" (IX, 26). Nun weiss er es besser: Da „kein Schicksal hindern kann gerecht, hochherzig, besonnen, verständig, vorsichtig im Urtheil, truglos, bescheiden, freimüthig zu sein", so sind „Widerwärtigkeiten kein Uebel", im Gegentheil, wenn man sie würdig zu ertragen vermag, sind sie ein Grund zur Freude; „erinnere dich also, bei jeder Veranlassung zur Unlust die Wahrheit geltend zu machen: dies ist kein Unglück, vielmehr, es mit edlem Muthe zu tragen, ein Glück". (IV, 49). Er fragt: „wo ist das Glück"? „Du hast manches versucht, bist unter so vielen Gegenständen herumgeirrt und hast doch nirgends das Glück des Lebens gefunden"; wie findet sich dieses? Er giebt sich selbst die Antwort: „indem man nichts für ein Gut hält, als was einen gerecht, besonnen, mannhaft, freigesinnt macht, und ebenso nichts für ein Uebel, was nicht das Gegentheil von dem Gesagten hervorbringt".´ (XII, 29, VIII, 1 ferner III, 6, 12, IV, 7, 8).

Alles Ueble wird der Sinnlichkeit zur Last gelegt, sie als die Quelle alles Bösen erachtet, die Seele aber, die mit der Vernunft identificirt, und bloss als Bewusstsein und Reflexion verstanden wird, in demselben Maasse überschätzt, so dass die Leiblichkeit bloss als Ballast erscheint: „ein Seelchen bist du, von einem Leichnam belastet", citirt Markus Aurelius den Epiktet; drum sind auch Sinnesfreuden nicht nur werthlos, sondern verächtlich: „wie viel Sinnenfreuden haben Räuber, Unzüchtige, Vatermörder, Tyrannen genossen!" (VI, 34 ferner VIII, 37 Endzeile 45; IX, 14, 15).

Eigenthümlich und für den Stoicismus bezeichnend ist die Stellung, die Markus Aurelius zum Tode nimmt. Beständig kommt er wieder auf denselben zurück, sagt sich immer und immer wieder vor, derselbe sei kein Uebel, denn er sei ja das Naturgemässe, und ob er etwas früher oder später komme, mache keinen Unterschied, „kurz sei ohnedies die Zwischenzeit (zwischen Geburt und Tod) und unter wie vielen Mühseligkeiten und in welcher Gesellschaft und in was für einem Körper werde sie ausgelebt!" (IV, 50. Im gleichen Sinne IV, 47, 48). „Wer sich vor dem Tode fürchtet, fürchtet sich entweder vor dem Aufhören jeglicher Empfindung oder vor einem Wechsel des Empfindens. Allein wenn man gar nichts fühlt: so wird man auch kein Uebel mehr fühlen; erhalten wir aber eine andere Art des Fühlens, so werden wir auch zu anderen Wesen, und hören mithin nicht auf zu leben." (VIII, 58). Aber trotz dieser Reflexion scheint unserem Stoiker der Tod denn doch etwas unbequem zu sein; wenn es nicht so wäre, so käme er nicht immer wieder auf die Flüchtigkeit des Lebens zurück, sähe nicht in der Flüchtigkeit das Merkmal seiner Werthlosigkeit; und diese Anschauung ist ja auf seinem Standpunkt, wo das blosse vernünftige Bewusstsein so hochgeschätzt wird, ganz begreiflich. Wenn der Tod nur deswegen zu preisen wäre, weil das Leben so vergänglich ist, so wäre ja ebenso correct der Tod zu beklagen, weil er es ist, der das Leben so vergänglich macht. Es ist daher die Consequenz des Widerspruches zwischen dem willkürlichen optimistischen Credo und der pessimistischen Lebenserkenntniss, dass er immer wieder Todesverachtung predigen muss, wobei all diese Stellen ein Ineinander von Bedauern über die Lebensflüchtigkeit einerseits (VIII, 31) und Verachtung des Lebens (V, 33) anderseits bilden. Denn wie sehr er auch die Vernunft preist, wie sehr er von der Berechtigung des Seins sich durchdrungen vermeint, er fühlt eben doch, dass das Leben schlecht ist, und dass dies der Grund ist, den Tod nicht zu scheuen, nicht aber weil er zur Naturordnung gehört; denn all' die Erbärmlichkeiten im Leben, die Schwächen der Menschen u. s. w. gehören schliesslich auch zur Natur und doch erachtet er sie als das Nicht-sein-sollende. Der vernünftige Grund, den Tod nicht zu scheuen, giebt nur die pessimistische Erkenntniss und jeder wirkliche Optimismus muss den Tod beklagen; im echt pessimistischen Sinne citirt Markus Aurelius auch Plato: VII, 35.

Die Befriedigung über das Selbstbewusstsein der Vernunft vermag unseren Philosophen nur stille zu machen, nicht aber den tiefen, satten Ton der Trauer zu lichten, der über den Selbstgesprächen liegt; Frieden und Resignation athmen sie, — aber die Ueberzeugung, dass es gut sei, dass die Welt bestehe, bringen sie wohl bei keinem hervor, bei dem sich schon der Zweifel hieran geregt hat.

Werfen wir hingegen noch einen Blick auf Markus Aurelius' Stellung zur Sittlichkeit, so tritt uns jener bereits erwähnte Gewinn der pessimistischen Lebensanschauung entgegen.

Durchschaut ist die illusorische Beschaffenheit von Lob und Ruhm, sie locken nicht mehr zur Ausübung der Tugend (IV, 19, 20, 33); nur um ihrer selbstwillen soll die Tugend gesucht und geübt werden, denn sie ist das wahre Wohl, der wahre Nutzen, „den zu suchen niemand müde wird". (VII, 74.) Und nicht ist sie das wahre Wohl, weil sie Lust bringt, denn dies ist nicht der Fall, sondern: weil das Leben eine Aufgabe darstellt, die glücklich zu lösen die Hauptsache ist. Im Dienste des Ganzen soll der Einzelne sie lösen, denn im Interesse des Ganzen ist sie gestellt; geduldig soll der Mensch alles hinnehmen, denn was das Geschick ihm bringt, das ist ihm zum Wohle der Gesammtheit verhängt. (V, 8, 33.)

Zum Schlusse des Abschnittes sei noch der alexandrinischen Nachblüthe griechischer Philosophie gedacht. Insbesondere im Neu-Platonismus bildet die pessimistische Lebenserfahrung ein wesentliches Motiv für die begriffliche Zerspaltung des Seins in göttlichen Geist und gottentfremdete materielle und Sinneswelt als der schlechthin nicht-sein-sollenden, welche von dem, der nach der Wahrheit und dem wahrhaften Leben strebt, durch Askese zu überwinden ist. In noch höherem Grade als im Stoicismus wird die Sinnlichkeit gegen den abstract genommenen Intellect zurückgesetzt und (wie im Judaismus) das „Fleisch" verachtet und in seinen natürlichen Rechten möglichst zu schmälern gesucht. Der Gedankengang, welchem zu Folge ein Plotin sich für seine ihn darum bittenden Schüler nicht wollte portraitiren lassen: weil er sich schäme, einen Leib zu haben, liegt weit ab von der Denkweise des natur- und lebensfreudigen Griechenthums der klassischen Zeit und steht der pessimistischen Weltanschauung näher, die in den indischen Religionen und Philosophemen ihr Denkmal gefunden hat.

3. Der Pessimismus im Judenthum.

a. Der Tod und die Straftheorie.

Wie die griechischen Götter die siegreichen Mächte sind, so ist Jaho, Jahve, Mosis Gott der siegreiche Gott; nicht nur ist er für das Volk, dessen Stammgott er ist, der Siegbringer über die Gewalt der Egypter, sondern auch für sich selbst, indem er über die Concurrenz der anderen Götter gesiegt hat. Für den Mosaismus als bereits endgültig herauskrystallisirten Monotheismus, dem Jaho nicht mehr der mächtigste unter Vielen, sondern der Eine Gott $\varkappa\alpha\tau'$ $\dot{\varepsilon}\xi o\chi\acute{\eta}\nu$ ist, kommt nur die erstere, die historische Seite in Betracht. Im Griechenthum war es der Sieg über die elementare Natur, die Culturfreudigkeit, die sich in der Idee der siegreichen Götter widerspiegelte; im Mosaismus ist es das Stammesgefühl, welches in dem Stammesgott verherrlicht wird. Die instinctive Lebensfreudigkeit des Individuums findet in der Stärke des nationalen Selbstgefühls, in der Zuversicht, das ausgewählte Volk Gottes zu sein, seine Ergänzung und Begründung.*)

Mit vollem Behagen wird das durch die Stärke des Gottes gesicherte Leben umfasst und ist an und für sich das Höchste der

---

*) Dieser Nationalstolz bildet eine Parallele zu dem der Griechen gegenüber den Barbaren.

Güter, wie der Tod an und für sich das grösste Uebel ist. Nicht dass man blind wäre für die Mängel des natürlichen Lebens; so fern es das Endliche ist, wird es als das niedrige, unreine dem Herrn des Himmels, dem reinen, heiligen entgegen gesetzt. Aber in dem historischen Verhältniss des Volkes zu seinem Gotte wird dieses Unreine, Hinfällige regiert. Sofern das Individuum dem Gesetze gemäss lebt, nimmt es Theil am Bunde, den Gott mit dem Volke gemacht hat, und lebt dadurch im reinen und berechtigten Dasein zur Ehre Gottes, der mit seiner geschaffenen Welt im Ganzen wohl zufrieden ist. Durch die zahlreichen, den Gebrauch der Naturdinge einschränkenden Gesetze und Verordnungen soll die Natur nicht unterdrückt, sondern nur geheiligt werden durch bewusste Unterstellung in jedem einzelnen Falle unter Gottes Willen.

Aber in dieses selbstzufriedene Leben fällt derselbe Schatten, der auch über die Lebensfreudigkeit der griechischen National-Jugend eine Trübung bereitete. Der Tod ist der Gegensatz zum lebendigen Gott und der Punct, wo der Mensch der Natur, dem Irdischen im Gegensatz zum Göttlichen verfällt.

Der Scheol ist das Analogon des Hades; kein Ort der Qual, nur unvollkommen vollzogene Negation des Lebens. Der Tod entfremdet nicht nur dem Leben, sondern auch Gott. Der Scheol ist die naive Vorstellung eines Unvorstellbaren: des Nicht-seins, und daher ist der lebendige Gott nicht auch der Gott der Todten. Der Tod ist das Unreine, mit ihm verfällt der Mensch gleich dem Thiere, mit dem er „einerlei Odem" hat, der Natur schlechthin.

Dem Optimismus des Volkes als solchem konnte diese düstere Todesauffassung nichts anhaben; denn dem Volk als solchem war das Leben vorläufig sicher, wohl aber war es dem natürlichen lebensfreudigen Individuum ein mächtiger Dämpfer, wie es denn im „Prediger Salomonis" besonders die Todesverfallenheit auch des Herrlichsten ist, welche besonders beklagt wird.

Aber einen eminent optimistischen Characterzug hat der Mosaismus und der Judaismus vor dem Griechenthum voraus: er kennt kein blindes Schicksal, sondern sobald das Uebel nicht mehr unreflectirt als unvermeidliches Natur-Uebel hingenommen wird, so erscheint es als von Gott verhängte Strafe für versäumte Bundestreue, sowohl des Einzelnen als des Volkes im Ganzen. Das zu tragende Uebel und Leid bleibt freilich was es ist, aber es verliert seinen Stachel für die Reflexion, indem es für das sittliche Bewusstsein fruchtbar zu werden beginnt. Die Strenge von Gottes Regiment ist nur ein neues Moment in der Reihe der Vorzüge der von Gott zu seiner Ehre erschaffenen Welt; der gestrenge, der racheeifrige Gott war eben das Ideal eines Volkes, dem mit dem Instinct der Gesellschafts-, Staats- und

Hierarchie-Gründung, der Gerechtigkeits- und Vergeltungs-Trieb in der ersten Reihe der sittlichen Triebfedern stand. Aber freilich setzt es einen ungewöhnlich hohen Grad des Solidaritätsgefühls voraus, soll sich der Einzelne damit zufrieden geben, dass er leidet um der Vergehen des Volkes als solchem willen, — Vergehen an denen er selbst vielleicht nur minimal oder gar nicht participirt.

Die Idee eines Gottes, der die Missethaten der Väter an Kindern und Kindeskindern heimsucht, ist für den Glauben, für das religiöse Postulat eines **Volkes als solchem**, für eine **historische Gemeinschaft** immer noch erträglich; die Lehre auch eine ethisch heilsame, sofern die Furcht vor einem solchen Bundesherrn ein kräftiger Zügel war gegen die Neigung einer Lostrennung von der mannigfache Opfer fordernden Bundesgemeinschaft. Auf den Einzelnen angewandt aber machte die Lehre, dass Glück und Unglück als Lohn und Strafe von Gott zugemessen worden, fast jeden Lebenslauf zum unlösbaren Räthsel, vor welchem nothwendig die tiefer veranlagten Köpfe stutzig werden mussten. Die Unmöglichkeit, die Theorie mit den Thatsachen in Einklang zu bringen, droht die religiöse Sehnsucht des Einzelnen nach dem gerechten Richter und Führer des **Individuums** (nicht bloss des „Volkes", welches doch schliesslich nur eine Abstraction ist) zu erdrücken. Es ist ein Widerspruch zwischen dem, was der israelitische und jüdische Gott dem Volke und was er dem Individuum bietet, und es möchte hierin vielleicht einer der Gründe zu suchen sein, warum sich immer wieder die religiöse Phantasie der Massen (als der Vielheit der Einzelnen) von den Göttern der Nachbarvölker locken liess.

b. Das Buch Hiob und der Prediger Salomonis.

Im Hiob ist uns ein literarisches Denkmal erhalten, wie ein dichterischer Geist mit den Widersprüchen ringt, welche erstens zwischen der **wirklichen Lage des Volkes Gottes** und dessen stolzen Verheissungen, zweitens aber zwischen dem **Lohn- und Straf-Dogma und der individuellen Erfahrung** bestehen; die letztere Incongruenz bildet das eigentliche Thema der Dichtung. Da dieselbe und der „Prediger" die einzigen zugestandenen pessimistischen Kundgebungen unter den religiösen Schriften des Mosaismus und Judaismus sind, so betrachten wir sie nunmehr etwas eingehender.

Bekanntlich zeigt uns das Gedicht am Helden Hiob die pessimistische Verzweiflung im Kampfe mit dem landläufigen dogmatischen Optimismus und die Ueberwindung der Verzweiflung durch religiöse Resignation, ermöglicht durch eine Vertiefung des Gottesbegriffs, welchen Hiob bisan mit der Masse seines Volkes theilte. Durch die von Hiob errungene erhabenere Auffassung Gottes, entsprechend welcher Gott als der dem menschlichen Kalkuliren Undurchdringliche sowie von dessen Begriffen von Recht und Gerechtigkeit durchaus Unabhängige verstanden wird, geschieht aber nur der Verzweiflung der Ungewissheit Einhalt, welche letztere das Resultat des Erwachens aus der bisan mit der grossen Menge getheilten Illusion war, als ob die Fügungen Gottes ganz nach menschlichen Rechtsbegriffen und dem Menschenverstand durchschaubar eingerichtet seien.

Letztere Ansicht möchten Hiobs drei Freunde gerne noch retten; nach ihnen ist das Unglück gleichsam der Kettenhund Gottes, den dieser nach Willkür loslässt, um zwischen diejenigen zu fahren, die seine Gebote verletzen. Indem Hiob überzeugt ist, dass er dem Gesetz gemäss gelebt hat*), muss er nun, wo er sich von allem ihm denkbaren Unglück überhäuft sieht und wo gleichzeitig auch sein Auge geschärft wird für das allenthalben sich breit machende Unheil, entweder irre werden am Glauben an Gott, dem Geschickelenker, oder aber ihn in dieser letzteren Eigenschaft in anderem Sinne auffassen, als er bisan gewohnt war.

Dies letztere gelingt ihm; er rettet seinen Jaho-Glauben und erhebt seinen Gott nur um so höher, indem er ihn in eine dem Rechtsverhältniss unnahbare Transcendenz versetzt. Das Leid der Welt soll als Gottes unerforschbarer Wille aufgefasst werden, und soll nicht Gegenstand der Klage sein, denn der Mensch ist zu klein, die Wege des grossen Gottes zu durchschauen.**)

Möglich ist es immerhin, dass dem Dichter die Erkenntniss aufdämmerte, dass des Lebens Uebel und Leiden nothwendig mit dem Dasein selbst gesetzt seien, ihre nothwendige Stellung in dem Zusammenhang der Weltbewegung haben und darin ihre (relative) Berechtigung finden. Zum Ausdruck kommt diese der Zeit des Dichters jedenfalls ganz ungeläufige Auffassung aber nicht; das

---

*) Der Dichter giebt uns die Versicherung, dass es wirklich so sei, dass nicht nur Hiob sich in eitler Selbsttäuschung befand, indem er in dem „Vorspiel im Himmel" Gott selbst dem Hiob das Zugeständniss der Gerechtigkeit machen lässt (I, 8).

**) Dem raisonirenden Geiste ist dies freilich kein Trost, nicht einmal ein endgültiger Ruhepunkt für das Denken, sondern bestimmt, später wieder ein Object der pessimistischen Betrachtung zu werden. Dagegen kann sich allerdings ein schon vorher zu mystischer Gottinnigkeit neigendes Gemüth damit beruhigen. Die Befriedigung gebenden Momente sind aber erstens, die grössere Erhabenheit seines Gottes, zweitens das Bewusstsein aus eigenster Einsicht zu dieser Erkenntniss gekommen zu sein, welches für den mystisch Erregbaren ein tieferes Eindringen in die Gottheit selbst darstellt. —

einzige ist, dass die Worte, die er seinen Helden, sowie Gott bei der jenem zuletzt zu Theil werdenden Offenbarung, sprechen lässt, diese Deutung nicht direct ausschliessen.

Was dagegen der Dichter als das Auszeichnende an Hiobs Gotteserkenntniss anerkennt, das ist eben diese Heraushebung Gottes aus dem Abhängigkeitsverhältniss von der menschlichen Anschauung von Recht und Gerechtigkeit; dies legt er wieder Gott selbst in den Mund als Anerkennung von Hiobs gutem Bestehen der Prüfung. Dann aber ganz besonders in dem pessimistischen Wahrheitsmuthe, welcher furchtlos auf sein gutes Gewissen baut und es wagt, unbewegt sowohl von dem landläufigen Glauben, als von der subtileren Auslegung des jungen Elihu (der das Unglück des Tugendhaften als Warnung, nicht übermüthig zu werden, verstanden wissen will*), es auszusprechen: dass Gott zwar allerdings den Sünder straft, aber auch über den Gerechten Leid schickt; warum? das bleibt verborgen, Gott steht nicht Rede, weil er über jeden menschlichen Maasstab erhaben ist.

Die pessimistische Erkenntniss bleibt bestehen, auch wenn Hiob, nachdem ihm Gott selber seine Grösse vor Augen gestellt hat, sein Hadern bereut; und wenn nun zum Schluss der Dichter Gott erklären lässt: die drei Freunde Eliphas, Biddad und Zapher hätten „nicht recht von ihm geredet" wie Hiob, so ist mit des letzteren „recht reden" doch wohl Hiobs pessimistisches Bekenntniss gemeint, denn an Lobeserhebungen liessen es die andern, besonders auch der junge Theologe Elihu, wahrlich nicht fehlen.

Eine Inconsequenz ist es nun aber, wenn der Dichter am Ende sich doch wieder dadurch zur Lohn- und Straf-Theorie bekennt, dass er dem Hiob zur Belohnung seiner Treue zu Gott von diesem wieder mit neuen Gütern und Kindern beschenkt werden lässt, statt seine vertiefte Gott-Innigkeit als hinlänglichen Gewinn seiner Heimsuchung darzustellen, ähnlich jener Gesinnung des Sängers des 73. Psalm, wo es heisst: „Wenn ich nur Dich habe, so frage ich nichts nach Himmel und Erde; ob mir gleich Leib und Seele verschmachtet, so bist Du doch, Gott, meines Herzens Trost und Theil."

Vielleicht möchte uns hier der Einwand gemacht werden, der Gewinn der pessimistischen Erkenntniss des Hiobs sei die gewonnene Hoffnung auf eine Zukunft nach dem Tode. Aber die betreffende Stelle (XIX, 25, 26, 27) steht nicht im Einklang mit der ganz aufs Immanente beschränkten Weltanschauung alles Uebrigen und im stricten Gegensatz zu verschiedenen ganz unzweideutigen Stellen, welche ganz im Sinne des Mosaismus nichts

---

*) XXXIII, 16 u. folg.

von einer lebendigen Fortdauer nach dem Tode wissen (VII, 9 und XIV, 10, 11, 12), so dass hier ohne Zweifel eine nachträgliche Einschaltung stattgefunden hat. Die Zeit, wo allmählich — und wahrscheinlich durch asiatische Einflüsse beschleunigt und historisch vermittelt — der eudämonologische Trieb sich vor der aufdrängenden pessimistischen Erfahrung in die Hoffnung transcendenter Herrlichkeit flüchtete, mag derjenigen der Entstehung des Buches Hiob nicht ferne liegen; Hiob jedoch hat noch nicht in dem Grade mit dem Optimismus seines Väterglaubens gebrochen, um einer solchen Rückzugsposition zu bedürfen.

Seine Weltanschauung ist nämlich nur insofern pessimistisch gefärbt, als er die Ohnmacht und Rechtlosigkeit gegenüber der göttlichen Schicksalsfügung erkennt; nicht aber in dem Sinne, dass er an dem eudämonologischen Werthe der sogenannten „Lebensgüter" zweifelte. Gesundheit, Reichthum, Ehre vor den Menschen, Bevorzugung vor andern, Armen, deren Existenz gleichsam als Folie gefordert erscheint, Liebesbefriedigung und sinnliche Genüsse aller Art, werden bis zu Ende als vollgültig anerkannt. Kein Ahnen drängt sich ein, dass auch ihr Werth nur ein relativer sei, dass auch diese Güter das tiefste Sehnen des Herzens nie vollständig und auf die Dauer zu stillen vermögen. Dabei werden die, die Lebensgüter vorstellenden Objecte ganz entsprechend dem uns im Mosaismus so unangenehm berührenden Egoismus nur allein danach geschätzt, wie sie auf das redende Subject, dem sie Object sind, wirken, nicht wie sie für sich selbst Subjecte sind: Hiobs Heerden werden fortgetrieben, die Hüter, seine Diener und Sklaven werden erschlagen — kein Mitleid mit deren Loos erschüttert ihn, denn er schätzt deren Leben nur nach seiner Relation zu ihm. Erst als Krankheit und Schmerzen ihn selber packen, erst als sein Stolz durch seine ihm an Roheit des Gefühls und Selbstsucht gleiche Umgebung gekränkt wird, erst da gehen ihm die Augen auf über die Beschaffenheit des Lebens und er giebt sich an's Klagen.

Bedeutend näher dem modernen Bewusstsein steht die pessimistische Lebensanschauung des „Prediger Salomonis".

Der Prediger theilt mit dem Hiob die dem Mosaismus und orthodoxen jüdischen Dogma fremde Einsicht: dass Glück und Unglück nicht im Verhältniss von Gerechtigkeit oder Sündhaftigkeit vertheilt sind, sondern dass andere, unerkennbare Gründe für die Vertheilung der Geschicke vorhanden sein müssen. (IX, 1, 2. 11); aber er ist weitaus pessimistischer gesinnt als Hiob, denn diejenigen Zustände und Objecte, die letzteren noch als eudämonologisch vollgewichtig gelten, erscheinen dem Prediger als „eitel" und nichtig, nicht ein Armer, Kranker, Verachteter klagt im

„Prediger" die Welt an, sondern Einer, über den das „Glück" sein Füllhorn ausgeschüttet hat, erkennt, dass dasjenige, was man eben „Glück" nennt und als Güter erachtet, doch nicht das Herz zu befriedigen im Stande ist. Der Prediger besitzt Reichthum, Macht und das Wissen seiner Zeit;*) was die Kunst zu bieten hat, kann er sich aneignen,**) jedem Gelüste seiner Sinne kann er Genüge thun, und er geniesst es auch im Bewusstsein, dass es sich so gehöre, als Lohn seiner Arbeit.***) Denn er will nicht nur passiv empfangen, er greift kräftig an, um die Lustquellen zu mehren: baut Häuser, pflanzt Weingärten, legt Teiche an, daraus zu wässern die Haine und die Fruchtbäume.†) Aber all dies Streben und Gewinnen befriedigt ihn nicht, sein tiefstes Sehnen bleibt ungestillt. Er, der Wissende, der Reiche und Mächtige fühlt sich in seinem Herzen nicht besser gestellt als „der Narr"; er, der „im Lichte" ging, fand mit Mühen und Sorgen nicht mehr „als der Narr, der im Dunkeln ging", d. h. wie der, welcher sich von der Forderung des Augenblicks lenken lässt, ohne um die Zukunft zu sorgen. Wie dieser gewinnt er nichts als eben die Existenz††), und diese ist eitel, „ganz eitel" (ich sah Alles, das unter der Sonne geschiehet und siehe es war alles Eitel und Jammer, I, 4). Das Wissen zu mehren ist erst recht eitel; denn nicht nur macht die Arbeit des Erringens Mühe, sondern man bringt sich dadurch um die Hoffnung.

Aber selbst wenn die Lebensgüter Behagen erzeugen, so tritt nun ein anderer Feind auf, ein Feind, der so recht aus der Mitte der Festungen des Optimismus hervorwächst: die allem anhaftende Vergänglichkeit.†††) Die Vergänglichkeit wird aber dem Prediger noch dadurch ganz besonders fatal, dass wenn er selber ihr zum Opfer gefallen sein wird, dann ein Anderer benutzen soll, was er mit Mühe und Arbeit errungen hat.*†)

So ist denn das Leben schlimm und fast möchte man die Todten für die Begünstigteren halten, den Tag des Todes für preiswerther als den Tag der Geburt. Die Todten sind der Last des Lebens enthoben, aber freilich auch des Lebens Macht und daher ist eigentlich „ein lebender Hund mehr als ein todter Löwe"**†); am besten daran aber ist jedenfalls der, der noch nicht ist.†*)

Martensen in seiner „christlichen Ethik" nennt den Prediger das klassische Beispiel des zum religiösen Optimismus verklärten Skepticismus. Diese Ansicht können wir nicht theilen. Der Prediger hält allerdings fest am Glauben seiner Väter, indem er trotz der Beobachtung, dass auch der Gerechte leidet, schliesslich doch an

---

*) II, 7, 8, 9.   **) II, 3.   ***) II, 10.   †) II, 4, 5, 6.   ††) II, 4.
†††) III, 19, 20, 21, 22.   *†) II, 18, 21.   **†) IX, 4, 6.   †*) IV, 2, 3.

der Meinung festhält, dass der Gottlose erst recht übel wegkomme, und dass das kleine Restchen Lebensgenuss, den er, wie wir gleich sehen werden, sich doch noch zu retten hofft, durchaus nichts so selbstverständliches, sondern immerhin noch ein besonderes gnädiges Geschick ist. Er empfiehlt daher als das immerhin lohnendste: den Wandel in der Furcht Gottes und im Gesetz. Aber nicht um der Gottseligkeit selber willen, nicht aus gottliebender Sehnsucht nach dem Unendlichen; denn obgleich er die pessimistische Erkenntniss als solche für relativ werthvoll erachtet, indem „Trauern das Herz bessert",*) so will er für seinen Theil sich doch nicht bei dieser Erkenntniss resigniren, sondern ein positives eudämonologisches Resultat schliesslich doch noch retten. Das Ziel, welches er sich nach Verzicht auf sein bisheriges Ideal des allseitigen sich Auslebens und Auswirkens setzt, ist ein sehr bescheidenes und dem religiösen Standpunkt schnurstracks zuwiderlaufendes. Der Prediger will sich mit den primitiven sinnlichen Genüssen, mit Essen und Trinken und der Freude mit seinem Weibe begnügen, um (ganz im Widerspruch mit dem oben angeführten Lob der pessimistischen Erkenntniss) des Lebens Jammer im Naturgeniessen zu vergessen.**) Arbeiten stärkt den Appetit und macht die Ruhe süss, daher will er auch arbeiten, aber nicht zu viel, denn eine Handvoll mit Ruhe ist besser als zwei mit Mühe,***) und mitnehmen, wenn er stirbt, kann er ja doch nichts, — diejenigen aber, die nach ihm kommen, die kümmern ihn nicht.

Es erhebt sich also zwar der Prediger zur genügenden Klarheit, um überall die das Leben begleitende Unlust zu erkennen, aber er vermag sich nicht zu einem andern Standpunct aufzuschwingen, einen andern Maassstab und Werthmesser des Lebens, Thuns und Strebens zu finden als den individual-eudämonistischen. Er hat keine Zukunftsideale, denn er kennt keine Entwickelung: das Morgen ist wie das Heute und es giebt nichts Neues unter der Sonne.†)

Die pessimistische Weltbetrachtung ist in den beiden behan-

---

*) VII, 4, 5.   **) III, 12, 13. V, 17, 18, 19. VII, 15. VIII, 15. IX, 9.
***) V, 6.
†) Man könnte den Prediger Salomonis als Illustration zu Abschnitt I, 3 und II, 1 des ersten Theiles der „Phän. d. sittl. Bewusstseins" von E. von Hartmann benutzen, bezüglich des Ueberganges vom (Pseudo-) Moral-Prinzip des Individual-Eudämonismus zum heteronomen Princip des göttlichen Willens; derart, dass beim Prediger das erste Princip noch festgehalten, der Egoismus dem heteronomen Princip noch nicht rücksichtslos geopfert wird, sondern im Hintergunde bestehen bleibt, das heteronome Princip in der Form des „Gesetzes" aber der Handlungsweise als Richtschnur dienen muss; und zwar auf Grund der Verzweiflung an der directen Realisationsmöglichkeit des ersten eudämonologischen Princips. —

delten Fällen eine rein empiristische. Beim Hiob liegt der Schwerpunct des pessimistischen Bewusstseins darin, dass das Verhältniss von Wohlergehen und Unglück kein dem menschlichen Begriff von Gerechtigkeit entsprechendes ist; beim Prediger gesellt sich die weitere Einsicht hinzu, dass auch das gute Geschick, die verhältnissmässig mit hohen Glücksgütern gesegnete Existenz nicht das letzte, tiefste Sehnen des Menschen zu befriedigen vermöge. Nach beiden Seiten hin aber wird dieser neue Bewusstseinsinhalt nicht Ausgangspunct neuer Ideengänge, weder über die Natur des Seins, noch über das Verhältniss des Menschen zum Gotte des Dogmas.

Dem Judaismus wie dem Mosaismus ist die Welt von Gott zu seiner Ehre und seinem Vergnügen geschaffen und das jüdische Volk ganz speciell das Volk Gottes. Kein politisches Missgeschick, kein sociales Elend vermochte den gewaltigen Optimismus-Instinct dieses Volkes zu Boden zu drücken, und wo die Wirklichkeit in zu grellem, hohnvollen Gegensatze stand zu diesem stolzen Glauben, da ergriff man mit den Fangarmen der Sehnsucht das verheissene zukünftige Gottesreich. Dieses wurde um so jenseitig-luftiger, je weniger Anhaltspuncte die Gegenwart zum Anknüpfen realistischer Hoffnungen bot, und es wurde um so glanzvoller, um so seligkeitsreicher von der Phantasie ausgebaut, je transcendenter es sich gestaltete: der Schein schien um so glänzender je mehr ihm das Sein abhanden kam.

Dass das Buch Hiob und der Prediger unter die heiligen Schriften aufgenommen wurde, zeigt, dass ihre pessimistischen Bekenntnisse von der geistigen Macht des jüdischen Volkes als Wahrheit anerkannt wurden, aber man schloss die Augen vor demjenigen, was sich logischer Weise für die Theologie hätte daraus ergeben sollen.

Nicht im speculativen Sinne wurde der neue Bewusstseinsinhalt verwerthet, sondern nur im Interesse der Klugheitsmoral. Der im Prediger Laut gewinnende empirische Pessimismus hat jene Lebensweisheit gezeitigt, wie sie Jesus Sirach lehrt.

Man kann dieselbe ein Anologon zum Epikureismus nennen; die Unterschiede wachsen unmittelbar aus den Verschiedenheiten des Volkscharacters der Juden und Griechen hervor: dort der Idealismus der Religiosität, hier Idealismus des Kunststrebens und der Cultus des Schönen; dort ein starkes Solidaritätsgefühl gegründet auf den gemeinsamen Gottesglauben und auf die Illusion einer besondern göttlichen Bevorzugung, hier der Stolz auf eine specifische Civilisation und höchste Cultur. Gemeinschaftlich aber ist der jüdischen Klugheitsmoral und dem Epikureismus das Festhalten des Eudämonismus und das ängstliche Bemühen durch sorgfältige Sicherung relativer „Werthe" und „Güter" dem natürlichen Leben einen selbstständigen Werth für das Individuum zu retten. Das „Wie" des eudämonologischen Rettungsversuches ist nun freilich wieder bestimmt durch die nationale Verschiedenheit: bei den Juden ist es das genügsame sich Versenken in das sinnliche Geniessen,*) bei den Griechen wird das Natürliche künstlerisch verklärt; beide fügen sich klug in die Sitte, nicht aus Ehrfurcht vor derselben, sondern weil dieselbe dem individuellen Zweck eines von den Menschen wie von den Göttern unangefochtenen Lebens dienlich erkannt wird.

Hat sich das Judenthum als solches nun zwar auch durch das Zusammentreffen eines starken religiösen Pietätgefühls gegen seinen Gott-Liberator und durch eine gesunde Genussfähigkeit des primitiv Natürlichen den Optimismus durch alle Anfechtungen hindurch zu wahren gewusst, so hat es doch auch ein eigenthümliches pessimistisches Dogma in sich gezeitigt, welches vom Christenthum adoptirt bis zur Stunde innerhalb des letzteren noch geglaubt und bestritten und zum Object theologischer Spitzfindigkeiten gemacht wird.

Wir meinen die Lehre vom Sündenfall. Nach der indischen Religion ist es das absolute Göttliche selbst, welches die Schuld des Seins als die Ursache des Uebels der Welt begangen hat; nach dem persischen Glauben ist das Uebel nach rückwärts gleich ewig wie die weltschaffende Gottheit; nach der egyptischen Kosmologie ging der Weltschöpfung ein Abfall der Geister von der obersten Gottheit voraus und die Schöpfung ist der Ort ihrer Reinigung und Sühne. Nach dem Mosaismus und Judenthum aber ist die Welt das wohlgerathene Product Gottes und die Uebel sind durch menschliche Verschuldung nachträglich hineingekommen.

Diese Lehre ist ursprünglich optimistisch, da sie der instinctiven Werthschätzung des Daseins Rechnung trägt, eine Werthschätzung, welche wiederum insofern ihre natürliche Berechtigung hat, als der urtheilende Mensch eben selbst zur Welt gehört und im allgemeinen Seinswillen sein individueller Wille mit eingeschlossen ist. Aber während sie den relativen Werthen des Lebens und dem Lebenswillen sein natürliches Recht sichert, wird sie für das religiöse Bewusstsein **unvergleichlich belastender** als eine Theorie des Uebels, welche dessen Ursprung vor die Entstehung der Menschen setzt und somit die Menschheit nur zum partiellen Mitträger der Schuld macht.

Das Dogma, so fatal es sich in der Folge für den Theismus vor dem Richterstuhl der Kritik erweist, ist doch für den anfängichen naiven, dualistischen Monotheismus (wo die Schöpfung als von Gottes Wesen verschieden und getrennt erscheint) ganz natür-

---

*) XIV, 11—21. XXXI, 24—27. XXXVIII, 16 - 22.

lich und begreiflich: einerseits gegenüber der Thatsache des religiösen Phänomens, dass der zum Begriff von gut und böse gelangte Mensch sich schuldbeladen fühlt; und zum andern aus der Nüchternheit, dem gänzlichen Mangel an metaphysischer Gestaltungskraft des israelitisch-jüdischen Volkes. Dass die orientalische und egyptische Idee vom Fall der Geister schon bei ihrer primitivsten Gestaltung mitgewirkt hat, geht aus der späteren künstlicheren Entwickelung des Dogmas hervor; der Sündenfall wie er Mosis I, 3. Cap. erzählt wird, ist aber nur die nüchternste, poesielose und zum kindischen abgeblasste Wiedergabe des tiefsinnigen Mythos vom Abfall der Geister von ihrem ewigen in sich selbst Ruhen im göttlichen Urgrunde.

Das Dogma hat im Mosaismus und Judaismus ziemlich latent gelegen. Es hat mehr nach seiner optimistischen Seite hin gewirkt, indem es Gott in seiner vollen Erhabenheit liess, ohne dazu zu nöthigen, diese dadurch zu conserviren, dass man ihn zu sehr und zu vorzeitig für die religiöse Entwickelung der Massen der empirischen Welt entfremdete. Seine deprimirende Wirkung, wodurch das, was anfänglich ein Product der pessimistischen Erkenntniss war, nun selber zu einem ideellen Object wurde, welches Leid, Trauer und Schreck gebar und mannigfach zum Hemmschuh der geistigen Entwickelung wurde, trat erst nach seiner Aufnahme und Verwerthung im Christenthum hervor. Allerdings nicht ohne dass auch seine das religiöse Leben beförderende Eigenschaft in Action trat, indem es die Innerlichkeit des Menschenwesens in's Centrum der Weltnatur setzte und dem Menschen mit der Verstärkung des Schuldgefühls auch die Erlösungssehnsucht steigerte, und zwar transcendirt aus der jüdischen Aeusserlichkeit eines irdischen Gottesreiches in den Begriff einer seelischen Wiedervereinigung mit dem absoluten Geiste.

II. Capitel.

Der Pessimismus innerhalb des Christenthums.

1. Weltmüdigkeit.

Als Jesus zu lehren begann, war unter dem Volke der Glaube schon sehr verbreitet, dass die Welt alt und zum Untergang bereit sei und nicht mehr lange bestehen könne. Die socialen Verhältnisse waren gespannt und unerquicklich, sowohl in Folge der politischen Zustände, als auch durch die religiöse Ausgestaltung des Judenthums, welches mit seiner Verknöcherung im Ceremonialdienst dem nach Trost und Erhebung hungrigen Volke nur einen Stein statt des Brodes zu bieten hatte. Pessimistische Anschauungen waren allgemein und die Aufforderung zur Busse, die Johannes predigte, zeigt, dass das irdische Leben als durchaus gegensätzlich zu dem zu kommenden Himmelreiche erachtet wurde. Bei Jesus und seinen unmittelbaren Jüngern und Bekennern war das Verhältniss zwischen der Welt und dem Himmelreich noch ganz das gefühlsmässige des wirklichen, ursprünglichen, religiösen Erzeugungsactes: die Weltmüdigkeit erzeugte die Himmelssehnsucht, die sich Genüge schaffte in einem Glauben, der die Welt mehr durch Vergessen negirte, als dass er sie ohne weiteres zu einem Gegenstand des Schreckens und Abscheus machte. Das junge Christenthum ist pessimistisch, weil es die Welt (so wie seine Bekenner sie erfahren haben) als werthlos, als das tiefe Sehnen des Herzens und das Hungern und Dürsten der Seele nicht stillend erkannt haben. Die junge Glaubensgenossenschaft missachtet die Welt, sie fürchtet sie aber nicht. Jesus und seine Jünger hatten nicht nöthig zu fasten und sich zu kasteien, um Pessimisten zu sein; sie assen und tranken normal, und der Wein zu Kanaan zeigt, dass auch die Unterschiede zwischen den Producten nicht übersehen wurden; aber die relativ guten Momente hinderten nicht das Weltverdammungsurtheil.

Dies änderte sich aber rasch genug; sobald der Glaube an die Botschaft vom nahen Himmelreich nicht mehr ein Werdeprocess, sondern ein Gewordenes war, wurde er auch Object der Reflexion und nun wurde die den Urbekennern gleichgültige und unschädliche Welt ein feindliches Object, sobald es galt, das für sich Gewonnene Andern mitzutheilen. Nicht Allen schien es so selbstverständlich der Welt praktisch zu entsagen, selbst wenn man sie der Theorie nach gering schätzte; insbesonders der römischen Cultur war es eigen, Weltverachtung mit Weltgenuss zu verbinden; der Gebrauch der Weltgüter war zur andern Natur geworden und das als eudämonologisch werthlos Erkannte war doch durch die Gewohnheit eine Macht geworden, von der loszukommen schwer war.

Sobald innerhalb der jungen Glaubensgenossenschaft damit begonnen wurde, die Errungenschaften des zu neuer Stufe vorgeschrittenen religiösen Bewusstseins zu sichten und zu ordnen, sobald die einzelnen Momente der Lehre Jesu und der Apostel in Verbindung gesetzt wurden, d. h. also: sobald sich die Dogmen zu krystallisiren begannen, sammelte sich in dem Christenthum, wie in einem Brennspiegel, alles was jüdische Dogmatik und alexandrinische Philosophie zur Discreditirung der Welt, der Natur im engern Sinne und der physischen Natur des Menschen aufgebracht hatten. Das Resultat war eine absolut unausfüllbare Kluft zwischen allem Natürlichen einerseits und der Religion und deren Organisationen andererseits. Die Welt, die bloss missachtet worden war, wurde nun gefürchtet, nachdem sie geradezu zum Reich des Bösen gemacht worden, in welchem nun auch diejenigen Factoren, welche bisan als relative Güter erachtet wurden, zu erst recht gefährlichen Fallstricken und Angelhaken des Widersachers Christi gestempelt worden waren. Erst einer spätern Entwickelungsstufe des Dogmas wurde es wieder möglich, zwischen der zwar in Folge des Sündenfalls corrumpirten Natur und der eigentlichen Sündenbethätigung des Menschen zu unterscheiden, wodurch dann natürlich auch wieder ein günstigeres, milderes Licht auf die Natur als solche fiel.

Dieser Pessimismus nun, der sich nicht begnügte, das Erfahrene zu constatiren, sondern metaphysische Erklärungen für dasselbe aufstellte, hatte die Eigenschaft, selbst einen neuen Factor in der leidvollen Beschaffenheit des Seins zu bilden; zuerst nur des inneren, des gedanklichen Lebens, dann aber selbstverständlich auch des äusseren Thatlebens, wie ersteres es motivirte. Es wurden die Lehren von der Verderbniss der Natur durch den Sündenfall, von der Erbsünde, vom Tode als der Sünde Lohn, vom Gegensatz der fleischlichen und geistigen Natur des Menschen und endlich vom Satan und den Dämonen zu ideal-realen Factoren des Lebens, und somit wurden Gebilde des Denkens und der Phantasie, die sich ursprünglich aus vereinzelten pessimistischen Betrachtungen des inneren und äusseren Lebens entwickelt hatten, secundär nun selbst zu einer schier unerschöpflichen Quelle seelischer Leiden und vernunftwidriger Lebensgestaltungen. Natürlich war damit auch ein pessimistischer Multiplications-Process eingeleitet: Die durch solche Phantasiegebilde verunzierte Welt war nun erst recht zu fürchten und zu verdammen, und weil es nun so war, so wurde auch der Teufel immer schwärzer, bis es endlich auch hier zur glücklichen Wahrheit wurde: dass all zu scharf schartig macht.

2. Der Gnosticismus und der Pessimismus.

Die Gnosis ist Religionsphilosphie; sie geht vom Glauben aus, dass die Grunddogmen des primären Christenthums: die Messianität Jesu Christi und die durch seine Lehre und seinen Tod vermittelte Erlösung der Welt in dem stricten Sinne Wahrheit seien, dass diesen Ideen und Vorstellungen objective, transcendent-reale historische Vorgänge und Verhältnisse des Absoluten zur Welt entsprechen; es ist aber das Ziel der Gnosis, diesen christlichen Glauben auf dem Wege der Philosophie zum Wissen zu erheben. Die Vertreter der Gnosis sind aus dem Ideenkreis der alexandrinischen Religionsphilosophie hervorgegangen; in ihrem religiösen Empfinden von der christlichen Erlösungslehre subjectiv ergriffen, können sie doch nicht mit ihrer philosophischen Methode der Speculation brechen, sondern bemühen sich die Ideen der letztern mit den Vorstellungen des Christenthumes zu verschmelzen, dieses durch jene zu begreifen.

Die Gnosis setzt die drei Religionsformen, die in dem Lande, wo sie sich entwickelte, beständig zu Collisionen führte: Das Heidenthum, Judenthum und Christenthum derart in Verbindung, dass jede als Repräsentant eines Theiles des Objectivseienden — resp. gewesenen — gehalten wird; sie fasst das Absolute und das religiöse Wissen und Glauben derart in Wechselwirkung, dass die letzteren das nöthige Ergänzungsmoment der Entwickelung des Göttlichen, als des sich in der Welt selbstgebärenden Absoluten ist. Jeder Stufe des religiösen Bewusstseins entspricht ein Moment im absoluten Sein, welches ein innerhalb der Einheit vielgliedriges ist. Die verschiedenen Religionen sind also alle relativ wahr, jedoch das Heidenthum und das Judenthum auch relativ unwahr, insofern als sie niedrige, untergeordnete

Momente des göttlichen Seins zu dem Absoluten machen. Die Gnostiker sind, wie ihre christlichen Zeitgenossen alle, und der allergrösste Theil der Bildungsträger ihrer Zeit überhaupt, durchdrungen von der pessimistischen Empfindung der Grösse des Unterschiedes zwischen der empirischen Welt und dem im Sehnen und Glauben ergriffenen göttlichen An-Sich, und bemühen sich, die das Begreifen ermöglichenden Mittelglieder zwischen dem ewig in sich ruhenden Uebersein und der Erscheinungswelt und dem menschlichen Bewusstsein zu finden. Sie theilen mit den Christen die Weltverachtung und die Sehnsucht nach einem sowohl allmächtigen als auch allgütigen Gotte, sowie nach der Erlösung der Welt; aber ihr philosophisch geschulter Geist vermag sich nicht über den Widerspruch hinwegzusetzen, dass der allmächtige und allgütige Gott eine so mangelhafte, des Sündenfalles fähige Welt hervorbringen konnte.

So bildet der Pessimismus die Achse ihrer Speculationen, indem es gilt Sünde und Leid in Einklang zu bringen mit der begrifflich dasselbe ausschliessenden Natur Gottes. Der Gnostiker kann nicht wie der naive Christ, der Mann aus dem Volke, die Sünde und das Uebel einfach auf die Erbsünde, diese auf die Freiheit des Menschen einerseits und die Verlockung des Bösen anderseits zurückführen, sondern es handelt sich für ihn um die Möglichkeit der freien Entschliessung zum Bösen und um das böse Princip selbst. Das ist nun nichts anderes als die Aufgabe der Theologie überhaupt, das besondere aber ist: die Lösung vermittelst einer **Vertiefung und Erweiterung des Begriffes vom göttlichen Sein** zu finden, mit welcher Erweiterung aber einerseits eine **inhaltliche Entleerung** stattfand, anderseits aber eine üppig ins Kraut schiessende **Begriffs-Hypostasirung** — im Sinn der orientalischen Religionsphilosophie — möglich wurde*)

---

*) „Alle diese Systeme (der Gnostiker) ihrem allgemeinen Charakter nach betrachtet .... tragen im allgemeinen denselben Charakter an sich, ihr Princip ist dasselbe und die Momente, durch die sie sich in ihrer Entwickelung hindurchbewegen, sind dieselben. An der Spitze der Systeme steht der absolute Geist, wie er an sich ist, in seiner reinen Abstractheit und Objectivität. Die Aeonen, in welchen im valentinischen System der eine Uraeon sich selbst reflectirt, sind nichts anderes, als die reinen Gedanken, die reinen Wesenheiten, in welchem der Geist sein eigenes Wesen denkt, die reine Selbstbewegung des an sich seienden geistigen Lebens. Im pseudoclementinischen System ist wenigstens die Sophia, die als die mit Gott selbst identische Seele mit ihm verbunden gedacht wird, und das Marcionitische charakterisirt seine Eigenthümlichkeit eben dadurch, dass es den höchsten unsichtbaren Gott ohne allen objectiven Inhalt setzt, als eine blosse Abstractheit des Bewusstseins. In den Aeonen des Valentinianischen Systems manifestirt sich zwar in der Einheit auch schon die Verschiedenheit, der Unterschied des Geistes an sich, als Uebergang zum Anderssein und zur Verendlichung, aber es

Bezüglich der Materie, als dem Substrat der empirisch-sinnlichen Welt und dem Träger der Leiblichkeit, gehen die verschiedenen Systeme der tonangebenden Gnostiker auseinander: nach den einen ist die Materie gleich ewig wie Gott (Marcion), nach andern ist sie von Gott geschaffen; sie ist aber auch in diesem Falle nicht sowohl ein bezweckter, berechtigter Träger gewisser Lebensformen, als ein dem Lebensprocess Gottes nothwendiger Ausscheidungsact eines im Absoluten enthaltenen negativen, das heisst zum Geist im Gegensatz stehenden Momentes.

Der Unterschied in der Stellung der Materie — diese einmal gegeben — in der empirischen Welt ist daher nicht so gross als es scheinen möchte. In beiden Fällen ist die Materie (besonders als „Fleisch") der Gegensatz zum Geistigen und somit der Träger und Vermittler immer weiterer Abkehr vom Urquell des Göttlichen.

Das in die Augen fallendste Unterscheidungsmoment der verschiedenen Richtungen der Gnosis ist deren Stellung zum Heidenthum und Judenthum. (Dieses Merkmal benützt Baur in seinem Werk über die Gnosis.)

Die erste Gruppe bildet die valentinische Gnosis (Valentin, seine Schüler Ptolomeus, Markus; ausserdem als selbstständige Systeme gleicher Richtung Basilides, Saturnin und Bardesanes), in dieser wird ganz besonders dem Heidenthum — d. h. der griech. religiösen Philosopie — Rechnung getragen. Das System Marcions ist von unserem Standpunct aus besonders interessant, indem darin die pessimistische Weltbetrachtung ihre eigenthümlichste Blüthe trieb. Marcion trennt das Christenthum nicht nur strenge vom Heidenthume, sondern auch vom Judenthume. Nach Marcion ist es des letztern Irrthum, dass es den Demiurgos, den Weltordner und Weltregierer, als den höchsten Gott, als das Absolute glaubt, während er doch nur einer der letzten Aeonen ist, dessen Eigenschaften so tief unter Gott stehen, dass er denselben nicht einmal zu erkennen vermag. Der Demiurgos ist der Gerechte, Gott aber ist der Allgütige. Die Propheten sind daher falsche Propheten, d. h. sie sind eben die Gesandten des Demiurgos; es wird die Opposition gegen das Judenthum so scharf, dass die von dessen Standpunct aus Gerechten, als die von Gott Entfremdeten, die aber dem „Gesetze" Ungetreuen als die, der Offenbarung des wahren

---

gilt hier ganz, was Hegel von Gott sagt, sofern er in seiner ewigen Idee an und für sich, im Element des Gedankens betrachtet, so zu sagen vor oder ausser der Erschaffung der Welt ist, in seiner Ewigkeit, als die abstracte Idee, dass Gott zwar ewig sich unterscheidet, was aber sich so von sich unterscheidet, doch nicht die Gestalt eines Andersseins hat, sondern das Unterscheidende nur das ist, von dem es geschieden worden ist."
Baur; „Die christliche Gnosis" p. 675.

Gottes näher Stehenden erachtet werden. Der Gott des Christenthums ist nicht der Gott des alten Bundes, sondern das Absolute, welches in Christo, einem der ersten Aeonen, sich selbst offenbarte, indem es sich mit dem Menschen Jesu vereinigte. Entsprechend dem Glauben an den niedrigen Stand des Weltschöpfers und an die Identität der Materie mit Satan (dem Urbösen) ist der Marcianismus in der Praxis absolute Weltflüchtigkeit.

Hiegegen polemisiren die pseudo-clementinischen Homilien, die aber selbst zur Gnosis zu rechnen sind. Hiernach ist der gerechte Gott des Judenthums und der allliebende des Christenthums nur Einer, und dieser ist der Weltschöpfer, der auch die Materie erschuf. Aber es sind verschiedene Seiten des Absoluten, welche in den verschiedenen Religionen zum Ausdruck gelangen. Die Welt ist freilich das Ausser-göttliche, aber nicht das schlechthin Böse, und daher ist nicht Weltflucht, Askese, Ehelosigkeit u. s. w., wie Marcion lehrte, sondern Verethisirung des Natürlichen, wie auch schon das Judenthum es erstrebt, das Richtige. Es repräsentiren hiermit diese Homilien einen wohlberechtigten relativen Optimismus. Aller Gnosis ist die Emanations-Idee eigen; das Absolute, die höchste, rein in sich seiende (überseiende) Gottheit, ausser der nichts ist (ausser nach einigen Systemen die Negationen desselben, die Materie $\H{\upsilon}\lambda\eta$), entlässt aus sich eine Reihe von Personen (Aeonen), in denen allen sie zwar weset, aber nicht mehr als es selbst, sondern als ein sich selbst fremd gewordenes. Am meisten solcher Aeonen führt der Alexandriner Valentinus ein, an die sechzig, männliche und weibliche; doch sind es eben nur hypostasirte Begriffe als Prädicate der Gottheit gedacht, und die eigenthümlichen Phantasiespiele, denen sie als Figuren dienen, verlieren zum Theil ihr Abstossendes, wenn man bedenkt, dass das Bestreben zu Grunde lag: es begreifbar zu machen, wie das Uebel, die Sünde, der Schmerz, die Schwäche u. s. w. u. s. w. aus der Potenz der reinen Vollkommenheit ihren Ausgang finden konnten.

Die Valentin'sche Richtung der Gnosis hielt nicht viel über ein Jahrhundert (bis in's 3te Jahr p. Ch.) an; die Marcianische erhielt sich als Lehre einiger religiösen Genossenschaften bis in's 5. Jahrhundert und erlosch dann, nicht sowohl deswegen, weil die Nichtigkeit ihrer Phantastik durchschaut wurde, als weil die Zeit der blindesten Naturverachtung und -Verkennung zum Ende kam, als das Christenthum anfing als Kirche, die Welt als ihr Eroberungs- und Beherrschungs-Object zu berücksichtigen, und als durch den Eintritt jugendlicher Völker in die alten Culturstätten und die griechisch-jüdisch-christlichen Ideenkreise ein animirterer, lebenswarmerer Pulsschlag in das Christenthum kam.

3. Die Verachtung der Schönheit.

In jener Zeit der finstersten Naturverachtung und Missachtung des Fleisches ergab sich auch ganz logischer Weise die Verachtung der Schönheit; denn in der Schönheit feiert die Natur ihren Triumph, die Schönheit des Fleisches ist also auch Repräsentant des Sieges der bösen Macht. Ganz consequent erklärten daher griechische Theologen, darunter Justinus der Märtyrer, Tertullianus und Cyrillus v. Alexandrien, Christus für den hässlichsten der Menschen. In Folge dessen fing man an, die Heiligen als abgezehrte Jammergestalten abzubilden und vorzustellen, und Religiöse, die sich bemühten, selbst Heilige zu werden, thaten ihr Möglichstes, diesen Idealen der Fleischlosigkeit gleich zu werden durch Fasten und allgemeine Vernachlässigung des Körpers, und die abscheulichste Unreinlichkeit galt als gottgefälliges Verdienst. Bedenkt man, wie verrohend eine solche Unterdrückung des, dem edelsten Theile unserer Natur entspringenden Instinctes der Schönheitsliebe wirken musste, so möchte man es fast einen verdienstlichen Betrug nennen, dass aus dem Kreise der Gegner dieser Ansicht (Hieronymus, Ambrosius u. And.) ein Brief hervorging, den angeblich ein Judäischer Proconsul Lentulus an den römischen Senat geschrieben haben sollte, welcher Brief eine Personalbeschreibung Jesu Christi enthielt, und diesem alles das zuschreibt, was einem aesthetisch reagirendem Menschen als Ideal jugendlicher Mannesschöne vorschwebt. Damit war aber der Streit nicht beschlossen, weil das Dogma von der Gegensätzlichkeit des Fleisches zum Geiste bis zur Stunde im Christenthume besteht, wenn es auch noch so sehr abgeschliffen und seiner schneidenden Kanten beraubt wurde.

Eine im Jahre 1649 von einem Jesuiten Vavassar in Paris herausgegebene Schrift „de forma Christi" bezeichnet den Streit als noch bestehend, und die ganze byzantinische Kunst hat dem Dogma mehr oder minder Rechnung getragen mit ihren aller Fülle ermangelnden Figuren.

4. Die Prädestination bei den Kirchenvätern und Reformatoren.

Schon zu den Zeiten der älteren Kirchenväter (Tertullian, Origenes, Cyrionus, Ende des 2. und Beginn des 3. Jahrh.) war das Gleichniss geläufig, dass die christliche Gemeinschaft die Arche Noae sei, die auf der Fluth der zeitlichen und ewigen

Verdammniss schwimme. Diese Anschauung war für die Christen, sofern sie kühle Egoisten waren, ja ganz beruhigend, für alle gefühlvollern, feinern, selbstlosern Naturen aber gewiss Grund genug, um ungeachtet des Gefühles der eigenen Sicherheit die Welt nur durch einen Trauerschleier zu sehen. Sehr viel schlimmer aber wurde es, als sich mehr und mehr die Reflexion auf das Verhältniss von Erbsünde und Gnadenwahl zu werfen begann und die insbesondere von Augustinus gegen Pelagius vertretene Lehre von der absoluten Prädestination zur Verdammniss oder zur Gnade, so wie der gänzlichen Unfähigkeit des Menschen diese letztere durch sein eigenes Streben zu gewinnen, zur vorherrschend geltenden wurde.

Während nach Pelagius (starb 420) die Gnade vermittelst der Heilsordnungen der Kirche zwar nöthig ist zur Seligkeit, diese Gnade aber durch den reinen Wandel erworben wird, ist nach Augustin der Mensch aus sich heraus nur frei zur Sünde, gegenüber der Gnade aber gänzlich unvermögend, mithin seine Verdammniss oder seine Erlösung durchaus determinirt. Es kann gar kein Zweifel sein, dass Augustinus das Evangelienwort und die Lehre des Paulus für sich hat, wie denn auch die philosophische Erkenntniss von der Nothwendigkeit der Determination alles Geschehens innerhalb einer geordneten, nicht im Chaos zerstäubenden Welt bei der Formulirung dieser verzweiflungsvoll pessimistischen Lehre mitwirksam gewesen sein wird. Des Pelagius Meinung wurde auf der Kirchenversammlung zu Ephesus 431 förmlich verdammt und die Augustinische als die gültige erklärt.

Aber nicht nur wer als denk- und actionsfähiger Mensch ausserhalb der Kirche — als dem Leibe Christi — stand, war ungeachtet eines auch sonst noch so menschlich unschuldigen Lebens verdammt, sondern auch die Kinder, welche die Erbsünde noch nicht zur Bethätigung gebracht hatten, fielen, sofern sie nicht durch die Taufe zu Gliedern der Kirche gemacht worden waren, der Verdammniss anheim, vor allem auch die Todtgeborenen. Griechische Theologen meinten zwar, es möchte in der Hölle wohl einen Ort geben, wo weder Qual noch Lust sei, für die ohne eigene Sünde abgeschiedenen, nur an der Erbsünde participirenden Kinderseelen, aber Augustinus wollte davon nichts wissen.*)

---

*) In „de fide", einem Tractat, der lange dem Augustinus zugeschrieben wurde, heisst es: „seid versichert und zweifelt nicht, dass nicht bloss die Menschen, welche den Gebrauch der Vernunft erlangt haben, sondern auch kleine Kinder, die in ihrer Mutter Leibe zu leben anfingen und dort gestorben, oder die unmittelbar nach der Geburt aus der Welt geschieden sind, ohne das Sacrament der h. Taufe empfangen zu haben, die ewige Qual des unauslöschlichen Feuers zu ertragen haben; denn obgleich sie mit ihrem eigenen Willen keine Sünde begangen haben, haben sie sich

Diese furchtbare Lehre wurde geglaubt und füllte während Jahrhunderte und Jahrhunderte die Herzen mit Angst und Leid; freilich duldete die katholische Kirche, obgleich wiederholt die Concilien sich im entgegengesetzten Sinne aussprachen, doch die mildere Lehre vom „dritten Platze", dem Ort ohne Lust und ohne Qual für die Kinder. An diesem religiösen Pessimismus participirten zum grösseren Theil auch die Reformatoren.

Luther bekannte sich bekanntlich zur Lehre des Augustinus. Er meint: Des Menschen Wille gleiche einem Lastthiere; wenn Gott es reite, so wolle es und gehe es wie Gott wolle, wenn aber der Satan es reite, so wolle es und gehe es wie Satan es wolle; dabei wähle es nicht seinen Reiter, sondern die Reiter stritten sich um seinen Besitz (de servo arbitrio pars I. sec. 23.) Bezüglich der Schwierigkeit, gleichzeitig an die Güte Gottes und die Prädestination zur Verdammniss zu glauben, meint er: es sei gerade der höchste Grad des Glaubens, zu glauben, dass derjenige, der Wenige rette und Viele verdamme, gnädig sei; dass derjenige gerecht sei, der nach seinem eigenen Belieben die einen nothwendig zu Verdammten mache, so dass, wie Erasmus*) sage, „er sich an den Martern der Unglücklichen zu ergötzen scheine und mehr Hass als Liebe verdiente"; wenn man aber durch die Vernunft begreifen könnte, wie der Gott gnädig und gerecht sein könne, welcher so viel Zorn und Bosheit zeige, so brauchte man den Glauben ja nicht!

Calvin theilt mit Luther den Glauben an die Augustinische Lehre; nur in Bezug der Kinder ohne eigene Thatsünde meint er, die Absicht, sie zu taufen, würde ihnen zu Gute kommen. Die englischen Reformatoren sind schwankend und nur Zwingli hat einen hinlänglich freien Geist, um Verstand und Herz die Ehre zu geben gegenüber dem Dogma und der Autorität des Augustinus. Ihm ist die Erbsünde eine Krankheit, die keine Schuld in sich schliesst. In seinem Glaubensbekenntniss, nicht lange vor seinem Tode verfasst, spricht er von einer Versammlung der Heiligen, Heroen, Gläubigen und Tugendhaften; wo die Erzväter mit den Weisen Griechenlands und Roms sich finden werden und jeder aufrichtig nach dem Rechten und Guten strebende Mensch, der jemals lebte, in Gottesgegenwart selig sein werde. (Von Bullinger mit Vorw. publicirt 1536).

---

doch die Verdammniss der Ursünde durch die fleischliche Empfängniss und die Geburt zugezogen." Ein solcher Glaube musste es allerdings einem gemüthvollen weiblichen Wesen leichter machen, in's Kloster zu gehen und die Virginität zu wählen!

*) Erasmus vertheidigte die Willensfreiheit, um gleichzeitig die ewige Verdammniss und die Güte Gottes retten zu können.

Diese Ansicht war auch innerhalb der katholischen Kirche nicht unbedingt ausgeschlossen. Origenes hatte die Lehre aufgestellt von der dereinstigen Wiederbringung aller Dinge in Gott, aber diese Lehre wurde immer bekämpft, freilich aber eben nur deshalb, weil sie niemals vollkommen besiegt werden konnte; sie fand eben an jedem liebe- und mitleidsreichen Herzen einen fruchtbaren Wurzelgrund, denn diesem musste der Gedanke an die Ewigverdammten, durch Vorherbestimmung Verdammten, einen tiefen Schatten über die ganze zeitliche und ewige Seligkeit werfen, welche der Glaube an die eigene Geborgenheit und die glänzendsten Phantasiebilder der himmlischen Herrlichkeit nicht zu verbannen vermochte.

Nur ein Mittel erweist sich wirksam, wenigstens den schwächeren Seelen gegenüber — die ja leider immer die Mehrzahl bilden — wirksam, um das Mitleid zurückzudrängen: die Furcht und Angst vor dem, dem eigenen Selbst drohendem Unheil; hiefür sind die Schreckensscenen bei Schiffbrüchen, Theater- und Kirchenbränden u. s. w. schreiende Beispiele; diese besinnungsraubende Angst um's eigene Seelenheil war Schutz für die furchtbaren Dogmen, und wurde künstlich erhalten und neuproducirt, durch die beständigen, von einer erhitzten Phantasie in's ungeheuerlichste getriebenen Phantasiebilder der Qualen der Verdammten.

5. Ketzergerichte und Hexengaube.

Einen schrecklichen Schatten werfen für unser modernes Empfinden und Denken die Ketzerverfolgungen und Ketzergerichte auf die Kirche. Und doch sind sie unter der Voraussetzung der Lehren von der Corruption der menschlichen Natur und der Macht Satans in der Welt, von der niedrigen Stellung der Vernunft, die ohne besondere supra-naturale Erleuchtung durch die Gnade in geistlichen Dingen nichts zu erkennen vermöge (ja erst recht die Stelle sei, wo der Teufel die höher veranlagten Menschen, denen er von sinnlicher Seite nicht beikommen könne, zu angeln pflege), **durchaus consequente Acte der Selbstbehauptung der Kirche.** Es ist keine Ursache vorhanden, bei den Ketzerverfolgungen kurzweg Habsucht der Kirche oder gar Privathass und Ausschreitung der Herrschsucht ihrer machtbegabten Repräsentanten anzunehmen; gewiss war solches oft der Fall, aber im Princip sind die Ketzergerichte vermittelst des Begriffes von der Natur und der Bestimmung der Kirche berechtigt und gefordert. Da nur in der Kirche das Heil war, so war es Pflicht der Kirche, ihre Macht und ihre Segen und Heil gewährende Sphäre zu befestigen und zu erweitern; es war die liebevolle Sorge für Tausende, die möglicherweise von Irrlehren der wahren Lehre entfremdet werden konnten, welche mitleidslose Vertilgung eines von Gott verlassenen Ketzers forderte. Auch waren die Versuche, den Widerruf zu erpressen, und wenn auch nur durch die grausamsten Martern des Leibes, immerhin als Wohlthaten für die Seele zu betrachten, denn es war ja die Möglichkeit der Umkehr einer Seele vorhanden, da nicht voraus zu bestimmen war, unter welchen Bedingungen eine Seele prädestinirt sei, und die schlimmsten irdischen Leiden plus etliche tausend Jahre Fegefeuer noch immer ein relativ glückliches Loos waren, gegenüber der ewigen Verdammung der von der Gnade des Glaubens Ausgeschlossenen.

Es gab eine Zeit, wo zu den nichtmangelndürfenden, programmmässigen Festlichkeiten einer königlichen Hochzeit in Spanien ein Autodafee gehörte! Man kann sich über die hiermit bezeugte Gefühlsverhärtung kaum mehr wundern, wenn man bedenkt, dass man es mit Leuten zu thun hat, denen seit vielen Generationen eingeprägt worden war, dass nur einer Minderheit der Creatur die Seligkeit, der Mehrzahl aber der ewige Tod nebst Höllenqualen bestimmt sei. Indem man den Ketzer verbrannte, kam man Gott auf halbem Wege entgegen, und ob einer, der ohnedies zum ewigen Feuer Bestimmten hier schon eine Stunde oder etwas länger bei langsamen Feuer briet, konnte kaum noch stark in Betracht kommen.*)

Enge mit dem Ketzerwesen hing der Hexenglaube zusammen und die Hexenverfolgungen mit ihren Gräueln aller Art und ihren secundären Folgen der Volksverdummung und Verrohung.

Der Glaube an Hexerei, Dämonenspuk, Besessenheit u. s. w. ist die ganz folgerichtige Ausgeburt der Annahme der Persönlichkeit des bösen Princips als Gegensatz zur ebenfalls persönlich gedachten Gottheit; sei es, dass dieser Gegensatz als ein ewiger und wesentlicher gedacht werde (wie im Parsismus und einigen Formen der Gnosis), sei es, dass darunter blosser Abfall und Rebellion geschaffener Geister (wie im Juden- und Christenthum) verstanden werde. Auch die Griechen und Römer hatten ihre Magie und ihre Magier, aber diese waren nur ausnahmsweise und im engsten Kreise Gegenstand der Furcht und nur ausnahmsweise verfolgt, letzteres gewöhnlich nur aus politischen Gründen. Aus dem Judenthum hatte das Christenthum mit der Lehre von Sündenfall und der Verderbniss

---

*) Unter dieser Gefühlsverhärtung litt auch die Thierwelt. Es war die Zeit der Ketzer- und Hexengerichte, als man sich bemühte zu festlichen Gastmälern Gänse lebendig zu braten, damit sie, wenn auf der Tafel angeschnitten, noch zuckten und schrien — was „gewaltig schön anzusehen sei", wie ein Kochbuch aus jener „guten alten Zeit" sich ausdrückt.

des Fleisches auch den Teufel bei sich aufgenommen und zwar in doppelter Eigenschaft: als Beherrscher aller derjenigen, die ihr Herz an die Welt ketteten, und dann auch mit Gottes besonderer Zulassung als Prüfer und Versucher.

Und wie eine sinnlich productive religiöse Gestaltungskraft den Henotheismus erzeugt, in welchem die getrennten Momente des göttlichen Seins als besondere Gottheiten verehrt werden, so, dass doch immer in allen Einzelnen das Eine Göttliche voll und ganz empfunden wird, so wurde auch unter dem Einfluss der Dämonologie des antiken Volksglaubens und einer sich in Phantasiespiele verlierenden Philosophie das eine böse Princip zu einer Vielheit zerfasert, entsprechend den vielfachen Formen, in denen es sich bemerklich macht; der Teufel erscheint als hundertfältig und bleibt doch immer ganz und gar „das Böse"*).

Wie die Hebräer nicht an die Realität der Götter der Egypter und der ihnen feindlichen nomadischen Stämme zweifelten, so waren auch den Ungebildeten unter den Christen der ersten Jahrhunderte die römischen und griechischen Göttergestalten lauter Teufel und Teufelinnen, ein Glaube, der sich ja auch später in Deutschland wiederholte und einigen der nordischen Götter eine schattenhafte Fortdauer in Localsagen gewann.

In einer dem Teufel preisgegebenen Welt sind aber die Hexen, die Heiligen und Priesterinnen des Bösen, eine ganz selbstverständliche Sache, und nichts ist natürlicher, als ihre rücksichtsloseste Verfolgung. Wie die Christenverfolgungen als Anstiftungen des Satans erachtet wurden, so waren auch seine Bekennerinnen die Feinde Gottes und seines Reiches, und der Kampf gegen sie Pflicht und Verdienst, sobald die Möglichkeit dazu gegeben war. Und wie das Mitleid mit den Ketzern schon verdächtig und anrüchig war für die eigene Rechtgläubigkeit und somit Wohlgeborgenheit in der Arche der Kirche, so war anderseits eine Mitbethätigung an der Hexenjagd gleichsam eine beruhigende Versicherung, die man sich selbst gab, dass man zu den Begnadigten, zu den Streitern des Gottesreiches gehöre.

Der furchtbare Wahn suchte und fand am meisten Opfer in den Zeiten, wo die Kirche bereits den Gipfel ihrer Macht erreicht hatte — aber auf Kosten der, in der Theorie natürlich stets verneinten, Verweltlichung und Weltfreudigkeit — und von äussern Feinden unbehelligt, diese sich nun in ihrem eigenen Kreise zu erheben begannen. Die jungen Christengemeinden hatten den Teufel

---

*) Interessant ist der dumme Teufel der Volkssage und Klosterlegende, denn er weist auf den Gedanken hin, dass das Böse das Alogische, das vernunftgemäss Nichtseinsollende ist.

und seine Genossen weniger gefürchtet, ihre Siegesgewissheit war hiezu zu gross, und wiederum war ein Luther und die ihm Gleichgesinnten so zuversichtlich, dass sie den bösen Feind mit einigem Humor behandeln konnten. Den Hexenprocessen wurde dadurch freilich der Boden nicht entzogen; der schreckliche Aberglaube hatte seine Herzwurzel in einem der Grunddogmen des Christenthums, und der Wind, der diese lebensverdüsternden Nebel zerriss und zerstreute, kam aus einem ganz anderen Weltgebiete, wenn es gleich einige Geistliche sind, denen die Ehre zukommt, unter den Ersten genannt zu werden, die gegen das Hexenwesen Protest erhoben; aber sie waren zu ihrem Thun eben nicht vom Geiste ihrer Kirche inspirirt gewesen.

In England und Schottland blühte die Hexenverfolgung erst recht nach der Reformation und die Processe wurden mit der schauderhaftesten Grausamkeit geführt. Sie waren in vollem Flor bis in das dritte Viertel des siebzehnten Jahrhunderts, zu welcher Zeit ein Geistlicher (J. Glanvill) in Opposition zu der allmählich anbrechenden Aufklärung eine Schrift veröffentlichte, welche den Unglauben an Hexen und Teufelsmanifestationen als dem Glauben an Gott gefährlich verurtheilte, welche Schrift wesentlich dazu beitrug, den Aberglauben noch länger zu conserviren. In Deutschland war es nicht besser; bekanntlich wurden in den fünfziger Jahren des vorigen Jahrhunderts in Landshut (Bayern) noch zwei Hexen verbrannt, und die letzte Hexe wurde 1782 im protestantischen Glarus (Schweiz) geköpft.

Wir haben nicht nöthig, uns eingehender mit dieser schauerlichsten Partie der Geschichte innerhalb der christlichen Welt zu befassen; sie ist jedem Gebildeten hinlänglich bekannt und Jedem wird sich bei etwelchen in's Detail gehenden Schilderungen ihrer Vorgänge schon das Herz zusammengekrampft haben; nicht allein in Mitleid mit den Hunderttausenden directen Opfern eines Wahnes, sowie mit der unübersehbaren Summe der indirecten Leiden im Kreise der Angehörigen jener, sondern ganz besonders auch im Allgemeinen mit einem Zeitalter, welches zu dem real gegebenen und natürlich vermittelten Unlustquantum noch dasjenige aus Ideen stammende hinzufügte — aus Ideen, die auch noch diejenigen Factoren des Lebens zu vernichten strebten, die bei einer die Natur nicht missverkennenden Lebensanschauung noch am ehesten eine recht erhebliche Summe von Lustmomenten zu erzeugen im Stande sind.

Eine Natur, bei der nur das die unabwendbare Regel bildet, dass sie uns zum Hinderniss und Hemmschuh unserer ethisch und religiös gebotenen Entwickelung vom fleischlichen zum geistlichen Menschen wird, die aber sonst unberechenbar ist, weil ihre Gesetze nur eingeschränkt solche sind, soweit sie nicht der Einwirkung böser Geister und der magischen Macht unterliegen, — eine solche Natur bildet eine ungünstige Unterlage für eine denkende, überlegende Lebensführung, und der Hartmann'sche Ausspruch: dass nur der Leichtsinn und der Stumpfsinn das Leben in optimistischem Sinne zu preisen vermöge,*) findet noch in viel höherem Grade als für unsere, für jene Zeiten seine Anwendung. Uns ist die Natur nur der schlummernde Geist, auf dem die Kategorie von Bös und Gut noch keine Anwendung findet, wodurch sie gerade zu einer Stätte des Ausruhens für die sich in sie Versenkenden wird, und deren unbeschränkte Gesetzmässigkeit unbewusster Logik gegenüber den — allerdings nur scheinbaren — Willkürlichkeiten der Menschengeschichte uns das Behagen der Sicherheit und der Ruhe gewährt.

6. Der Tod.

Hand in Hand mit der Verdüsterung des Lebens durch die Naturauffassung ging auch der Verlust der eudämonologisch werthvollsten Errungenschaften des pessimistischen Alterthums: Der Versöhnung mit dem Tode als dem Ruhebringer. Der Tod war dem Dogma entsprechend als Strafe für den Sündenfall erst secundäres Naturgesetz geworden. Nur immer für die Minderzahl derer, bei denen das religiöse Bewustsein von bedeutender spontaner Kraft war, bildete der Tod die ersehnte Befreiung vom Fleische und den Heimgang zu Gott; die Mehrzahl kam nicht über den Strafbegriff hinweg, wofür sogar ein Luther Zeuge ist, wenn er (in den Tischreden) es ausspricht: die Heiden hätten gut ruhig sterben, weil sie nicht fühlten und sähen, dass der Tod Gottes Zorn sei, sondern ihn für das natürliche Ende hielten; nicht so aber der Christ.

Minder pessimistisch als das Dogma von der Prädestination und daher minder beängstigend, aber immerhin noch schaurig und das liebevolle, wie das ums eigene Wohl besorgte Herz noch genug bedrückend, war die Lehre vom Fegefeuer, in welchem die zwar nicht zur Verdammniss bestimmten, aber von Sünden schwer belasteten Seelen für schier endlose Zeiten zu schmachten hatten. Gab es auf die Frage, ob man wohl zur Seligkeit oder zur Verdammniss bestimmt sei, keine andere Antwort als die eigene Ueberzeugung, gestützt durch die Wahrscheinlichkeitsgründe: innerhalb

---

*) Autographen-Beitrag zu „Deutschlands Dichterhelden", herausg. von Karl Bötticher.

der christlichen Gemeinschaft geboren und erzogen zu sein, so bot dagegen allerdings die Kirche in den von ihr verwalteten Gnadenmitteln eine Trostquelle für die besorgten Gemüther.

Bot nun das Sacrament der letzten Oelung, die Seelenmessen und der Ablass zwar Vielen eine wohlthätige Tröstung, so wurde doch auch wieder besonders das erstere da, wo es durch jähen Todesfall nicht benutzt werden konnte, eine reiche Quelle der Angst, sowohl für den Sterbenden, als auch für die liebenden Hinterlassenen und führte (wie auch der Glaube an die Nothwendigkeit der Taufe für die Rettung der Kinderseelen) zu allerlei wohlgemeintem Betrug von Seite mitleidiger (und nur zu oft wohl auch habsüchtiger) Seelsorger. *)

7. Die optimistischen Elemente des Christenthums. Die Willensfreiheit.

Wir sind ferne davon uns gegen die optimistische Seite des Christenthumes zu verblenden. Jede Religion ist optimistisch, sofern man diesen Begriff nur in dem landläufigen Sinne (adverbial und adjectivisch) versteht, wo er eine tröstliche, befriedigende, versöhnliche Anschauung gewisser Zustände bezeichnet. Es ist dem Wesen der Religion eigen, Glaube daran zu sein, dass auf die eine oder andere Weise des Zusammenwirkens von Gottheit und Creatur die Mängel des empirischen Seins aufgehoben oder ausgeglichen werden könnten. Der Christ glaubt, er habe in Christo und in dem Glauben an diesen die Garantie, nicht nur unbeschädigt durch dieses Jammer- und Sündenthal hindurch gehen zu können, sondern auch dafür, dass ihm dereinst in einem ausserweltlichen Leben Entschädigung für die hier erlittene Trübsal werde. Das ist das gemeine, eudämonologische, optimistische Element, welches das Christenthum mit jeder (auch naturalistischen)

---

*) Eine hierauf bezügliche Sage sei, da sie wenig bekannt scheint, beigefügt. In Schottland stürzte ein Ritter auf der Jagd und blieb auf dem Flecke todt. Da er ein wildes Leben geführt hatte, war seine fromme Gemahlin in grosser Sorge um sein Seelenheil und grämte sich so sehr, dass ihr eigen Leben in Gefahr kam. Da sprosste auf dem Grabe eine Pflanze, die niemand kannte und deren Blätter merkwürdige, schriftähnliche Linien zeigte. Ein Geistlicher entzifferte dieselben endlich und übersetzte sie wie folgt:
  Betwixt the stirrup and the ground
  Pity was saught and pity found.
(Zwischen dem Steigbügel und dem Boden wurde Erbarmen gesucht und gefunden.) Die Wittwe stiftete eine Capelle und war getröstet.

ein Jenseits lehrenden Religion theilt. Es enthält aber auch einen höheren, idealistischen optimistischen Bestandtheil an der Innigkeit seines Kindschaftsverhältnisses der Menschen zu Gott, welches fortführt zu einem mystischen sich Einswissen mit Gott, wobei der Gläubige der jenseitigen Seligkeit kaum mehr gedenkt, weil er seinen immanenten Himmel bereits besitzt; welcher Himmel aber nur in der Selbstvergessenheit der liebenden und sehnsüchtigen Hingabe an das Göttliche besteht.

Das Christenthum ist um so optimistischer, d. h. um so überschwänglicher in der Prädicirung seiner „anderen Welt", als es überschwänglich pessimistisch für diese wirkliche Welt ist. Es verneint pessimistisch diese Welt und verneint in seinem Lebensdrange wieder diese Negation; diese doppelte Negation schnellt es dann hinüber in den Himmel und zwar um so höher hinauf in die Seligkeit, je kräftiger die Verneinung war.*) Es entwickelte sich aber auch ferner innerhalb des christlichen Dogmenkreises eine optimistischere Strömung, als man nothgedrungen anfing, die ursprüngliche Weltverachtung und Weltfluchtslehre zu beschränken. Die Welt wollte nicht untergehen, wie die ersten Christen (bis gegen das Ende des 3. Jahrhunderts) immer erwarteten, und so musste man anfangen, sie sich zu unterwerfen. Man unterschied mehr und mehr zwischen der Natur im weiteren Sinne und der Fleischlichkeit, als der bewussten Natürlichkeit der Menschen. Die Natur und die Welt errang sich in sofern wieder einen gewissen Werth, als sie eben doch eine geeignete Prüfungsstätte der Menschen war; man konnte sie nicht absolut fliehen, also rang man mit ihr und machte sie seinen Zwecken dienstbar, womit man sich die Arbeitsfreude gewann.

Auch der Freiheitsbegriff, der sich mit der Augustinischen Lehre der reinen Gnadenwirkung nur in beschränktem Maasse verbinden liess, und daher diesen mehr und mehr in den Hintergrund zu drängen suchen musste, repräsentirt einen optimistischen Zug. Der Semipelagianismus der Katholiken brachte ein fröhliches Leben in das Christenthum hinein, welches zwar die echte innere Herzensfrömmigkeit vielleicht schädigen mochte, der Culturentwickelung

---

*) Erinnern sich unsere Leser an eine Novelle von Rudolf Lindau, „Das Glückspendel"? Dort setzt der Held auseinander, dass es sich mit dem Glücke verhalte wie mit einem Pendel: je höher es auf der einen Seite emporgehoben sei, um so weiter hinauf schnelle es nach der Unlust-Seite. Ganz ähnlich mit der rel. Erhebung; wo man behaglich und selbstzufrieden sich mit dem Leben abfindet, da ist auch die religiöse Beseligung kaum erheblich und die Betheiligung am Cultus bleibt leicht eine bloss conventionelle Aeusserlichkeit, auch dann, wenn durchaus nicht an der objectiven Wahrheit der Kirchenlehre gezweifelt wird.

aber förderlich war; in einer Zeit, wo die Culturarbeit nicht durch autonome ethische und theoretische Erkenntniss hinlänglich motivirt wurde, darf eine kirchliche Lehre nicht unterschätzt werden, welche dieselben vernünftigen Wirkungen erzeugt, wenn auch zum Theil durch minder hochstehende Motive, oder auch in Fällen, wo das Motiv das reine ethisch-religiöse der Gottesliebe ist, auf Kosten der Consequenz des Prädestinationsdogmas. Die Lehre von den verdienstlichen Werken und der Möglichkeit eines Ueberschusses solcher zu Gunsten der schwächeren Glieder der Kirche hat uns die gothischen Dome erbaut und deren Altäre mit den Perlen der Künste geschmückt und hat Spitäler und Asyle gegründet zu einer Zeit, wo die Staaten im Kampfe um den politischen Bestand und die Feststellung der Völkergrenzen keine Kräfte übrig hatten, um sich des hülfsbedürftigen Nothstandes anzunehmen.

Der Determinismus des Johannes-Evangeliums, der Pauluslehre und des Augustinischen Dogmas kam in Conflict mit dem unmittelbaren Schein der Willensfreiheit und mit der die letztere vertretenden Traditionen der antiken Philosophie, die nie gänzlich aufgehört hatte, ihren Einfluss auf die geistig Regsamsten und durch diese auf die religiösen Gestaltungen auszuüben, so getrübt und spärlich auch ihr halbverschütteter Quell sickerte. Die Kirchenväter hatten sich zwar damit geholfen, dass sie die Freiheit für das empirische Leben festhielten, die Determination aber für das Erlangen der Gnade oder der Verdammniss behaupteten, mit der Einschränkung, dass der Mensch, wenn er auch der Erlangung der Gnade gegenüber kraftlos sei, doch frei sei, dieselbe zu verwerfen, resp. durch die Freiheit zum Bösen zu verlieren.*) Nun hat es zu allen Zeiten Geister gegeben, denen die Idee der Determination zum ewigen Tode unvereinbar schien nicht nur mit der Liebe, sondern auch mit der Gerechtigkeit Gottes; da lag denn der Gedanke nahe, dass Allen die Gnade bestimmt sei, so fern sie dieselbe nicht freiwillig verschmähten; damit war dann auch der für den Verstand so anstössige Begriff der einseitigen Freiheit zur Verwerfung bei Unfreiheit des Ergreifens und Aneignens in sofern beseitigt, als nun überhaupt nur eine Wahlmöglichkeit bestand.

In jeder Weltanschauung, welche nicht strict monistisch ist, sondern wo auch nur die leichteste essentielle Schranke zwischen den endlichen Individuen und dem Absoluten bestehen bleibt, da ist die Idee der Determination oder die der Indetermination von

---

*) Hiezu zeigt die neuere Philosophie das Gegenstück; nach Kant, Schopenhauer u. A. ist zwar das empirische Thun naturalistisch determinirt, jedoch der Charakter im esse frei.

grosser Bedeutung für die Entscheidung der axiologischen Frage; erst im modernen Monismus des Geistes (Hegel u. s. Schule, Hartmann) wird das Eine wie das Andere eudämonologisch indifferent.

Die Kirche — sowohl die katholische wie die protestantische — errang sich die vom Urchristenthum verschmähte Möglichkeit einer kraftfreudigen Weltthätigkeit und die Befriedigung einer — relativ als autonom zu betrachtenden — ethischen Bethätigung im Culturstreben; aber dies alles nur soweit diese vielartige Weltbearbeitung und Dienstbarmachung der Natur dafür dienlich erachtet wurde, die Welt um so vollständiger und rascher **als Welt** zu überwältigen, sie als Welt aufzuheben und zum blossen Weg und Thor des ausserweltlichen Gottesreiches zu machen. Nicht die **Welt als Welt** ist für die aus dem echten, unverfälschten Geiste des Christenthums hervorgegangene Thätigkeit Object, sondern nur die Weltüberwindung. Wo die Beherrschung und Entwickelung der Welt durch Cultur und intellectuelle und ästhetische Hebung zum Selbstzweck wurde, da fiel solches Streben aus der Tendenz des Christenthums heraus, mochten die Träger der Thätigkeit der Kirche noch so nahe stehen, ja sogar mit ihrer Empfindungsseite an der Himmelssehnsucht des Christenthums participiren. Dass derjenige, dem so „zwei Seelen in der Brust" lebten, von denen die eine ihn nach der Ruhe der Weltverneinung, die andere (der autonome Intellectualtrieb) zur Theilnahme an der Weltentwickelung anspornte, sehr leicht in schmerzliche Kämpfe verwickelt werden konnte, ist klar; daher ist es denn so wenig weit vom Schlosse zur Klosterzelle, oder — um einen bestimmten Fall zu nennen — vom Throne eines Reiches in dem „die Sonne nicht unterging" bis zur Stille von St. Just.

Seit Jesus von Nazareth mit der Busspredigt in die Fussstapfen Johannes des Täufers trat, ist es bis zu dieser Stunde das dem Christenthum Wesentliche: **die Weltüberwindung zu lehren**; wie verschieden auch die Form sei, in der es geschehe, und wie abweichend auch die Welt- und die Himmels-Vorstellungen unserer Zeit von denen der Vergangenheit sein mögen. Immer steht die Welt als das Werthlose, dem Untergang Verfallene, dem Gottesreiche gegenüber, wenn auch dieses Gottesreich (wenn aller anthropologischen Ausschmückungen entkleidet) in nichts anderem bestehen sollte, als in potentieller Wieder-Aufgehobenheit der, aus einer potentiellen Qualität Gottes in die Actualität gesetzten Individuen zu einer Ewigkeit der Ruhe, wo „keine Zeit und Gott Alles in Allem sein wird." Wo immer der christlich Religiöse sich über die Welt und das Leben auslässt, da ist es **erstens** Klage über die Nichtigkeit des Lebens und über die Thorheit der

Menschen, ihr Herz daran zu hängen, und zweitens Sehnsucht nach Gott und Versenkung in die himmlische Herrlichkeit vermittelst eines mystischen Enthusiasmus.

8. Der Tractat: de contemptu mundi.

Als ein Beispiel ersterer Form, die allein uns hier etwas angeht, nennen wir des nachmaligen Papstes Innocenz III. Schrift „de contemptu mundi". Da, so viel uns bekannt ist, keine deutsche Uebersetzung dieser Schrift existirt, so geben wir in knappster Form den hauptsächlichen Inhalt des ersten Theiles, der uns hier ausschliesslich interessirt, mit Weglassung der zahlreichen Wiederholungen, in freier Uebersetung. Die römischen Zahlen bezeichnen die Capitel.

„Wehe mir, dass ich geboren wurde, dass meiner Mutter Leib nicht zugleich mein Grab wurde! Wo fände ich Thränen genug, den verabscheuungswürdigen Ausgang, Fortgang und das bedauernswerthe Ende zu beweinen! Unter Thränen habe ich bedacht, aus was der Mensch gemacht ist, was er macht und was er machen wird. Aus Erde ist er gemacht, in Sünde empfangen, geboren zum Schmerz, zum Leid, zum Tode, zur Strafe. Er thut das Schändliche, was nicht sein soll, das Eitle, was nichts nützt; das Böse, womit er sich und den Nächsten schädigt und Gott beleidigt. Er wird eine Beute des Feuers, Futter für die Würmer und Stoff für die Fäulniss." (I.)

„Der Mensch ist weder aus dem Feuer gemacht, wie die Gestirne, noch aus dem Wasser, wie die Pflanzen. Er ist von demselben Stoffe wie das Vieh und geht zu Grunde wie dieses." (II.)

„Adam war zum wenigsten noch aus unschuldigem Lehm geformt, aber wir sind aus unreinem Samen hervorgegangen. In meiner eigenen Sünde nicht allein, auch in der Sünde anderer bin ich gezeugt." (III.)

„Drei natürliche Vermögen (vires naturales) hat die Seele: die Vernunft, um zwischen Gut und Böse zu unterscheiden, Zorn, das Böse zu verabscheuen, und das Streben nach dem Guten. Aber wie ein unreines Gefäss die Flüssigkeit verdirbt, welche man in dasselbe giesst, so leidet die Seele durch ihren Eingang in den Leib." (IV.)

„Ekelhaft ist die Ernährung des Kindes im Mutterleibe, und mit dem Samen aus dem sie erzeugt ist, nimmt die Frucht ekelhafte Krankheit und körperliche Mängel in sich auf." (V.) „Warum müssen oft solche geboren werden, die eher einem Scheusal als einem Menschen ähnlich sehen? Viele kommen zum Jammer der Eltern und Angehörigen mit mangelhaften Gliedern und Sinnen zur Welt, Alle aber heulend, schwach, verstandlos, kaum sich von den Thieren unterscheidend, ja in mancher Hinsicht unter den Thieren stehend: Diese können wenigstens gleich laufen, jene aber nicht eben kriechen." (VI.) „Und die Mutter! Sie empfängt in Unreinigkeit, gebärt mit Schmerzen, die keinen andern zu vergleichen sind, und. pflegt das Kind in grossen Sorgen." (VII.) „Arm kommt der Mensch zur Welt, arm geht er wieder aus derselben; aber wenn er auch nackt in das Leben tritt, so möge er zusehen, was die Bekleidung sei, die er mit sich hinaus nehme: scheusslich zu sagen, scheusslicher zu hören, am scheusslichsten anzusehen: eine von Blut unterlaufene Haut!" (VIII.) „O, der empörenden Niedrigkeit des menschlichen Daseins! Befrage die Gräser und die Bäume: sie bringen aus sich hervor Blüthen, Laub und Früchte; du aber — weh' dir! — du bringst hervor: Läuse, Ungeziefer und Eingeweidewürmer! Jene scheiden Oel, Wein, Balsam aus, du aber scheidest Urin, Speichel und Koth aus; jene hauchen süsse Düfte, du aber giebst abscheulichen Gestank von dir!" (IX.) „Kurz ist unser Leben und doch viel Elend und Mühsal erleben wir; wenige nur kommen auf 40 Jahre (!?) heutzutage, sehr wenige auf 60; wenn aber jemand alt wird, so wird sein Leib gebrechlich, schwach, hässlich und ekelhaft; der Greis wird leicht gereizt, mit Mühe nur versöhnt; er ist halsstarrig und begehrlich, schwatzhaft, ungeschickt im Zuhören, leicht in Zorn zu bringen, er lobt das Alte, verachtet das Neue, tadelt die Gegenwart, er verdumpft und versiegt." (X u. XI.)

„Wie verschieden auch immer die Bestrebungen der Menschen seien, wie verschieden auch ihre Beschäftigungen, eine und dieselbe Wirkung haben sie doch alle: Mühsal und Betrübniss des Geistes. Grosse Arbeit ist allen Menschen zugetheilt, ein schweres Joch tragen alle Söhne Adams." (XII.)

„Auch das Studium bringt Noth. Ich habe mein Herz daran gesetzt, Weisheit und Wissenschaft zu gewinnen, und weiss nun, dass es Mühsal und Betrübniss des Geistes ist; denn bei grosser Erkenntniss ist auch grosse Entrüstung und wer in die Erkenntniss eingeht, der geht auch in den Schmerz ein. Wie sehr der Forscher auch in Mühe die Nächte durchwacht, so giebt es doch kaum etwas, es sei noch so gering, welches der Mensch zur völligen Durchsichtigkeit durchdränge, es sei denn die Erkenntniss: dass er nichts vollständig erkennen könne, und dies ist ein Widerspruch. Und das kommt daher, weil sterblicher Leib die Seele beschwert und irdische Hülle den Geist niederdrückt." (XIII.)

„Rastlos durchstreichen und durchsuchen die Menschen die Erde und die Meere, die Höhen und Tiefen, suchen Reichthum, Ehre und Macht zu gewinnen, und finden nur Mühe, Angst, Sorg' und Schrecken; keiner, er sei reich oder arm, Herr oder Knecht, bleibt hievon frei. Weh' mir, wenn ich ungerecht bin, denn mich trifft Strafe, und bin ich gerecht, so kann ich doch vor Betrübniss nicht mein Haupt erheben." (XIV u. XV.)

„Wie unselig ist der Arme. Die Noth zwingt ihn zu betteln, aber wenn er bettelt, so verwirrt ihn die Scham; er wagt mit Gott zu rechten und ihn ungerechter Gütervertheilung anzuklagen. Seine Freunde verlassen ihn, denn — schmählich ist es zu sagen — man schätzt den Werth der Person nach dem äusseren Glück, statt das Glück nach dem Werthe der Person zu schätzen. Leidet der Arme Noth, so geht der Reiche im Ueberfluss zu Grunde und indem er seinen Gelüsten nachgeht, stürzt er sich in's Unerlaubte; so wird, was Ergötzen war, zum Mittel seiner Strafe. Mühe beim Erwerb, Sorge beim Besitz, Schmerz beim Verlust, das plagt die Seele des Reichen." (XVI.)

„Elend und auf alle Weise geplagt ist derjenige, der dienen muss, und von Sorge belastet der Herr; gegen allerlei Unheil muss er immer gewappnet sein und nicht genug, dass jeder Tag seine eigene Sorge hat, so erzeugt auch jeder Tag die Plage des nächsten und jede Nacht kündet die Angst der folgenden an." (XVII.)

„Den Ehelosen quält die Fleischeslust, den Verehelichten sein Weib. Es will Schmuck und Tand ohne Rücksicht auf des Mannes Einkünfte, sonst schmollt und brummt es; es ist eifersüchtig, selbstsüchtig und herrschsüchtig. Ist das Weib schön, so verlieben sich andere in sie und es muss mühsam gehütet werden, ist es hässlich, so freut einen ein Besitz, den Niemand begehrt, auch nicht." (XVIII.)

„Der Gute wie der Böse sind gleich geplagt. Das Leben ist ein Kampf. Der Mensch kämpft gegen den Menschen, gegen die Natur, gegen sein Fleisch und gegen den Teufel. Die Ruchlosen richten feurige Geschosse und der Tod sucht ihn zu erfassen. Erde, Luft, Wasser und Feuer bedrohen uns und wir werden sogar zur Beute der Thiere." (XXI.)

„Der Körper ist das Gefängniss der Seele; wer hätte je einen Tag reines Vergnügen genossen, wer hätte nicht an jedem Tage den Stachel des Gewissens, den Impuls des Zornes, die Regung der Begehrlichkeit empfunden; wo ist der Tag, den weder Neid, Geiz, Hochmuth berührt hätte, noch eine Kränkung gebracht hätte? Aber auch wo Lust ist, da folgt ihr rasch die Trauer, und die irdische Lust selbst ist mit Bitternissen versetzt." (XXII u. XXIII.)

„Wir sterben so lange wir leben, und nur wenn wir zu leben aufhören, hören wir auf zu sterben; es ist also besser lebendig zu sterben, als todt zu leben. Denn das Leben ist nichts anderes als ein lebendiger Tod." (XXIV.)

„Die Zeit, die der Ruhe gewidmet ist, findet die Ruhe nicht; denn die Schlafenden werden von Träumen verwirrt, die oft quälen und beunruhigen, — ist aber der Traum angenehm, so ist das Aufwachen gleichsam ein Verlust. Und nicht am eigenen Leide ist's genug, wir leiden im Mitgefühl noch für die Andern mit, so dass also sogar die Liebe Leid und Schmerz mit sich bringt." (XXV u. XXVI.)

„Nie ist man des morgigen Tages sicher; unerwartet tritt das Unglück heran. Was soll man von der Krankheit sagen? Soll man die Unerträglichkeit der Krankheit erträglich nennen, oder die Erträglichkeit derselben unerträglich? Am besten wird beides verbunden. Immer schlechter wird die Welt, es hat der Makrokosmos wie der Mikrokosmos gealtert, und was in früheren Zeiten noch zuträglich war, das wird heutzutage schädlich." (XXVIII.)

„Wie zahlreich und schrecklich sind die Strafen, mit denen der Verbrecher gestraft wird,*) und furchtbares Maass kann die Noth annehmen, so dass eine Mutter ihr eigen Kind verzehren mag." (XXIX u. XXX.)

„Oft wird auch der Unschuldige gestraft und der Schuldige geht frei aus, und der Tugendhafte wird verkannt. Dreierlei besonders plagt den Menschen: Reichthum, Ueppigkeit und Ehre; aus dem Reichthum ergiebt sich das Verkehrte, aus der Ueppigkeit das Schmähliche, aus der Ehre das Eitle." (XXX u. XXXI.)

Soweit der erste vom Leben im Allgemeinen handelnde Theil.

Der zweite Theil geisselt die socialen Mängel zur Zeit des Verfassers; die Eitelkeit, Prunksucht und Schlemmerei der Grossen, die Verweltlichung und Ausschweifungen der Geistlichkeit, die Mangelhaftigkeit des Gerichtswesen (wo das Recht für Geld feil sei). Es ist dieser Theil von etwelchem culturhistorischen Interesse, geht uns aber hier nichts an, da es blosser „Entrüstungspessimismus" ist, welch letzterer durchaus nicht nothwendig mit allgemeiner Weltverachtung verbunden zu sein braucht. Ebenso können wir den dritten Theil übergehen, wo Innocenz die Leiden der Verdammten schildert und beklagt. „Vergeblich wollen die Verdammten Busse thun; mannigfaltig sind ihre Strafen, unaussprechlich ihre Angst. Sage nicht „„Gott wird nicht ewig zürnen, seine Barmherzigkeit geht über alles. Der Mensch hat in der Zeit gesündigt, darum wird Gott nicht ewig strafen"" — (bekanntlich

---

*) Es folgt eine stattliche Reihe Hinrichtungsweisen.

die Ansicht des Origenes). Thörichte Hoffnung, falscher Wahn! Es giebt keine Erlösung aus der Hölle, denn fortan wird das Böse als Neigung stehen bleiben, auch wenn es die That nicht mehr vollbringen kann. Sie werden den Ewigen lästern und immerfort wird sich so Schuld und Strafe erneuen."

Innocenz ist sich der Schrecklichkeit dessen, was er als guter Christ zu glauben sich verbunden sieht, wohl bewusst, und so illustrirt seine Schrift nach dieser Seite hin auch unsere Behauptung: **dass das religiöse Dogma selbst wieder zu einem ideell-realen Factor der Unlust werden kann.** Ebenso ist sein — uns naturwissenschaftlich disciplinirten Modernen fast komisch vorkommender — Ekel vor den Natürlichkeiten des Menschen ein Beleg, wie der Glaube an das naturverkennende Dogma die unmittelbare Wahrnehmung zu beeinflussen vermag.

Während die Klage über die „Eitelkeit" des Strebens und alles im Leben zu Gewinnenden wesentlich wortreiche Recapitulation der Betrachtungen des „Predigers" und der Lamentationen Hiobs sind, ist die ästhetische Unzufriedenheit so recht sein Eigenstes, welches man doch wohl auch nicht so schlechtweg als unberechtigt bezeichnen darf. Vom Standpunct einer Weltanschauung aus zum Beispiel, welche die Welt als aus Liebe und zum Glücke der Menschen von einem bewussten, persönlichen Schöpfer geschaffen annehmen möchte, müsste es doch wohl als räthselhaft erscheinen, warum der Mensch Ausscheidungen haben muss, die ihm selbst ekelhaft sind, warum diese so fern den „Balsamsäften" der Bäume sein müssen, warum so manches „Natürliche" von ihm als unästhetisch verhüllt werden muss, das bei allen mehr religiös als wissenschaftlich veranlagten Völkern, sobald sie eine gewisse Culturstufe erreicht hatten, als „unrein" beachtet wurde, warum endlich die Natur des Menschen eine solche ist, dass mit steigender Cultur der Individuen ein zusammengedrängtes Wohnen, ja sogar schon ein längerer Aufenthalt im Gedränge zur Quelle grossen Unbehagens wird, während das üppigste Zusammendrängen pflanzlich-vegetativen Lebens nicht nur nicht unangenehm empfunden, sondern sogar genossen wird.

9. Die Weltverachtung, die officielle Weltanschauung der christlichen Kirche.

Die Klage des für seine Zeit hochgebildeten, scharfsinnigen und feinfühligen Kirchenfürsten klingt nun durch die Jahrhunderte hindurch in den mannigfaltigsten Variationen, je nachdem die eine oder die andere Seite derselben (mehr der Mangel und das Leiden oder mehr das Schuldgefühl) sich in den Vordergrund drängt. Als moralischer Entrüstungspessimismus donnert sie in Buss- und Erweckungs-Predigten von der Kanzel, als demüthig-zerknirschtes Sünder-Bewusstsein reflectirt, wird sie in Bussliedern laut und producirt „Beichtspiegel" und allerlei heilsame „Betrachtungen"; und auch der weltliche, aber fromme Dichter weiss zu singen und zu sagen von der Eitelkeit der „Frau Welte" und ihrer Treulosigkeit. Die Kunst aber mahnt an die Vergänglichkeit alles Irdischen und die Nichtigkeit weltlicher Macht und Grösse durch die, besonders im 14. und 15. Jahrhundert beliebten „Todtentänze". Die Klage über die Flüchtigkeit der weltlichen Güter und Annehmlichkeiten fand in diesem Vorwurf eben so gut ihren Ausdruck wie die fromme Reflexion von der Nothwendigkeit, stets auf das Ende gerüstet zu sein; daneben aber mochte sich auch ein — durch den Schauder nur um so piquanter gemachtes — Gefühl der Befriedigung ergeben, über die Unverfrorenheit, mit der Gevatter Tod ebenso unbefangen und ungehindert an die sich nur zu oft drückend genug bemerklich machenden Hoheiten von Fürsten, Papst und Kaiser heran tritt, wie an den in jenen Zeiten rasch zum Bewusstsein seiner Bedeutung heranwachsenden Bürgersmann.

So lange die Kirche die erste Stelle im Culturleben einnahm, so lange war der Pessimismus in der Form des contemptus mundi die officielle Weltanschauung; in praxi zwar unterdrückt und üppig überwuchert von der Lebenslust und instinctiver Lebensbejahung, welche mit der wieder höher sich hebenden Cultur und Bildung auch zu höherem Selbstbewusstsein aufloderte, ja sogar bis in die abgelegensten Klosterzellen hineindrang und dort, wo sie so ganz und gar im Gegensatze stand zur ausgesprochensten Tendenz, auch die widerlichsten Früchte zeugte; aber in der Theorie immer als das Höhere, das Weisere, das Wahrere anerkannt, und auch im Volksbewusstsein immer wieder siegreich durchdringend, sobald ein eudämonologisch besonders fatales Ereigniss, Krieg, Pest oder Hungersnoth es wieder einmal recht lebhaft zum Bewusstsein brachte, welch' grimmer Vulkan unter der scheinbar so sicheren, mit zahlreichen Lustblüthen gleissnerisch geschmückten Matte eines relativ behaglich dahin fliessenden Lebens in der im Emporkommen begriffenen Gesellschaft verborgen lag.

Auch die Reformatoren, wie sie dem geduldeten Semipelagianismus des Katholicismus des Mittelalters und ihrer Zeit gegenüber die strengeren Sünde- und Prädestinations-Dogmen des Augustinus vertheidigten, waren im Puncte der axiologischen Frage ganz mit dem grossen Papste des 12. Jahrhunderts einig. Das eine conservative, resp. reconstructive Moment der reformatorischen Bewegung ging ja besonders gegen die Verweltlichung der Kirche und die Eitelkeit und den genusssüchtigen Leichtsinn der Gemeinde. In mannigfaltigen, zum Theil kleinen, ja kleinlichsten Zügen zeigte sich z. B. bei den schweizerischen Reformatoren die Weltverachtung in den Zucht- und Sitten-Geboten und den Kleiderordnungen,*) und dieselbe düstere, weltfeindliche Gesinnung theilten auch die brittischen Reformatoren, ein John Knox und die Presbyterianer.

Die andere — wichtigere — Seite der Reformation: die Geistesbefreiung von der Tradition freilich entfesselte auch eine Gedankenströmung, welche nicht nur bestimmt war, jene Weltverachtung, so weit sie überspannt war, durch vorurtheilslose Kritik zu corrigiren, sondern die auch im Drange ihres aus anderen als religiösen Quellen sprudelnden Jugendmuthes das vollberechtigte Element der pessimistischen Weltanschauung überschwemmten und versandeten, so dass doch auch wieder aus der so ernsten reformirten Kirche heraus, wenn auch nicht von ihr gezeugt, ein Feind gemüthsinniger, d. h. echter Religiosität geboren wurde.

Auf diese lebensfreudige Reaction gegen die christlich-religiöse Weltverachtung haben wir im nächsten Capitel einen Blick zu werfen, bevor wir uns denjenigen Formen des Pessimismus zuwenden können, welche sich innerhalb des weltlichen Lebens und vermittelst wissenschaftlicher, sei es empiristischer, sei es speculativer Betrachtung der Welt und des Lebens zu entwickeln begannen.

---

*) Besonders Zwingli nahm es mit letzterer genau, und bis zur Stunde deutet noch mancher Gebrauch auf jene ernste Lebensanschauung hin; so werden jetzt noch in manchen Dörfern des Cantons Zürich die Kinder in schwarzem „Taufgerust" zur Taufe gebracht."

III. Capitel.
Der Pessimismus der Wissenschaft.

1. Der Optimismus der wiedererwachenden Wissenschaft und das Ende des Contemptu Mundi.

Neben dem Pessimismus des Christenthums und neben der unreflectirten Weltfreudigkeit und Sinneslust, worin die Menschen zu allen Zeiten herumtaumelten (in ganz besonders rohen und abstossenden Formen aber gerade zu Ausgang des Mittelalters), gegen welche die Kirche immer wieder ihre Busspredigt zu richten hatte, entwickelte sich die optimistische Richtung des sich auf sich selbst wieder besinnenden Geistes der Wissenschaften.

Die Wissenschaft und die auf ihrem Grunde sich erhebende Philosophie ist insofern dem Optimismus günstig, als sie die Blüthe des theoretischen Betrachtungstriebes ist, der die Dinge als solche und an und für sich in Betracht zieht, ohne unmittelbar auf deren Wirkung auf das Subject zu reflectiren. Der theoretische Trieb will nur erkennen; das „Was" ist ihm in erster Linie gleichgültig; mit der Ueberzeugung, dass er die Wahrheit ergriffen, d. h. dass seine Vorstellungen dem Seienden adäquat seien, ist sein Wollen befriedigt. Damit die rein theoretische Weltanschauung optimistisch sein kann, ist also nichts anderes nöthig als die Ueberzeugung, es sei die Welt so beschaffen, dass es dem denkenden Geiste möglich werde sie zu erkennen, ihre Formen und den Zusammenhang ihrer Lebenserscheinungen zu begreifen.

Die Erfüllung dieses Postulates des theoretischen Triebes erscheint anfänglich auf zwei Arten möglich: entweder indem das Reale indifferenter, vom Geiste in seine Formen und zu seinen Zwecken gemodelter Stoff ist; oder aber, indem das Realseiende (die Natur im engern Sinne: als das Angeschaute im Gegensatze zum Anschauenden) selbst ein schlummernd Geistiges ist, welches als Anschauendes zum Bewusstsein erwacht.

Die jung aufblühende Wissenschaft hielt sich an die erste Voraussetzung; als sie aber fortschritt auf ihrem Erkenntnisswege, so entwickelte sich aus ihren Naturerkenntnissen der **Zweifel an sich selbst**, d. h. an der Möglichkeit der Erkenntniss unter der bisherigen Voraussetzung, die sich als zu Widersprüchen führend erwies. Die Philosophie gebar den **Skepticismus**, der zur Zersetzung der dualistischen Naturanschauung führte, und durch den Kriticismus und erkenntnisstheoretischen Idealismus hindurch zur **zweiten Form** der Bedingung der möglichen Erkenntniss: **dem Monismus** hintrieb. Der Skepticismus in seinen verschiedenen Formen ist aber der **Pessimismus der theoretischen Philosophie**.

Bevor jedoch die aus mehr als tausendjährigem Schlafe wiedererwachte freie Wissenschaft aus sich heraus den Zweifel an ihrer Fähigkeit, Immanenz und Transcendenz zu umfassen, erzeugte, ging der belebende Hauch frischer Natur- und Lebensfreudigkeit von ihr aus, der alle Gebiete und Gestaltungen des Lebens durchdrang und die Weltanschauung durchaus modificirte; denn mit den neuen Objecten, die dem Geiste sich boten, entstanden dem Handeln neue Motive, dem Gefühle und dem practischen Urtheilsvermögen neue Postulate.

Derjenige Pessimismus, zu dem sich die pessimistischen Anschauungen und Erfahrungen*) des Alterthums und des Christenthums krystallisirt hatten, war theils ein zu **engbegrenzter**, theils war er ein **Wurf über das Ziel hinaus**. Zu eng begrenzt war der alte Pessimismus (contemptus mundi), weil er als die Wurzel alles Uebels die Natur im engeren Sinne erachtete, statt tiefer zu graben und die Ursache und Bedingung der Uebel jeder Form im individualisirten Sein als solchem zu erkennen. Ein Wurf über's Ziel hinaus aber war es, den Begriff der Verschuldung über die Sphäre des bewussten Wollens auf das Natursein zu übertragen, und so das einfache Uebel des Seins zu „der Uebel grösstem," der Schuld, zu stempeln.

Die Entwickelung der Begriffe gut und böse, Tugend und Sünde, Gerechtigkeit und Schuld, hatte sich unter der vorherrschenden Bethätigung des practischen Sinnes in Form des sich allseitig entfaltenden religiösen Bewusstseins vollzogen; so tief und hochgehend die Begriffe gefasst wurden und so subtil ausgearbeitet und ciselirt im Detail sie auch waren, im grossen Ganzen, in Bezug auf das Sein als Solches waren sie so zu sagen nur Rohguss,

---

*) Wir bitten unserer Unterscheidung zwischen dem Substantivum „Pessimismus" und dem Adjectiv und Adverb „pessimistisch" stets eingedenk zu sein.

dessen überall vorspringende Gussränder und Näthe zu entfernen, die Aufgabe des theoretischen Triebes als Religions- und Moral-Philosophie ist.

Das erste und oberste Object des wiedererwachten theoretischen Triebes war die Natur, deren Begriff sich unter der Herrschaft des religiösen Bewusstseins verengt hatte, und welchen die Wissenschaft nun wieder erweitern musste bis zu seinen äussersten Grenzen der natura naturans.

Gewiss hatte der wissenschaftliche Optimismus, d. h. jene stolze Freude über das Erkennen einer erkennbaren Welt, schon die Herzen der Scholastiker gehoben; aber die dogmatische Voraussetzung der Vernunftgemässheit des religiösen Dogmas und die Uebereinstimmung der höchsten Spitze der wissenschaftlichen Erkenntniss mit der vermeintlichen geoffenbarten Wahrheit war nicht nur ein Hemmschuh für die Wissenschaft und ihre Träger selbst, indem es ihnen die Objecte vor jedem Beginn der Untersuchung fälschte, sondern es hinderte auch die Einwirkung der Wissenschaft auf die Weltanschauung der Laien, welche es natürlich sicherer und bequemer finden mussten, sich an das von der Kirchenlehre direct gebotene zu halten, statt an das auf so subtilen Pfaden der Wissenschaft errungene; besonders da die Grenze zwischen hochverdienstlicher Feinheit und Ketzerei so haarscharf und unendlich complicirt gezogen war, so dass jedes Licht, welches einseitig von der Wissenschaft in's Leben hineinfiel, von der Furcht und der Unlust des Zweifels begleitet war.

Es giebt kein practisches Werthurtheil über das Seiende ganz ohne die Bethätigung des theoretischen Triebes, also keine religiöse Weltanschauung ohne Einmischung theoretischer Geistesproducte; es giebt aber auch keine theoretischen Urtheile über das Weltsein, ohne dass die Gefühlsurtheile bewusst oder unbewusst hinein spielen, und ebenso giebt es keine wissenschaftliche Weltanschauung ohne practische Consequenzen.

Aus der religiösen Weltanschauung und aus den wissenschaftlichen Seinsvorstellungen heraus aber krystallisirt sich die jeweilige Culturform. Was wir das Zeitalter der Renaissance nennen, das ist die Zeit, wo der theoretische Trieb wieder unter den höchstbegabtesten Völkern die Oberhand gewinnt und in den Vordergrund tritt, so dass nunmehr die wissenschaftliche Vorstellungs- und Gestaltungskraft den maassgebenden Factor in der Culturbewegung abgiebt, nachdem er mehr als 1000 Jahre lang von dem religiösen Bewusstsein in secundäre Stellung zurückgedrängt war. Die grossen Geister der Renaissance-Periode eroberten — befruchtet von den Ideen des classischen Alterthumes — dem Gedanken die Freiheit von der Autorität, und der Menschheit die **Unmittelbarkeit der Naturanschauung** zurück; sie befreien die Natur von der Anklage der **Corruption** und das Sein von dem ihm anhaftenden Begriff der Schuld.

Im 17. Jahrhundert mit **Baco von Verulam** (1561—1626), **Cartesius** (1595—1650) und **Spinoza** (1632—1677) ist das Ziel der Befreiung der Wissenschaft erreicht; diese Namen bezeichnen den Beginn der neuen Zeit, der Zeit der Herrschaft des theoretischen Triebes, sie bezeichnen auch das Ende des alten, unter dem Regime des religiösen Sinnes systematisirten **Pessimismus der Weltverachtung**. Die Ideen dieser auf der Schwelle der Neu-Zeit stehenden Männer bilden die Unterlage, auf der sich ein naturalistischer und idealistischer Optimismus bilden konnte. **Baco von Verulam** lehrt die Natur ohne die Brille des Dogmas und der Scholastik betrachten. Er setzte die Empirie an die Stelle der Autorität, und die Empirie schenkte der Menschheit eine Natur, der man sich nicht mehr zu schämen hatte, sondern die mit Staunen und Bewunderung erfüllte: nicht mehr die Himmel allein, die Erde und ihre Bewohner begannen die Ehre Gottes zu erzählen.

Cartesius setzte als das Prius der Wissenschaft statt des scholastischen **Glaubens an das Dogma** den **Zweifel an Allem** ausser an dem **Zweifeln selbst**, als der Thätigkeit des denkenden Geistes: cogito ergo sum. Mit **Cartesius** ist der Bruch zwischen der Wissenschaft und der Kirche positiv vollzogen; denn nicht mehr der Logos, wie er als supernaturale Offenbarung von Gott kommt, sondern der Logos, wie er aus der Natur des menschlichen Geistes herausspricht, ist nun Quelle aller Weisheit und das allein positive, vor dessen Forum sich sogar Gott erst nach Möglichkeit, Wahrscheinlichkeit, Wirklichkeit und Nothwendigkeit muss prüfen lassen. Aus dieser Position heraus wird dann auch nicht nur alles dasjenige glücklich herausgeholt, was Postulat des theoretischen Triebes ist, also die Erkennbarkeit der Welt und der Zusammenhang ihrer Combinationsmomente, sondern sogar auch die Gemüthspostulate: **Glück, (ewiges) Leben, Gott.**

Spinoza endlich befreite die Weltanschauung von der **Ueberspannung des Begriffes der Schuld und des Bösen** in seiner Anwendung auf das Sein als solches. Innerhalb eines stricten Monismus, dem alles Sein nur Modus des Seins der Einen Substanz (= Gott) ist, kann nicht Raum sein für den auf das Sein angewendeten Begriff der Schuld. „Böse" und „gut" sind nichts wirkliches an den Dingen; auch nicht Gott macht etwas zu gut oder böse, sondern es sind dies **relative Begriffe**. Die Idee des Bösen ist nicht bei Gott, und da nichts ausser Gott geschieht, so giebt es keine Sünde; wir nennen „gut", was uns nützt, „böse", „übel", was uns schadet. Das letztere ist nur eine Privation von gewissen Eigenschaften, nicht aber etwas Positives. Das Gute ist das Nützliche, nützlich aber ist was uns zu grösserer Realität bringt, was das Sein extensiv und intensiv steigert. Nun ist zwar unser wahres Wesen Erkennen, mithin die wirksamste Steigerung unseres Seins die Erweiterung des Erkenntnissvermögens, dessen höchstes Ziel die Erkenntniss Gottes und unseres eigenen Wesens in ihm ist; aber der Entwickelung des einen Attributs des Seins: des Denkens, geht die des andern: der Ausdehnung, parallel, und sind daher die Förderungen der natürlichen Seite, fern davon ein Hinderniss zu sein, auch ein Gut und daher empfehlenswerth, weil ihrerseits auch fähig, dem ersten, höhern Zweck zu dienen.

Die Weltanschauung Spinoza's ist intellectueller Optimismus; seine Ethik ist Klugheitsmoral (wie die epikureische) und Vernunftsmoral (wie die Lehre der Stoa); aber sie steht höher als die Moral Epikurs, weil sie wie diejenige der Stoa das religiöse Gefühl und das Princip des Rückhaltes am Absoluten mit einschliesst, und sie steht höher als die Lehre der Stoa, weil sie auf einer höhern theoretischen Philosophie sich erhebt, als diese mit ihrem Dualismus von Vernunft und Materie darstellte.

Es bewegt sich aller Fortschritt in Gegensätzen. Wenn auch Hegel nicht beizustimmen ist, dass der Widerspruch die Triebfeder alles Geschehens und der Durchgang durch den Widerspruch der Weg zur höhern Stufe ist, so ist es doch ganz sicher eine empirische Wahrheit, dass aller Fortgang in erster Linie ein solcher zum Gegensatz ist, bei welchem sich anfänglich und besonders für die Träger seiner Realisation nur das Widerspruchsmoment zum Bewusstsein ringt, und jeder gewonnene höhere Standpunct ist uns deshalb der höhere, weil er, wenn auch nicht die Gegensätze in sich rein zur Synthese aufhebt, so doch beiden Rechnung trägt. Es geschieht dies positiv vermittelst eines „sowohl als auch", negativ aber durch ein „weder, noch", welches „weder, noch" eben diejenigen Momente an Position und Contraposition trifft, welche über das Wahrheitsziel hinausschossen.

Der Pessimismus innerhalb des Christenthumes hatte das Ziel überflogen, indem er das Uebel zur Sünde und zu der Sünde Lohn machte. Er hatte zur Empfindung des realen Leides der Welt noch den Stachel der Reflexion hinzugefügt und dazu ein neues ideal-reales Leidensmoment hinzugeschaffen, indem er die Schuld aus der immanenten und interindividualistischen Sphäre in das transcendente Gebiet der Seinscausalität erweiterte.

Hierzu bildet die Lehre des Spinoza den behufs des Fortschrittes geforderten Gegensatz: denn indem sie die unberechtigte und überspannte Verquickung von Uebel und Schuld annulirte, schwächte sie auch den Begriff der Schuld innerhalb seiner berechtigten Sphäre ab und schaffte mit ihrer Anschauung von gut und böse die Möglichkeit, dass im Dienste der egoistischen Klugheitsmoral der Begriff der Schuld ganz und gar hinweg-sophisticirt werden konnte. Auch trägt der Intellectualismus dem tiefsten Sehnen der Menschenbrust nicht Rechnung, weil er nur der einen Hälfte der seelischen Energien entspringt. Auf mehr als genug ihrer Blätter bezeugt es die Weltgeschichte, dass der Mensch nicht nur zu leiden, sondern sogar freiwillig zu leiden vermag, aber er will wissen (resp. zu wissen vermeinen!), warum er leidet. Die Lehre des Spinoza nimmt zwar dem Weltelend den giftigen Stachel der Schuld-Theorie, aber dadurch, dass das Böse und das Uebel bloss relativ dieses für den Menschen sind, nicht aber an sich, sondern an sich gleichwerthige Modi des absoluten Wesens, hören sie doch nicht auf, für den Menschen zu sein, was sie relativ sind, d. h. für die Empfindung bleibt Uebel Uebel. Es hat aber Spinoza keine Antwort darauf, warum solche Modi sind — sein müssen, welche zwar in der Idee des Absoluten nicht als Böses vorhanden sind, wohl aber für das Absolute dieses werden, sofern das Absolute in der Entfremdung der Verendlichung zum Subjecte des Fühlens geworden ist.

Als den Vater des Optimismus der neuern Zeit bezeichnet man in der Regel Leibniz, der es in seiner populär-philosophisch gehaltenen Theodicee unternahm, die bestehende Welt als die bestmögliche Welt darzustellen. Mundus optimus ist aber das Sein schon bei Spinoza, da die modi der Existenz und die Subsistenz der Substanz, oder mit andern Worten die natura naturata und die natura naturans, nicht durch einen Act der Willkür getrennt sind, sondern die Existenz der Substanz sich in ihren Attributen ganz so auswirkt, wie sie kraft ihrer Substanzialität es muss. Des Leibniz Aufgabe war nur, diesen Gedanken zu popularisiren, mit der noch dominirenden christlichen Gottesvorstellung womöglich in Einklang zu setzen, ganz besonders aber, ihn von der Grundlage des Monismus auf den Boden des pluralistischen Individualismus zu verpflanzen.

2. Der Skepticismus als der Pessimismus der Wissenschaft.

Mit Locke (1632) beginnt jene Wendung der auf der Empirie fussenden Philosophie, welche bestimmt war, zum Zweifel an der Bedingung ihrer eigenen Existenz als Wahrheitserkennung fort zu führen. Indem Locke nachwies, dass die bisher angenommenen angeborenen Ideen nicht vorhanden seien, sondern alles, was der Geist in sich habe, ihm durch die Sinneseindrücke zugeführt worden sei, welche Sinneseindrücke sich dann mannigfach combinirten, ergab sich als Consequenz (die aber Locke selbst noch nicht zog), dass nichts Anspruch auf Wahrheit und Gewissheit habe, als was direct und unmittelbar durch die Sinneswahrnehmung gegeben sei. Bei dieser Anschauung ist natürlich übersehen, dass ihre sensualistische Voraussetzung ebenfalls über die Wahrheit hinausschiesst, indem sie in den, dem Irrthum von den angeborenen Ideen entgegengesetzten verfällt: dadurch, dass sie die apriorische Befähigung: die sinnlichen Eindrücke zu den reinen Anschauungsformen und begrifflichen Kategorien zu verarbeiten, übersieht.

Diese Anfänge des Skepticismus entwickelten sich nun nach zwei Richtungen hin, erstens zum Sensualismus und Materialismus und zweitens zum erkenntnisstheoretischen Idealismus.

Die Naturphilosophie führt zum Materialismus, indem der an sich leere Geist, dem ja all' sein Inhalt und Material nur von den Sinnen, indirect also wieder nur von der Action der äussern Dinge übermittelt wird, aus seiner bisher innegehabten, zwar auch nur dualistisch coordinirten, aber doch vorzüglichen Stellung zur bloss secundären, gewordenen Position herab sinkt. Nicht mehr ein substanzielles Nebeneinander wie bei Cartesius, nicht mehr ein Nebeneinander der Attribute der Substanz, wie bei Spinoza, sind Geist und Materie, sondern es erscheint der Geist als blosse Wirkung der Materie.

Es ist Aufgabe der Geschichte der Philosophie, oder einer Monographie über die Entwickelung des Monismus, darzustellen, welche Rolle das Bedürfniss nach monistischer Weltanschauung bei der Genesis des Materialismus spielt, und wie derselbe ein einseitiges und überspanntes, aber kaum zu entbehrendes Durchgangsmoment auf dem Entwickelungswege von einer pantheistischen Emanationstheorie durch den Dualismus hindurch zu dem modernen Monismus des Geistes bildet; wir haben an dieser Stelle bloss sein Vorhandensein zu constatiren und zu sehen, wie er auf die axiologische Weltanschauung wirkt. Und da ist es denn ein schillerndes, flackerndes Licht, welches von dieser Naturtheorie aus auf das Leben fällt.

Es erscheint dadurch die Natur im engern Sinne gehoben, indem jede einzelne Form des Naturseins keinem ausser sich liegenden Zwecke dient, sondern in ihrem Sein und So-sein sich selbst Zweck ist; auch verliert das Naturübel seinen verblüffenden Charakter, denn von einer blinden, rein-mechanischen Natur kann man keine Rücksichten verlangen, und braucht sich nicht über die Sinnlosigkeit zu wundern, mit der sie das Werthvolle mit dem Werthlosen gleichzeitig zerstört, da solche Unterschiede nur für den Menschen vorhanden sind. Die Naturgenüsse, d. h. die sinnlichen Genüsse vermittelst der Hingabe an die mit Lustempfindung verbundenen Instincte, gewinnen an Werth, dagegen sind alle höheren moralischen Ideale blosses Hirngespinnst ohne objective Bedeutung; jede Beziehung des Sinnenfälligen auf transcendentes Sein blosser Trug des auf Irrwege gelangten Verstandes und daher nur schädlich und zu bekämpfen.

Die Wirkungen einer solchen Theorie auf die verschiedenen Charactere und unter verschiedenen Lagen und Geschicken des Lebens sind leicht zu begreifen. Die Thatsachen bleiben jeder Theorie gegenüber dieselben; das Leben bietet der überwiegenden Mehrzahl der empfindenden und denkenden Geschöpfe eine kaum unterbrochene Kette von Sorgen, Mühen, Leiden und Schmerzen und nur einer kleinen Minderzahl eine derart geschützte Lebenslage, dass die in ihr Geborgenen von dem groben Geschütze des Weltleides nicht getroffen werden, während das leichte Geschoss der Unlust vermöge eines flüchtigen Sinnes oder etwelcher moralischer Dickhäutigkeit minder empfunden wird. Gleich bleibt sich auch der Drang des Menschen nach Stillung seines Lebenstriebes, seines Glückverlangens, und gleich bleibt für jeden Denkenden das Bewusstsein von der Incongruenz von Wollen und Erlangen.

Wo nun die materialistische Theorie von einem Geist und Character erfasst wird, in dem sich zu starken sinnlichen Trieben ein vorherrschender Sinn für's Reale und Concrete gesellt, da muss dem, der keine andere Grenze anerkennt als seine Macht, keinen Zügel duldet als denjenigen, den ihm die egoistische Klugheit widerwillig aufdrängt, ein rücksichtsloser Egoismus als allein vernünftige Maxime gelten, entsprechend der absoluten Zwecklosigkeit und Herrscherlosigkeit des zwar nothwendigen, aber gerade in seiner Nothwendigkeit doch wieder nur zufälligen Seins. Wo aber eine idealistisch veranlagte Natur theoretisch überzeugt wird von der blossen Materialität und blinden, zwecklosen Mechanik der Welt, da muss sich zur Unlust des real empfundenen Ungemaches des Lebens noch düstere Trauer des Herzens gesellen über die Unseligkeit des Naturzufalles, der des Menschen Geist nur deswegen zur Selbsterkenntniss heranbildet, um ihn seine theuersten Gebilde als Trug und Schaum zertrümmern zu lassen; Trauer über eine Naturnothwendigkeit, die ihre Geschöpfe zwingt, sich selbst zu opfern für die wesenlosen Gebilde ihres eigenen subjectiven Wahnes. Ein solcher Mensch muss gleichzeitig aus seinem Wahrheitspathos heraus das Irrgehen des Geistes verachten, welches

Götter und Seligkeiten, Gewissen und moralische Ideale schuf, und wieder den Zwang beklagen, der den tröstlichen und erhebenden Wahn zerstört, zerstören muss zu Ehren einer Wahrheit, die keines höheren Werthes theilhaftig ist als auch der Trug.

Wo volle Klarheit über die Werthlosigkeit der Welt unter Voraussetzung der blossen Materialität und Mechanicität des Seins zum Durchbruch gekommen, da muss ein streng consequentes Denken zu einer solchen allumfassenden Existenzverachtung führen, als deren praktischer Ausdruck der Selbstmord sich ergiebt; und alles, was diesen auf dem soeben geschilderten Standpunct verhindern kann, wie anticipirtes Mitleid mit den zu Hinterlassenden, Scheu, feige zu erscheinen, Bewusstsein des eigenen Werthes für das Gemeinde- oder Gesammtwohl, Furcht vor dem mit der Selbstzerstörung verbundenen physischen Schmerzen u. s. w. alles ist nur Mangel an vollkommener Einsicht in die Tragweite der theoretisch adoptirten Naturauffassung.

Die aufgezählten Bedenken können aber auch als Maske für den von der pessimistischen Erkenntniss unberührt gebliebenen instinctiven Lebensdrang dienen; wird in diesem Falle schliesslich die Maske als solche erkannt, so mag diese Einsicht durch die niederschlagende Wirkung auf den Intellect dazu führen, dass nun doch die hierdurch noch gesteigerte Weltverachtung zum wirksamen Motiv der Lebensvernichtung werden kann.

Die Kriegslist der Natur lässt es aber selten dazu kommen, dass ein Individuum vermittelst einer Idee sich selbst die Existenzmöglichkeit abschneidet. Theorien, so lange sie noch lebendig, das heisst motivationskräftig in einem Geiste leben und nicht bloss rein-intellectuelle Reproduction eines historisch Gegebenen sind, sind öfter in inconsequenter, lückenhafter Gestaltung vorhanden als in fein und scharf auskrystallisirter Form.

So sehen wir denn auch den Sensualismus und Materialismus, wie er sich aus dem Empirismus der Engländer zuerst in Frankreich im Laufe des 18. Jahrhunderts entwickelte (Condillac, Helvetius, La Mettrie, Système de la nature) eine solche Richtung nehmen, welche auch da, wo sie sich mit Verachtung, Zorn und Hohn gegen das Leben wendet, dieses letztere doch nur in seinen historischen Formen (Gesellschaft, Staat und vor allem Kirche) verurtheilt, nicht aber an sich. Sie fasst die zersetzende Kraft der sensualistischen und materialistischen Theorien nur erst in ihrer dem Optimismus dienenden Richtung ins Auge, sofern sich dieselben gegen jene Producte des religiösen Gestaltungsprocesses richten lassen, die einen verdüsternden Schatten auf das natürliche Leben zu werfen vermögen. Erst das 19. Jahrhundert zog die schlimmen axiologischen Consequenzen des Materialismus.

Im 16. und 17. Jahrhundert hatte die Wissenschaft sich principiell emancipirt; die sensualistische und materialistische Popular-Philosophie des 18. Jahrhunderts emancipirte die Gesellschaft von der Kirche. In der Epoche des Kampfes vergass man die Zweischneidigkeit der Waffe, die man gebrauchte, vergass wie sich ihre Schneide gegen den eigenen Träger wenden musste, sobald der Gegner zurückgedrängt war.

Die Aufklärungs-Philosophie war optimistisch, weil sie die Wurzel der das Leben beschwerenden Uebel in historisch gewordenen Formen und Gestaltungen eines Wahnes und des auf diesen sich stützenden Eigennutzes und Missbrauchs der Kräfte zu erkennen glaubte, und in der Befreiung hiervon und in der Rückkehr zur Natur und dem Naturrecht die Garantie und das Mittel für das Glücksziel erblickte.

Dabei wurde das Naturleben entweder in idealistischerem Sinne und unter Wahrung eines abstracten Deismus als ein idyllischer Zustand der Tugendhaftigkeit und allgemeinen Menschenliebe vorgestellt, oder aber rücksichtslos der sinnliche Hedonismus (wie ihn ein Helvetius und das Système de la nature predigte) auf den Thron erhoben. Wo aber auf die unregierbaren Naturübel und die gefährdenden sogenannten „Zufälligkeiten", wie sie überall in unerschöpflicher Mannigfaltigkeit aus dem Zusammenstossen der menschlichen Interessen (auch ohne Mitwirkung einer bösen Absicht) entstehen, reflectirt wird, z. B. in Voltaire's „Candide," da geschieht es in Opposition gegen den religiösen Optimismus, der dem eudämonistischen Zug der Zeit folgend, die aus dem pessimistischen Bewusstsein entsprossenen Dogmen möglichst ignorirte, ein Verfahren, wodurch aber das Gewebe, dem seine dunklen Kettenfäden entzogen werden, fadenscheinig und rissig wird.

In Deutschland entwickelte sich eine parallele Bewegung, die auf idealistischen, die Locke'sche und Hume'sche Leugnung der angeborenen Ideen wesentlich modificirenden Anschauungen fusste, ihren Schwerpunct im erkenntnisstheoretischen Gebiete hatte, während ihre practische, culturelle Wirkungsweise sich ebenfalls als Aufklärung darstellte.

Leibniz (1646—1716) übersetzt den Substanzbegriff des Spinoza in's Pluralistische und bekommt so als Wesen des Ich's die „fensterlose Monade", deren gesammter Wissensinhalt nicht von aussen kommt, sondern von innen erzeugt wird. Es ist dies der idealistische Gegensatz zum Sensualismus und wie dieser die Frucht des Bedenkens: dass ein für sich seiender Geist und eine für sich seiende Materie nicht zu einer Durchdringung in Form der Welterkenntniss kommen könnten. Der Sensualismus verliert im Streben nach einer einheitlichen Naturauffassung den Geist,

Leibniz verliert die Möglichkeit eines realen Causalnexus und verflüchtigt die Welt zu einer Summe von mehr oder minder vollkommenen Weltvorstellungen in den fensterlosen Monaden, welche letztere die Realität des Ausser-ihnen-seienden nur durch den philosophischen Saltomortale der Idee der „prästabilirten Harmonie" zu begründen vermögen.

Die substantielle Monade muss, wenn der Rausch über das negative Erkenntnissresultat verflogen und die Unfähigkeit der Idee der prästabilirten Harmonie, den realen Causalnexus zu ersetzen, erkannt ist, zum wissenschaftlichen Pessimismus führen. Denn wenn es auch dem theoretischen Triebe gleich ist, was er in der Erkenntniss gewinnt, so ist doch die Erkenntniss des Nicht-wissenkönnens ein solcher Widerspruch, dass er die theoretische Weltverzweiflung erzeugen muss: 1. wir können nichts wissen; 2. wir können nicht wissen, ob wir nichts wissen können; 3. wir können nicht wissen, ob wir berechtigt sind anzunehmen, dass wir nicht wissen können, dass wir nichts wissen — so geht die Widerspruchskette fort in infinitum.

Die „prästabilirte Harmonie" des Leibniz ist zwar nur eine vorübergehende, unhaltbare erkenntnisstheoretische Rettung des nicht zu missenden Glaubens an die Realität einer ausser unserer Vorstellung real existirenden Welt der Vielheit; aber sie ist daneben (so lange sie hält) in inniger Verbindung mit dem ebenfalls optimistischen Dogma eines vollkommenen, allweisen, allmächtigen Gottes, den sie als den Grund und Schöpfer der Harmonie zur Voraussetzung hat, auch ein vollsaftiges Optimismusmoment. Denn aus den Prämissen der Seinsharmonie und ihres Schöpfers soll sich ergeben: dass die Welt die bestmögliche Welt sei, weil, wenn eine bessere möglich gewesen wäre, Gott sie auch sicherlich erschaffen hätte.

Nicht um eine Hinwegleugnung der empirischen Uebel und der Unzulänglichkeit der moralischen Beschaffenheit der Menschheit gegenüber dem ethischen Ideal der Zeitepoche handelt es sich bei der Theodicee des Leibniz, sondern um eine Entschuldigung der Weltmängel dadurch, dass diese als die nothwendigen Glieder am Organismus des Weltseins und als die nothwendige Folge der Endlichkeit der vielen Einzelnen verstanden werden.

Bezüglich der Gottesrechtfertigung vermittelst dieser Auffassung des Uebels ist nichts Neues geboten; auch die specifisch religiöse Weltanschauung hatte versucht, ihren Gott von dem begangenen Fehler, des Sündenfalls fähige Geister geschaffen zu haben, dadurch frei zu sprechen, dass die Möglichkeit des Missbrauchs der Freiheit als eine nicht von dem Begriff der Freiheit loszutrennende aufgefasst wurde; ebensowenig neu ist der Verschönerungsversuch der empirischen Welt durch die Idee: es sei das Uebel bloss privativen oder negativen Characters, denn diesen Schleichweg versuchte schon Augustinus zu gehen, und das Uebel als blossen Mangel des Guten zu erklären; eine Ansicht die nach ihm auch Scotus Erigena und Abälard nutzbar zu machen versuchten. Die Popularisirung dieser Ideen war aber ein zeitgemässes Beginnen. Unstichhaltig vor der Kritik, wie die Lehre von der „besten Welt" ist, die das Empirische (die Positivität des Uebels) negiren zu können meint vermittelst Deduction aus einem Princip, welches inductiv unnachweisbar ist, kam sie doch dem Bedürfniss der Zeit entgegen, denn das erwachte theoretische Gewissen (welches auch innerhalb der Theologie in Form des reformatorischen und protestantischen Princips lebte und wirkte) hatte die Autorität des Dogmas von der Gegensätzlichkeit des Irdischen und Himmlischen untergraben und das Glücksverlangen wünschte schon in diesem Leben etwelche reelle Garantie für die Gewährung seiner Forderungen. Man hielt an der Hoffnung des künftigen Lebens fest; damit man aber an die Vorzüglichkeit des Jenseits sollte glauben können, schien es nöthig, an der Güte der Welt gleichsam eine Probe für die Macht und Weisheit des Schöpfers und Herrn des künftigen Lebens zu haben. Der Leibniz'sche Optimismus kam der, aus der langen Zurückdrängung des eudämonistischen Dranges durch das kirchlich-heteronome Moralgesetz sich zur Freiheit durchdringenden Lebensfreudigkeit zu sehr entgegen, als dass man seine Blössen sogleich und allgemein wahrgenommen hätte; vielmehr wurde dieser Optimismus die vorherrschende Weltanschauung der auf Leibniz folgenden Zeit. Er wurde gleichermassen von den Philosophen wie von den Theologen acceptirt, und die Umrisslinien des Systems wurden auch vom grossen Publicum als bequeme theoretische Rechtfertigung der, allem Ungemach der Natur und der historischen Gestaltungen zum Trotze florirenden instinctiven Lebensliebe dankbar entgegengenommen.

Die Leibniz'sche deutsche Aufklärungs-Philosophie hat mit ihrer französischen Schwester die Opposition gegen die maassgebendsten Dogmen der Kirche gemein; sie theilt mit ihr die Illusion, dass bei vernunftgemässer Gestaltung des Lebens die jetzt noch die Menschheit belastenden Uebel zum grössten Theile überwunden werden könnten; ferner den Zug zur Individualisirung und der Verherrlichung des Individualismus (welcher in den kirchlich gestimmten Zeiten nicht voll aufkommen konnte, obgleich er sich schon mit dem Geiste der Reformation lebhaft zu regen begann, wo er sich im religiösen Gebiete durch Sectenbildung äusserte). Die deutsche Aufklärung blieb dagegen dem naturwissenschaftlichen Materialismus noch ferne, aber ganz wie die französische Aufklärungs-Philosophie verflachte sich ihr Eudämonismus in Utiliarismus; es wird stets nach dem „Nutzen" gefragt und die verherrlichte Vernunft hinunter gezogen in den Dienst hausbackener Annehmlichkeit.

3. Maupertuis.

Wenn nun aber auch die Weltanschauung des 18. Jahrhunderts im Grossen und Ganzen als optimistisch bezeichnet werden muss, so fehlt es doch auch diesem Zeitabschnitt (wie wir bereits hervorzuheben versuchten) nicht nur nicht an Gedankenkeimen, aus denen sich mit der Zeit pessimistische Anschauungen entwickeln mussten, sondern auch nicht gänzlich an ausgesprochenen pessimistischen Urtheilen über den Werth des Lebens überhaupt, nicht nur unter gewissen factischen Verhältnissen.

Wir haben bereits auf Voltaires „Candide" hingewiesen, in welchem philosophirenden Romane der Leibniz'sche Optimismus verspottet und vermittelst der Schilderung der verschiedenen Calamitäten im Leben des Helden gegen die vulgär-optimistisch aufgeputzte Religion geplänkelt wird. Philosophisch viel werthvoller ist aber ein Essay des Mathematikers Maupertuis, des Zeitgenossen Voltaires, worin dieser in vollkommen ruhig-objectiver Weise seine Ansicht: dass im natürlichen, gewöhnlichen Leben die Summe der Unlust die Summe der Lust überwiege, durch psychologische Erörterungen zu beweisen sucht. Durch die Berücksichtigung dieses Essays von Seite Kants, durch die Adoption einer in demselben dargelegten Auffassung der Lust und Unlust von Seiten des letztern, sowie endlich durch die Uebereinstimmung desselben mit den Theorien des modernen Pessimismus, wird dieser Maupertuis'sche Pessimismus sehr interessant; für uns aber besonders noch deshalb, weil die moderne Pessimismus-Kritik die Maupertuis'sche Idee von den bloss quantitativen Unterschieden in der Lust — resp. Unlust — als E. von Hartmanns willkürlich, der pessimistischen Theorie zuliebe vollzogene „Erfindung" bekämpft. Maupertuis sagt in „Essai de Phil. Morale"):* „Ich nenne Lust (plaisir) jede Empfindung (perception), welche die Seele lieber erfahren will als nicht erfahren. Ich nenne Unlust (peine) jede Empfindung, welche die Seele lieber nicht erfahren möchte als erfahren. Jede Empfindung, welche

---

*) „Oeuvres." Lyon, Bruyset, 1756. I. Tom. Eine deutsche Uebersetzung ist uns nicht bekannt.

die Seele festhalten möchte, welche sie nicht abwesend wünscht, während welcher sie weder wünscht in eine andere Empfindung überzugehen noch zu schlafen, ist Lust.

Die Zeit, während welcher eine solche Empfindung dauert, nenne ich ein Glücks-Moment (moment heureux). Jede Empfindung, welcher die Seele ausweichen möchte, welche sie abwesend wünscht, während welcher sie wünscht in einen andern Zustand überzugehen oder zu schlafen, ist Unlust. Die Zeit während der Dauer dieser Empfindung nenne ich ein Unglücks-Moment (moment malheureux). Ich sage nicht, es giebt indifferente Empfindungen, deren Vorhandensein oder Abwesenheit gleichgiltig ist, aber wenn es solche giebt, so ist deren Dauer weder ein Glücks- noch ein Unglücks-Moment (p. 193). Bei jedem Glücks- oder Unglücks-Moment ist nicht allein die Dauer in Betracht zu ziehen, sondern auch die Grösse, die Intensität. Daher kann eine Empfindung der Lust, die lange dauert, aber schwach ist, eine andere, die kürzer dauert, aber intensiver ist, aufwiegen, und so ähnlich bei den Empfindungen der Unlust. „Eine doppelte Intensität und eine einfache Dauer können einem Moment gleich kommen, dessen Intensität einfach und dessen Dauer doppelt ist" (p. 195). Die Dauer einer Empfindung kann man messen vermittelst künstlicher Instrumente, nicht so die Intensität; aber wenn man dies auch nicht mit einem Instrumente kann, so hat doch jeder Mensch ein ganz sicheres Urtheil, nach welchem er kurz dauernde starke und lang dauernde schwache Lust — resp. Unlust — gegeneinander abwiegt (p. 196).

„Das Wohl (le bien) ist eine Summe von Glücks-Momenten, das Uebel (le mal) ist eine Summe von Unglücks-Momenten. Das Glück (le bonheur) ist die Summe des Wohles (des biens), welche übrig bleibt nachdem man alle Uebel (les maux) abgezogen hat. Das Unglück (le malheur) ist die Summe der Uebel, welche übrig bleibt, nachdem man alles Wohl (les biens) abgezogen hat." (p. 197).

Wenn man mit Voraussetzung obiger Definition des Begriffes Lust und Unlust das Leben prüft, so „wird man erschrecken, es mit Unlust überfüllt zu sehen, und wie wenig Lust man dagegen findet." „Wahrlich wie selten sind die Empfindungen, welche die Seele zu bewahren wünscht? Ist das Leben etwas anderes, als ein beständiger Wunsch, die Empfindung zu wechseln? Es geht dahin in Verlangen und die Zwischenzeit, welche das Verlangen von seiner Erfüllung trennt, wünschen wir vernichtet (anéanti): oft wünschen wir Tage, Monate gänzlich übergangen, und wenn Gott diese unsere Wünsche erfüllte und die Zeiten, die wir hinwegwünschen, wirklich aus unserem Leben streichen würde, es würde nicht viel übrig bleiben, vielleicht vom längsten Leben nur einige Stunden" (p. 202).

Es gäbe — fährt Maupertuis fort — wohl wenig Menschen, welche nicht zugestehen, dass ihr Leben mehr mit Unlust-Momenten als mit Momenten der Lust erfüllt war, auch wenn sie nur die Länge der Dauer der verschiedenen Empfindungs-Momente in Betracht ziehen; wird aber auch die Intensität mit in Rechnung gebracht, dann zeigt sich der Ueberschuss der Unlust über die Lust als noch grösser und der Satz wird noch wahrer: „dass in dem gewöhnlichen Leben die Summe der Uebel die Summe des Wohls übertreffe" (p. 202—203). „Alle Zerstreuungen der Menschen haben die Unlust zu ihrer Voraussetzung; nur um den unangenehmen Empfindungen (perceptions fâcheuses) enthoben zu sein, spielt der eine Schach, der andere geht auf die Jagd: Alle suchen in ernsthaften oder frivolen Beschäftigungen sich selbst zu vergessen. Auch findet man sehr Wenige, die noch einmal alle die Zustände durchempfinden möchten, in denen sie sich schon befunden haben; ist damit nicht klar gezeigt, dass des Uebels mehr ist als des Wohls?"

Wir kommen nun zu den Erörterungen über die Natur der Lust- resp. Unlust-Empfindung als solcher, d. h. abgelöst von deren inhaltlichen Bestimmung, wodurch eine Empfindung, abgesehen davon dass sie Lust oder Unlust ist, auch „diese" oder „jene" Empfindung ist.

„Lust und Unlust (als solche) sind Seelenvorgänge, sie sind nichts anderes als Empfindungen (perceptions); der einzige Unterschied ist, dass die einen durch Erregung von aussen erzeugt werden, die andern durch Bewegung der Seele selbst. „Ich nenne die einen Lust und Unlust des Körpers, die andern Lust und Unlust der Seele" (p. 208). Es ist zu verneinen, das Lust und Unlust des Körpers nicht echte Lust und Unlust sind. „Der Philosoph, der sagt, dass die Gicht kein Uebel sei, sagt eine Dummheit (sottise), oder will damit nur sagen, dass dieselbe die Seele nicht mangelhaft mache, sagt also eine Trivialität. Die Lust und Unlust des Körpers formen ohne Widerrede die Summe der Glücks- und Unglücks-Momente, das Uebel und das Wohl. Die Lust und Unlust der Seele formen ähnliche andere Summen; weder die einen noch die andern dürfen vernachlässigt werden, man muss beide in Rechnung bringen."

Hierzu sagt Maupertuis in der Vorrede zur Gesammt-Ausgabe seiner Werke: Manche hätten sich an dieser Ansicht bezüglich der Gleichstellung der aus den Sinnen und der aus der Seele stammenden Lust und Unlust gestossen; diese hätten eben ohne Zweifel seine Definition der Begriffe Lust und Unlust vergessen, und eben so, dass der Werth (die Grösse) der Lust und Unlust von deren Dauer wie von deren Intensität abhänge. „Wir befinden uns nicht in der Illusion zu glauben, dass die eine Lust minder edler Natur sei als die andere; die Lust ist die edelste, welche am grössten ist." Es zeigt aber die Untersuchung, dass die aus der Seele stammende Lust dauernder ist, als die aus den Sinnen stammende und das macht sie zur werthvolleren (p. 184, ebenso p. 218—219).

Die Lust und die Unlust, welche durch die Sinne vermittelt werden, haben die Eigenthümlichkeit, dass die Lust mit der Dauer ihrer Ursache sich mindert, die Unlust aber sich mit der Dauer ihrer Ursache vermehrt. Dauert die Lust zu lange, so hört sie auf und die Ursache ihrer Entstehung wird zur Unbequemlichkeit. Die Ursachen der Unlust können lange dauern, und je länger sie dauern, um so schmerzlicher ist ihre Wirkung. Nur einige Theile des Körpers vermögen Lust zu vermitteln, aber der ganze Körper vermag Schmerz zu empfinden. Die zu lange oder zu häufige Benützung der Objecte, welche die Lust der Sinne veranlassen, haben körperliche Störungen zur Folge, und man wird nur noch kränker durch zu häufige oder zu andauernde Wirkung der Unlust erzeugenden Objecte: es gibt hier kein Ausgleich. Das Maass der Lust, die unser Körper uns schmecken lässt, hat enge Grenzen; das Maass der Unlust ist grenzenlos (p. 210—211).

Wenn man aber einwenden wollte, dass auch der Schmerz seine Grenzen habe, indem er wie die Lust die Empfindung abstumpfe, so gelte das nur von einem extremen Schmerze, wie er nicht zu den gewöhnlichen Vorkommnissen (Zustand, état) der Menschen gehöre, und welchem auch keine Gattung von Lust gegenüber gestellt werden könnte.

Günstiger stellt sich das Verhältniss für die aus der Seele stammende Lust und Unlust. Nicht nur ist die Lust der Seele dauernder, die Dauer und die Wiederholung vergrössert sie auch. Die Seele empfindet sie in ihrer ganzen Ausdehnung und sie wird durch dieselbe gekräftigt. Unter Lust, resp. Unlust der Seele versteht aber Maupertuis nur solche Empfindungen, die aus der Uebung der Sittlichkeit, resp. Unterlassung derselben, und aus der Erkenntniss der Wahrheit, resp. aus dem Mangel derselben, fliessen.

Alle andern, Furcht, Hoffnung u. s. w. entstammen den Sinnen, es sind nur nähere oder fernere Objecte, auf die sie sich beziehen. Der Gedanke, dass „man seine Pflicht nicht gethan habe, ist nun auch eine sehr leidvolle Unlust (peine très douloureuse): aber es hängt von uns ab, ihn aufzuheben: sie ist sich selbst ihr Präservativ. Was nun die Unlust angeht, die aus dem Nichterkennenkönnen resultirt, so meint Maupertuis (sehr bezeichnend für seine Zeit): der weise Mann hänge sein Herz nur an die Erkenntniss solcher Wahrheiten, die nützlich seien, und diese werde er leicht entdecken! Und da er glauben will, dass es „Weise" giebt, denen das Leben dahinfliesst in der Uebung der Tugend und dem Suchen nach Wahrheit, dass es mithin Menschen giebt, die in den eudämonologisch günstigsten Verhältnissen stehen, so sind diese erstens doch immerhin den aus dem Körper stammenden Leiden ausgesetzt, und zweitens sind solche „Weise" doch viel zu wenig zahlreich, als dass der Satz von dem Ueberwiegen der Unlust über die Lust sollte aufhören, wahr zu sein.

Trotz alledem ist Maupertuis nicht Pessimist im modernen Sinne, denn er lässt seinem Satze, dass im Leben mehr Unlust als Lust sei, nicht den Nachsatz folgen: „mithin wäre das Dasein besser nicht vorhanden." Er meint vielmehr einen sichern Weg zum Glücke gefunden zu haben; die Wendung zum Optimismus ist zu characteristisch für die Vor-Kant'sche Zeit, als dass wir sie übergehen dürften.

Da es das Ziel jedes Menschen ist, glücklich zu sein, so gilt es zu diesem Ende, entweder die Lust zu mehren, oder die Unlust zu mindern; erstern Weg schlug der Epikureismus, letzteren der Stoicismus ein. Unter den gegebenen Verhältnissen hat der letztere Weg wohl eher Aussicht, das Ziel zu erreichen; der Stoicismus aber hat es nicht erreicht, ungeachtet seiner vielen guten Eigenschaften. Ein besseres, sichereres Mittel bietet das Christenthum. Vermittelst der Liebe zu Gott und der selbstvergessenden Liebe zu den Menschen, besonders aber durch die Zuversicht auf ein glücklicheres Leben nach dem Tode, vermag der Mensch das Verhältniss zwischen Lust und Unlust zu Gunsten der ersteren zu modificiren.

Freilich verstossen die christlichen Dogmen gegen unseren Verstand, aber auch die Gottesbegriffe und Vorstellungen des Stoicismus sind nicht befriedigend, und alle Systeme lassen dieselben Dunkelheiten über die wichtigsten Fragen bestehen. Aus diesem Grunde lässt Maupertuis sich nicht abhalten, den christlichen Glauben zu acceptiren; „soll ich dasjenige System, welches mein Verlangen glücklich zu sein erfüllt, nicht für das Wahre erkennen? Darf ich nicht glauben, dass dasjenige, was mich zur Glückseligkeit führt, mich nicht täuscht?"

4. Kant und der Pessimismus und die Sittenlehre.

Mit Kant beginnt nicht nur ein neuer Abschnitt der Geschichte der Philosophie, sondern auch die pessimistische Lebensbetrachtung erhält von ihm eine neue Wendung, indem sie in ein bisher nicht vorhandenes Verhältniss zur Sittlichkeit gerückt wird.

Aber wie nicht Kant schlechthin, sondern erst der Kant der „Kritik der reinen Vernunft" der Eckstein der modernen Philosophie wird, so ist auch für Kant die pessimistische Weltanschauung erst das Ergebniss seiner gereiften Jahre. Aus der Reihenfolge seiner Werke lässt sich das Heranwachsen derselben zu der Form, in welcher sie die Frucht der anti-eudämonistischen Sittenlehre erzeugt, annähernd verfolgen.

Der junge Kant philosophirt im Sinne Leibniz' und der Vernünftigkeitsphilosophie Wolf's, und ganz in diesem Sinne schreibt er im Jahr 1759 seinen „Versuch einiger Betrachtungen über den Optimismus". Ganz durchdrungen und gehoben durch das Bewusstsein, wie herrlich weit die raisonnirende Vernunft es nunmehr in der Begriffsbildung gebracht, geht er an seine Aufgabe, die Berechtigung der Annahme, dass unsere Welt die bestmögliche der Welten sei, vermittelst Deduction aus dem Begriffe Gott zu erhärten.

Aus dem „geziemenden Begriff", den man sich nunmehr von Gott macht, ergiebt sich „als ganz natürlich, dass, wenn dieser wählt, er das Beste wählt." Anzunehmen, dass keine Welt möglich ist, über die sich nicht noch eine bessere denken lässt, verstösst gegen den rechtgläubigen Begriff von Gott, indem darin eine Beschränkung von dessen Denkvermögen enthalten ist. Gott muss alle denkbar möglichen Welten denken können, also muss er auch die positiv beste Welt gedacht haben. Es sind aber auch nicht zwei oder mehrere gleich gute Welten möglich; denn der Grad der Güte besteht in dem Grad der Realität. Nun kann aber Realität von Realität nicht unterschieden werden, es geschehe denn dadurch, dass in dem einen zu vergleichenden Ding etwas negatives gedacht wird, mithin können zwei Welten nur durch den Grad ihrer Realität unterschieden werden. Die Gegner des Optimismus sagen, es sei so wenig eine vollkommenste Welt zu denken, als eine grösste Zahl; aber man darf die Eigenschaften der Zahl nicht auf den Begriff der Realität übertragen; es giebt allerdings keine Zahl, auch keine Geschwindigkeit, über die sich nicht eine noch grössere Zahl, noch grössere Geschwindigkeit denken liesse, aber das sind betrügliche Begriffe, die selbst der göttliche Verstand nicht denkt. Es ist keine grösste Zahl möglich, wohl aber grösste Realität und diese zwar in Gott. Was der realsten Welt nun an absoluter Realität mangelt, das ist eben nur dasjenige, was ihr nothwendig mangelt als einem Endlichen gegenüber dem Unendlichen; die Welt aber, die zunächst jener Kluft steht, welche die endliche Realität von der Unendlichkeit in Gott trennt, mithin zusammen mit letzterer die absolut grösste Summe der Realität abgiebt, diese Welt musste Gott zum Schaffen wählen.

So ist denn Kant überzeugt und erfreut, sich als „Bürger einer Welt zu wissen, die nicht besser möglich war. Von dem besten unter allen Wesen zu dem vollkommensten unter allen möglichen Entwürfen als ein geringes Glied, an mir selbst unwürdig, und nur um des Ganzen willen auserlesen, schätze ich mein Dasein desto höher, weil ich erkoren ward, in dem besten Plane eine Stelle einzunehmen. Ich rufe allen Geschöpfen zu: Heil uns, wir sind! und der Schöpfer hat an uns sein Wohlgefallen."

In dieser Betrachtung ist das Ziel nur zu zeigen, dass „das Ganze das Beste sei, und Alles um des Ganzen willen gut." Es handelt sich dabei nur um das Interesse des religiösen Gemüthes, welches seinen Gott als Schöpfer einer tadellosen Welt wissen will; nicht aber handelt es sich um den Werth der Welt, resp. den Werth der Existenz in einer solchen für das Individuum.

Erst im Jahre 1763, in der Abh. „Versuch, den Begriff der negativen Grössen in die Weltweisheit einzuführen" behandelt Kant das Verhältniss von Lust und Unlust zum Zwecke einer Bilanz beider und des auf dieser gegründeten Urtheils über den eudämonologischen Werth der Welt.

Hier tritt er bereits Leibniz Lehre von dem bloss privativen Character der Unlust entgegen. Unlust ist nicht lediglich ein Mangel, sondern eine positive Empfindung und die blosse Negation der Lust ist die Indifferenz.

„Der Mangel der Lust sowohl als der Unlust, insofern er eine Folge aus der Realopposition gleicher Gründe ist, heisst Gleichgewicht; beides ist Zero, das erstere eine Verneinung schlechthin, das zweite eine Beraubung. Der Zustand des Gemüths, in welchem bei ungleich entgegengesetzter Lust und Unlust von einer dieser Empfindungen etwas übrig bleibt, heisst das Uebergewicht der Lust oder Unlust. Nach dergleichen Begriffen suchte der Herr von Maupertuis in seinem Versuch der moralischen Weltweisheit die Summe der Glückseligkeit des menschlichen Lebens zu schätzen, und sie kann auch nicht anders geschätzt werden . . . ." Aber freilich mit dem Resultate des Maupertuis kann Kant damals noch nicht übereinstimmen; denn er theilt damals noch die landläufige Meinung, dass sinnliche und geistige Lust unvergleichlich seien und „nur gleichartige Empfindungen in Summen gezogen werden können, während das Gefühl in dem verwickelten Zustande des Lebens nach der Mannigfaltigkeit der Rührungen sehr verschieden scheint."

Ferner kann er dem negativen Facit noch nicht seinen Beifall ertheilen; den Grund hiezu findet er aber nicht a posteriori vermittelst eines Vergleichs der Lust und Unlustquellen, sondern a priori auf Grund einer eigenthümlichen Fassung des Begriffes Realität. Er calculirt nämlich: alle Bewegungen, alle positiven und negativen Wirkungen heben sich dadurch, dass jeder positiven Grösse eine solche negative entsprechen muss, im Ganzen gegenseitig auf, so dass die Summe stets gleich Zero bleibt. „In allen natürlichen Veränderungen der Welt wird die Summe der Positiven, insofern sie dadurch geschätzt wird, dass einstimmige Positionen addirt und real entgegengesetzte von einander abgezogen werden, weder vermehrt noch vermindert."

Der haltbare Gedanke in dieser Untersuchung ist der in der modernen Wissenschaft eingebürgerte Begriff der Erhaltung der Energie; das Irrthümliche aber beruht auf der Uebertragung der Kraftverhältnisse auf die Sphäre der Idealität der Empfindung, als ob die Grösse der Empfindungswerthe der äusseren Kraftsumme adäquat sein müsste, während doch die Selbstbeobachtung mit hinlänglicher Klarheit erkennen lässt, dass zwischen den Realitäts-Energien (wenn wir so sagen dürfen) und den Empfindungsreflexen keine durchgehende Parallelität besteht. Die mechanischen Gesetze behalten zwar noch in den physiologischen Vorgängen, soweit dieselben als somatische der objectiven Welt angehören, volle Geltung, finden aber am idealen Gebiete der rein psychologischen Bewegungen ihre Grenze, ohne dass es dadurch nöthig würde, eine Wesenseinheit beider Gebiete (Einheit des metaphysischen Subjectes der physiologischen und psychologischen Action) zu bezweifeln.

Die Art und Weise, wie Kant diese Gleichgewichtstheorie im psychologischen Gebiete beweisen will (B. I. pp. 52—53 ed. Hartenstein) ist ganz ungenügend; denn wenn auch dem Grad einer Begehrung der Grad der Abneigung entsprechend angenommen werden muss, so giebt es doch eine Grenze (und zwar sowohl intraindividuell wie interindividuell), wo nur noch die Abneigung, resp. die Unlustempfindung möglich ist. Intraindividuell ist diese Grenze da vorhanden, wo gewisse Naturvorgänge niedrigen Organismen zwar Schmerz (Unlust) zu erzeugen vermögen, nicht aber Lust, was ebenso sehr von dem Verhältniss der Empfindungen zu den somatisch-physiologischen Vorgängen abhängt, als auch seine

Ursache in der Natur der Bewusstseinsentstehung hat*); interindividuell aber ist in jedem Menschen zum mindesten wohl ein Gebiet, wo er zwar der Abneigung und der Unlust, nicht aber der Begierde und der Lust fähig ist. Aber selbst wenn man Kant's Meinung von dem Ausgleich der Lust und Unlust vermittelst der Gleichgewichtserhaltung der die Realität setzenden Energie gelten lässt, so ist damit doch schon ein bedeutsamer Schritt abseits des Optimismus des Leibniz gemacht: denn es wird mit dieser Gleichgewichtstheorie ebenso der optimistische Lustüberschuss wie der Maupertuis'sche Unlust-Saldo verneint. Mithin wäre von diesem Standpunct aus die Frage, ob das Weltsein ein Wohl oder ein Unglück sei, mit einem „weder, noch" zu beantworten; d. h. der eudämonologische Werth der Welt wäre auch ein dem Zero gleichkommender. Sollte daher die Weltanschauung eine optimistische sein, so könnte sie dies nur als religiöse sein, indem der Schwerpunct der axiologischen Betrachtung in das Bewusstsein Gottes verlegt würde und in die erstrebte und erhoffte Theilnahme an demselben von Seite des in religiöser Hingabe an Gott sich über die Welt Erhebenden.

Und so ist es auch wohl gemeint, wenn der zuerst angeführten Abhandlung entsprechend die Vorzüglichkeit der Welt darin erkannt werden soll, dass sie mit Gottes Realität zusammen die grösste Summe der letzteren überhaupt geben soll, und wenn in dem vorliegenden Essay betont wird, dass in Gott keine Privation oder Negation stattfinden könne, mithin keine Unlust möglich sei. „Weil in ihm (Gott) und durch ihn alles gegeben ist, so ist durch den Allbesitz der Bestimmungen in seinem Dasein keine innere Aufhebung möglich. Um dessenwillen ist das Gefühl der Unlust kein Prädicat, welches der Gottheit geziemt."

Aber der Kant der „Kritik der reinen Vernunft", der „Grundlegung der Metaphysik der Sitten", der „Kritik der praktischen Vernunft" und der Abhandlung „über das Misslingen aller philos. Versuche der Theodicee" hat die Anschauungen seiner Leibniz-Wolf'schen Periode so verändert, dass E. von Hartmann sich berechtigt erachtet, ihn den „Vater des Pessimismus" zu nennen.**)

Das axiologische Urtheil, die Voraussetzung, unter welcher allein in philosophischem (nicht religiös-theologischem) Sinne von Optimismus oder Pessimismus gesprochen werden kann, wird ihm nun nicht mehr behindert durch die vermeintliche Unvergleich-

---

*) Ein Punct der erst durch E. von Hartmann zur vollen Klarheit gelangt.
**) „Zur Geschichte des Pessimismus". I. Berlin, C. Duncker 1880.

lichkeit der verschiedenen Empfindungsweisen, resp. ihrer Vermittelung.

In der „Krit. d. prakt. Vern." (1. Th., 1. B., 1. Cap.) theilt Kant die Anschauung Maupertuis, dass die Lust, resp. Unlust, als solche nur dem Grade nach Unterschiede zeige, also Lust, resp. Unlust, als solche gleich sei, ob ihre Quelle sinnlicher oder geistiger Natur sei. „Die Vorstellungen der Gegenstände mögen noch so ungleichartig, sie mögen Verstandes-, selbst Vernunftsvorstellungen im Gegensatz der Vorstellungen der Sinne sein, so ist das Gefühl der Lust, wodurch jene doch eigentlich nur den Bestimmungsgrund des Willens ausmachen, nicht allein sofern von einerlei Art, dass es jederzeit empirisch erkannt werden kann, sondern auch sofern, als es eine und dieselbe Lebenskraft, die sich im Begehrungsvermögen äussert, afficirt und in dieser Beziehung von jedem andern Bestimmungsgrunde in nichts als dem Grade verschieden sein kann. Wie würde man sonst zwischen zwei der Vorstellungsart nach gänzlich verschiedenen Bestimmungsgründen eine Vergleichung der Grösse nach anstellen können, um den, der am meisten das Begehrungsvermögen afficirt, vorzuziehen?" *)

Damit ist der gegen Maupertuis ausgesprochene Zweifel bezüglich der Zulässigkeit seiner Bilanzziehung zurückgenommen und die Möglichkeit eines axiologischen Urtheils zugestanden; es handelt sich jetzt nur noch um Kant's Meinung bezüglich des negativen Resultates der Bilanz.

Auch diese ist nunmehr eine ganz andere geworden: eine in jeder Hinsicht pessimistische.

Wenn man sich hierüber meistens täuschen konnte und wenn gegenüber Hartmann's oben genanntem Essay wiederholt geltend gemacht wurde, dass Kant's Weltanschauung ein ethischer Optimismus sei, so erklärt sich dies dadurch, dass Kant trotz der Selbstständigkeit seines Geistes und ungeachtet er seine Zeit überragt, wie jeder echte, bahnbrechende Philosoph es thun muss, doch der Tendenz des Zeitgeistes den Tribut zahlt, dass er die Einheit von Tugend und Glückseligkeit, die er als empirisch nicht nachweisbar constatiren muss, als Postulat stehen lässt, auch nachdem er zur Ueberzeugung gelangt ist, dass eine solche Verbindung nicht im Weltplan zu liegen scheine, indem für das Wohlsein, die Glückseligkeit vermittelst der Naturordnung nicht

---

*) Es folgen dann einige Beispiele wie man zwischen Befriedigungen der höhern und niedrigern Begehrungen wählt. Und in der „Anthropologie" 2. B. § 58 giebt Kant eine Definition von Vergnügen und Schmerz, welche mit derjenigen des Maupertuis genau übereinstimmt.

genügend vorgesorgt sei. „Wäre an einem Wesen, das Vernunft und einen Willen hat, seine Erhaltung, sein Wohlergehen, mit einem Worte seine Glückseligkeit der eigentliche Zweck der Natur, so hätte sie ihre Veranstaltung dazu sehr schlecht getroffen, sich die Vernunft des Geschöpfes zur Ausrichterin dieser ihrer Absicht zu ersehen. Denn alle Handlungen, die es in dieser Absicht auszuüben hat, und die ganze Regel seines Verhaltens würden ihm weit genauer durch Instinct vorgezeichnet und jener Zweck weit sicherer dadurch haben erreicht werden können;" höchstens, meint Kant, hätte die Vernunft dazu dienen müssen, die glückliche Anlage der Natur zu bewundern, nicht aber als praktische Vernunft in die Naturabsicht zu pfuschen und einen Entwurf zur Glückseligkeit zu entwerfen; „denn je cultivirter die Vernunft ist, die sich mit der Absicht auf den Genuss des Lebens und der Glückseligkeit abgiebt, desto weiter kommt der Mensch von der wahren Zufriedenheit ab."

Sowohl die gesammte bisherige Philosophie als nicht minder die orthodoxe Theologie hatte die Glückseligkeit und Sittlichkeit in ein causales Verhältniss gesetzt; entweder die Uebung der Sittlichkeit war das Mittel, sich die Glückseligkeit in diesem oder einem andern Leben als Lohn zu gewinnen, oder die Uebung der Sittlichkeit wurde selbst als das beglückende Moment, weil dem wahren Selbst des Menschen adäquate Verhalten erachtet. In beiden Fällen war das Streben nach Sittlichkeit eine Forderung der im Dienste des Glückseligkeit verlangenden Naturtriebes stehenden Klugheit. Die Sittlichkeit und ihr objectiver Bestand, die sittliche Weltordnung, mochte ihre Stellung im Weltplan und gegenüber der Gottheit sein, welche sie wollte, stand dem Menschen nicht als ein selbstständig Höheres, objectiv Werthvolles gegenüber, sondern war für ihn und in Bezug auf ihn ein blosses Mittel zu dem obersten Ziele, der individuellen Glückseligkeit.

Der Name des „Vaters des Pessimismus" für Kant ist hinlänglich begründet durch die Lostrennung der individuellen Glückseligkeit aus dem Weltplan, durch den Bruch mit der eudämonistischen Illusion, als ob das „höchste Gut", die Verbindung von Glückseligkeit und Tugend, gleichwie es ein Gemüthspostulat ist, so auch ein Moment des Weltplanes sei.

Was Kant für die Ethik geleistet hat, das hat er geleistet sofern er Pessimist war. Sittlichkeit ist Handeln nach der Vernunft aus Achtung vor derselben, und deren Achtungswürdigkeit besteht in ihrer Allgemeingültigkeit und unbedingten Souverainität und Selbstzwecklichkeit. Indem man sich in den Dienst der Vernunft stellt, verschafft man sich zwar die Zufriedenheit mit sich selbst, aber dies ist nur ein negatives Wohlgefallen, eine bloss intellectuelle Billigung seiner selbst, fern von positiver

Lust. Den rechtschaffenen Mann hält zwar im Unglück, dass er hätte vermeiden können, wenn er sich über die Forderung der Pflicht hinweggesetzt hätte, das Bewusstsein aufrecht, seine Menschenwürde erhalten zu haben, aber „dieser Trost ist nicht Glückseligkeit, auch nicht der mindeste Theil derselben." „Beweis: niemand wünscht sich die Gelegenheit dazu; aber da er einmal lebt, und die Verhältnisse sich ihm so gestalteten, so kann er es nicht dulden, in seinen eigenen Augen unwürdig zu sein."

Pessimistisch vertieft wird dieses Verhältniss der Sittlichkeit zur Empfindung noch dadurch, dass die Stellung der moralischen Weltordnung und ihr metaphysischer Zusammenhang mit der natürlichen Ordnung unerkennbar bleibt. Es ist das Verdienst der Kant'schen Ethik, dass sie die Sittlichkeit aus ihrer dienenden Stellung zum Individual-Eudämonismus befreit; es ist ihre Schwäche, dass sie nicht vermag, dieselbe als Mittel zu höheren, nicht individuellen Weltzwecken zu begreifen, sondern dieselbe, weil sie gegenüber dem egoistischen Individuum Selbstberechtigung beanspruchen darf, nun auch schlechthin für selbstständig erklärt, wodurch sie der Sympathie verlustig geht. Die Kant'sche Sittlichkeit, der das unlustvolle Opfer der Neigung und der natürlichen Triebe gebracht werden soll, dient nur dazu, die Vernunft zu verherrlichen; diese selbst steht aber mit all' ihrer Selbstherrlichkeit als ein kaltes, leeres Factum da, bei dem der volle, ganze Mensch, der noch mehr als formalistische Verständigkeit ist, sich nicht beruhigen kann. Man kann das individualistische Wohl dem allgemeinen Wohl, die individual-eudämonistischen Ziele der Gottes-Eudämonie opfern, aber man kann nicht sein volles Geistesleben einer Seite desselben allein und ausschliesslich unterstellen, wie es bei der das Gemüthsleben vermittelst der Ausscheidung der Gefühlsmoral unterdrückenden Sittenlehre Kant's gefordert ist. Der in der Luft schwebende Formalismus der Kant'schen Ethik, verbunden mit der Ahnung, dass die erhabenste Sittlichkeit nicht Selbstzweck, nicht letztes Ziel der Existenz sein könne, während doch kein objectiver Zweck unter den Voraussetzungen dieser theoretischen Philosophie berechtigt erschien, dies veranlasste dazu, das Gemüthspostulat zu conserviren, welches nunmehr den täuschenden Schein einer optimistischen Weltanschauung zu erzeugen vermochte, während in Wirklichkeit unter Kant's Voraussetzungen, wie in der theoretischen Philosophie die Skepsis, so in der praktischen Philosophie einzig und allein die Resignation das letzte Wort behält.

Denn selbst wenn der Mensch in der religiösen Thätigkeit hinausstrebt über das Gewisse der Erfahrung und über das Sollen der Pflicht, und mit der gläubigen Sehnsucht ein jenseitiges Gebiet umfasst, wo die Verbindung der Tugend und der Glückseligkeit allein zu suchen ist, so tritt ihm auch dort noch ein pessimistisches Bedenken entgegen, sobald er das Ersehnte mit dem Gedanken zu fassen sich bemüht: denn wie soll der glückselige Zustand zu denken sein? Als Thätigkeit nicht, die Thätigkeit setzt als Motiv einen Mangel voraus und verlangt ein Ziel; die Annäherung an das letztere schliesst auf jedem jeweilig erreichten Standpunct die volle Zufriedenheit aus, weil jedem Zustand ein besserer als erst zu erreichender übersteht. Also als Ruhe; aber die ewige Ruhe, als Zustand wo keine Zeit mehr ist und keinerlei Veränderung, weil Veränderung die Zeit eo ipso mit setzt, erscheint Kant als eine „die Einbildung empörende Vorstellung," — eine solche Ruhe wäre Versteinerung und Erstarrung, nicht besser als Vernichtung.

Kant will als religiöser Mensch die Hoffnung nicht aufgeben, dass ein absolutes Wesen sei, welches in den göttlichen Eigenschaften der Heiligkeit, der Gütigkeit und der Gerechtigkeit existire, und in dem die Bestmöglichkeit der Welt und die Möglichkeit des höchsten Gutes — obgleich dieses nicht zu denken ist — garantirt ist; aber als Philosoph kann er nicht beweisen, was er hofft. Im Jahr 1791 schreibt er „über das Misslingen aller phil. Versuche in der Theodicee" und zeigt die Fadenscheinigkeit der Versuche, die Zweckwidrigkeiten der Sünde (des moralisch Bösen), des Uebels (des Schmerzes) und des Missverhältnisses zwischen Verbrechen und Strafe mit der optimistisch-religiösen Anschauung des Verhältnisses von Gott und Welt in Einklang zu bringen.

Das Böse kann nicht damit entschuldigt werden, dass es sich auf die Schranken der Natur des Menschen, seine Endlichkeit gründe; denn in diesem Falle würde das Böse aufhören, ein moralisch Böses zu sein, und es würde nicht Gott wegen der Zulassung, sondern das Böse selbst gerechtfertigt. Auch der Begriff der Zulassung ist nicht stichhaltig, denn wenn Gott das moralisch Böse zulassen musste um anderer Gründe willen, so ist damit wieder das Böse als solches gerechtfertigt, was eben nicht sein soll; denn nur Gott wegen Zulassung des Bösen, nicht dieses selbst soll ja gerechtfertigt werden.

Bezüglich des Uebels (des Schmerzes) in der Welt ist es eine Sophisterei, wenn die Optimisten behaupten wollen: es müssten doch wohl die Annehmlichkeiten die Uebel überwiegen, da doch ein Jeder, wie immer es ihm auch ergehe, lieber leben als todt sein wolle. Die Antwort hierauf, meint Kant, könne man jedem Menschen von gesundem Verstande, der lange genug gelebt und über den Werth des Lebens nachgedacht habe, überlassen, indem man ihn frage, ob er wohl nicht nur auf dieselben, sondern auf jede anderen ihm beliebigen Bedingungen (nur nicht etwa einer Feen- sondern dieser unserer Erdenwelt) das Spiel des Lebens noch einmal durchzuspielen Lust hätte."

Wenn man aber wollte geltend machen, es könne der Schmerz nicht vom Vergnügen getrennt werden,*) so könne man hierauf erwidern: warum uns denn Gott in ein Leben gerufen habe, welches uns nach einem richtigen Ueberschlag nicht wünschenswerth erscheinen müsse? Und auf die Einwendung, dass die Welt nur der künftigen Glückseligkeit willen geschaffen sei, dass dieser aber ein mühevoller Kampf vorangehen müsse, erwidert er: dass diese Prüfungszeit ("der die Meisten unterliegen, und in welcher auch der Beste seines Lebens nicht froh werden könne") vor der höchsten Weissheit durchaus Bedingung der dereinst zu geniessenden Freude sein müsse, und dass es nicht thunlich gewesen, das Geschöpf mit jeder Epoche seines Lebens zufrieden werden zu lassen, könne zwar vorgegeben, aber schlechterdings nicht eingesehen werden; "man kann also freilich den Knoten durch Berufung auf die höchste Weisheit, die es so gewollt hat, durchhauen, aber nicht auflösen."

Endlich mit Bezug auf das Verhältniss von Vergehen und Strafe bezeichnet er es als einen Irrthum zu glauben, dass das böse Gewissen hinlängliche Strafe sei, wo die äussere Vergeltung fehle; hiebei trage der tugendhafte Mann seine Weise zu empfinden auf den Lasterhaften über, was nicht statthaft sei. Denn um so tugendhafter der Mensch, um so mehr peinige ihn das Gewissen um kleiner Vergehungen willen, wogegen der Lasterhafte der Aengstlichkeit der Redlichen lache, so lange er nur äusserer Züchtigung entgehen kann.

Die Uebel, welche angeblich als Wetzstein der Tugend dienen sollen, erscheinen der Erfahrung gemäss oft, als ob sie nicht da seien, damit der Tugendhafte seine Tugend rein zeige, sondern weil sie es schon ist, d. h. entgegen kluger Selbstliebe, mithin also gerade als das Gegentheil der Gerechtigkeit, wie solche der Mensch sich vorstellen muss. Wenn nun aber auch wieder auf eine andere Ordnung der Dinge in einer künftigen Welt verwiesen werden sollte, so ist diese Voraussetzung auch willkürlich: "denn was hat die Vernunft für ihre theoretische Vermuthung anderes zum Leitfaden als die Naturordnung? . . . . wie kann sie erwarten, dass,

---

*) Er beruft sich auf Conte di Veeri. In der "Anthropologie" acceptirt Kant die Theorie, wonach alle Lust nur durch Aufhebung einer Unlust entsteht.

da der Lauf der Dinge nach der Ordnung der Natur hier auch für sich selbst weise ist, er nach eben demselben Gesetze in einer künftigen Welt unweise sein würde? Da also nach derselben zwischen den innern Bestimmungsgründen des Willens (nämlich der moralischen Denkart) nach Gesetzen der Freiheit und zwischen den (grösstentheils äussern) von unserem Willen unabhängigen Ursachen unseres Wohlergehens nach Naturgesetzen gar kein begriffliches Verhältniss ist; so bleibt die Vermuthung, dass die Uebereinstimmung des Schicksals der Menschen mit der göttlichen Gerechtigkeit nach den Begriffen, die wir uns von ihnen machen, so wenig dort wie hier zu erwarten sei."

So hat denn Hiob recht, der mit Wahrheitsmuth spricht, wie es ihm um's Herz ist, statt wie seine Freunde Dinge zu behaupten, die sie nicht einsehen konnten; es giebt nur eine negative Lösung der Zweifel: die Einsicht, dass wir den Zusammenhang zwischen der „Kunstweisheit" der Welt und der moralischen Weisheit der Weltordnung nicht erkennen können und uns mit Hiob in den unerforschlichen Rathschluss Gottes, „der es macht wie er will", fügen müssen.

Die Religion hat sich aus dem Naturalismus zur Geistesreligion, aus dem selbstsüchtigen Eudämonismus (dem die Götter nur deshalb Gegenstand der Verehrung waren, weil sie die menschlichen Strebungen fördern oder hindern konnten) principiell wenigstens zu der selbstlosen Hingabe an das Absolute, das um seiner eigenen Vollkommenheit willen anbetungswürdige Ideal des Seins aufgeschwungen unter der schmerzliche Enttäuschungen bereitenden Führerschaft des ein Gebiet um das andere überziehenden Pessimismus.

Die principielle Befreiung der Sittlichkeit aus dem Dienste der Individualeudämonik ist Kant's bedeutungsvolle That auf dem Gebiete der praktischen Philosophie. Die Sittlichkeit war bisher nur eine Dienerin individueller Zwecke gewesen, ausser da, wo sie als auf den Willen einer Gottheit als grundloses, von aussen an den Menschen herantretendes Gebot erschien. Alle Moral war also entweder zwar autonom, aber dann egoistisch oder aber nichtegoistische, selbstverläugnende Hingebungsmoral des Geschöpfes an die göttliche Willkür, dann aber heteronome Moral gewesen. Kant forderte autonome Moral der selbstlosen Hingabe an das von der Vernunft als der obersten immanenten Macht vorgestellte Ideal. Zu der Trennung der Gebiete des Sittlichen und der natürlichen Selbstförderung kam er, analog dem Emancipationsvorgange im religiösen Gebiete, durch seine pessimistische Erkenntniss: dass das Glück der Menschen nicht im Weltplan, soweit dieser empirisch constatirbar ist, nachgewiesen werden kann.*)

Wir aber wenden uns nun zu jener Form der pessimistischen Lebensbetrachtung, die man als **Weltschmerz** zu bezeichnen gewohnt ist.

Die bisher betrachteten pessimistischen Formen gingen neben einer, unter entgegengesetzten Voraussetzungen erwachsenen Auffassung des Weltdaseins und seines Urgrundes einher. Die pessimistische Erfahrung trat entweder in Kampf mit den metaphysischen Vorstellungen, oder aber es wurde versucht, dieselbe durch neue Hypothesen und apriorische Constructionen mit ihnen in Einklang zu setzen. Ihre umgestaltende Wirkung, obgleich mächtig und unaufhaltsam, war nur partiell und der Conservativismus mochte sich meistens getrösten, es sei das geheiligte Alte gewahrt und nur nach seinem wahren Sinne gereinigt und reformirt worden. Der Weltschmerz nunmehr stellt jene Stufe des pessimistischen Bewusstseins dar, wo dessen Kampf gegen die unter optimistischen Gesichtspuncten entstandenen metaphysischen Anschauungen und Voraussetzungen in das letzte Stadium getreten, oder bereits der Sieg mit negativem und destructivem Resultat erfolgt ist. Der Weltschmerz in abgerundeter Gestalt hat tabula rasa gemacht mit aller Theorie und ist reine Constatirung der unmittelbaren Empfindung und der von keinem Dogma beeinflussten Wahrnehmung mitempfindend beurtheilter Thatsachen.

Wenn man daher von der „Weltanschauung des Weltschmerzes" redet, so bezeichnet das Wort Weltanschauung hier nicht die Summe der Ideen über die empirische Welt und ihren metaphysischen Grund, sondern einfach die Betrachtung des Erfahrungsgebietes; daher die einleitende und vorbereitende Stellung, die der Weltschmerz zum modernen philosophischen Pessimismus einnimmt, die ist, dass er das Terrain frei macht, auf dem nun ein die Welt und ihren Urgrund umspannendes System erbaut werden konnte, welches schon in seinen untersten, fundamentalsten Constructionen den Thatsachen der pessimistischen Erfahrung gerecht zu werden vermag.

---

*) Für den Nachweis, wie sich Kant's pessimistische Lebensanschauung gegenüber den verschiedenen Lebensgebieten äussert, verweisen wir den Leser auf E. von Hartmann's schon erwähnten Essay „Kant als Vater des Pessimismus", wo er eine reiche Zusammenstellung bezüglicher Aussprüche findet, und wo auch der wichtigste Punct, eben die Genesis der Kant'schen Sittenlehre auf's klarste und übersichtlichste entwickelt wird.

IV. Capitel.
Der Weltschmerz und die Poesie des Pessimismus.

1. Der Weltschmerzler und seine Welt.

Die Zustände des Lebens, an welchen sich die Klage des pessimistischen Bewusstseins entzündet, welches man den Weltschmerz nennt, sind als Zustände zum Theil dieselben, die schon den „Prediger" verdrossen, die den Stoicismus und den Neuplatonismus zur Resignation und zur Fleischesverachtung und das Christenthum zum contemptus mundi geführt hatten. Doch sind es eben nur dieselben Zustände, aber nicht mehr dieselben Objecte, weil die Subjecte, für die sie Object werden, Andere geworden sind im Laufe der natürlichen und historischen Entwickelung durch die Jahrhunderte und Jahrtausende. Es sind aber auch die socialen und politischen Kreise und Formen durchaus verändert und secundäre Gebilde erwachsen, auf die das Empfindungssubject in Lust und Unlust reagirt, und ist damit Material für die pessimistische Betrachtung geliefert, welches den Pessimisten der frühern Perioden noch mangelte.

Der Mensch selbst ist ein anderer geworden. Der Träger des Weltschmerzes ist der Abkömmling von Generationen, deren Kampf um die Existenz vorwiegend mit den Waffen des Geistes geführt wurde; er ist der Natur in concreto in hohem Grade entfremdet, obgleich er in abstracto die Zugehörigkeit zu ihr oft mit Pathos betont und diese Entfremdung, deren Gegentheil er doch nicht mehr ertragen könnte, schmerzlich empfindet. Das physiologische Merkmal des Weltschmerzträgers ist ein reizbares Nervensystem, welches ihn Lust und Unlust lebhaft empfinden lassen, sowohl bezüglich des Tempos des Ueberganges von einem Gefühl zum andern, als auch bezüglich der Intensität der Gefühlsresonanz auf die Eindrücke, welche seine Sinnesorgane empfangen. Sein geistiges Erbtheil ist ein weites, umfangreiches Weltbild, ein bedeutender Ideenreichthum, eine rege Reflexionsthätigkeit, die ganz besonders das Gefühlsmaterial zu ihrem Objecte zu machen liebt. Die Lebhaftigkeit des Nervenlebens, die Energie der synthetischen Fähigkeit, die Sinneseindrücke zu Vorstellungen zu completiren, gewähren die Bedingungen zu reger Mitleids-Fähigkeit; zu einem Mitleiden, welches sich zu physischer Unlust steigern kann und sich vermöge einer einheitlichen Naturauffassung über weite Gebiete des Seins erstreckt. Dem modernen Menschen, der die zum Weltschmerz nöthigen geistigen und gemüthlichen Eigenschaften besitzt, ist die blosse Vorstellung gewisser Dinge und Vorkommnisse hinreichend, um ihm das Behagen zu stören. Dinge und Vorkommnisse, die in ihrer vor Augen liegenden Realität noch nicht vermochten, seinen Vorfahren im Alterthum und Mittelalter das Wohlgefühl zu vermindern, ja im Gegentheil im Gegensatz zu dem eigenen Zustand als Lusterhöher erachtet wurden. So sollte es z. B. eine Würze der himmlischen Seligkeit sein, zuweilen durch ein Guckloch, die Verdammten in der Hölle braten zu sehen; so war in vielen Burgen die Fallthüre in das Verliess in oder unmittelbar neben dem Festsaale; so war das Autodafe ein Bestandtheil spanischer königlicher Hochzeiten; ein Dichter des 18. Jahrhunderts scheut sich noch nicht zu bemerken: das Behagen, bei Nacht und Sturm im schützenden Hause bei Feuer und Mahl zu ruhen, werde erhöht durch den Gedanken an die jetzt auf dem Meere im Sturme Kämpfenden; und sogar ein Lessing will das Lustgefühl beim Anhören einer Tragödie auf das Contrastgefühl zwischen dem Leide des Helden und der eigenen Geborgenheit zurückführen.

Der Weltschmerzträger ist sich dieser seiner grössern Sensibilität und der dadurch vermittelten grössern Mitleidsfähigkeit und Milde gegen die Mitcreatur bewusst; und während er seine robusteren Vorfahren um ihre grössere, naivere Genussfähigkeit, Widerstandsfähigkeit und somit gesichertere Lebensfreudigkeit beneidet, erkennt er doch auch mit Befriedigung, dass seine mit grösserer Leidensfähigkeit bezahlte Verfeinerung ein Fortschritt ist, und freut sich dessen, was er, soweit er noch etwas vom Naturmenschen in sich hat, beklagen muss. Und wieder reflectirt er auf diesen Widerspruch, dass er beklagen muss, was er nicht wissen möchte, und hat daran ein Object seines Weltschmerzes mehr; denn es heisst dies ja, vom individuellen Falle auf das Allgemeine übertragen, nichts anderes als: der Fortschritt der psychologischen Entwickelung und der Cultur, als dem Niederschlag der letzteren, muss mit einem eudämonologischen Rückschritt bezahlt werden.

Die jeweilige Culturstufe ist aber nicht nur der Niederschlag eines unmittelbar vorhergehenden und gegenwärtigen psychologischen Standpunctes, sondern auch das Vehikel einer Weiterentwickelung; und so genügt sie immer nur zum Theil den Anforderungen, welche die Kinder der Zeit an sie zu stellen sich berechtigt fühlen. Der Weltschmerzträger, gerade weil er das Product der Cultur seiner Zeit ist, überragt diese mit seinem Urtheil und mit seiner Sehnsucht; er erkennt deren Mängel und möchte sie überwunden sehen, aber er verzweifelt an der Möglichkeit, dass dies geschehen könne. Dies letztere Moment ist ganz wesentlich für den Weltschmerz: denn sobald jemand den Weg sieht, oder zu sehen vermeint — was, so lange der Wahn dauert, ganz auf dasselbe hinauskömmt — um dasjenige, was er an seiner Zeit und ihren Formen des Lebens zu tadeln findet, auch zu corrigiren, so wird er nach aussen activ; er kämpft, wenn auch nur im engsten Kreise und vielleicht mit den schwächsten Waffen für eine Idee, die wenn auch keine optimistische, so doch eine melioristische ist. Der Weltschmerz aber ist entweder die absolute Passivität und die Klage seine einzige Aeusserung, oder aber er verpufft seine Kräfte in rein subjectivistischen, eudämonistischen Anstrengungen.

An dies letztere schliesst sich denn auch unmittelbar als ein weiteres Characteristikon des Weltschmerzes, die mit dem Unmuth gegen die Welt verbundene wohlgefällige Versenkung in das eigene Innere, in welchem der Weltschmerzler vermöge dessen schmerzhafter Erkenntniss von den Schwächen der Welt und der Zeit ein Höheres erblickt. Zu der unmittelbar empfundenen Unlust, wie sie das Dasein in seinen jeweiligen und mannigfaltigen Gestaltungen ihm bringt, und zu dem Mitleid mit den leidenden Mitgeschöpfen gesellt sich nun noch das reflectirende Mitleid mit sich selbst, und dies ist das Feld, worauf die so üppig in's Kraut geschossene weltschmerzliche Lyrik gedeiht.

Alle rein spontane, nicht durch die Verhältnisse vermöge äussern Zwanges aufgenöthigte Activität ist aber mit etwelcher Lust der Lebensregung verbunden. Der Weltschmerzler empfindet seine Reflexion über das als sein Leid empfundene Weltelend und das Mitleid mit seiner empfindungs- und erkenntnissreichen Seele als eine Art von Lust; freilich als keine reine, denn die Mischung mit der unmittelbar empfundenen Unlust, welche ihm seine „Welt als Vorstellung" erzeugt (von den real vermittelten Leiden ganz abgesehen), ist so bedeutend, dass sie die Lust, die aus der Action des Mitleides und dem Bewusstsein der Durchschauung der wahren Weltbeschaffenheit resultirt, immer zu überwiegen droht. Aber die Lust ist doch vorhanden, obgleich sie sehr häufig gar nicht eingestanden wird; wo sie nunmehr selbst wieder zum Object der Reflexion wird, da entsteht die Selbstironie.

Der Standpunct, wo das Bewusstsein von dem innern Zwiespalt auftaucht, wo die Reflexion auf den Widerspruch sich richtet: dass die Unlust selbst die Lust zu erzeugen vermag, und dass die Unlust nicht gemisst werden möchte um der Lust willen, welche das selbstbetrachtende Wühlen im eigenen „zerrissenen Herzen" gewährt, mag zu einem Wendepunct für den Weltschmerzträger werden: entweder sein Geist ist kräftig genug, um von den Erfahrungsthatsachen auf deren allgemeine Ursache — mit immer weiterem und weiterem Zurückdrängen — zu schliessen und so mit dem philosophirenden Pessimismus den Weltschmerz zu überwinden; oder aber er kann auch in seinem, auf dem Widerspruch balancirenden Zustande von den niedrigeren Elementen der menschlichen Natur überwältigt werden, und in der Hingabe an die Realität und ihre nun mit Absicht ungewogen hingenommenen sinnlichen Genüsse das Leid und die Unruhe des Verstricktseins in den Zwiespalt zu vergessen suchen.

Der religiöse Trieb ist bei dem Weltschmerzler nur in der Form der Sehnsucht vorhanden; indem er seinen der Welt müden Blick von dieser abwendet, sieht er in nichts als in den Abgrund seines Sehnens. Seine religiöse Anlage ist nicht mehr kräftig genug, als dass ihm die Phantasie Götter und ein Jenseits zur Seligkeit nach „seiner Façon" schaffen könnte, und das ihm von seiner Kirche entgegen gebrachte Ergänzungsstück der mangelhaften Welt kann er nicht mehr acceptiren, weil ihm mit der Einsicht in dessen psychologische Genesis und historische Entwickelung zum Dogma der Glaube daran unmöglich geworden ist. Sein philosophisches Denken ist weit genug vorgeschritten, um mit dem Roste des Zweifels alle metaphysischen Theorien und Hypothesen zu überziehen und zu zersetzen, welche unter Voraussetzung der Nothwendigkeit und Selbstverständlichkeit eines eudämonologischen Werthes des Seins es ermöglichen, die Welt einheitlich zu erfassen, ungeachtet ihrer Zerklüftung in gut und schlecht.

Es besitzt der Weltschmerzler genügende Besinnung, um von den mannigfaltigen Leiden und ihren unmittelbaren, ebenfalls concreten Gelegenheitsursachen auf eine Grundursache des so Bestehenden zurückschliessen zu können, welche die Eudämonie nicht zum Zweck des empirischen Seins gesetzt hat; aber er ermangelt der religiösen Kraft, dieses denkend gewonnene Letzte in voller Objectivität, ohne Rückbeziehung auf sein individuelles äusseres Wohl und Weh, mit frommer Empfindung zu umfassen; er empfindet nur die Furcht und die Scheu vor dem Absoluten und Unfassbaren, ohne dessen geheimnissvolle Uebermächtigkeit in religiöser Selbstvergessenheit geniessen zu können. Daher aber dominirt im Weltschmerzler doch noch das Gefühl über den reinen interesselosen Intellect, daher blickt er auf die Zeit seiner eigenen jugendlichen Gläubigkeit (sowie auf die Zeiten vollkräftigen religiösen Völkerlebens) wie auf ein verlorenes Paradies zurück, während er doch in dem Bewusstsein, wie wenig stichhaltig sich das Glaubensgewebe vor dem denkenden Geiste erweist, die Versuche, das von den Gläubigen individuell als Macht Empfundene auch als objective Macht geltend zu machen, mit Hohn und Verachtung zurückweist.

Der Weltschmerzträger ist durchdrungen von dem Preisgegebensein des Individuums zu Gunsten der Gattung und der dieser im Haushalt der Natur und des Weltprocesses zugewiesenen Rolle. Gegen diese Rücksichtslosigkeit des Weltgeschickes gegen den Einzelnen sträubt sich aber sein energischer Individualismus, das reflectirende Versenktsein in die absolute Einzigheit und minutiöse Specialisirung seines Ich's.

Die Untergeordnetheit des Individuums unter die Zwecke der Gattung und des Weltprocesses findet auf unserer Entwickelungsstufe ihre concrete Darstellung in dem Abhängigkeits-Verhältniss des Einzelnen von der Familie, der Gesellschaft und dem Staate. Der Weltschmerzler empfindet nun gleichzeitig dieses dreifache Eingeordnetsein als einen seinem Ich zugefügten Abbruch, dabei aber auch die unlösbare Verknüpfung, die relative Berechtigung der höheren ideellen Individuen über das concrete Natur-Individuum, abgesehen von deren mehr oder minder unvollkommenen jetztzeitlichen und völkerindividualistischen Gestaltungen. Dadurch entsteht dann, analog dem Sehnsuchtsgefühl im religiösen Gebiete, ein schmerzlich-bemitleidendes Zurückblicken auf jene geschichtliche Periode, wo die minder pointirte Individualformirung dem Einzelnen das Aufgehen in den Interessen der Gesammtheit natürlicher und minder schmerzlich und opfervoll werden liess, weil er, in Folge der grössern Gleichheit der Empfindungs- und -Denkweise der Vielen, in den socialen und politischen Gebilden sein eigenes Verlangen, seine eigenen Vorstellungen von dem Sein-sollenden realisirt sah, und bei dem noch langsamern Gange der Neugestaltungen auch als hochstehender Mensch seiner Zeit weniger dieser seiner Zeit mit seinem Urtheil über den Kopf gewachsen war.

Der Träger des Weltschmerzes ist Idealist, er misst das, was ist, an dem, was sein sollte, und legt den Accent seiner Abschätzung auf das schlechte Tacttheil, d. h. er übersieht die wirkliche oder mögliche allmähliche Annäherung an das Ideal, und heftet sein Auge nur auf den klaffenden Riss, der das Wirkliche immer noch von diesem trennt. So in der Wissenschaft: weil diese nie das letzte Wort zu sagen weiss, so ist er geneigt, auch das, was sie ihm zu sagen hat, gering zu achten, oder doch nur im Dienste der Zersetzung der optimistischen Anschauungen zu acceptiren; sei es, dass sie durch besonnene Zurückhaltung über die letzten tiefsten Naturgeheimnisse ihm das Gefühl des Verlorenseins im Geheimniss des Alls schmerzlich zum Bewusstsein bringe, sei es, dass sie als sogenannter wissenschaftlicher Materialismus den Hintergrund des Seins als einen solchen darstellt, von dem sich das Menschenleben mit seinen Schmerzen und seinem Hoffen, seinem Sehnen und Streben, seinen Idealen und seinem Schmutze erst recht als ein Tollhäuslertraum abhebt.

Die Periode des Weltschmerzes beginnt mit dem letzten Jahrzehnt des vorigen Jahrhunderts und dauert bis zur Stunde, während die typischen literarischen Denkmäler, welche der Weltschmerz erzeugte, in die zwanziger bis fünfziger Jahre unseres Jahrhunderts fallen. Der Weltschmerz in seinen verschiedenen Stadien ist die Reaction auf den Optimismus der rationalistischen Aufklärungs-Philosophie des 18. Jahrhunderts, auf den ethischen Rigorismus Kants und den abstracten Idealismus Fichtes. Er ist das Bewusstsein, dass weder die Aufklärung im religiösen Gebiet, noch die Fortschritte der Wissenschaft, noch die Dienstbarmachung derselben für's gewöhnliche Leben, noch die mässigen Fortschritte in der Richtung einer günstigeren politischen Ordnung glücklich zu machen vermögen; dass allen Idealismus ungeachtet das Leben im Ganzen noch realistisch materiell und egoistisch gemein und kleinlich geblieben ist. Er ist ferner das Bewusstsein, dass die Welt, so sehr sie innerlich und äusserlich verändert ist, doch noch immer das „irdische Jammerthal" des als irrationell verworfenen Dogmas ist, nur noch etwas schattendunkler, weil sich der Regenbogen der Jenseits-Hoffnung nicht mehr darüber wölbt. Er ist endlich das Bewusstsein, dass Tugend und Glück (wenn man unter letzterem mehr versteht als Ruhe des Gewissens) nicht in Proportion stehen, auch nicht unter einen Hut zu bringen sind, was schon Kant gelehrt hat, was aber bei minder reintheoretisch veranlagten Characteren zum vollen herzdurchfluthenden Bewusstsein nur vermittelst einer gewaltigen, schmerzlich an den Grundfesten der Seele rüttelnden Erschütterung — gleichsam einem geistigen Erdbeben — kommen kann.

Die dem Weltschmerz eigene, vorwiegend lyrische Form endlich ist das Resultat jenes Ich-seligen Individualismus aus dem Ende des vorigen und Anfang dieses Jahrhunderts, wo man es versuchte, sich über die äussere Welt zu trösten durch Schaffung einer particularistischen, nur mit wenigen gleichgestimmten Seelen zu theilenden, und mit allerhand schönen Gefühlen, tugendhaften Vorsätzen und heroischen Phantasien austapezirten Welt der Vorstellung. Die moderne Zeit hat den überschwänglichen Subjectivismus in Acht und Bann gethan; der monistische Zug, der von den bedeutendsten philosophischen Systemen unseres Jahrhunderts auf die verschiedenste Weise in die Denkart der Gebildeten überzugehen beginnt, und auch die ebenfalls die Zusammengehörigkeit vermittelst der innern Einheit der Principien betonenden Naturwissenschaften haben die Rechtssphäre des Individuums enger gezogen. Dieses beginnt nicht nur, sich resignirt zu fügen, sondern es ist ein Merkmal unserer Zeit, dass das Allgemeine wenigstens der Theorie nach immer williger auf den Thron gehoben wird, und dass das Gefühl der Solidarität mehr und mehr Wurzel fasst in den Gemüthern.

Aber es ist die resignirt-zufriedene freiwillige Unterordnung doch fast ausschliesslich der Zustand des zur Reife gelangten, vollständig abgeschlossenen Entwickelungsganges der Individuen, während im psychologischen Processe gerade bei den geistig höher Begabten in der Regel eine Weltschmerzperiode auftritt, wo das allseitig zum Selbstbewusstsein und zur Selbstreflexion gelangte Subject seine Einzigheit, recht zerrissen-schmerzlich, gleichzeitig trotzig vertheidigt und doch sehnsuchtsvoll beklagt. Auf unserer modernen physiologisch-psychisch-intellectuellen Entwickelungsstufe braucht es ganz eines besonderen Zusammentreffens von Verhältnissen, um die Jugendkrankheit des Weltschmerzes auszuschliessen, nicht nur wenn der fertige Standpunkt ein philosophisch-pessimistischer sein soll, sondern auch wenn er der einer philosophisch-optimistischen Weltanschauung werden soll; denn auch der Optimismus, sofern er einigermassen diesen Namen verdient und nicht nur instinctiver lebensfreudiger Dusel und glückliche Kurzsichtigkeit ist, ist ein Product, welches heutzutage nur errungen werden kann, und dies Ringen setzt eben immer das schmerzliche Bewusstwerden der negativen Instanzen voraus. Darum ist die Welt so lange nicht müde geworden, den Weltschmerz-Dichtern das Ohr zu leihen, darum sind dieselben noch immer die gefeiertsten Lieblinge der Jugend, darum wird die weltschmerztönende Lyra immer wieder neu besaitet und findet das schon hundertmal gesungene Lied immer wieder willige Hörer. Darum aber auch wird der Weltschmerz von so Vielen von Oben herunter angesehen, indem er als unfertiger, als blosser Uebergangs-Standpunct erkannt wird, ohne dass dieser Einsicht die andere zur Seite geht: dass dieser Uebergang ein nothwendiger ist, und dass nur die Form das unreife am Weltschmerz ist, nicht aber der Inhalt seines Credo.

2. Der Weltschmerz in den Faustdichtungen.

Zu allen Zeiten war derjenige der grösste Dichter, der das Unglück am farbenreichsten, am eindringlichsten zu schildern vermochte; es waren immer die Schattenseiten des Lebens, welche die Stoffe zu den erhabensten und intensivst genossenen Dichtungen boten. Der Weltschmerz-Dichter wird dieses also nicht sowohl wegen der Wahl tragischer oder trauriger Stoffe, als erstens durch die subjectivistische Färbung, die er denselben verleiht, und zweitens durch die pessimistische Beleuchtung solcher Verhältnisse, die eben nur unter Voraussetzung der den Weltschmerz producirenden psychischen Eigenschaften als unselige zu begreifen sind — resp. erscheinen, während sie demjenigen, der sich die Illusion des positiven Werthes des Seins bewahrt hat, ebenfalls als werthvoll erscheinen.

Dem optimistischen Dichter des tragischen Vorganges geht z. B. im tragischen Conflict zwar der Held als Person unter, aber nicht die Idee, die er vertritt; er rettet vielleicht diese erst durch seinen Untergang, oder aber die Tragik liegt darin, dass eine berechtigte Idee und deren Träger einer noch höher berechtigten weichen müssen. Es ist dann das Loos des Individuums zwar ein betrübendes und erschütterndes, aber das Unterliegen der minder berechtigten Idee (ungeachtet ihrer machtvollen Vertretung) ist ein Moment der besten Weltordnung; so erscheint auch der ganze Weltprocess entsprechend der Hegel'schen Philosophie als ein tragischer, und doch ist die Weltanschauung des Systems eine optimistische.

Dagegen geht beim Weltschmerzdichter das Berechtigte gleich zu Grunde wie das Falsche, und nicht die logische Berechtigung des Sieges einer universalen Idee über eine andere wird betont, sondern der Schmerz des unterliegenden Theiles. Dieses hat ja auch eine gewisse Berechtigung: denn das Unterliegende ist in der Regel das Individuelle und von einer concreten Person Vertretene, das Siegreiche aber das Allgemeine, also nicht ein Empfindungssubject wie das erstere. Es ist ferner auch insofern berechtigt, als häufig genug das logische Verhältniss der im Kampfe liegenden Ideen vorläufig unerkennbar bleibt, so dass, was einer fortgeschritteneren Zeit als logische Nothwendigkeit und weltteleologisch vollberechtigt erscheint, doch von der Zeit des Geschehnisses wie blindes Fatum empfunden wird: „das „Warum" wird offenbar, wenn die Todten auferstehen" — eine Antwort die um so schmerzlicher ist, als der Weltschmerz-Dichter den Accent auf das „wenn" legen muss.

Die hervorragendsten literarischen Vertreter des Weltschmerzes und ihre bedeutendsten Productionen mit einiger Vollständigkeit aufzuzählen, ist Aufgabe einer Literaturgeschichte der neuern Zeit; wir können hier aus der erdrückenden Fülle nur einige wenige Namen nennen, nur einige wenige Productionen zu flüchtiger Betrachtung heranziehen, so weit dieselben uns besonders geeignet erscheinen, die verschiedenen Momente unserer Weltschmerz-Skizze zu vervollständigen. Dabei kommt natürlich der ästhetische Werth nicht in Betracht, sondern lediglich die Prägnanz, mit der sie den Weltschmerz zum Ausdruck bringen.

Da drängen sich uns denn vor allem drei Faust-Dichtungen entgegen: Goethe's „Faust", Lenau's „Faust-Scenen" und „Faust und Don Juan" von Grabbe. Gewiss kommt es uns nicht in den Sinn, Goethe zum Weltschmerz-Dichter stempeln zu wollen; Goethe umfasst zwar in seinem reichen, weiten Geiste, in seinem tief erregbaren Gemüth und vermittelst seiner mächtigen Vorstellungskraft alle jene Bewusstseinsmomente, an welchen sich der Weltschmerz als solcher zu entzünden pflegt, aber er ist eine zu harmonische Natur, d. h. es halten sich bei ihm die verschiedenen Seelenvermögen zu sehr das Gleichgewicht, als dass es auf etwelche Dauer bei ihm zu jener Zerrissenheit und zu jener feindseligen Entfremdung von der Realität hätte kommen können, die das Wesen des Weltschmerzes ausmacht. Er kennt alle die Quellen des Elends und vermag Alles, was die Menschheit bewegt, zum mindesten nachzuempfinden; aber auch da, wo die eigene Seele unmittelbar, und nicht bloss in willkürlicher dichterischer Reflexion, der Schauplatz des Kampfes und Leides wird, hilft sich seine Natur, und bevor es zur lebenzermürbenden Reibung kommt, vermag er sich das eigene Leid als Object gegenüber zu stellen und es so seines schlimmsten Stachels zu berauben. Ein bekanntes Beispiel hiefür ist „Werther's Leiden", durch welche Dichtung er sich einer seelischen Jugendkrankheit entledigte. Goethe lässt den Held der Dichtung an jenem als Weltschmerzler-Eigenschaft bezeichneten Individualismus untergehen, weil er mit seinem Leben nichts mehr anzufangen weiss, nachdem er mit seinem individual-eudämonistischen Streben und Ziel scheitert. Der Dichter aber flüchtet sich aus der subjectivistischen Enge in die Welt des Objectiven und erringt sich mit neuen Schaffenszielen neuen Lebensmuth und neue Daseinsfreude.

Goethe blieb sein Leben lang mit der Natur (seiner Natur) auf intimsten Fusse, und er hatte gute Ursache dazu, die Natur zu lieben: sie behandelte ihn als Schoosskind. Ariel und die Luftgeister, die seinem Faust Ruhe und Erquickung in Kopf und Herz singen, haben ihn in bangen Stunden nicht im Stiche gelassen, und diese Naturgabe: nach jedem Sturm der Gedanken und Gefühle immer wieder in vollem Gleichgewicht auf die Füsse zu fallen, die Gabe stets hinlänglich das jüngst Vorgegangene vergessen zu können, um die Blüthe jeder Stunde mit ungeschwächter Genusskraft sich zu eigen zu machen, sie ist es wohl eher, was man als besonderes Glück und Gunst des Goethe'schen Lebens bezeichnen muss, als die äussern Verhältnisse, welche neben vielen vortheilhaften doch auch solche Factoren enthielten, die für manch Einen gerade zum Verderb hätten führen mögen. Wenn der alte Goethe zu Eckermann sagt: er hätte auf kaum vier Wochen reines Behagen in seinem Leben zurückzublicken, und es sei sein Leben immer das Heben eines wieder zurückrollenden schweren Steines gewesen, so ist dies gerade wegen Goethe's glücklicher „Frohnatur" zwar ein werthvolles Bekenntniss zu Gunsten des Pessimismus, ja nicht aber ein Zeichen von Weltschmerz. Goethe wurde des Lebens müde, aber auch des Lebens froh, die beste Mischung die das Leben bieten kann; und so lässt er denn auch seinen Faust mit dem Leben — das Dasein der Welt einmal schlechthin vorausgesetzt — versöhnt sterben, aber nur durch Aufgeben der eudämonologischen Forderungen: nicht im Geniessen, im Erkämpfen des Lebens selbst lohnt sich's zu leben. Ob sich denn auch das Dasein überhaupt rechtfertigt, das ist eine Frage, auf die sich Goethe im Faust nicht einlässt; es sei denn, man dürfte das Wort des Mephisto als eigene Ansicht des Dichters auffassen:

> Vorbei und reines Nichts, vollkommen Einerlei —
> Was soll uns dann das ew'ge Schaffen!
> Geschaffenes zu Nichts hinweg zu raffen!
> „Da ist's vorbei," was ist daran zu lesen?
> Es ist so gut, als wär' es nicht gewesen,
> Und treibt sich doch im Kreis, als wenn es wäre:
> Ich liebte mir dafür das Ewig-Leere.

Doch wenden wir uns zu der Tragödie ersten Theil des jungen Goethe, wo dieser uns das Bild eines Weltschmerzlers malt; das Objective ist darin nur eben so viel lyrisch-subjectivisch überhaucht, um ihm die herzergreifende Wärme zu geben.

Da finden wir denn im Faust das Streben nach der vollen Befriedigung des Menschen, so wie dieser sich als reine Intelligenz nach Erkenntniss, als sinnliches Naturwesen aber nach Sinnesgenuss sehnt. Schön und maassvoll findet die Klage das Wort über die Oberflächenhaftigkeit des Wissens, über die Unfähigkeit, gerade dahin zu dringen, wo das wahrhaft Wissenswerthe im Verborgenen weset; und ebenso die ehrliche Entrüstung über den Missbrauch der mit dem Wissen getrieben wird, um die Welt über dessen enge Grenzen zu täuschen.

Auch an die Lust des Lebens, an die Möglichkeit einer wirklichen Lebensbefriedigung vermittelst der Hingabe an die Instincte — sofern die Hingabe an das Naturgeniessen den Geist nicht in Schlummer wiegt und ihn abzieht von seinem wahren, im Erkennen liegenden Ziele — glaubt Faust nicht mehr, und doch von der Werthlosigkeit dessen, was das Leben zu bieten hat, im Voraus überzeugt, will er sich durstig in seine Wellen stürzen: zum schmerzlichen Genuss! Das ist ein echter Weltschmerz-Zug: die eudämonologische Befriedigung als unmöglich erkennen, und doch nicht vom eudämonistischen Naturtrieb los kommen können. Indem Faust sich aber in das Leben stürzt, geschieht es mit der eben so widerspruchsvollen Sehnsucht der Vereinigung seines Selbst mit dem Allgemeinen, mit dem Weltsein, und doch mit der gleichzeitigen Behauptung des eigenen hochgeschätzten, zur Gottähnlichkeit sich blähenden Ich's. Es ist dieses Schwanken, dieses Sehnen zwischen absolutem Individualismus und pantheistischer Verflüchtigung eigentlich nur wieder eine Maskirung der allem Sehnen und Drängen zu Grunde liegenden Zweiheit von theoretischem Trieb und natürlich-sinnlichem Lebensdrang: der letztere erscheint als Verlangen, sich mit der vielgestaltigen Welt zu identificiren, die Wahrung der Ichheit aber, welche die Identificirung mit dem Allgemeinen nicht vermittelst der Hingabe an die Welt, sondern vielmehr vermittelst der Aufnahme des Formenreichthums der Welt in's eigene Ich verlangt, entspricht dem Erkenntnissdrange, dem Alles nur ist, sofern es als Vorstellung zum Inhalt und gleichzeitig damit zum Factor des Ich's wird. Es wohnt dieser Erkenntniss die Ahnung inne, dass nur unter Voraussetzung der Einheit alles Seienden überhaupt Aussicht auf Stillung seines Dranges sei, endlich auch, dass wir in unserem Innern dem Absoluten noch immer näher stehen, als wir ihm vermittelst Ausdehnung im Seienden nahe kommen könnten. Aber dieser Ahnung, diesem dunklen Drang ist vorerst der „rechte Weg" durchaus noch nicht gegeben; Faust's, des Weltschmerzlers Weg ist zuerst ein Irrweg und aus der Positionsverrückung, aus der versuchten Ueberordnung des Einzelnen über das Allgemeine entsteht die Unlust beständigen Scheiterns und der Fluch, die Schuld zu finden, wo die Lust gesucht ward.

Höher als in der Goethe'schen Dichtung geht die Fluth der Subjectivität in Lenau's Faust; denn hier ist der Dichter selbst der Träger des Weltschmerzes und die dramatische Form ist nur so weit gewahrt, als sie ungezwungen dem dialectischen Character der weltschmerzlichen Seelenbewegung bequem ist.

Auch hier steht im Mittelpunct das Weh über das Nichtfassen-können der vollen Wahrheit und über die Unmöglichkeit des vollen Sich-selbst-genüge-thuns des Individuums in seiner

Doppeleigenschaft als Einzelnes und als Theil des Ganzen. Und wenn Grabbe Faust und Don Juan in denselben Rahmen dramatischer Scenerie hineindrängt, so hat er hiefür etwelche Berechtigung in dem beiden Figuren innewohnenden Durste nach absoluter Selbstbehauptung. Juan vermittelst des Geniessens und Faust nicht minder, nur dass das Ziel und die Mittel seines Geniessens höher gesteckt und umfassendere sind.

Der Goethe'sche Faust weiss nichts anderes, als dass sein Streben nach höchster Erkenntniss ein vollberechtigtes ist (Gott selbst nennt ihn anerkennend „seinen Knecht"), und nur leise Wehmuth erfüllt ihn beim Erklingen der Osterglocken. Lenau's Faust dagegen kämpft beständig mit dem Zweifel gegen den Glauben seiner Jugend und schaut mit Trauer auf denselben zurück, nicht nur weil er in demselben einen beglückenden Wahn sieht (wie Goethe's Faust), sondern weil er immer wieder Anwandlungen hat, wo er den Glauben wirklich für das Höhere hält, und es ist eigentlich nur seine maasslose individuelle Selbstüberhebung, die ihn denselben immer wieder von sich stossen lässt.

„Ich kann mich nicht vom heissen Wunsche trennen
Den schöpferischen Urgeist zu erkennen,
Mein innerst Wesen ist darauf gestellt,
In meiner ewigen Wurzel mich zu fassen,
Doch ist's versagt und Sehnsucht wird zum Hassen,
Dass mich die Endlichkeit umfangen hält."

Auch auf die Natur schilt er, die ihn nur mit ihren Werde-Geheimnissen locke, ohne etwas davon zu verrathen, und er wendet sich von ihr ab; aber eben so wendet er sich von der religiösen Idee ab: durch Gottes Gnade, durch Gottes Geist zum Wissen des Absoluten zu gelangen:

„Wenn Er das Angeschaute ist
Und Aug' und Licht zu gleicher Frist,
So sieht doch nur Er selber sich
In meinem Haus, nicht aber ich.
— — — — — — — — — — — — —
Beglücken kann mich nur ein Wissen,
Das mein ist und von seinem losgerissen.
Ich will mich immer als mich selber fühlen."

Und dieser Subjectivismus steigert sich bis zu dem tollen Gedanken, nicht nur wissen zu wollen, sondern selbst Wurzel des Seins zu sein:

„Erst war's ein glühendes Entbrennen,
Die Welt zu fassen im Erkennen;

> Nun würde mir geschöpft in vollsten Zügen
> Erkenntniss nimmermehr genügen.
> Wenn ich die Welt auch denken lerne,
> So bleibt sie fremd doch meinem Kerne.
>
> So lang ein Kuss auf Erden glüht,
> Der nicht durch meine Seele sprüht,
> So lang ein Schmerz auf Erden klagt,
> Der nicht an meinem Herzen nagt,
> So lang ich nicht allwaltend bin,
> Wär' ich viel lieber ganz dahin."

Weder die naturalistisch-pantheistische noch die theistisch-philosophische Weltanschauung genügt seinem Ich-Gefühl; Mephistopheles spricht es roh aus, was Fausts Meinung ist:

> „In beiden Fällen ist dein Loos fatal:
> Du magst von ihr, von ihm behandelt sein,
> Ob en canaille oder en canal;
> Drum schliesse trotzend in dich selbst dich ein."

Wenn Faust endlich sich selbst zum Tode müde gehetzt hat, so findet er drum den Ruhepunct — freilich nur einen solchen zum Sterben — nicht in einem Pantheismus des objectiven Geistes, wo der Friede des Individuums aus der Hingabe des phänomenalen Ichs resultirt, sondern in einem abstracten Pantheismus des subjectiven Geistes: im erkenntnisstheoretisch-idealistischen Solipsismus. Ein Traum ist er von Gott, das heisst aber nichts anderes, als er ist selbst der träumende Gott, denn ein Traum kann nicht selbst sich träumen.

> „Der Faust, der sich mit Forschen trieb
> Und der dem Teufel sich verschrieb,
> Und sein und alles Menschenleben,
> Der Teufel selbst, dem jener sich ergeben,
> Ist nur des Gottbewusstseins Trübung."

So pessimistisch der Gedanke der unseligen Traumverfallenheit Gottes (die Maja des Brahmaismus) auch ist, so stirbt doch Faust beruhigt in demselben; der Dichter aber erklärt auch diesen Trost durch den Mund des Mephistopheles als Wahn. Für ihn hat das Individuum auch transcendente Bedeutung und damit auch transcendente Schuld und transcendente Qual. Dieses Gedicht endet christlich, aber nicht mit dem Himmel, sondern mit der Hölle, und doch ist der Weg, der hier zur Hölle führt, mit der vollkräftigen geistig-sinnlichen Natur des Menschen gegeben, das ganze Unheil nur die Folge eines Zuviel des Lebensdranges: wahrlich eine echte Weltschmerz-Anschauung.

Auch in der Grabbe'schen Dichtung ist der Widerspruch zwischen Glaube und Wissen, die Skepsis nach beiden Richtungen hin mit manch trefflichem Worte geschildert:

„O welche Flammenschrift brennt mir im Haupte?
Nichts glauben kannst Du, eh du es nicht weisst,
Nichts wissen kannst du, eh du es nicht glaubst!"

Ebenso liegt der Schwerpunct in der gewaltigen Subjectivität, die sich selbst in Trümmer schlägt im Drange übermenschlicher Behauptung, und selbst im Tode noch auf ihre Unüberwindlichkeit pocht. Darin wie in ihrer Unersättlichkeit sind sich Faust und Don Juan gleich:

„Was ich bin das bleib ich.
Bin ich Don Juan, so bin ich nichts,
Werd' ich ein Anderer.
Weit eher Don Juan im Abgrundsschwefel
Als Heiliger im Paradieseslicht."

sagt letzterer und dem Faust dämmert zwar die Ahnung auf, wo sein Unheil im Allgemeinen liegt, wenn er (allerdings in erster Linie in Bezug auf seine Liebe zur Donna Anna) sagt:

„Der seine Himmel selbst zertrümmert" —
         er wagts mir vorzuwerfen —
„Und er hat recht. Ich schlug das Herrlichste in Trümmer,
Weil ich's nicht begriff";

aber auch er endet ungebeugt:

„Trotzend stürz ich in deine Arme.
Wisse aber:
Wenn ich ein ew'ges Wesen bin, so ring'
Ich mit dir von Ewigkeit
Zu Ewigkeit, und möglich, dass ich siege,
Dich nochmals tretend, wie ich schon gethan."

3. Drei Weltschmerzdichter.

Als Dichter des Weltschmerzes und so recht als die Vorsänger der ganzen Zunft gelten bekanntlich Byron, Heine und Leopardi. Von diesen erscheint uns Byron als der Phantasievollste, Heine der Geistreichste und Leopardi der Aufrichtigste und zugleich der Dunkelschauendste. Bei Byron zeigt sich unverkennbar das Wohlgefallen an seiner eigenen Zerrissenheit. Bei Heine ist diese Eitelkeit schon gerichtet durch die Selbstironie.*) Dem Romanen hingegen fehlt wie der Humor so auch die Selbstironie: da ist alles einfach, unmittelbar empfunden, in der Darstellung aber nur zu oft bezopft und entstellt durch ein herzlich langweiliges Gelehrtthun, sowie durch das sich als Philosoph-Gebärden, was Leopardi eben nicht ist, da die Kenntniss einiger (oder auch sehr vieler) Systeme noch nicht den Philosophen ausmacht.

An Leopardis Weltschmerz ist vorzugsweise das Herz betheiligt; derjenige Heines stammt mehr aus einem dialectischen Geiste, dessen Verhängniss es ist, zu allem das Gegentheil, zu jeder Position immer gleich auch die Contra-Position setzen zu wollen.

Byron schwankt zwischen moralischer Anlage und aus dieser erwachsenden Entrüstung einerseits und erhitzter Phantasie und Sinnlichkeit andererseits, die nicht umhin kann, die Sünde reizend zu finden; dies spiegelt sich in seinen verschiedenen Dichtungen, am fatalsten aber im Don Juan wider, daher dieser eben so leidenschaftlich als Product der Frivolität verdammt, als auch als Manifestation tugendlicher Entrüstung über die Verkommenheit der „Gesellschaft" (im engern Sinne) gepriesen werden konnte.

Byron hat genossen und gefunden, dass der Genuss nicht hält, was er verspricht; er durchschaut viele der Illusionen des Lebens, aber nicht alle, und besonders nicht die des Ruhmes, ja er liegt noch entschieden in den Banden der Eitelkeit. Auch Heine kennt die Lust des Lebens und den unstillbaren Durst nach dem, was bereits als illusorisch erkannt ist; seine Reflexion aber steht über dem unmittelbaren Sehnen nach Leben und Lust, über dem Ungenügen beim Erreichen des Ersehnten und auch über dem Zwiespalt zwischen beiden. Er ist eitel, wie es mehr oder minder jeder Weltschmerzler ist, aber er weiss es und steht auch über diesem Moment seines psychischen Lebens, so dass er sich der Eitelkeit schier wie eines Gewandes, das man überzieht und ablegt, zu bedienen vermag.

Byron unterschätzt das Land und die Nation, deren echter Sohn er ist, weil er letztere nur einseitig kennt. Leopardi liebt sein Vaterland gleich einem unglücklich Liebenden, der da verachten muss, wo seine Leidenschaft ihn hinzieht, und er hat Züge in seiner geistigen Natur, die ihn zum Fremdling in der Heimath machen. Heine ist so sehr ein echter Deutscher, dass ihm Deutschland zu enge wird und er in die Fremde muss, um sich wieder

---

*) Ich schrieb bei nächtlicher Lampe
 Den Jammer, der mich traf;
 Er ist bei Hoffmann und Campe
 Erschienen in Klein-Octav.

als Deutscher zu fühlen. Wenn er über seines Vaterlandes Eigenthümlichkeiten und Schwächen spottet, so ist es doch eigentlich nur, weil ihm nur eben der höchste Maassstab für dasselbe passend dünkt, woran gemessen seine Eigenschaften dann doch etwa zu kurz erscheinen. Wie Heine von unserem Kleeblatt der vielseitigste Geist ist, so sind auch seine Dichtungen am farbenreichsten, zeigen die tiefsten Schatten, aber auch helle, sonnige Strecken, wo nichts vom Weltschmerz zu spüren ist, weil sie nur das einseitige Product seiner freudigen Dichternatur, dieser so eigenthümlich zerklüfteten und doppelschillernden Persönlichkeit sind. Dagegen fliesst der Strom der dichterischen Productionen bei Leopardi sehr einförmig und farblos, grau in grau. Ein Byron und ein Heine sind in erster Linie Dichter, und weil sie Weltschmerz empfinden, so klagen sie; Leopardi aber ist Dichter, weil er zu klagen hat, und man hat die Empfindung, dass, wenn es ihm einmal recht gut erginge, wenn er eine „Reihe schöner Tage" hätte, ihm die Motive zum Dichten ausgehen müssten. Er bejammert seine Zeit und seine Landsleute, die Niedrigkeit und Plattheit ihrer Gesinnung, der nur das Gemeine gelte und das, was sich zählen lasse, Werth habe. Leidvoll war das Leben zu allen Zeiten, jetzt aber ist es besonders erbärmlich; unglücklich war ein Tasso, es fror sein Herz durch Hass, Missgunst und täuschende Liebe gequält, noch unsäglich unglücklicher ist das Leben zur jetzigen (des Dichters) Zeit, wo jeder nur sein eigen Loos beklagt und so nicht eben das Mitleid für andere übrig hat. Ein Tasso hatte den Trost, dass die Phantasie ihm das Leben in helleren Farben malte, doch der Edle dieser Zeit weiss nichts, als dass wir leiden müssen, leiden durch Ekel an dem nichtigen Leben der Gegenwart, ein Uebel für den hochgestimmten Geist, schlimmer als positive Qual,

Er beklagt den politischen Verfall seines Vaterlandes und bejammert seine sich vermählende Schwester, dass es nun ihr Geschick sein werde, in solcher schlimmen, schmachvollen Zeit das unselige Geschlecht des Vaterlandes vermehren zu helfen. Unglückliche oder Feige werde sie gebären, und er muss wünschen, dass es der erstern werden, da doch nun einmal ein Abgrund klaffe zwischen Glück und Werth.

Ja, so schlecht und verächtlich ist dem Dichter sein Volk und seine Zeit, dass an deren Beifall ihm nichts gelegen ist; nicht Ruhm kann ihn locken, nur der Wahrheit will er dienen, nur sie kann ihn noch in Thätigkeit erhalten, denn

„erkannte Wahrheit, ob sie
Auch trostlos sei, hat ihren Reiz."

Einen ziemlich breiten Raum nimmt bei unserem Dichter auch die Klage über das Leid der Liebe ein. Es ist dabei zweierlei zu unterscheiden: erstens Klage über die mangelnde Liebesbefriedigung in Folge persönlichen Missgeschickes, und zweitens die allgemeine Klage über den Trug des Liebestriebes. Im Gedichte „Sappho" fragt er (die Worte der Sappho in den Mund legend): warum seine Jugend so der Blüthe bar sein müsse, warum der Himmel und das Glück ihn so finster anblickten? doch es giebt keine Antwort auf diese Frage; alles ist Geheimniss, nur der Schmerz nicht; ausgesetzte Kinder sind wir, zum Weinen geboren „und das Warum ruht in der Götter Schoos."

Nur der Aeusserlichkeit und dem holden Scheine, nicht „mannwürdigen Thaten, Gesang und Geistesfülle" wird Liebeslohn und Liebeslust zu theil. So bleibt ihm, den die Natur äusserlich so stiefmütterlich bedacht hat, nur der Liebe Leid, ein lebenslanges schmerzliches Entsagen, da mit der Erkenntniss der Hoffnungslosigkeit doch das Sehnen nicht gänzlich erlöscht; ja selbst dann noch der Trieb nach Schönheitsgenuss am geliebten Weibe fortbrennt, als schon das Illusorische des Liebessehnens in abstracto erkannt ist, und das Bild der Frauenschöne gedämpft wird durch die Reflexion auf der Weiber geistige und characterologische Mängel. Im schönen Weibe wird doch eigentlich nur das schöne Ideal verehrt, welchem ersteres doch nicht gleichkommt, daher könnte seine Dichterseele auch dann nicht Befriedigung finden, wenn das Geschick ihm günstiger wäre.

„Gleiche
Zaubermacht übt Schönheit wie Musik, die uns so oft
Von unbekannten Paradiesen hehres
Geheimniss zu enthüllen scheint. Dann hätschelt
Der tiefgetroff'ne Sterbliche das Kind der eignen
           Seele, das geliebte Urbild,
Den Inbegriff der ew'gen Himmelswonne,
Ganz in Gesicht, Geberde, Stimm und Rede
Dem ird'schen Weibe gleich, das zu ersehen
In seinem Taumel wähnt der Liebende.
Und doch nicht dieses, jenes nur, das Urbild
Liebt und ersehnt er selbst im Rausch der Sinne.
Doch endlich wird er inne seines Wahns
Und der Verwechslung, zürnt dann und beschuldigt
Gar ungerecht, das Weib."

Ungerecht, denn dem Weibe ward „mit zärtern Gliedern auch ein Geist von minderer Fähigkeit", „nicht fasst so herrliche Gedanken diese enge Stirn" und was „hochsinnig Liebenden es einflösst, ahnt und versteht es nicht." Dass er diese Illusion durchschaut hat, dessen freut sich nun der Denker in ihm:

„Die Bezauberung ist hin,
Mit ihr in Trümmer auch zerfiel
Das schnöde Joch und ich frohlocke" —

aber der Mensch in ihm krankt in Sehnsucht und der Dichter empfindet das Stillerwerden des Herzens wie nächtliches Dunkel und winterlichen Frost.

Nun der Wunsch sogar entschlafen ist, ist auch die Welt **ganz werthlos**:

„Nur Schmerz und Langeweile bietet
Das Leben, andeies nicht. Die Welt ist Koth."

So wendet sich unser Dichter denn zu der Liebe Zwillingsbruder (im Italienischen ist bekanntlich das Geschlecht der beiden Worte umgekehrt*): dem Tode und bittet ihn, den Fürst des Lebens, ihn in ew'ge Nacht zu hüllen:

„jeder Hoffnung trügerischen
Schein will ich verschmähen
Und nie auf Hülfe baun,
Als nur von dir allein.
So will ich heiter nun den Tag erharren,
wo mein schlummernd Haupt
Darf dir am Busen ruhn".**)

Aber Leopardi beklagt auch die Flüchtigkeit des Lebens, und das giebt einen Widerspruch: wenn zwar auch das schlechte, flüchtige Leben noch schlechter wäre, wenn der Tod demselben nicht ein Ende machte, so wäre eben, wenn der Tod nicht wäre, das Leben einer seiner schlimmen Eigenschaften: der **Flüchtigkeit** entkleidet. Leopardi scheint diesen Widerspruch nicht zu merken, dagegen erhebt er die Frage:

Wenn der Tod ein **Uebel** ist, warum müssen ihn dann schuldlos junge Seelen kosten; wenn er aber in Anbetracht des Elendes des Lebens ein **Glück** ist, warum muss er denn sowohl demjenigen, der scheidet, wie denjenigen, die der Abscheidende zurücklässt, als das grösste Leid erscheinen?

Darauf giebt's wieder keine Antwort, als die, dass Natur eben andern Trieben gehorche, keine Rücksichten kennt für unser Wohl und Wehe. Ein blindes Schicksal lenkt das Geschick, eine eherne Nothwendigkeit drückt des „Todes kranke Sklaven"; dumpf tröstet sich die Menge: so sei's verhängt — doch ist das Leid nicht min-

---

*) Der Tod ist weiblich, die Liebe männlich.
**) Wir citiren nach P. Heyse's Uebersetzung.

der hart, weil unabwendbar, der Schmerz nicht geringer, weil die Hoffnung, dass es dauernd besser werde, mangelt. Und nun soll auch selbstgewählter Tod den „Göttern" missfällig sein? Sollte denn unser Herzeleid den Göttern Kurzweil sein? Glücklicher sind die Thiere als die Menschen; denn wenn jene die Noth treibt, sich selbst zu zerstören, so würden sie nicht, wie den Menschen, von einem Etwas, „sei es Wahngedanke, sei es geheim Gesetz", daran verhindert.

Mit der etwas im Zopfstil personificirten „Natur", die auch begrifflich zusammengeworfen wird mit dem „Schicksal", oder wohl auch mit den „Göttern", ist ja nicht etwa die grünende, blühende, als Thier und Vegetation des Lebens sich freuende Natur gemeint. An der Natur in letzterem Sinne erfreut er sich, sieht aber darin wieder die Zeichen menschlichen Elendes, dass diese Natur so unbekümmert um das Geschick der Menschen und der Nation ihr Leben weiter lebt. Ebenso strahlend geht der Mond auf über des Dichters verkommenes Zeitalter, wie über Roms Grösse, und unbekümmert singt der Vogel, mögen die Zeiten sich auch fort und fort verschlimmern. So reichlich aber auch der Quell des Jammers sprudelt, zwei Objecte des Weltschmerzes bleiben unausgebeutet: der erkenntnisstheoretische Zweifel und der religiöse Kampf. Während bei Heine jene Mischung von überlegenen, mitleidigen Lächeln über den Wahn eines kindlichen Glaubens und der stillen Sehnsucht nach jener im Wahne beglückten Einfalt so reichlich poetische Blüthen treibt, hat Leopardi zugleich mit der Lösung von dem katholischen Kirchenglauben auch seinen Bruch mit der Religion überhaupt vollzogen, ohne Zweifel weil ihm zu wenig philosophische Anlage eignete, um den hochbedeutsamen Kern unter den mannigfaltigen, leider oft genug zur Fratze verzerrten Umhüllungen zu respectiren.

Wir haben uns des Längern bei Leopardi verweilt, weil er ungeachtet, dass er gerade in der Mode*), doch noch minder allgemein gekannt ist als Byron und Heine; dann aber auch besonders, weil er so ganz ausschliesslich Weltschmerzler ist, und weil wir (mit Ausnahme des Verhältnisses zur Religion) alle Eigenschaften des Weltschmerzdichters mit breitem Pinsel gemalt finden.

Als Sänger des politischen Entrüstungspessimismus hat er auch in Deutschland, besonders in den vierziger Jahren, viele Nach-

---

*) Leopardi wird von Schopenhauer wiederholt angeführt, von E. Dühring und F. Laban als Pessimist par excellence gepriesen; Dühring fasst ihn von der Seite seines sittlich-patriotischen Entrüstungspessimismus, Laban preisst ihn wegen seiner Metaphysiklosigkeit.

folger gefunden, von denen mehr als einer, wenn auch nicht an Tiefe der Empfindung, so doch in der Macht des Ausdruckes ihm überlegen war; wir erinnern beispielsweise an G. Herwegh (Lieder eines Lebendigen).

Ebenso die andern Seiten des Weltschmerzes, das Gefühl des Preisgegebenseins des Einzelnen im Getriebe des Weltganzen, und vor allem das Gefühl der Müdigkeit, welche das Ringen um Lust und Glück, an die man nicht mehr ehrlich glaubt und die man doch nicht missen möchte, im Gefolge hat, haben in allen Cultursprachen ihren Ausdruck gefunden in gereimter Form, wie nicht minder auch im Roman und in der Novelle.

Unter den Dichtern der Gegenwart hört man öfter H. Lorm als Weltschmerzdichter bezeichnen; aber mit Unrecht, denn Lorm schifft nicht auf dem uferlosen See der blossen Erfahrung herum, sondern er führt uns in der Reflexionsdichtung eine metaphysisch ergänzte Weltanschauung vor, die ihm das Anrecht auf die Bezeichnung als **Pessimismus-Dichter** giebt. Dass diese seine Weltanschauung sehr negativ ist, und mit den Indiern und mit Schopenhauer eigentlich nur die trügerische Maja und den lebenshungrigen Willen zum Princip hat, ändert daran nichts.

Die Sehnsuchtsstimmung, das Verlangen nach Ruhe, aber gefühlter, süsser Ruhe findet sich sehr schön bei diesem Dichter ausgesprochen:

„Ich frag' nicht nach der Dauer
Jenseits der Kirchhofmauer;
Doch wünsche ich soviel mir als das letzte Ziel:
Wenn abgethan des Lebens Last,
Zu fühlen meine süsse Rast."

Ganz indisch muthet es einem an, wenn man liest:

„Das Chaos war ein ruhevoller Bronnen,
Der ohne Grenze weit und tief sich dehnte,
Wo nichts das Leben, nichts den Tod ersehnte;
Umschlungen lagen Welten drin und Sonnen.

Da hat der See zu träumen einst begonnen;
Es schied, was innig an einander lehnte,
In Tag und Nacht, in Mann und Weib, es gähnte
Ein Abgrund zwischen Wunsch und Wonne.

Das ist der böse Traum, den Welt sie nennen;
Und ist er ausgeträumt, wird alles, was geschieden
Zu neuem seligem Nichts zusammenfliessen.
Drum predigt nicht Unsterblichkeit hienieden —
Ist Leben Traum, will auch das Herz zerfliessen;
Was lebt, will Rückkehr zu des Chaos Frieden."

Und ganz Schopenhauerisch ist es, wenn er singt:

„Das Leben selbst ist Sehnsucht nur,
Wie klug dir's auch verhüllt Natur.
Ihr Trug umgiebt mit Qual und Angst
Den Untergang, den du verlangst.
Du weisst's nur nicht: du stürbest gern —
Das ist der Sehnsucht tiefster Kern."

4. Pessimistisches im Sprichwort.

Man hat dem Pessimismus vorgeworfen, er sei ein Kunstproduct, das Erzeugniss einer Hypercultur, und werde daher dem Kern des Volkes immer als ein Fremdes, Unverständliches gegenüber stehen. In seiner Form als poetischer Weltschmerz ist die pessimistische Weltanschauung allerdings das Resultat einer einseitig entwickelten Cultur, und durch seine psychologisch-physiologischen Vorbedingungen auf einen relativ engen Kreis beschränkt. Dass dagegen auch im Volke das pessimistische Bewusstsein — abgesehen von dem religiös-christlichen contemptu mundi — lebendig ist und sich auch Ausdruck zu schaffen gesucht, das zeigt das pessimistische Sprichwort, auf welches wir nur noch einen Blick werfen wollen.

Das Sprichwort weiss es, dass das Glück nur ein flüchtiger Gast im mühevollen Leben ist: „Glück und Glas, wie bald bricht das!" stabreimt der Deutsche, und „gross Glück hält die Farbe nicht"; „Glück hat Weiberart" und „Glück und Liebe wechseln wie der Mond", sagt der Italiener. Auch hat „gross Glück grosse Tück", und während „das Unglück reitet, so kommt das Glück nur auf Krücken." Dabei ist das Unglück meist vielseitig: „wo Trauer im Haus ist, da steht die Trübsal vor der Thür"; man muss es daher noch für ein „Glück" halten, wenn nur ein Unglück zu einer Zeit kommt. „Ein Unglück, kein Unglück", sagt der Deutsche, „ein Unglück, ein Glück", sagt sogar der Russe, und der Spanier und Baske in „Willkommen Unglück, wenn du allein kommst." Das Unglück kommt schnell und geht langsam: „Unglück kommt geritten, geht weg mit Schritten", auch kommt es „Fuderweis und geht Lothweis" — sagt der Italiener.

Wenn man glaubt, einer Sache noch so sicher zu sein, so kann dieselbe noch schief gehen und Unheil hereinbrechen: „Vom Löffel ist's noch weit zum Munde", sagt der Deutsche; „betwixt cup and lips are many slips", sagt der Engländer und in allen Sprachen sagt man, dass man „den Tag nicht vor dem Abend loben soll."

Manches sieht anfänglich ganz günstig aus, aber „es ist nicht alles Gold was glänzt" und „der hinkende Bote kommt hinterher."

Auch schützt kein Stand und keine Lage vor dem Uebel: „Es ist kein Häuslein, es hat sein Kreuzlein", sagen die christlichen Schwaben, und der Litauer sagt ganz Schopenhauerisch: „wo Fussstapfen sind, da ist auch Noth". Arm sein ist schlimm, denn „den Armen kennt man nicht" und „der Armuth werden die Pillen nicht vergoldet"; dazu kommt noch, dass „Armuth eine Haderkatze ist." Aber reich sein bringt auch Uebel im Gefolge: „hoher Baum fängt viel Wind" und „Würde bringt Bürde"; „grosses Gut, grosse Sorge" und „Gut" macht nicht nur „Muth", sondern „Gut macht Uebermuth", und „Uebermuth thut nicht gut", denn, setzt der Franzose hinzu: „Man erträgt alles, nur nicht das zu gut."

Es entspricht Wohlergehen und Unglück auch nicht dem Verdienste: „Der Esel trägt das Korn in die Mühle und bekommt Disteln"; „die Frommen bekommen die Neige" und „der Gute hat selten das Gute" (Albanesisch). In christlich beeinflusster Form heisst's „der Frömmste muss das Kreuz tragen", und wenn tröstlich darauf folgt: „per crucem ad lucem", so ist dies doch erst Vergeltung im Himmel, aber in diesem Leben ist „Undank der Welt Lohn".

Bei dieser Beschaffenheit des Daseins lobt die Volksweisheit denn die „Hoffnung" sehr, die diesen übeln Zustand erträglicher macht; „wenn die Hoffnung nicht wär, so lebt ich nicht mehr," sagt der Schweizer, „die Welt ruht auf der Hoffnung" der Perser, und der Italiener sagt „Hoffnung ist das Brod der Unglücklichen."

Aber auch die Hoffnung theilt die Unvollkommenheit alles Uebrigen: „Hoffen und Harren macht manchen zum Narren," und „wer von der Hoffnung lebt, stirbt arm."

Dies mag genügen für unsern Zweck; die Beispiele können aus jeder Sprichwörter-Sammlung ergänzt und vermehrt werden.

An die abergläubischen Sitten, wie sie gegenwärtig noch selbst bei unserem mittel-europäischen aufgeklärten Bauern- und Bürgerstand lebendig sind, können wir ebenfalls nur erinnern und überlassen es dem Leser selbst, die Beispiele herbeizuziehen: es wird ihm nicht schwer werden, solche zu finden.

Besonders interessant auf diesem Gebiete erscheint uns die Furcht, „das Glück zu berufen", d. h. die Scheu, sich selbst glücklich zu preisen oder sich seines Wohlergehens, der Gesundheit seiner Kinder u. s. w. zu rühmen, weil man die Dauer des gerühmten Zustandes damit für gefährdet erachtet. Dieser abergläubischen Furcht könnten zwei Gedankengänge zu Grunde liegen:

entweder die uralte pessimistische Idee vom Neide der Götter über das Glück der Sterblichen, oder aber die ebenso pessimistische, philosophischere: dass das Glück der Menschen nicht im Plane der Welt eingeschlossen sei, sondern nur mehr ein aussernatürlicher, zufälliger Zustand sei, der aufgehoben würde, sobald er durch die Constatirung seines Vorhandenseins aus der schützenden Verborgenheit gezogen würde.

V. Capitel.
Der philosophische Pessimismus.

1. Schopenhauer.

a. Schopenhauers Weltschmerz.

Man hat den modernen philosophischen Pessimismus wiederholt die „Philosophie des Weltschmerzes" genannt. Man könnte sich diese Bezeichnung für Schopenhauer und einige seiner Nachfolger gefallen lassen, wenn dieselbe nicht gar zu leicht zu Missverständnissen führte. Man kann durch dieselbe nämlich verführt werden zu meinen, der Weltschmerz als solcher sei schon Philosophie, oder die Philosophie des Weltschmerzes sei eine Philosophie, als deren Resultat der Weltschmerz entstehe. So verhält sich aber die Sache nicht. Schopenhauers Philosophie kann man deswegen Philosophie des Weltschmerzes nennen, weil der Weltschmerz zum Hauptmotiv des Philosophirens wird, und weil die Ueberzeugung von der leidvollen Beschaffenheit des Lebens und der Incongruenz zwischen dem Wollen der Menschen und dem, was der Regel nach das Geschick ihnen gewährt, die einzige Voraussetzung ist, mit der an das metaphysische Problem herangetreten wird.

Die bisherigen Philosophen hatten auch mehr oder minder das Böse und das Uebel in Rechnung gezogen, aber sie gingen von der dogmatischen Voraussetzung einer vollkommenen, weisen und allmächtigen Weltursache aus; und da aus einer solchen eine schlechte Welt nicht erklärlich schien, so mussten sie der Erfahrung Zwang anthun, wenn sie überhaupt zu einer systematischen Weltanschauung gelangen wollten. Das Unerklärliche wurde entweder hinweggeredet, oder aber im Anschluss an die Theologie eine secundäre Ursache für dasselbe gesucht.

Schopenhauer meint, dass alle echte Philosophie Atheismus sein müsse; zu dieser Behauptung gelangt er einerseits durch seine Erkenntnisstheorie, nach welcher der menschliche Geist mit seiner Erkenntniss nie zum Wesen des Seins vordringen kann, sondern immer an der blossen Erscheinung haften bleibt, mithin eine Metaphysik im Sinne der bisherigen Philosophie nicht möglich sei. Zum andern aber meint er mit derselben die **Freiheit vom Dogmatismus** und die **Voraussetzungslosigkeit** beim Beginn des Philosophirens.

Die Welt und ihre Existenz ist so, wie sie ist, ein Problem; wären die Bewusstseinsträger ihrem Wunsche und Verlangen entsprechend befriedigt, so wäre das Weltdasein kein Problem, es fiele niemanden ein, sich darüber zu wundern, dass er und die Welt ist; nur für eine pessimistisch beschaffene Welt sucht man nach einer Erklärung, einem „Grund". Aber einen solchen „Grund" giebt es nicht. Eine göttliche Intelligenz, ein Anaxagorischer νοῦς, d. h. ein von Erkenntniss geleiteter Weltwille (das schöpferische Princip des Theismus) würde bald den Ueberschlag gemacht haben, dass „das Geschäft die Kosten nicht deckt." Es muss daher das Weltdasein eine grundlose Ursache haben und diese kann keine andere sein als ein **blinder Wille**, ein primäres, aller leitenden Erkenntniss vorangehendes, unmotivirtes Wollen. Nun haben zwar schon J. J. Böhme, und nach diesem Schelling, als das ursprüngliche Seins- und Schöpfungs-Princip im Absoluten den primären Willen, d. h. den von der Intelligenz unabhängigen, unerleuchteten Willen aufgestellt, und dennoch die Welt, in ihrem, das erkennende Licht der Intelligenz aus ihrem dunkeln Beginn entwickelnden Dasein als in Gott (als dem über dem grundlosen Urwollen als Geist sich erhebenden Absoluten) begründet erachtet. Es ist daher wesentlich das Zusammentreffen der pessimistischen Weltanschauung mit dem erkenntnisstheoretischen Standpunct Schopenhauers, weshalb dessen Philosophie atheistische Philosophie bleiben muss; denn entsprechend dieser Erkenntnisstheorie gehört alles Geistige, alles Intellectuelle, sowie auch das ganze Reich der Form und Bestimmung nur der „Welt als Vorstellung", d. h. der subjectiven Erscheinung an; es ist das „Wie" der Welt mithin in seinem Verhältniss zum Absoluten bloss accidentieller Art, und das einzige, was von uns, dem welt-betrachtenden Subject, als Wesen nicht sowohl erkannt als vielmehr unmittelbar in der Selbsterfahrung gegeben ist, ist der Wille, welcher als ein blindes Princip nicht Gott sein kann.

Schopenhauer acceptirt die von Kant in der „transcendentalen Aesthetik" aufgestellten Grundsätze des erkenntnisstheoretischen Idealismus, wonach Zeit und Raum nur die Formen unserer

Sinnlichkeit sind, worin wir das ewig Eine Wesen anschauen und welche diesem, abgesehen von seiner Erscheinung als Object eines Subjectes, gar nicht zukommen; ebenso wie die Kategorien der Zahl, der Quantität, Qualität und Modalität bloss Formen unseres Intellectes sind. Das „Ding an sich" aber, welches Kant vermittelst seiner Theorie nie zu erfassen vermag und dennoch nicht missen kann, das erfasst Schopenhauer im eigenen, der Erkenntniss durch die Anschauung nicht benöthigenden Inneren, als den Willen.

Den Willen, der das Sein will und es damit setzt, erfährt der Mensch in seinem Sein und seinem Streben zwar auch nicht gänzlich rein an sich, denn er erfasst ihn in sich selbst immerhin auch in der Form der Zeitlichkeit, aber doch frei von der Hülle der übrigen Formen der Sinnlichkeit und des Denkens.

Im Willen ist das Princip gefunden, welches die Erkenntnisstheorie vor dem Illusionismus rettet, zugleich aber auch dasjenige psychologische Princip, wodurch das Licht des Verständnisses auf die leidvolle Beschaffenheit des Lebens und der Welt fällt. Durch die psychologische Betrachtung der Lebensvorgänge gelangt Schopenhauer zu demselben Puncte, zu dem er aus der subjectiv-idealistischen Erkenntnisstheorie flüchtet, wenn ihm in dieser der Boden der transcendenten Realität und damit auch die Berechtigung und Vorbedingung des Philosophirens zu wanken beginnt. Darum nannte Schopenhauer seine Philosophie ein Schmerzenskind, unter Drang und Noth geboren, weil der Weltschmerz im Centrum seiner ganzen Denkthätigkeit stand und unter seinem Einfluss und in seiner grellen Beleuchtung das Princip seiner Welterklärung gefunden wurde.

Der Wille, der Eine und untheilbare (denn „Theil" und „Vielheit" sind nur Begriffe, welche dem Ding an sich nicht zukommen), will stets und immer mit unendlichem, unstillbarem Durste das Dasein; er will es blind und ziellos im anorganischen Reiche, blind und in traumartigem, instinctivem Halbbewusstsein in der Pflanzen- und Thierwelt, und mit Bewusstsein und zielvoller Absichtlichkeit im Menschen. Das Bewusstsein und die Intelligenz mit ihren Denkformen ist Product des Gehirnes, oder richtiger, d. h. von einem höheren Standpunkte betrachtet, ist das Gehirn die materielle Anschauungsform des Intellectes; beide (die aber nur für die unphilosophische Betrachtung zwei sind) sind oberstes, höchstes Product des Willens. An sich, seinem Wesen nach, ist auch das Gehirn Wille; Wille zum Erkennen, wie der Magen und die vegetativen Organe Wille zum Verdauen und Ernähren, die geschlechtlichen Organe Wille zur Fortpflanzung der Gattung sind; alles, was ist, ist nur der eine·Wille in seiner unendlichen Mannigfaltigkeit der Formen, entsprechend der Unendlichkeit des Triebes.

Schopenhauers pessimistisches Bewusstsein enthält die sämmtlichen Daten des Weltschmerzes, aber der Weltjammer ist ihm nicht mehr wie dem Weltschmerzler ein ungelöstes Räthsel, sondern in seinem Princip hat er das Räthselwort gefunden. Die Rastlosigkeit des Lebens, das beständige Drängen und sich rücksichtslos Stossen im Hasten nach einem vom Intellect gesetzten Ziele zu, von dem man sich Lust und Wohlsein verspricht, um, wenn am Ziele angelangt, enttäuscht niederzusinken und, wenn die Kräfte ausreichen, sich auf's Neue wieder aufzuraffen zu neuer Jagd, zu neuem erfolglosen Wettlauf, es erklärt sich voll und ganz aus der Natur des Willens, des ewigen blinden Dranges nach seinem eigenen zweck- und ziellosen Sein.

Weil der Wille, das An-sich der Welt, die ewige hungrige Leere ist, darum hat auch die Natur keinen über sie hinausreichenden Endzweck; statt dessen bietet sie uns augenblickliches Behagen, flüchtigen, durch vorhergehenden Mangel bedingten Genuss, vieles und langes Leiden, beständigen Kampf. Jeder ein Jäger und Jeder gejagt, Gedränge, Mangel, Noth und Angst, Geschrei und Geheul — und das geht so fort saecula saeculorum, oder bis einmal wieder die Rinde der Planeten bricht; aber auch dann endet es nur, um sich wieder in anderen Formen zu erneuern. (403. 404.) Und wie in der Natur im engeren Sinne, so auch bei den Menschen. Alle zusammen und jeder Einzelne strebt nach Glück und Genuss; aber Tausende fallen beständig als Opfer des Wahns, diesen dauernd erreichen zu können; denn alle Siege über die Natur, alle Erfolge der Wissenschaft, Industrie und Künste, sie führen nur zu flüchtigen Befriedigungen, welchen augenblicklich neues Verlangen folgt. Denn der Wille ist ja unerschöpflich, alles „Was" und „Wie" des Wollens gehört ja nur der Welt als Vorstellung an, während das Wesenhafte nur das ungestillte Bedürfniss ist; der Wille ist unendlich, alles Erfüllen ist nur endlich. Mit allem Aufwand an menschlichem Scharfsinn wird schliesslich doch nichts erreicht, als was auch in der Natur der einzige immanente Zweck ist: die Erhaltung der Gattung, in deren Dienste alle Individuen stehen und für welche Alle unbewusst wirken, wenn sie für sich selbst und ihr individuelles Wohl zu sorgen wähnen: so besonders auch in der Liebe, deren Sehnsuchtsträume und Entzückungen nur Kriegslist der Natur sind, um das Individuum trotz seines Egoismus voll und ganz sich dienstbar zu machen.

Weil der Kern jedes Individuums Wille, blinder, grundloser Wille zum Leben ist, darum klammert sich der Mensch so sehr an das Leben, dass er dieses auch dann noch zu erhalten sucht, wenn er schon elend, krank, verachtet, in jeder Hinsicht freudlos ist; weil jedes Lebewesen nur die raum-zeitliche Erscheinung des Einen blinden Lebenswillens ist, darum werden wir so in tiefster Seele ergriffen, wenn jemand in Lebensgefahr geräth; darum die Furcht und das Schrecken vor dem Tode, und darum der Jubel bei Lebensrettungen.

Weil der Wille als blinder, grundloser und als All-Einer in jedem Individuum voll und ganz vorhanden ist, wird er durch nichts, was das Individuum als endliche Erscheinung erreicht, dauernd erfüllt; ist daher ausnahmsweise ein Mensch so gestellt, dass seine Existenz gesichert, seine Verhältnisse allseitig günstig sind, so dass es dem bewussten, d. h. vom Intellect durchleuchteten Willen, an Objecten des Wollens fehlt, so befällt den Menschen „furchtbare Leere und Langeweile, und das Dasein selbst fällt ihm zur Last." „Was in allen Lebenden strebt, ist das Streben nach Dasein, aber mit dem gesicherten Dasein wissen sie nichts anzufangen, daher ist das zweite, was sie in Bewegung setzt, das Streben, die Last des Daseins los zu werden, es unfühlbar zu machen; die Zeit zu tödten", d. h. der Langeweile durch Zerstreuungen zu entfliehen. (391. 369.)

Wenn Maupertuis Lust und Unlust so definirt, dass Lust ein Zustand der Seele sei, in dem man verharren möchte, Unlust aber ein solcher, aus dem man in einen anderen überzugehen wünscht, so findet diese Definition Erklärung und Vertiefung durch die Willensphilosophie: der Wille, der einen Zustand in einen andern übergehend wünscht, ist Unlust; der befriedigte Wille ist Lust.

Aber nach Schopenhauers Fassung des Willensprincips, wo die Vorstellung (der Inhalt) in einem bloss secundären und accidentiellen Verhältniss zum Willen steht, kann letzterer eigentlich gar nicht befriedigt werden. Die sogenannte Befriedigung des Willens ist bloss eine Befriedigung des Intellects, wo dieser den Inhalt eines Willensactes realisirt sieht. Daher ist für Schopenhauer nur die Unlust wahrhaft real, weil unmittelbar das Wesenhafte berührend, die Lust aber nur ein privatives Moment, die Abwesenheit der Unlust; sie ist auch nur ein flüchtiger Augenblick, denn das blinde Wollen dauert fort. So wie der eine bewusste Inhalt aufhört ein gewollter zu sein, indem er „erfüllt", realisirt wird, so ergreift das leere Wollen einen neuen Inhalt und das unlustvolle Sehnen beginnt aufs neue.

„Alles Streben entspringt aus Mangel, aus Unzufriedenheit mit seinem Zustand, ist also Leiden, so lange es nicht befriedigt ist; keine Befriedigung aber ist dauernd, vielmehr ist sie stets nur der Anfangspunct eines neuen Strebens. Das Streben sehen wir überall vielfach gehemmt, überall kämpfend, so lange also immer als Leiden; kein letztes Ziel des Strebens, also kein Maass und Ziel des Leidens." (365.)

Wie Leibniz nur die Lust als positiv und die Unlust als blosse Privation kennen will, so ist für Schopenhauer die Unlust das Positive und die Lust nur die Privation derselben.

Schopenhauer empfindet durchaus als Weltschmerzler; er hat ein titanisches Selbstgefühl, welches (als Gefühl) weder sein Monismus noch die erkenntnisstheoretische Einsicht von der blossen Phänomenalität der Ichheit zu dämpfen vermag und welche ihn zu hoher Glorificirung des Genius gegenüber der „Dutzendwaare der Natur" führt.

Dieses starke geniale Ichgefühl ist nur eine specielle Anwendung eines starken Individualitäts-Gefühls, daher auch die — nicht pessimistische, sondern echt weltschmerzlerische — Trauer über die Vergänglichkeit des Irdischen und die lebhafte Betonung des Todes, als des ersten und obersten der Uebel. Schopenhauer besitzt auch die weitere Bedingung des Weltschmerzlers: ein weiches Herz gegenüber den Leiden der Thierwelt und jener intellectuell minder begabten Menschheit der räumlichen und zeitlichen Fernen, welche nicht minder leiden, weil ihre Klage weder an unser Ohr dringt, noch auch generalisirende Ausdrucksform gewinnen kann.

b. Schopenhauers Weltverachtung.

Schopenhauer ist aber nicht nur Weltschmerzler und sucht nicht nur ein Princip, wodurch sich ihm diejenigen Verhältnisse des Lebens und der Welt, welche ihn zu diesem machen, erklären, sondern er bekennt sich auch zum ethischen und religiösen Pessimismus des contemptus mundi. Er schaut nicht nur überall das Leid, er hat auch das Nachtauge, um überall die Schuld zu sehen. Und zwar auch da, wo sie nicht ist, indem er dem Kriticismus seines erkenntnisstheoretischen Standpunctes entgegen den nur immanent gültigen ethischen Begriff der „Schuld" auf das Dasein und seine transcendente Causalität anwendet.

Er identificirt das intellectuell Nicht-motivirt-sein der Welt schlechthin mit dem Unberechtigt-sein; das Weltsein, welches, wie die unlustige Erfahrung lehrt, besser nicht wäre, wird ihm zum Nicht-sein-sollenden im Sinne von Nicht-sein-dürfenden. Er stellt sich ausschliesslich auf den Intelligenz-Standpunct und muss von diesem aus, nachdem ihm einmal die Allmacht des Leides klar geworden ist, alles Grundlose verneinen; aber statt es nur als unvernünftig zu verurtheilen, verdammt er es als bös.

Schopenhauer verurtheilt die Welt, weil sie unlustvoll ist, und nachdem ihm einmal das verurtheilte Weltdasein zum schuldvoll erstrebten geworden ist, erscheint ihm nun auch das Uebel des Daseins als Folge der Schuld. „Will man den Grad der Schuld, mit dem unser Dasein selbst behaftet ist, ermessen, so blicke man auf das Leiden, das mit demselben verknüpft ist. Jeder grosse Schmerz, sei er leiblich oder geistig, sagt uns, was wir verdienen: denn er könnte nicht an uns kommen, wenn wir ihn nicht verdienten". (666.)

Wie Schopenhauer daher den Weltschmerzdichtern, vorab Leopardi, für ihre Schilderungen des Lebensleides applaudirt, so ist auch der Pessimismus des Christenthumes das Moment, wo er für letzteres Interesse und partielles Verständniss gewinnt; von den Lehren des Judenthumes aber hat keine Anspruch auf metaphysische, wenn auch nur allegorische Wahrheit, als diejenige im Mythos vom Sündenfall.

„Der Unterschied, wie auch der Werth der Religionen liegt nicht darin, ob sie monotheistisch, pantheistisch, polytheistisch oder atheistisch sind, sondern darin, ob sie pessimistisch oder optimistisch sind, d. h. ob sie das Dasein der Welt als durch sich selbst gerechtfertigt erachten, oder als etwas, das nur als Folge unserer Schuld begriffen werden könne und daher besser nicht wäre. In dem Eingeständniss des elenden und sündhaften Zustandes der Welt liegt die siegreiche Kraft des Christenthums, indem die tief und schmerzlich gefühlte Wahrheit das Bedürfniss der Erlösung im Gefolge hat." (II. 187.)

Noch höher als das Christenthum mit seinem Irrthum der Möglichkeit eines jenseitigen glücklicheren Daseins steht der Brahmanismus und Buddhaismus, welche mit dem Pessimismus noch das Bewusstsein von der blossen Phänomenalität der angeschauten und empfundenen Welt verbinden.

Wenn uns nun gesagt wird, dass das Leben einer eingegangenen Schuld gleich sei, deren zu zahlende Zinsen des Lebens Leiden seien und die erst mit dem Tode rückbezahlt werde (666), so erhebt sich die Frage: von wem und wann ist die Schuld eingegangen worden?

Da das empirische Individuum, als Eines unter Vielen, in seiner raumzeitlichen Beschränkung nur der „Welt als Vorstellung" angehört, d. h. als Einzelnes unter Vielen nur subjective Erscheinung ist, sein Wesen aber das Eine Wesen ist, so ist es auch der Eine Wille, der das Dasein in jeder einzelnen Erscheinung verschuldet und in jeder im Tode abbüsst; darum ist jedes Individuum gleichzeitig schuldig und unschuldig und ebenso des Zornes als des Mitleides werth.

Das Individuum ist auch in der einzelnen Handlung determinirt durch die Reize und Motive, auf die es entsprechend seinem Character nicht umhin kann zu reagiren; aber es ist indeterminirt bezüglich des „esse" seines Characters und daher ungeachtet seiner empirischen Determination für sein So-sein verantwortlich.

Die Idee der Freiheit im „esse" nimmt Schopenhauer von Kant in sein System hinüber, wo dieselbe — an und für sich schon unhaltbar*) — neben dem Monismus und dem erkenntnisstheoretischen Idealismus keinen Raum findet; denn sie setzt die Individuation schon ins Transcendente hinaus, während sie nach Schopenhauer's subjectiv-idealistischer Erkenntnisstheorie nur in der Welt der Vorstellung, als „Trug der Maja", ihr unberechtigtes, zur Durchschauung und Ueberwindung bestimmtes Leben fristet.

Am verhängnissvollsten für Schopenhauers System erweist sich aber die widerspruchsvolle Unsicherheit über die Tiefe, bis in welche die Wurzel der Individuation reicht, da, wo aus dem tiefen Dunkel seiner weltschmerzlichen Weltbetrachtung die Morgenröthe einer Erlösungs-Hoffnung aufsteigen soll.

Wenn nämlich der Wille zum Dasein die Schuld ist und die Hölle der Unlust und des Unrechts schafft, so muss die Lebensverneinung, die Negation des Willens, das höchste Gut sein, und das reine Nicht-Sein im indischen Sinne das selige Nirwana.

Während nun innerhalb der vom blinden Willen gesetzten Welt der Wille sich vermittelst des Motivs stets wieder an sich selbst zum inhaltlich bestimmten Wollen entzündet, so vermag andererseits die reine Erkenntniss des Daseins in seiner Qual und Schuld als Quietiv auf den Willen zu wirken. Voraussetzung hierzu ist die Interesselosigkeit des Willens bei der Anschauung, die Emancipation des Intellects vom Willen, in dessen Dienst er gewöhnlich (auf den niedrigeren Stufen seiner Entwickelungsreihe stets) steht. Aber diese reine, willenlose Anschauung muss nicht durchaus zum Quietiv des Willens werden, sie muss es nicht, sie kann es nur. Sie besteht als vorübergehender Zustand in der ästhetischen Anschauung, deren Lustmoment gerade in der Freiheit vom Wollen, in der momentanen Sistirung des Wollens besteht; ferner in der philosophischen Betrachtung der Ideen der Dinge, losgelöst von deren concreter Erscheinung in Zeit und Raum; endlich in jenem Zustand der Gnade, wo die Verneinung des Willens practisch zur Askese und freiwilligen Selbstvernichtung führt; denn wie die Begattung den Gipfel der Lebensbejahung bezeichnet, indem darin das Individuum sich zu verdoppeln strebt, so ist die

---

*) Siehe E. v. Hartmann, Phän. d. sittl. Bewussts. 2. Abth. III. G. Das Moralprincip der transcendentalen Freiheit.

Mortification, durch willige Uebernahme der Leiden und absichtliche Vermehrung derselben durch Fasten und Kasteiungen, das erhabene Ziel einer vollständigen Erkenntniss der Welt und ihrer unseligen Beschaffenheit. —

Durch die Unklarheit darüber, wie tief die Individuation in das Wesen hineinreicht, bleibt es ganz unverständlich, wie die Erlösung von der Unseligkeit des Wollens und damit vom Dasein stattfinden soll. Der Wille als Weltwesen soll in seiner einfachen blinden Essenz unzerstörbar sein, womit der „feurige Kreislauf" als nicht zu unterbrechender, nicht zum Stillstand zu bringender gegeben ist; nur das Individuum soll sich, gleichsam durch einen „Seitensprung" aus demselben retten und in die selige Ruhe des Nichts flüchten können.

Wenn nun aber das Individuum nur subjective Erscheinung, nur Schein und Trug der Maja sein soll, so wäre auch sein Ausscheiden aus der Welt bedeutungslos, selber nur Schein; auch ist ja das, was leidet und nach Erlösung verlangt, nicht bloss das Individuum als Object eines betrachtenden Subjects, nicht das Scheingebild im Rahmen der „Welt als Vorstellung", sondern das Wollende und Leidende ist der hinter dem Schein der individuellen Vielheit sich bergende Eine Wille; wenn also der Kern eines Individuums, nachdem es gewollt und gelitten, aber auch erkannt hat, nunmehr sich verneint und vom Dasein sich erlöst, so wäre es der Eine Wille, der aufgehoben wäre. Fände also einmal eine wirkliche, reale Willensverneinung (nicht nur die begriffliche Negation des als unheilvoll erkannten Wollens im philosophischen Denken) statt, so müste der Eine Welt-Wille aufhören, also durch das Quietiv der pessimistischen Erkenntniss nicht nur ein Individuum, sondern die Welt aufhören zu existiren; denn die Welt, als Vielheit der Einzelnen hinter deren individuellen Schein, ist ja selbst nur ein Schein, der aufhören würde zu scheinen, wenn der Wille als der Eine in allen Subjecten aufhören würde, sie als sein Object zu setzen. Nun meint Schopenhauer, dass es sowohl christliche wie indische Asketiker gegeben habe, die den Willen vollständig verneint hätten; da nun aber die Welt noch steht, so muss dieses entweder ein Irrthum sein, und der Wille zum Nichtwollen blosse Velleität, d. h. Vorstellung des Wollens des Nichtwollens gewesen sein, welche den ewigen Strom des blinden Ur-Willens gar nicht berührte; oder aber diese Fälle sind ein Beweis, dass Schopenhauers Lehre von der Individuation, resp. von dem Verhältniss des Individuums zu der Welt als Vorstellung einerseits und zum Weltwesen andererseits, eine fehlerhafte ist.

Wir haben hier Schopenhauer nicht zu kritisiren, sondern nur darzustellen, wie er das Leben und die Welt auffasst und wie er deren leiden- und unlust-reiches So-sein zu erklären versucht; wir lassen daher diese Dunkelheiten unerörtert, wie auch diejenigen, die über den Begriff der Materie, über die s. g. Platonischen Ideen und deren Verhältniss zur Gattung u. s. w. u. s. w. bestehen. Dagegen müssen wir hervorheben, dass, so dunkel das Weltsein Schopenhauer erscheint, es einer hellen Stelle in dem dunklen Bilde doch nicht ermangelt. Diese ist die ästhetische Anschauung, wo die Unlust schwindet, weil der Mensch für Momente reines wille- und wunschloses Weltauge geworden ist. In dieser Hinsicht ist Schopenhauer ganz nur romantischer Weltschmerzler, nicht aber Weltverächter im Sinne des religiösen contemptus mundi; er hat ein empfängliches Auge für die Schönheit, und weiss, dass diese sich als goldiger Schein auch dort noch ausbreitet, wo das Sein als nicht bloss geschautes, sondern als gelebtes, empfundenes, Kampf und Schmerz ist. Aber die Welt ist kein Guckkasten — wendet er den Optimisten ein, welche die Aesthetik gegen den Pessimismus zu Felde führen möchten — „anzusehen sind diese Dinge wohl recht schön, aber sie zu sein ist etwas ganz anderes."

Schopenhauer ist unerschöpflich in eindringlichen Schilderungen, frappanten Bildern und geistvollen Bemerkungen über das Leid in der Welt und andererseits über die Schwächen, Verkehrtheiten und Untugenden der Menschen; aber da er materiell doch nichts anderes zu sagen hat, als was die Weltschmerzdichter, ja zum Theil schon der Prediger Salomonis und Innocenz III. zum Gegenstand ihrer gereimten und ungereimten Klagen machten, so können wir auf Citate verzichten.

Bezüglich der Kritik der Schopenhauer'schen Philosophie im Allgemeinen und insbesondere über das Verhältniss zwischen dem Willensprincip und dem darauf basirten Willensrealismus (Welt als Wille) und dem erkenntnisstheoretischen Idealismus (Welt als Vorstellung) verweisen wir auf E. von Hartmanns „Gesammelte Studien und Aufsätze" (Berlin, 1876), D. IV.*); was aber die Kritik des Schopenhauer'schen Princips bezüglich dessen Wirksamkeit zur metaphysischen und psychologischen Erklärung des Daseins betrifft, so sind wir derselben dadurch überhoben, dass der Hartmann'sche philosophische Pessimismus die positive Kritik der Schopenhauer'schen Weltschmerzphilosophie darstellt, so dass mit der Zeichnung der Umrisslinien der Hartmann'schen Weltanschauung auch diejenigen von Schopenhauer's System deutlicher und vertiefter hervortreten werden.

---

*) Vergl. ferner den Abschn. Schopenhauer, von Dr. R. Koeber in Schwegler's „Geschichte d. Phil. im Umr." 11. Aufl.

2. E. v. Hartmann.

a. Hartmann's Weltprincip als Princip des eudämonologischen Pessimismus.

Der Wille ist das An-sich der Realität: alles, was real ist, ist Wille; aber nicht der „blinde", leere Wille Schopenhauer's ist das An-sich der realen Welt, denn der Wille muss, um realitätsetzendes Princip zu sein, einen Inhalt haben. Dieser Inhalt ist die Vorstellung.

Der Wille setzt das „dass" der Welt, die Vorstellung bestimmt ihr „Wie" und „Was", d. h. die qualitativen Eigenschaften des Daseins. Der Wille ist das Primäre und Ursprüngliche, das unzeitlich der Vorstellung Voranstehende. Das Welt-Wollen erhebt sich als Action aus der Potentialität grundlos aus sich selbst und ergreift erst in seinem Aufbäumen die Vorstellung als seinen Inhalt, womit ihm erst die Möglichkeit des realen Daseinssetzens gegeben ist. Der Wille ist reine Activität, die Vorstellung reine Passivität.

Das Dasein der Welt ist grundlos, nicht aber der Inhalt der Welt; dieser ist von der Vorstellung nach deren eigenen Gesetzen bestimmt; wie aber der Wille das Alogische ist, so ist die Vorstellung das Logische, und dieses bestimmt das concrete Sein und Geschehen.

Der Wille und die Vorstellung sind nicht zwei Wesenheiten, sondern es sind die Thätigkeiten eines Trägers ihrer Existenz: sie sind die Attribute des Absoluten. Der Wille ist an und für sich als Princip der Actualität und Realität ein unbewusster psychischer Vorgang; die Vorstellung als an sich seiende Inhaltbestimmung des Willensactes ist unbewusste Idee. So ist das Absolute der All-Eine unbewusste Geist. Erst in der Collision der mit unbewusstem Inhalt erfüllten Willensacte entzündet sich das Bewusstsein und der nunmehr bewusste Willensinhalt gewinnt im endlichen Geiste eine Selbständigkeit in der rein-idealen Sphäre des Intellectes, welcher mithin gleichsam den Spiegel der real-seienden Welt bildet. (Die Welt als meine Vorstellung.)

Bei Schopenhauer wird der Wille als das An-sich der Welt beständig behandelt, als ob er Wesen im Sinne von Substanz wäre, obgleich uns ausdrücklich gesagt wird, dass er nur eine Aeusserungsweise sei, über die hinaus man mit der Erkenntniss nicht könne; ebenso wird der Wille beständig so dargestellt, als ob er mit unbewusster Vorstellung, als seinem Inhalt, erfüllt sei, obgleich er principiell als der blinde, leere Wille zum Dasein aufgeführt wird und aller so und so bestimmte Inhalt nur der subjectiven Erscheinungswelt, der Welt als Vorstellung des Intellectes angehören sollte. Dass sich Schopenhauer nicht über den Widerspruch erheben kann, der darin liegt, dass ein einfaches, blindes, in sich bestimmungsloses Princip in seiner Action plötzlich als Subject sehend und als Object in unerschöpflichem Formenreichthum erscheinen soll, das liegt an seinem erkenntnisstheoretischen Idealismus. Hartmann vertritt einen transcendentalen Real-Idealismus; nach diesem ist die Welt allerdings in erster Linie „meine Vorstellung". Aber mein ideales Gebiet der Vorstellungen ist nicht das alleinige Reich der Vielheit, sondern meinen subjectiv vorgestellten Dingen und Geschehnissen in Zeit und Raum und bestimmt durch die Kategorien der Sinnlichkeit und des Denkens entsprechen objective, reale „Dinge an sich" und „Geschehnisse an sich", die wie in ihrem Sein so auch in ihrem So-sein unabhängig von meiner Perception sind.

Freilich ist das Wesen der Welt nur Eins, aber in seiner Thätigkeit als Wille und Vorstellung setzt es eine reale vielformige, vielgestaltige Welt der Individuation; principia individuatonis sind (wie bei Schopenhauer) Raum und Zeit, aber Raum und Zeit sind nicht blosse Formen der Anschauung, sondern der Raum wird gegeben durch die Kreuzungspuncte der Willensacte, welche die Materie darstellen, während die Zeit mit dem realen Geschehen als dessen Accidenz gesetzt wird. Das Gesetz unseres Geistes, wonach wir die Anschauungen und Wahrnehmungen als ausser uns seiende und von uns unabhängige, von aussen auf uns einwirkende Dinge und Vorgänge aufzufassen genöthigt sind, das Causalitätsgesetz, es ist kein Trug, kein „Schleier der Maja", sondern es ist die ideale Brücke, auf welcher unser Geist aus der „Welt als Vorstellung" hinübergelangt zu der Welt der Dinge an sich; dass aber der endliche Geist als Intellect das ausser seiner Individual-Sphäre liegende Reale ideal reproduciren kann, das setzt voraus, dass dieses, ungeachtet seiner Realität, doch auch geistiger, idealer Art sei.

Was wir „Materie" nennen, das ist unsere Anschauungsweise gewisser Willensactionen des Einen unbewussten Geistes; die qualitative Beschaffenheit aber bedingt die unbewusste Vorstellung, als Inhalt der sie tragenden Willensacte.

Auf dem Standpunct des subjectiven Idealismus ist nicht einmal eine Metaphysik im eingeschränkten Sinne Schopenhauer's gerechtfertigt; seine unmittelbare Erfassung des Willens ohne Theilung in Subject und Object ist eine Selbsttäuschung.

Auch meinen Willen, wie mein „Ich", besitze ich nicht als Ding an sich, sondern nur in der Empfindung, und der primitivsten Form der bewussten Vorstellung werde ich nur inne; aber allerdings bin ich in mir dem Wesenhaften näher als sonst wo, weil in meinem Bewusstsein Spiegelbild und Spiegel eins sind.

Die Berechtigung, vermittelst Vernunftschlüsse auf das hinter der Erfahrung liegende zu schliessen, also der Schluss vom Physischen auf ein Metaphysisches, von der eigenen Psyche auf die Weltpsyche, hängt davon ab, ob das Causalitätsgesetz in uns uns trügt oder nicht. So ist denn auch Hartmann's Philosophie nur Philosophie der Wahrscheinlichkeit und will nichts anderes sein.

Die Philosophie der Wahrscheinlichkeit ist streng monistisch, aber sie ist concreter, nicht abstracter Monismus, wie Hartmann den auf transcendental-realistischer Grundlage sich erhebenden Monismus von dem auf subjectiv-idealistischer fussenden Monismus Schopenhauer's und der indischen Religionsphilosophie unterscheidet.

Ein unbewusster Geist setzt in seiner Willens- und Vorstellungsthätigkeit die Welt, die nicht als „Schöpfung", als ein Zweites ausser ihm, steht, sondern in welcher und als welche er existirt. Die Welt ist eine Summe von Willensacten und eine Summe von Ideen; allseitig untereinander zusammengefasst zu Willens- und Idee-Complexen, aber auch ebenso in lauter Acte der Opposition zerspalten.

Denn jede Idee ist zwar einfach, was sie ist, und genügsam in ihrer Beschränktheit, welche letztere zu ihrer (ewigen) Natur gehört; aber die Kraft ihrer Existenz ist der Wille und der Wille ist schrankenlos und will sich schlechthin und ganz, daher jeder Willensact in's Unendliche strebt. Die Existenz ist ein beständiger Kampf der Willensacte, der sich im Reich des Bewusstseins als Kampf der Ideen darstellt und in der Psychologie den Egoismus bildet.

Der Monismus ist die Vorbedingung, wenn Erkenntniss im philosophischen Sinne möglich sein soll; Vorbedingung der Religion, in dem Sinne eines Zusammenwirkens des göttlichen und menschlichen Geistes, und endlich die Vorbedingung der Begründung der ethischen Forderung.

Als das Characteristische seiner Weltanschauung bezeichnet Hartmann nicht sowohl den Pessimismus schlechthin, als vielmehr die Verbindung des Pessimismus mit dem Optimismus, deren Formel so lautet: die Welt ist so gut als sie sein kann, aber sie ist schlechter als keine Welt.

Aller Inhalt des Seins ist logisch; in der Uebereinstimmung der Seinsformen (und der Formen des inhaltlichen Geschehens) mit den Formen unseres Intellectes liegt die Ursache, dass vom reinen

Verstandesstandpunct aus betrachtet die Welt ein optimistisches Gesicht bieten kann: Der Weltinhalt ist vernünftig, daher ist der Panlogismus (Hegel und seine Schule) Optimismus.

Aber dasjenige, was, wenn nur das Logische in reiner Idealität existirte, bloss logische, friedliche Bewegung der Idee wäre, das wird dadurch, dass die Ideen nur als Inhalt der Willensacte existent sind, zum Kampfe; daher steht das vor dem Verstand Gerechtfertigte vor dem Gefühl ungerechtfertigt da, weil es überall den Schmerz und die Unlust im Gefolge hat; und die Ungerechtigtheit vor dem Gefühl wird wiederum in zweiter Linie Grund für das pessimistische Urtheil des Verstandes, weil es nichts giebt, was das Wesenhafte so direct berührt, als die Empfindung von Lust und Unlust.

Weil der das Weltdasein setzende Wille damit die Unlust setzt, dadurch wird das an sich bloss Alogische zum Antilogischen (das Unvernünftige zum Vernunftwidrigen); weil das Logische die Correction des Missgriffes des Willens zum Zwecke hat, darum ist es nicht bloss im formalistischen Sinne das Logische, sondern es ist das Vernünftige, d. h. das Angewandt-Logische.

Die Logicität des Weltinhaltes garantirt den evolutionellen, ästhetischen und ethischen Optimismus; die Natur des Willens, unendliches Streben zu sein, und die Realität der Welt, welche das Aufeinanderstossen und der Kampf der Momente verschuldet, begründet den eudämonologischen Pessimismus. Dieser ist für die Weltanschauung das Maassgebende; der eudämonologische Pessimismus vermag als aufgehobene Momente den evolutionellen, ästhetischen und ethischen Optimismus in sich zu fassen, nicht aber umgekehrt. Nur der eudämonologische Maassstab ist ausschlaggebend für den Werth oder Unwerth des Weltdaseins, er ist ein letztes über das man nicht hinaus kann, und nach dem sich alle andern Maassstäbe doch wieder richten müssen.

Hartmann wird der unbefangenen Erfahrung gerecht, indem er Lust und Unlust für gleich real erklärt; die Lust ist nicht bloss Privation der Unlust, sondern ein ganz reales Gefühl, welches eudämonologisch höher steht als die blosse Schmerzlosigkeit. Es ist also willkürlich, ob man die Unlust das Positive und die Lust das Negative nennen will oder umgekehrt.

Nach Schopenhauer entsteht nur die Unlust direct, die Lust aber nur durch Aufhören einer Unlust; nach Hartmann aber ist zwar das Aufhören einer Unlust auch in der Regel eine Lust, aber nicht jede Lust ist eine Verminderung oder Aufhebung einer vorhergegangenen Unlust, sondern es giebt Lust, die sich unmittelbar über dem „Nullpunct der Empfindung", auf dem „Bauhorizont", ohne vorangegangene Unlust erhebt. „Nullpunct der Empfindung" und „Bauhorizont" nennt Hartmann den schmerz- und lustfreien Zustand der einfachen, unbehinderten Lebensbehauptung; dieser kommt an und für sich gar nicht zum Bewusstsein, sondern nur vermittelst der Reflexion, wenn er als das Sein-sollende gestört wurde.

Angenommen nun, die Bedingungen in der (äussern) Natur und in den gegebenen Verhältnissen wären so, dass sie Anstoss zu gleich vielen Erhebungen über den Nullpunct (also nach der Lustseite) wie zu Pressionen unter den Nullpunkt in die Region der Unlust geben würden, so würde doch das folgende Moment zum Ueberschuss der Unlust führen. Lust und Unlust greifen das Nervensystem an und bringen dadurch eine Ermüdung hervor; daraus entsteht ein mit dem Grad und der Dauer des Gefühles wachsendes Bedürfniss (d. h. ein unbewusster oder bewusster Wille), das Aufhören oder Nachlassen des Gefühles eintreten zu lassen. Bei der Unlust summirt sich dieses Bedürfniss mit dem directen Widerwillen, die Unlust zu ertragen, bei der Lust aber ist es ein Abzug von dem die Lust bejahenden Willen, und mindert nicht nur die Lust, sondern kann das Gefühl in Unlust umschlagen lassen.

Während also die Lust durch die Dauer allein sich selbst aufhebt, steigert die Unlust (abgesehen von völliger Nervenabstumpfung durch grosse Schmerzen) sich selbst. Indem durch das secundäre Bedürfniss des Nachlassens die indirecte (d. h. durch Aufhören einer Lust entstandene) Unlust relativ vermindert, dagegen die indirecte Lust relativ erhöht wird, so zeigt sich schon a priori, dass ein grösserer Theil der Lust als der Unlust auf indirecte Entstehung aus dem Nachlassen ihres Gegentheiles hinweist. Da die Betrachtung der verschiedenen Lebensfactoren nun ergiebt, dass mehr Schmerz als Lust in der Welt ist, so ergiebt sich, dass der grössere Theil der Lust in der Welt eine derartige indirecte Entstehung hat, wodurch die Theorie Schopenhauers von der Negativität der Lust ihre Entschuldigung findet. Für die Praxis kommt es nahezu auf das hinaus, was Schopenhauer behauptet, aber „dies darf die principielle Auffassung nicht alteriren, denn es bleibt unbestreitbar, dass es auch Lust giebt, die nicht durch Nachlassen eines Schmerzes entsteht." Diese Verhältnisse ergeben sich aus der Natur des organischen Lebens, speciell der Nervenfunctionen und gelten so weit als die uns bekannte Organisation geht. Sie sind nur eine Erscheinungsform der sich unmittelbar aus der Natur des Willens ergebenden Gründe für das Ueberwiegen der Unlust über die Lust: nämlich erstens, des unmittelbaren Bewusstsein-Schaffens der Qualen der Unlust, gegenüber der bloss secundären Entstehung der Lust da, wo schon ein Bewusstsein sich etablirt hat. Der zweite Grund aber ist die Kürze der Lustresonanz gegenüber der Dauerhaftigkeit der Unlust, welche besteht, solange ein Wollen seinem Ziele noch ferne ist.

Was nun die Fälle betrifft, wo, wie die Erfahrung lehrt, einer Lust keine Unlust vorherzugehen braucht, so bezeichnet Hartmann als solche die Genüsse der Kunst und Wissenschaft, sowie die des Wohlgeschmackes; es sind dies aber nicht willensfreie Freuden des Intellectes, wie Schopenhauer meint; denn der Intellect rein als solcher, als blosser Spiegel des Geschehens, kann so wenig sich freuen als sich ärgern. Lust besteht nur da, wo ein Wille ist, der seine Befriedigung gefunden; die Objecte der Kunst, Wissenschaft und des Wohlgeschmackes haben nun die Eigenschaft, dass sie den Willen zu ihrer Perception erst erregen und zugleich auch befriedigen.

Schopenhauer meint ferner, dass ein Schmerz überhaupt nie und durch keinen Grad der Lust aufgewogen werden könne, und dass daher eine Welt, in der nur überhaupt Schmerz vorkomme, selbst bei überwiegenden Lustmomenten, schlechter als keine Welt sei. Diese Behauptung, welche an dem allgemeinen Empfinden keinen Anhalt hat, wird von Hartmann dahin corrigirt, dass „der zur Aequivalenz (einer Unlust) nöthige Coefficient nicht nur gleich 1 zu sein brauche", wie man gewöhnlich annehme, „vielmehr eine Lust dem Grade nach merklich grösser sein muss, als eine Unlust, wenn beide sich für das Bewusstsein so aufwiegen sollen, dass man ihre Verbindung dem Nullpunct der Empfindung gleich setzt, und sie demselben bei einer kleinen Erhöhung der Lust oder Erniedrigung der Unlust (dem Nichts-Empfinden) vorzieht." „Wahrscheinlich schwankt übrigens dieser Coefficient bei verschiedenen Individuen zwischen gewissen Grenzen und dürfte nur seine mittlere Grösse grösser als 1 sein." Uebrigens bezeichnet Hartmann diese Ansicht selbst nur als „ihm sehr wahrscheinlich vorkommend", und nur wenn sie richtig sein sollte, so würde auch dieser Umstand wieder bewirken, dass bei objectivem Gleichgewicht von Lust- und Unlust-Ursachen doch die Verbindung beider dem eudämonologischen Werth nach subjectiv unter dem Nullpunct stehen würde.

Mit Schopenhauer theilt hingegen Hartmann die Ausdehnung seiner Betrachtungen über das Verhältniss von Lust und Unlust auf die Thierwelt; es ist dies theoretisch begründet durch den Monismus, dem entsprechend es das Eine Wesen, das eine Subject-Object ist, welches auch in der Psyche der Thiere der Träger von Lust und Unlust ist.

b. Die Lebensfactoren und die drei Stadien der Illusion.

Nachdem Hartmann die physiologischen und psychisch-metaphysischen Gründe erörtert, welche es verständlich machen, dass das Leben einen Ueberschuss von Unlust biete, giebt er eine kritische Betrachtung der verschiedenen Lebensfactoren, um so die empirische Begründung seiner pessimistischen Lebensauffassung zu gewinnen; die von ihm aufgeführten und auf ihren eudämonologischen Werth hin zu prüfenden Zustände, Thätigkeiten, Gesinnungen und Empfindungsdispositionen aber sind folgende: Gesundheit, Jugend, Freiheit und auskömmliche Existenz; Hunger und Liebe; Mitleid, Freundschaft und Familienglück; Eitelkeit, Ehrgefühl, Ehrgeiz, Ruhm- und Herrschsucht; religiöse Erbauung; Unsittlichkeit; wissenschaftlicher und Kunstgenuss; Schlaf und Traum; Erwerbstrieb und Bequemlichkeit; Neid, Aerger, Reue; Hoffnung.

Gesundheit, Jugend, Freiheit und auskömmliche Existenz werden meistens als die höchsten Güter bezeichnet und zwar nicht ohne Grund; dennoch stellen sie nur den Nullpunct der Empfindung dar, den Bauhorizont, auf dem erst die Lust des Lebens sich erheben sollte. So lange sie ungestört bestehen, werden sie durchaus nicht als Lust empfunden, sondern sie haben jenen rein privativen Character, den Leibniz dem Uebel zuschreiben wollte. Sie sind nur die Privation von Alter, Krankheit, Knechtschaft und Noth; sie sind ihrer Natur nach unfähig, Lust zu erzeugen, es sei denn vermittelst des Contrastes mit vorhergehender Unlust, hervorgerufen durch gegensätzliche Zustände (denn jedes Hinuntersinken von diesem Bauhorizont wird schmerzlich empfunden).

Niemand fühlt ein Glied, als wenn er krank ist, der Gesunde nimmt nur durch den Gesichts- und Tastsinn wahr, dass er einen Leib hat.

Die Jugend ist die Zeit der vollkommensten Gesundheit und des ungestörtesten Gebrauches des Körpers und Geistes, woraus die vollste Genussfähigkeit resultirt; die Fähigkeit zum Geniessen garantirt aber nur die Möglichkeit, nicht die Wirklichkeit des Genusses: was nützen einem z. B. die besten Zähne, wenn man nichts zum Beissen hat.

Ebenso fühlt niemand etwas besonderes, wenn er selbst seine Handlungen bestimmt, denn dies ist der selbstverständliche, natürliche Zustand; aber schmerzlich wird jeder Zwang von aussen als Verletzung des ersten und ursprünglichsten Naturrechtes empfunden.

Auch die auskömmliche Existenz, oder das Gesichertsein vor

Noth und Entbehrung ist nur die conditio sine qua non des Lebens, das nun seiner inhaltlichen Erfüllung harrt, und kann daher auch nicht als Genuss oder Gewinn erachtet werden.

Denn das nackte, in seinen Existenzbedingungen gesicherte Dasein ist kein positives Gut, es befriedigt uns nicht; es wird im Gegentheil durch die Langeweile zur Qual, wenn nicht eine inhaltliche Erfüllung hinzu kommt.

Die gewöhnliche Erfüllung ist nun die Arbeit; die Arbeit ist für den, der arbeiten muss, ein Uebel, mag sie auch in ihren Folgen für ihn selbst, wie für die Menschheit und den Fortschritt in ihrer Entwickelung noch so segensreich sein. Niemand arbeitet, der nicht muss, d. h. der nicht die Arbeit als das kleinere von zwei Uebeln auf sich nähme, oder um sich grössere positive Güter zu erkaufen. „Alles, was man über den Werth der Arbeit sagen kann, reducirt sich entweder auf volkswirthschaftlich günstige Folgen, oder auf die Vermeidung grösserer Uebel („Müssiggang ist aller Laster Anfang"), und das höchste; was der Mensch erreichen kann, ist, „dass er fröhlich sei bei seiner Arbeit, denn das ist sein Theil", d. h. dass er das Unabwendliche durch Gewohnheit so gut als möglich ertragen lernt. Während Jugend und Gesundheit einem geschenkt sind, ist Arbeit in der Regel der Preis, um welchen die gesicherte Existenz erkauft wird; die letzte, ohnehin kein positives Gut, muss also auch noch mit Unlust erkauft werden. Hier citirt Hartmann Schopenhauer: „Im Alter von 5 Jahren eintreten in die Garnspinnerei oder sonstige Fabrik, und von dem ab erst zehn, dann zwölf, endlich vierzehn Stunden darin sitzen und dieselbe mechanische Arbeit verrichten, heisst das Vergnügen, Athem zu schöpfen, theuer erkauft."

Und nicht mindere Opfer als die Erkämpfung des Lebensunterhaltes „erfordert das Erkämpfen einer relativen Freiheit. Denn volle Freiheit erlangt man nie."

Besitzt man die vier privativen Güter, so sind die äusseren Bedingungen zur Zufriedenheit gegeben; tritt dann die innere Bedingung, das sich Bescheiden mit dem Nothwendigen hinzu, so wird in dem Betreffenden Zufriedenheit herrschen, so lange keine erheblichen Unglücksfälle und Schmerzen ihn treffen. „Die Zufriedenheit verlangt kein positives Glück, sie ist gerade die Verzichtleistung auf ein solches, sie verlangt nur Freisein von erheblichen Uebeln und Schmerzen, also ungefähr den Nullpunct der Empfindung.

„Wenn trotzdem so vielfach die Zufriedenheit als ein Glück, ja als das höchst erreichbare Glück gepriesen wird —, so kann dies nur dann richtig sein, wenn der Zustand der Schmerzlosigkeit und freiwilligen Resignation auf alles positive Glück vor dem seiner Natur nach dauerlosen Besitze positiven Glückes den Vorzug verdient. Ueberhaupt, wenn, wie ich glaube, es berechtigt ist, Gesundheit, Jugend, Freiheit und sorgenfreies Dasein die höchsten Güter, die Zufriedenheit das höchste Gut zu nennen, so geht daraus von vorneherein hervor, eine wie missliche Bewandtniss es mit allen positiven Gütern und positiven Glück haben muss, dass man die privativen, d. h. in blosser Freiheit vom Schmerz bestehenden, ihnen mit Recht voransetzen darf. Denn was bietet denn die Freiheit von Schmerz? Doch nicht mehr als das Nichtsein." „Dem Nichtsein an Werth gleich stehen würde aber nur das absolut zufriedene Leben, wenn es ein solches gäbe; es giebt aber keins, denn auch der Zufriedenste ist nicht immer und in jeder Hinsicht zufrieden, folglich steht alles Leben an Werth unter dem absolut Zufriedenen, folglich unter dem Nichtsein."

Für den Fortschritt der Entwickelung im Thierreiche und für die Entwickelungsanfänge der Menschheit und deren rohere Culturstufen bilden Hunger und Liebe die einzig wirkenden Triebfedern.

Der Hunger ist qualvoll, während durch die Sättigung für das Gehirn nur die Aufhebung der Unlust, also nur der vorhergehende, der normale Zustand herbeigeführt wird. Für die untergeordneten, den vegetativen Functionen vorstehenden Nervencentren mag zwar die Verdauung ein positives, den Nullpunct der Empfindung überschreitendes Wohlgefühl herbeiführen, für das Gesammtwohl des Individuums wird aber dieses um so weniger ins Gewicht fallen, je mehr die untergeordneten Nervencentren, relativ in Bezug auf das Gehirn, zurücktreten. Die Mehrzahl der Menschen hat eine kärgliche, unbefriedigende Nahrung, oder sie lebt eine Zeit lang im Ueberfluss, wovon sie keinen überwiegenden Genuss hat (die Lust des Wohlgeschmackes gehört nicht in diese Kategorie) und muss zu anderen Zeiten wirklichen Nahrungsmangel leiden. „Die Zeit ist noch nicht so lange her, wo man bei uns auf je sieben Jahre eine Hungersnoth rechnete, und wenn diese durch unsere Communicationsmittel in blosse Theurung, d. h. in Hungersnoth bloss für die ärmsten Classen, verwandelt ist, so besteht dies oder ein ähnliches Verhältniss doch in dem bei weitem grössten Theile der bewohnten Erde noch fort." Aber auch in unseren Grossstädten kommen immer wieder Fälle von wirklichem Verhungern vor. „Kann die Völlerei von tausend Schlemmern die Qual eines verhungerten Menschenlebens aufwiegen?" Man denke ferner an die leibliche und geistige Verkümmerung der Race, das Hinsterben der Kinder, die sich einfindenden Krankheiten in Folge dauernder ungenügender Sättigung; man denke an die Berichte aus den schlesischen Weberdistricten, an die Höhlen des Elends in London u. s. w.

Dabei ist zu bedenken, dass der Hunger die einzige natürliche Begrenzung der Vermehrung bildet, und dass diese Grenze nicht „scharf und jäh ist, sondern allmählich von der auskömmlichen Existenz zu der unmöglichen durch unendlich viele Abstufungen übergeht, von denen jede folgende hungriger und elender ist." Auch in der Thierwelt bildet der Hunger die hauptsächlichste Vermehrungsgrenze; während zu gewissen Jahreszeiten von manchen Specien erhebliche Bruchtheile verhungern, erhalten sich andere oft Wochen und Monate lang nothdürftig an der Grenze des Hungertodes; nicht nur Pflanzenfresser im Winter oder in den dürren Zeiten der Tropen, sondern auch Fleischfresser, die oft wochenweis vergeblich nach Beute herumstreifen müssen. Auch hier vergleiche man das „dumpfe Gefühl der Sättigung mit dem für das Hirnbewusstsein so deutlichen Nagen des Hungers oder den Höllenqualen des Durstes, denen die Thiere in Wüsten, Steppen u. s. w., die in der heissen Jahreszeit völlig austrocknen, häufig mögen ausgesetzt sein."

Die geschlechtliche Liebe ist ein Instinct im Dienste der Erhaltung der Gattung.*) Bei einem grossen Theil der untern Thiere mangeln die Organe der Wollust, die Zeugung wird also ganz und gar unter dem Zwange des Instinctes ausgeführt. Auf den höhern Stufen des Thierreiches, wo sich auch schon die individuelle Auswahl einzustellen beginnt, hebt damit auch der Kampf an, der oft blutig geführt wird, und wo das siegreiche Männchen die Heerde führt, da ist die unfreiwillige Enthaltsamkeit vieler jüngeren und schwächeren Individuen die unlustbringende Folge.

Beim Menschen geht beim Manne in der Regel der Möglichkeit der Geschlechtsbefriedigung eine Zeit der unfreiwilligen Enthaltsamkeit voraus, eine Zeit, die sich mit der steigenden Civilisation stetig verlängert, und die gar zu leicht mit Lastern ausgefüllt ist, die ein reiches Gefolge an Unlust nach sich ziehen. Für das Weib ist die Geburt mit so grossen Schmerzen verbunden, dass sie die Lust bei der Zeugung wohl reichlich aufwiegen; wenn das Urtheil mancher Weiber anders lautet, so ist nicht zu übersehen, dass der Instinct ihr Urtheil fälscht.

Es ist aber beim Menschen die rein physische Seite der Geschlechtsliebe die untergeordnete; weit wichtiger ist der individualisirte Trieb, der sich vom Besitze gerade dieses Individuums eine überschwängliche Seligkeit von nicht endender Dauer verspricht.

Dieser im engeren, edleren Sinne erst Liebe genannte Trieb

---

*) Diese Auffassung theilt Hartmann mit Schopenhauer; dieselbe gewinnt aber bei ihm ein anderes Ansehen, weil die Erhaltung und Veredlung der menschlichen Gattung eine höhere, über sich selbst hinausweisende Bestimmung in seiner teleologischen Weltanschauung hat.

ist der Gefühlsreflex eines Instinctes im Dienste der Entwickelungstendenz der Gattung, welche die Begattung mit einem solchen Individuum fordert, dessen körperliche und geistige Eigenschaften sich mit denen des andern so ergänzen, dass das Erzeugte möglichst den Gattungstypus darstellt. Der Liebende glaubt in der Vereinigung ein ganz besonderes Glück zu erringen, ein Glück proportional der Ueberschwänglichkeit des Dranges, und erfüllt so, in der Illusion nur sich selbst zu dienen, rücksichtslos gegen alle anderweitigen Schädigungen seiner Interessen die unbewussten Naturzwecke. „Welch colossale Opfer an sonstigem individuellem Glück und Wohlsein fordert nicht der unselige Geschlechtstrieb! Vaterfluch und Ausstossung aus der Familie, selbst aus dem Lebenskreise, in dem man eingewurzelt ist, nimmt Mann oder Mädchen auf sich, um sich nur dem Manne zu vereinen." Trotz der Opferwilligkeit führen lange nicht alle Liebesverhältnisse zum Ziele. „Es ist schade, dass es keine statistischen Tabellen darüber giebt, wieviel Procent aller Liebesverhältnisse in jedem Stande zu einer Ehe führen. Man würde über die geringe Procentzahl erschrecken. Ganz abgesehen von alten Junggesellen und Jungfern, wird man selbst unter den Hochzeitspaaren keine zu grosse Procentzahl von Individuen finden, die nicht ein kleines, wieder auseinandergegangenes Verhältniss hinter sich haben, viele aber, die deren mehrere aufzuweisen hätten." „In der grössten Mehrzahl dieser Fälle hatte also die Liebe ihr Ziel nicht erreicht, und in denen sie es ohne Ehe erreicht hatte, hatte sie die Leute wohl schwerlich glücklicher gemacht als in denen, wo sie es gar nicht erreicht hatte."

Erreicht nun aber der Liebende das Ziel seines Strebens, indem er in den ehelichen Besitz der geliebten Person gelangt, so empfindet er zwar Lust, proportional der Stärke seines Willenstriebes, da die Befriedigung des Willens ganz reale Lust erzeugt; aber auf diese Lust hatte er es nicht abgesehen, „sondern vielmehr auf jene überschwängliche Seligkeit, durch welche er sich erst den heftigen Willen nach dem Besitze motivirt denkt." „Von einer solchen Seligkeit oder Lust existirt aber nirgends etwas, da sich der Genuss rein aus der Befriedigung jenes erst zu motivirenden heftigen Willens nach dem Besitze und aus dem gemeinen physischen Geschlechtsgenusse zusammensetzt. Sowie die Heftigkeit des Triebes das Bewusstsein gewissermassen aufathmen lässt und zu einiger Klarheit kommen lässt, wird es der Enttäuschung seiner Erwartung inne.

Jede Enttäuschung über eine erwartete Lust ist aber eine Unlust und zwar eine um so grössere Unlust, je grösser der erwartete Genuss war, und je sicherer er erwartet wurde." „Freilich verhindert der nicht mit einem Schlage vernichtete, sondern einige

Zeit hindurch sich stetig, wenn auch mit allmählich abnehmender Stärke erneuernde Trieb, dass diese Enttäuschung sogleich und im vollen Maasse vom Bewusstsein aufgefasst werde; das von Neuem nach Befriedigung schmachtende Sehnen verfälscht das Urtheil, es verhindert das Nachdenken über die Beschaffenheit des vergangenen Genusses, indem es die Illusion der widersprechenden Erfahrung zum Trotz für die Zukunft aufrecht erhält." Doch es wird der erlangte Besitz bald gewohnheitsmässiges Eigenthum: der Wille wird latent und mehr und mehr bricht sich die Enttäuschung im Bewusstsein Bahn. „Der Liebende hatte gewähnt, in eine neue Aera einzutreten, durch den Besitz gleichsam von der Erde in den Himmel versetzt zu werden, und er findet, dass er in seinem neuen Zustand der Alte, und die Plackereien des Tages dieselben geblieben sind;" er hatte auch gewähnt „an der Geliebten einen Engel zu finden," und findet „einen Menschen mit allen menschlichen Fehlern und Schwächen." „Kurz er findet, dass alles beim Alten ist, er aber mit seinen Erwartungen ein grosser Narr war."

Durch diesen Sachverhalt wird nun auch für die Betrachtung die Seligkeit der Liebe vor der Vereinigung zu einer Illusion herabgedrückt; denn die allerdings reale Lust „des ersten zarten Sehnens, das Schwimmen im ersten Morgenroth des geöffneten Himmels," gründet sich nur auf eine Hoffnung, eine Hoffnung, die sich ihrer selbst kaum bewusst ist. Daher ist auch nur eine erste Liebe wahre Liebe; denn „bei der zweiten und den folgenden findet der Trieb schon zu grossen Widerstand an dem Bewusstsein, das bei der ersten Liebe die illusorische Natur derselben mehr oder weniger deutlich erkannt hat." Hier citirt Hartmann Goethe: „Nichts aber veranlasst mehr diesen Ueberdruss (dieser Ekel vor dem Leben), als eine Wiederkehr der Liebe ... Der Begriff des Ewigen und Unendlichen, der sie eigentlich hebt und trägt, ist zerstört; sie erscheint vergänglich wie alles Wiederkehrende."

Die Liebe ist aber nicht allein Instinct im Dienste der Naturzwecke; sie ist auch „der Silberblick der ewigen Wahrheit" der metaphysischen Wesenseinheit des empirisch Getrennten. Aber auch diese tiefste metaphysische Wurzel der Liebe, die allen ihren empirischen Erscheinungsformen untersteht, producirt mehr Bewusstseinsreflexe der Unlust als der Lust. Denn alle Liebe ist Sehnsucht nach Vereinigung, eine Vereinigung, die nie so erreicht wird, wie das Individuum ersehnt, sondern die sich factisch nur in einem Dritten vollzieht, wo sie für's Bewusstsein verloren ist.

Was nun endlich die glücklichen Ehen betrifft, so sind sie dies nicht durch die Liebe im Sinne der Liebesleidenschaft, sondern durch die Freundschaft, in welche die Liebe sanft und unmerklich da hinüberführen kann, wo characterologische und geistige Eigenschaften vorhanden sind, welche sowohl die Uebereinstimmung wie auch die polarische Gegensätzlichkeit umschliessen.

Die Vereinigung von Liebe und Freundschaft in der Ehe bildet den denkbar günstigsten Boden zur Auswirkung der sittlichen Zwecke der Liebe und ist daher ebenso von höchster Bedeutung in der moralischen Weltordnung wie die Liebesleidenschaft mit ihren physischen Wirkungen in der natürlichen. Vom eudämonologischen Standpunct des Individuums aus aber muss die Liebe verurtheilt werden als mehr Unlust als Lust bringend, und der Egoismus müsste „eine Enthaltung von der Liebe fordern, wenn nicht der nicht zu vernichtende Trieb ein noch grösseres Uebel wäre als maassvolles Befassen mit der Liebe." Consequenter Weise müsste also der Egoismus die Vernichtung des Triebes fordern, und nur ein Hinaustreten über den Standpunct des Individuums (die Vertauschung eines ethischen Zieles gegen das individuell-egoistische) lässt diese Consequenz nicht aufkommen. —

Das Mitleid ist ebenfalls ein aus Unlust und Lust gemischtes Gefühl, dass seine Rechtfertigung nur vom ethischen nicht vom eudämonologischen Standpunct aus erhält.

Der Grund der Unlust im Mitleid ist klar, es ist eben das „Mit-Leiden"; aber die sich gewöhnlich in mässigem Mitleid findende Lust ist schwer zu begreifen. Es giebt keine andere Erklärung, als „dass der Contrast des fremden Leides mit dem eigenen Freisein von diesem Leide den latenten Widerwillen gegen die Ertragung solchen Leides zugleich erregt, befriedigt und die Befriedigung zum Bewusstsein bringt."

Daher ist die Lust im Mitleid egoistischer Natur, womit übereinstimmt, dass „für sehr feinfühlige, selbstverläugnende Gemüther das Mitleid eine höchst unangenehme Erregung ist, der sie auf jede Weise aus dem Wege zu gehen suchen."

Bei Gefühlsroheit mag allerdings das Mitleid einen Lustüberschuss produciren, da aber die Gefühlsroheit durchschnittlich mehr und mehr abnimmt, so muss auch die Lust im Mitleid mehr und mehr zurücktreten. Hierzu kommt noch, dass das Mitleid den Wunsch erregt, zu helfen, und dieser Wunsch nur in der Minderheit der Fälle eine partielle, noch seltener eine totale Befriedigung findet, somit wieder ein neuer unbefriedigter Wille neue Unlust erzeugt. —

Das Bedürfniss nach Freundschaft und das nach Geselligkeit erwächst aus der Schwäche des Einzelnen gegenüber äussern Verhältnissen; die Geselligkeit macht Einen zu einer Menge Thätigkeiten und zur Erfüllung seiner Bestimmung erst fähig; ihr Besitz, gegenüber dem zur Einsamkeit verurtheilt sein, repräsentirt wieder nur den Bauhorizont, der sowohl unbenutzt bleiben oder in verschiedener Weise fruchtbar gemacht werden kann: Geselligkeit bietet also die Möglichkeit der Lust, nicht diese selbst. Doch dass die „Geselligkeit durch die Rücksichten auf die Andern und den Zwang, welchen sie dem Einzelnen auferlegt, reale Unbequemlichkeit macht und zeitweise mit verzweiflungsvoller Unlust erfüllen kann, beweisen unsere „Gesellschaften." Aus der geselligen Gemeinschaft resultirt ein gesteigertes Mitgefühl; würde nun im Leben eines Jeden die Lust die Unlust überwiegen, und würde die Mitfreude nicht durch den Neid einen Abzug erleiden (zum Mitleid braucht es nur einen Menschen, zur Mitfreude einen Engel), so würde dies günstig sein, da aber das Gegentheil der Fall ist, so steigert sich mit dem Mitgefühl auch die Unlust.

Die Freundschaft mit ihrem Trost im Ungemach kann sich durch die innigste Gemeinsamkeit der Interessen in der Ehe am vollkommensten darstellen; aber leider sieht man so viele schlechte Ehen, dass „man unter Hunderten kaum Eine findet, die man beneiden möchte", weil die Unklugheit der Menschen sie verhindert, sich gegenseitig ihren Schwächen zu accommodiren, und weil in der Ehe auf Rechte gepocht wird, wo nur Geduld und Nachsicht die richtige Vermittelung fände. Und trotzdem, dass die Ehe so viel Unlustquellen schafft, ist doch die Macht der Gewohnheit so gross, dass wiederum die Lösung auch der schlechtesten Ehe noch gewaltige Schmerzen verursacht. So ist die Ehe (vom egoistisch-eudämonistischen Standpunct aus angesehen) nur das kleinere von zwei Uebeln, das Mittel, den Schrecken des Altjungfernthums, resp. den Unbequemlichkeiten des Junggesellenlebens sich zu entziehen.

Auch die Kinder, dieser Hauptfactor im ehelichen Leben, bringen mehr Unlust als Lust, obgleich sich besonders bei Frauen der Instinct entschieden gegen diese Einsicht verblendet.

„Man vergleiche zuerst die Summe der Freude, welche durch die Geburt, und die Summe des Schmerzes und Kummers, welche durch den Tod eines Kindes in den Gemüthern sämmtlicher Betheiligten hervorgerufen wird; erst nach Anrechnung des sich ergebenden Schmerzüberschusses kann man an die Betrachtung ihres Lebens selbst gehen." Für all die Unlust der Pflege und der Sorge ihrer Aufbringung, der Krankheit und Furcht sie zu verlieren, bietet sich als hauptsächlichstes Gegengewicht nur die Hoffnung auf deren Zukunft. „Soweit aber diese Hoffnung egoistisch ist, täuscht sie immer, soweit sie aber für das Kind hofft, statt auf das Kind, wie da?" Wenn die Menschen alt genug werden, so kommen sie zwar auch davon zurück für ihre Kinder auf ein Glück zu hoffen, welches sie für sich selbst unerreichbar fanden; aber dann hoffen sie wieder für ihre Enkel und Urenkel. —

Eitelkeit, Ehrgefühl, Ehrgeiz sind mächtige Triebfedern im geistigen Gebiete, eudämonologisch aber gefährliche Leidenschaften. Die negative Ehre, die Abwesenheit der Unehre, kann keine Lust gewähren, als wenn sie nach scheinbarem Verlust, z. B. nach Verläumdung, wieder hergestellt wird; sie entspricht dem Nullpunct der Empfindung, wie sie auch nur den Nullpunct des Werthes repräsentirt. Der Ehrgeiz dagegen, der, wenn er befriedigt wird, allerdings positive Lust zu schaffen vermag, ist wie der Trunk Salzwasser: man wird um so durstiger, je mehr man davon trinkt; und wie oft bleibt er unbefriedigt; „man denke an die stereotypen Klagen der Offiziere und Beamten über Zurücksetzung und schlechtes Avancement, die Klagen der Künstler und Gelehrten über Unterdrückung durch Neid und Kabale . . . auf hundert Kränkungen des Ehrgeizes kommt eine Befriedigung."

Aehnlich verhält es sich mit der Herrschsucht. Herrschsucht, die mehr ist als blosser Freiheitstrieb, kann nur auf Kosten des Freiheitstriebes Anderer zur Geltung kommen; sie erzeugt daher bei andern Unlust, und ausserdem geht es ihr wie dem Ehrgeiz, sie steigert sich selbst, denn „die gewohnte Macht wird nicht mehr genossen; wohl aber wird jeder Widerstand gegen dieselbe schmerzlich empfunden." —

Das unsittliche Handeln oder Unrechtthun geht aus dem mit der Individuation als unausbleibliche Folge gesetzten Egoismus hervor, und besteht ursprünglich darin, dass ich, um mir einen Genuss zu verschaffen oder einen Schmerz zu ersparen, kurz zur Befriedigung meines individuellen Willens, einem oder mehreren andern Individuen einen grössern Schmerz anthue. „Wäre das Verhältniss von Lust und Unlust ein völlig gleichschwebendes, so würde die Existenz der Unsittlichkeit sofort der Unlust das Uebergewicht zuführen. In einer an sich schon elenden Welt aber wird sie das Maass des Elendes zum Ueberlaufen bringen, um so mehr als den Menschen kein vom Schicksal auferlegtes Leid so bitter schmerzt, als das, welches seine Mitmenschen ihm zugefügt haben." Während Unsittlichkeit das Leid der Welt vermehrt, ist das Rechtthun nur die Aufrechterhaltung des status quo vor dem ersten Unrecht, und also wieder nur der Bauhorizont; niemand, dem sein klares Recht geschieht, wird darüber eine Freude haben, es sei denn, dass ihm die Furcht vor dem Unrecht genommen sei; derjenige aber, der dem Andern sein Recht widerfahren lässt, hat doch erst recht keinen Grund zur Lust, denn er hat damit (— unter Umständen —) seinem individuellen Willen Abbruch gethan und doch nicht mehr als seine Schuldigkeit gethan." — Während Neid und Aerger reine Unlust sind und wieder Unlust zeugen, ist Reue ein Gefühl, dessen Nutzen auch durch die vernünftige Reflexion ersetzt werden könnte, und welches hingegen dadurch schädlich wirkt, dass das Selbstvertrauen in die Kraft des sittlichen Willens und damit zugleich die Widerstandsfähigkeit bei künftiger Verlockung zum Bösen geschwächt wird. —

Beim Erwerbstrieb ist wie bei der Arbeit der culturelle Werth dieses Triebes zur Kraftentwickelung streng zu sondern von dem eudämonologischen Resultat desselben, welch letzteres, abgesehen von der Willensbefriedigung als solcher, wenn das Streben von Erfolg gekrönt wird, auch nur privative Wirkung hat. Wenn ein gewisser Grad der Wohlhabenheit erreicht ist, so vermag eine Vergrösserung des Reichthums keine reale Steigerung der Genüsse zu erkaufen; die Fortdauer des Triebes dient also nur dazu, die Langeweile fern zu halten und die Eitelkeit zu befriedigen; die Bequemlichkeit aber, mit all' ihren Mitteln von Dienerschaft, von Pferd und Wagen, Rentmeister, Hofmeister und Gouvernanten, wirkt ebenfalls nur privativ, indem sie die Mühe der Anstrengung von dem Besitzer des Reichthums fern hält. —

Wie das wache Leben beschaffen ist, so sein Gegenbild: der Traum; alle Plackereien des wachen Lebens zeigen sich auch im Traume. Böse, widerwärtige Träume sind ganz real unlustvoll, während angenehmes Träumen mehr ein unbestimmtes Schweben zwischen Traumbewusstsein und bewusstlosem Schlafe ist. Der weitaus glücklichste Zustand des Lebens ist aber ein traumloser Schlaf, nicht weil er positive Lust giebt, sondern weil er mit der Bewusstlosigkeit auch die positive Schmerzlosigkeit bringt. Daher ist auch das Einschlafen, das Schwinden des Bewusstseins, eine Lust, das Aufwachen aber nur dann angenehm, wenn man nicht aufzustehen braucht, sondern noch mit halbem Bewusstsein weiter schlummern darf; es sind aber durchaus nicht alle Leute in Verhältnissen, die dies gestatten, und bei noch vorhandener Müdigkeit aufstehen und die Ruhe und Stille des Lagers mit den Plackereien des Tageslebens vertauschen, ist entschieden unlustvoll. —

Wie dem ermüdeten Wanderer, der in der Wüste auf eine Oase treffe, werde einem zu Muthe, wenn man endlich auf den „freundlichen Sonnenblick nach der langen Nacht des Leidens und Ringens" stosse, den der wissenschaftliche und Kunstgenuss gewährt. Hier ist also Lust vorhanden, die spontan ohne vorhergegangene Unlust entsteht. „Wenn Schopenhauer selbst in der Parergis (2. Aufl. II., 448) darauf beharrte, dass der Gemüthszustand beim künstlerischen oder wissenschaftlichen Empfangen oder Produciren blosse Schmerzlosigkeit sei, so sollte man glauben, dass er nie den Zustand der Ekstase oder Verzückung kennen gelernt habe, in den man über ein Kunstwerk oder eine neue sich aufthuende Sphäre der Wissenschaft gerathen kann. Wenn er aber die Positivität eines solchen Zustandes des höchsten Genusses eingesehen hätte, so hätte er nicht mehr behaupten können, es dabei mit einem willensfreien und interesselosen Zustand zu thun zu haben, sondern hätte eingesehen, dass es der Zustand höchster und vollkommener positiver Befriedigung sei, — und Befriedigung wessen, wenn nicht eines Willens? Freilich nicht des gemeinen practischen Interesses oder Willens, sondern des Strebens nach Erkenntniss, respective nach jener Harmonie, nach jener unbewussten Logik unter der Hülle der sinnlichen Form, kurz nach jenem Etwas, worin die Schönheit besteht, gleichviel nun, worin sie besteht." Aber leider ist die Empfänglichkeit für die Wirkungen der Kunst und Wissenschaft nicht allgemein und so ist doch schliesslich die aus solcher Quelle fliessende Lust nicht von gar so grosser Bedeutung für das Wohl oder Weh der Welt.

Vor allem ist die Lust beim productiven Genuss viel bedeutender als beim bloss receptiven, und hiezu ist doch nur ein verschwindend kleiner Procentsatz der Menschen befähigt; auch sind unter den Künstlern und Gelehrten von Beruf noch lange nicht alle auch Auserwählte, sondern viele ergreifen aus andern Gründen diese Laufbahn; in diesem Falle aber ist die Aussicht auf erhebliche Lust aus der Bethätigung in diesen Feldern nur gering. — Der Dilettantismus in den Künsten aber ist zum grossen Theil nur Product der Eitelkeit; man „sucht die Künste nicht um ihrer selbstwillen, sondern um seine liebe Person damit aufzuputzen." Insbesondere bei der modernen Mädchenerziehung ist dies das Verhältniss zur Kunst; „und dabei sollte man an künstlerischen Genuss glauben? An künstlerischen Ekel höchstens, der sich auch sofort nach der Hochzeit offenbart, wenn die Eitelkeit nicht länger die Bequemlichkeit überwindet." Oder aber das Kunsturtheil des Dilettanten ist der eigenen Leistung überlegen, und so lässt die Selbstkritik die Lust an der eigenen Leistung nicht aufkommen.

Auch bei den Wissenschaften ist ein grosser Theil der angeblich aus ihnen entspringenden Lust bloss Ergebniss befriedigter Eitelkeit oder Ehrgeizes; denn in der Wissenschaft noch mehr als bei der Kunst tritt der receptive Genuss vor dem productiven zurück, „weil die heisse Sehnsucht nach derjenigen Erkenntniss fehlt, von deren sichern und leichten Erlangung man im Voraus überzeugt ist." Was ferner den echten wissenschaftlichen und Kunstgenuss betrifft, so muss auch dieser mit einer gewissen Summe Unlust erkauft werden. Noch ist kein Meister vom Himmel gefallen und bevor man zu lohnender Production reif ist, ist in Wissenschaft und Kunst ein langes Studium nöthig, welches wenig Freude gewährt, es sei denn an überwundenen Schwierigkeiten; endlich vorbereitet, sind die „eigentlich süssen Momente doch nur die der Conception, denen lange Zeiten mechanisch-technischer Ausarbeitung folgen müssen." Für diese aber gilt alles, was von der Arbeit gilt.

Müheloser ist freilich der bloss receptive Genuss, besonders der Künste; und doch ist auch da etwelche Unlust der Unbequemlichkeit in Abzug zu bringen; die physische Anstrengung des Galleriebesuches, die Temperatur-Uebelstände der Theater und Concertsäle halten sehr viele ältere oder kränkliche Personen vom Kunstgenuss ab. — Das Resultat ist demnach, dass der Ueberschuss von Lust auf diesem Gebiet „verschwindend klein ist gegen die Summe des sonst vorhandenen Elendes, und dass der Lustüberschuss noch dazu auf Individuen vertheilt ist, welche die Unlust des Daseins so viel stärker als andere fühlen, dass ihnen hiefür durch jene Lust bei weitem kein Ersatz wird." Hiezu kommt endlich noch, dass diese Art des Genusses mehr als jede andere Art des Genusses auf die Gegenwart beschränkt ist, während andere meist in der Hoffnung vorweg schon genossen werden; dies hängt mit der Eigenthümlichkeit zusammen, dass dieselbe Sinneswahrnehmung, welche die Befriedigung gewährt, den Willen, welcher befriedigt wird, erst hervorruft. —

Auch auf dem Gebiete der religiösen Erhebung giebt Hartmann die Möglichkeit des Ueberwiegens der Lust über die Unlust zu, trotz der erheblichen Quellen der Unlust, die auf diesem Gebiete vorhanden sind. Innerhalb der historischen Religionen erfordern die höchsten Grade der religiösen Erhebung eine fortgesetzte Abtödtung des Fleisches, nicht nur eine Ueberwindung der sinnlichen Triebe, sondern aller weltlichen Lüste überhaupt. Bei der Mehrzahl der Bekenner wird diese Entsagung der Welt nur selten von dem allumfassenden pessimistischen Bewusstsein der illusorischen Beschaffenheit der Lust getragen, da hiezu schon Philosophie gehört; sondern meistens wird der Verzicht auf die Welt und ihre Güter als Opfer empfunden, wofür man sich das höhere religiöse Glück erkaufen will; dabei bäumen sich dann die irdischen Triebe von Zeit zu Zeit wieder auf und verursachen schmerzliche Kämpfe.

Auf den niedrigern Stufen der religiösen Erbauung, die mit dem weltlichen Leben vereinigt werden, bringt die Angst vor der eigenen Unwürdigkeit, der Zweifel an der göttlichen Gnade, die Angst vor dem zukünftigen Gericht und die Sorgen über die Last der begangenen Sünden einen erheblichen Abzug an der Lust hervor. Nun kommt aber noch hinzu, dass, wenn trotzdem noch ein Ueberschuss von Lust bestehet, dieselbe auf einer Illusion fusst. In der höhern religiösen Erbauung wird die mystische Vereinigung mit Gott gesucht und in der Hoffnung auf dieselbe bestehet die

Lust; es besteht aber die Illusion darin, „dass das Bestreben, die Identität des All-Einigen Unbewussten" (— die Gottheit, des Absoluten —) mit dem Bewusstseins-Subject, welche in Wirklichkeit existirt und als rationelle Wahrheit vom Verstande leicht begriffen werden kann, in der bewussten Empfindung unmittelbar zu erfassen und zu geniessen, seiner Natur nach nothwendig resultatlos bleiben muss, weil das Bewusstsein unmöglich über seine eigenen Grenzen hinaus kann, also das Unbewusste" (das göttliche Wesen) „nicht als solches, also auch nicht die Einheit des Unbewussten und des Bewusstseinsindividuums erfassen kann."

Für die niedern Grade aber ruht die Lust auf dem Glauben eines jenseitigen bessern Lebens bei persönlicher Fortdauer; auch diese Illusion wird mehr und mehr von der Philosophie aufgelöst und so fällt für immer weitere Kreise diese Lustquelle hinweg. Die philosophische Religiosität aber, welche in voller Erkenntniss ihrer Natur nicht mehr auf der Illusion fusst, mit ihrer Bethätigung ein positiv eudämonologisches Ziel zu haben, diese Religiosität entsprosst ja gerade dem pessimistischen Bewusstsein; wie sie nicht mehr das individuelle Glück sucht, so verursacht sie auch keine positive Lust, sondern nur das privative Gefühl des Friedens; ja, sie würde als Religiosität sich selbst aufheben, wenn sie das pessimistische Bewusstsein, welches der Wurzelgrund des religiösen Lebens ist, alteriren würde. —

Der wichtigste Factor, um die Menschen in üblen Lagen und in Mitte von Leid und Ungemach bei gutem Muth und Lebenslust zu erhalten, ist die Hoffnung. So lange nur eine Hoffnung vorhält, vermag sie allerdings ganz reale Lust zu gewähren, nur schade, dass das Leben selten hält, was gehofft wird, dass somit die Hoffnungen sich meistens als Täuschung erweisen und die lustvoll vorgestellte Zukunft zur unlustvollen gegenwärtigen Wirklichkeit wird.

Das Resultat der Betrachtung der verschiedenen Lebensfactoren ist, dass Hartmann dem Prediger Salomonis beistimmend erklärt: es ist alles ganz eitel!

Wenn nun die Menschen trotzdem, dass sie täglich und stündlich jammern und klagen, und trotzdem, dass sie ihre Hoffnungen beständig betrogen sehen, doch noch am Optimismus festhalten, so beruht dies auf einer Verfälschung des Urtheils durch die Instincte, welche sie zwingt, immer wieder für die Zukunft von denselben Gegenständen und Geschehnissen Lust zu erwarten, die sich doch schon in der Vergangenheit als ungünstig und trügerisch erwiesen haben, unterstützt von der Eigenthümlichkeit des Intellects: die Vergangenheit in verschönerndem Lichte zu sehen und den eudämonologischen Werth des früher Erlebten zu überschätzen.

Drei Stadien der Illusion sind zu unterscheiden.

Das erste Stadium ist der naive Glaube, dass der Mensch das Glück, welches er für selbstverständlich erachtet, in der Welt und im Leben, so wie es einmal ist, finden werde. Es ist dies der Optimismus der Jugend und der jugendlichen Völker und hat seinen historischen Repräsentanten in der Weltanschauung des klassischen Alterthums. Das Product seines Zersetzungsprocesses war der Stoicismus und Cynismus.

Auf den Trümmern des Diesseitigkeits-Optimismus erhebt sich das zweite Stadium der Illusion; die Menschheit wendet sich von der empirischen Welt ab und sucht das Glück in einem jenseitigen Leben nach dem Tode. Historisch repräsentirt wird das zweite Stadium der Illusion durch das aus und über den Ruinen der antiken Cultur erblühende Christenthum. Der transcendentale Optimismus fusst auf der Idee der persönlichen Fortdauer. Diese aber erweist sich vor der Philosophie als illusorisch; innerhalb der monistischen Systeme kann ohne grobe Inconsequenz keine Rede davon sein und auch der Individualismus (eines Leibniz, Herbart) sieht sich zu einem Rückgang auf ein letztes Wesen genöthigt, in welchem die Vielheit wieder aufgehoben ist. Nur im Theismus ist die Möglichkeit persönlicher Fortdauer gegeben, aber nur für den Theismus des Glaubens, nicht für die philosophische Fassung desselben, für welche die Fortdauer nur mehr eine Fortdauer der Wesenheit in Gott ist.

Mit dem Verzichtleistenmüssen auf die persönliche Fortdauer und persönliche Seligkeit ist aber dem Christenthum der Hauptnerv abgeschnitten, denn für den Egoismus ist die Unsterblichkeit Gemüthspostulat, und mit der Bemerkung, dass Gemüthspostulate keine metaphysischen Wahrheiten begründen können (wie Jacobi und Schleiermacher glauben), hört seine Gemüthlichkeit auf.

Wenn nun auch das zweite Stadium der Illusion hinfällig wird, dadurch, dass die Hoffnung auf persönliche Fortdauer und jenseitige Seligkeit als trügerisch erkannt wird, so entwickelt sich das dritte Stadium der Illusion, wo das Glück in der Zukunft des Weltprocesses liegend gedacht wird. Es liegen demselben die modernen Ideen der immanenten Entwickelung und der Solidarität der Interessen durch die Einheit des Seins zu Grunde.

Es unterscheidet sich dieses Stadium wesentlich von den beiden vorhergehenden Stadien dadurch, dass es sich auf der principiellen Abdankung des Egoismus erhebt. Das auf die empirische Welt zurückgewiesene Individuum hat zwar gelernt, auf eigenes positives Glück zu verzichten, nicht aber auf die Idee des Glückes überhaupt, und sucht nun seine Befriedigung und den Inhalt seines Lebens in der Hingabe an den Weltprocess zu Gunsten der kommenden Geschlechter, mit denen es sich durch die Einheit des Seins verbunden weiss. Dieser Fortschritt von dem zweiten zum dritten Stadium der Illusion kann aber nur durch einen theilweisen Rückschritt, vom zweiten Standpunct auf den ersten, erkauft werden. Der Weltverachtung folgt die wiedererwachte Liebe zur Welt, denn um an ein zukünftiges Glück in derselben glauben zu können, darf der gegenwärtige Zustand nicht als in jeder Hinsicht schlecht und elend erachtet werden. — So folgte der Weltverachtung des Mittelalters das Wiedererwachen des Kunststrebens und des Interesses an den Wissenschaften, das Aufblühen des Städtereichthumes, des Handels und der Fortschritt der Technik.

Auch diese Hoffnung auf eine künftige glücklichere Gestaltung des Lebens wird sich als Täuschung erweisen. Die Ursache für die überwiegende Unlust des Daseins sind psychologischer und metaphysischer Natur und ändert die Unlust daher nur theilweise die Form, sowie deren Gelegenheitsursachen in der Form variiren, aber die Grundursache kann nicht gehoben werden. Die Welt wird bewusst-vernünftiger, aber nicht glücklicher; im Gegentheil, die gesteigerte Intelligenz lässt in immer weitern Schichten das Bewusstsein aufkommen, dass ihr Zustand weit unter dem normalen Bauhorizont zurück steht, durch welche Einsicht denn auch die Contrastlust, welche durch momentane Erleichterungen und Verbesserungen der Lage erzeugt wird, in der Schätzung ihres Werthes sinkt.

Die Leiden der Krankheit und die Beschwerden des Alters werden dieselben bleiben, denn wenn es auch der Wissenschaft gelingen möchte, viele Krankheitsursachen und damit viele Krankheiten zu beseitigen, so vermehren sich doch erfahrungsgemäss mit der steigenden Cultur die leichtern, besonders die nicht lebensgefährlichen, aber sehr quälenden nervösen Leiden. Der Hunger bleibt vor wie nach der Bevölkerungsregulator, und da die Steigerung der Lebensmittelproduction nicht Schritt hält mit der Vermehrung der Menschen, so wird die Zahl derer, die mit Nahrungssorgen zu kämpfen haben, immer grösser. In Bezug auf die practischen Instincte, welche auf Illusionen beruhen, ist dreierlei möglich: entweder die Menschen kommen gar nicht davon zurück, dann bleibt das bisherige Verhältniss der daraus resultirenden Lust und Unlust bestehen; oder sie kommen ganz davon zurück, „dann werden sie freilich mit der Lust auch die Unlust los und sind relativ viel glücklicher geworden, das heisst aber nichts, als das Leben ist so viel ärmer geworden und dem Nullpunct oder Bauhorizont der Empfindung so viel näher gerückt, ist nun aber auch sich seiner Armseligkeit und Werthlosigkeit bewusst geworden."

Der dritte mögliche und wahrscheinlichste Fall ist, „dass die Menschen nur theilweise von jenen Instincten loskommen, dass sie zwar die illusorische Beschaffenheit derselben vollständig durchschauen, auch in Folge dessen wohl die Stärke des Triebes durch Vernunft etwas mindern, aber doch nie im Stande sind, denselben völlig zu vernichten. Dieser Fall enthält die Qualen beider anderen vereinigt."

Die Fortschritte der Technik und der in ihrem Dienste stehenden Wissenschaften vermag nur negativ, das heisst durch Verminderung der drückendsten Uebelstände, zu wirken; ebenso sind die Leistungen der denkbar besten staatlichen Ordnung nur negativer Art; sie bieten nur „Schutz gegen, Sicherung vor, Abwehr von u. s. w."; und die socialen Ideale lehren auch nur, wie man vermittelst solidarischen Strebens gewisse Erleichterungen im Kampfe gegen die Noth erreichen kann, und sich durch bestmögliche Einrichtung der Familie und Arbeitsordnungen die Sorgen für die Existenz erleichtern kann; um eine Linderung der Uebel, nicht um die Schaffung positiven Glückes handelt es sich auch da.

Dabei beruht aller staatliche und sociale Fortschritt darin, dass der Einzelne immer mehr und mehr seine Freiheit freiwillig oder gezwungen zu Gunsten des objectiv Vernünftigen einschränkt, dass also der Spielraum für die Willkür, für das Handeln nach dem Princip „car tel est notre plaisir" immer enger wird. —

Der Sittlichkeit wird vielleicht mehr in der Welt, obgleich die Erfahrung nicht für die Annahme spricht, dafür wird aber auch die Empfindung für die Verletzungen der Sittlichkeit und der Sitte geschärft und geringere Verstösse schwerer empfunden als gröbere in roheren Zeiten.

Auch die Kriege werden noch lange nicht entbehrlich werden, obgleich die Möglichkeit nicht ausgeschlossen ist, dass in künftigen Zeiten in einem Bunde der Nationalstaaten auftauchende Streitigkeiten statt durch Krieg durch Schiedsgericht geschlichtet werden möchten. Aber eben so schlimm schier als der Krieg ist der Kampf und die Unterdrückung der minder begabten Nationen durch die höher stehenden im Gebiete der Industrie und Production, ein Kampf der um so hitziger entbrennt, je stärker die Weltbevölkerung und damit die Leistungsconcurrenz wird. —

Gleicht das erste Stadium der Illusion dem Kindheitsalter der Menschheit, das zweite der in Idealen schwelgenden Jünglingszeit, so repräsentirt das dritte Stadium das reife Mannesalter. Diesem wird eben so sicher das Greisenalter der Menschheit folgen, wo auch diese Illusion der Weltverbesserung durchschaut wird und die lebensmüde Menschheit nicht mehr das positive Glück sucht, sondern nur noch den Frieden, die Ruhe nach der Unrast des Daseins ersehnt.

c. Die Welterlösung.

Hartmann's Weltanschauung ist wie schon oben bemerkt absolut teleologisch. Das logische Attribut des All-Einen Geistes bestimmt das „Wie" und „Was" des Weltinhaltes und nichts concret Seiendes ist zwecklos. Daher ist die „Illusion" im System Hartmann's etwas ganz anderes als in demjenigen Schopenhauer's. Dort haben die Täuschungen, in denen die Natur den menschlichen Geist befangen hält, keinen andern Zweck, als dem blinden Drang nach Dasein zu dienen, und wenn daher die Unseligkeit und Unvernunft des letzteren erkannt ist, so werden auch die Illusionen und Lust verheissenden Instincte ein schlechthin Werthloses, ja Verwerfliches, deren Ueberwindung das intellectuelle Gewissen fordert.

Nicht so bei Hartmann; hier stehen die Illusionen im Dienste des Weltfortschritts, indem sie die Culturentwickelung fördern; wie die Instincte das Individuum zwingen, im Interesse der Gattung zu handeln, so bewirken die Illusionen die Anspannung aller Kräfte im Interesse des allseitigen Fortschrittes. Der Zweck der Natur ist das Bewusstsein; in der Menschheit aber bedeutet aller Fortschritt nur die extensive und intensive Steigerung der Intelligenz. Mit dem Bewusstsein aber steigert sich auch das Leiden und mit der gesteigerten Intelligenz die Einsicht von der Hoffnungslosigkeit, letzterem zu entfliehen.

Wenn nun das dritte Stadium der Illusion durchschaut ist, so erhebt die Vernunft die Forderung der Erlösung vom Dasein überhaupt. Auf jeder der vorhergehenden Stufen, bevor die nächste Stufe sich darbot, trat je der Moment ein, wo der Selbstmord als Forderung des Egoismus auftauchte; sowohl der an der Möglichkeit des irdischen Glückes verzweifelnde Heide, wie der an seinem Glauben verzweifelnde Christ hätte consequenterweise Selbstmord begehen müssen; denn den beiden ersten Stadien der Illusion entspricht die Pseudo-Moral des Egoismus, welchem mit dem individuellen Ziel das Ziel überhaupt fehlt. Beim dritten Stadium der Illusion aber ist der Egoismus bereits principiell überwunden; das Individuum wirkt nicht mehr bloss instinctiv für das Allgemeine, sondern mit Bewusstsein macht es dessen Wohl zu seinem eigenen Interesse und sucht sein Glück nur im allgemeinen Glück. Nun ist ja bloss die Hoffnung auf dieses Glück illusorisch, nicht aber beruht das Gefühl der Zusammengehörigkeit und der Verpflichtung, für's Allgemeine Wohl zu wirken, auf einer Illusion; vielmehr ist die Menschheitsliebe der Reflex der Wesenseinheit alles Seienden. Wenn daher auch die Illusion schwindet, durch selbstlose Hingabe an die Allgemeinheit dieser bei der Gewinnung positiven Glückes zu helfen, so bleibt doch das Bewusstsein der Solidarität bestehen; und wie sich nach der Durchschauung der Illusion des ersten Stadiums der Selbstmord, in dem Stadium der zweiten Illusion aber, sowie auf dem Standpunct Schopenhauer's, die Weltverachtung mit Quietismus und Askese zum Zwecke individueller Befreiung vom irdischen, resp. des Daseins überhaupt ergab, so ergiebt sich nunmehr die Förderung der allgemeinen Erlösung vom Dasein.

Vom monistischen Standpunct aus betrachtet erscheint der Selbstmord, der für den bankrott gewordenen Individualeudämonismus den nächsten Ausweg ergab, als nutzlos und als unsittlich.

Nutzlos, weil mit dem individuellen Leben nur eine Erscheinungsform des Lebens gekürzt ist, die durch den natürlichen Tod doch ausgelöscht würde, während das Wesen auch dieser Erscheinung in Millionen Individuen weiter lebt und weiter leidet; unsittlich aber, weil keine Erscheinung vereinzelt dasteht, sondern jedes Individuum seine bestimmte Stelle und Thätigkeit im Ganzen einnimmt.

Das Resultat des ersten Stadiums der Illusion nach gewonnener pessimistischer Einsicht von der Unerreichbarkeit irdischen Glückes war die Weltverachtung und die Flucht in die Hoffnung eines bessern jenseitigen Lebens; das Ende des zweiten Stadiums der Illusion war die Verzichtleistung auf eigenes positives Glück und selbstlose Hingabe zum Wohl des Ganzen und künftiger Geschlechter. Zeigt sich nun auf dem Standpunct eines philosophisch vertieften Pessimismus auch diese Hoffnung auf ein künftiges Menschheitsglück als Illusion, so wäre die absolute Verzweiflung das Resultat, wenn nicht die Hoffnung auf eine dereinstige Erlösung des in der Welt leidenden Wesens, welches auch mein Wesen ist, als tröstlicher Lichtblick in das Düster hineinfiele. Diese Hoffnung findet ihre Begründung erstens in dem Verhältniss der beiden Attribute des Unbewussten zu einander; zweitens in der Natur der teleologischen Seinsbeschaffenheit, welche dies nur ist, sofern sie die Endlichkeit des Weltprocesses in sich schliesst; und drittens in der Richtung, worin einzig ein positiver Fortschritt nachweisbar gemacht werden kann.

In der Natur und im Leben lässt sich kein anderer Zweck erkennen, als die Steigerung des Bewusstseins; denn bezüglich des Bewusstseins ist von der Urzelle bis zum Menschen und innerhalb der Menschheit vom rohen Wilden bis zum Höchststehenden ein stetiger Fortschritt nachweisbar. Aber dieser höchste Naturzweck kann nicht letzter Zweck, nicht Endzweck des Weltdaseins sein; denn „mit Schmerzen wird das Bewusstsein geboren, mit Schmerzen fristet es sein Dasein, mit Schmerzen erkauft es seine Steigerung;" und dem All-Einen Unbewussten, dem in aller Erscheinung seienden, in allem Bewusstsein bewusst werdenden bietet es dafür nichts als „eine eitle Selbstbespiegelung," eine Verdoppelung der Qual in der Reflexion auf das empfundene Leid. Es kann also das Bewusstsein nur insofern höchster Zweck im Dasein sein, als es Mittel zu einem ausser der Welt liegenden absoluten Endzwecke ist.

Dieser Endzweck ist nun die Aufhebung des Weltdaseins durch Aufhebung des, die Welt setzenden Willens.

Mit der Steigerung des Bewusstseins steigert sich das Leid und die Unseligkeit des Daseins und damit die Sehnsucht nach Erlösung. Diese Einsicht von der Unseligkeit des Wollens wirkt zwar nicht als Quietiv auf den Willen (im Sinne Schopenhauer's), wohl aber dadurch, dass ihm die Vorstellung einen negativen Inhalt giebt.

Nur dadurch, dass der Wille in die reale Vielheit der Willensacte gespalten ist, ist die Möglichkeit gegeben, dass der vom pessimistischen Bewusstsein inhaltlich erfüllte Wille, als der das Nicht-Wollen wollende Wille den blind das Dasein wollenden Willen überwältigen möchte. —

Der Wille, das alogische Attribut des All-Einen-Unbewussten, ist das Unendliche und Unerfüllbare; die Idee, ihrer Natur nach das Begrenzte und Grenze Setzende, erfüllt daher auch in der Completheit der einheitlichen Weltidee nie das Wollen; es bleibt daher neben dem in der Welt realisirten Willen ein unerfüllt bleibendes, inhaltloses, leeres Wollen-wollen, wodurch zur innerweltlichen Unlust die das Absolute als All-Eines Subject zu tragen hat, noch die ausserweltliche Unlust des unerfüllt bleibenden blossen Wollen-wollens kommt.

Wenn vermittelst der im Weltprocess erzielten Erkenntniss von der Unseligkeit des Daseins und der dadurch motivirten siegreichen Selbstbekämpfung des Willens das Dasein aufgehoben würde, so würde damit auch das leere Wollen in den Zustand der vor dem Beginne des Weltprocesses liegenden reinen Potentialität zurückgeführt. Unter diesem Gesichtspunct ergiebt sich dann auch nachträglich ein Grund für das Weltdasein: das concrete Dasein erscheint dann nämlich mit sammt dem die innerweltliche Unlust erst setzenden Bewusstsein selbst als teleologisch gerechtfertigt, als das Mittel, durch die begrenzte Unlust in der Welt die unbegrenzte ausserweltliche Unlust des in unerfülltem Wollen-wollen schmachtenden Absoluten zu überwinden. —

Das All-Eine Unbewusste gewinnt nichts durch den Weltprocess; es ist, wenn derselbe zu Ende gegangen, dasselbe wie zuvor: reine potentielle Subsistenz; im Verhältniss zum Sein also das reine Nicht-Sein. Daher wird auch durch die Hoffnung auf die Möglichkeit einer dereinstigen Weltaufhebung der eudämonologische Pessimismus nicht aufgehoben oder auch nur irgendwie alterirt, da das Ende ein rein negatives ist. Keine Seligkeit erwartet das Wesen, das in der Welt leidet, sondern nur der Friede des Nicht-Seins; im Vergleich zum Kampf und Leid des Seins aber immerhin ein begehrenswerther Zustand.

Aus der Vereinigung des eudämonologischen Pessimismus und des evolutionellen Optimismus ergiebt sich die Forderung der Vernunft: der rückhaltlosen Hingabe des Individuums an den Weltprocess um seines Erlösungszweckes willen. Es werden demnach die Instincte, die vom Standpunct des egoistischen Eudämonismus zu unterdrücken wären, restituirt, nachdem ihre Zweckmässigkeit für den Culturfortschritt, also für den Weltentwickelungs-Process, dem dieser dient, und der Zusammenhang der Naturordnung mit der sittlichen Weltordnung erkannt ist. So ergiebt sich denn für die Ethik das Princip: die Zwecke des Unbewussten zu Zwecken des Bewusstseins zu erheben. Die Erkenntniss von der Unmöglichkeit der Erlangung positiver Lust aber schafft den nöthigen Raum, dass die Forderungen der sittlichen Bethätigung rücksichtslos erfüllt werden können; wie die Menschen leben, als ob es gar keinen Tod gäbe, bloss darum, weil sie überzeugt sind, dass jede Bemühung ihm zu entfliehen, schlechthin nutzlos wäre, so werden sie auch practisch so leben, als ob es kein Leid gäbe, sobald nur erst der Pessimismus in ihnen die Ueberzeugung geweckt hat, dass das Leid, abgesehen von der Form seiner Erscheinung, ebenso unentrinnbar ist, wie der Tod."

Schon in Schopenhauers Pessimismus ist der Weltschmerz theoretisch überwunden und zum aufgehobenen Entwickelungsmoment herabgesetzt; denn der Weltschmerz hat sein Haupt-Characteristicon darin, dass der Mensch einem Räthsel gegenüber steht, indem er da (scheinbare) Unvernunft findet, wo er Vernunft zu finden erwartet. Noch vollständiger ist die Ueberwindung bei Hartmann; denn hier wird das Leid der Welt zu einem relativ Vernünftigen, indem es Mittel wird, sich selbst in seiner immanenten und transcendenten Gesammtheit aufzuheben. Dabei hindert aber die Erkenntniss von dem teleologischen Character des

Leides seine Bekämpfung auch in den empirischen Erscheinungsformen keineswegs, da gerade in seiner Eigenschaft, Object des sittlichen Kampfes und der Anstrengungen des Intellectes gegen die rohen Naturmächte zu sein, das Moment seiner teleologischen Bedeutung, während der Dauer des Weltprocesses liegt.

Wie der Weltschmerz so ist natürlich auch der Entrüstungspessimismus überwunden; denn alle Uebel und Uebelstände sind nur die variablen Formen der mit der Realität und Individualität selbst gesetzten Verhältnisse der Collision. Die Entrüstung findet daher nur den unsittlichen Verhältnissen gegenüber ihr practisches Gebiet, hat aber in der Philosophie keinen Raum.

Selbstverständlich fällt auch der Begriff der Schuld, den Schopenhauer in die Weltursache hineinbringt, ganz aus dem Kreise der rein-philosophischen Begriffe hinaus; nur für das religiöse und ethische Empfinden wird der Egoismus als Quelle der Unsittlichkeit und als Gegensatz und Entfremdung von der Einheit des Absoluten zur Schuld, um religiös und ethisch im Dienste des Weltüberwindungszwecks bekämpft zu werden; auf das All-Eine Wesen und auf vorbewusste Vorgänge aber findet der Begriff keine Anwendung.*)

---

*) Schopenhauers Phil. ist ein Conglomerat unter sich widerspruchsvoller Elemente, künstlich zum Bau einer Weltanschauung zusammengefügt; der Pessimismus kann daher ziemlich leicht aus dem Ganzen herauspräparirt werden, weil eine organische Einheit, die nicht vorhanden ist, auch nicht gestört werden kann. Hartmanns System ist aber ein organisches Ganzes, fest in sich geschlossen, und das Verhältniss des eudämonistischen Pessimismus zum evolutionellen Optimismus kann nicht wohl in seiner vollen Bedeutung und Berechtigung klar gelegt werden ohne die Kenntniss von Hartmanns Naturphilosophie und der darauf sich erhebenden Metaphysik. Wer sich trotzdem mit Hartmann's Pessimismus vertraut machen möchte, ohne die sämmtlichen Werke des so fruchtbaren Philosophen zu lesen, dem empfehlen wir die folgenden Abhandlungen und Capitel in der gegebenen Reihenfolge. Phil. d. Unbewussten: Cap. XII, XIII u. XIV (der 7. u. folg. Aufl.). Als Ergänzung des über Liebe und Ehe gesagten: Phän. d. sittl. Bewusstseins; A. „Die Triebfedern der Sittlichkeit"; Nr. 9 „Das Moralprincip der Liebe." Zur Ergänzung zu dem über das 2. Stad. d. Illusion gesagten: „Gesammelte Studien u. Aufs." Nr. VII der Abth. A: „Ist der Pessimismus trostlos?" Zur Ergänzung des über das 3. Stad. d. Illus. gesagte: „Phän. d. sittl. Bewusstseins;" B. I: „Das social-eudämonistische Moralprincip;" u. B. II: „Das evolutionistische Moralprincip." Ferner: „Zur Geschichte u. Begründung des Pessim." (4 Abhandlungen) 1880. „Phän. d. sittl. Bewusstseins;" Abschn. C. IV: „Das Moralprincip der Erlösung." Endlich: „Die Religion d. Geistes". 1882. Abschn. II. Nr. 1.

3. J. Bahnsen.

a. Das Princip.

Schopenhauer, wenn er die Welt anklagt, wird nicht müde, neben der Schlechtigkeit der Menschen auch die Rücksichtslosigkeit der elementaren Naturmächte gegen die Lebewesen zu betonen: nur nothdürftig könne sich das Leben erhalten, überall drohten die elementaren Factoren der organischen Natur mit Tod und Untergang; daneben erinnert er an die schreckliche, blutige Seite der für die ästhetische Betrachtung so schönen Natur; an das beständige Fressen und Gefressenwerden im Thierreich, welches so abstossend wirkt, wenn man unwillkürlich das Naturleben unter menschlich-sittlichem Gesichtspunct anschaut: er nennt die Welt eine Hölle, und über dem von ihm gemalten Weltbilde schwebt Blut- und Feuerschein.

Bei Hartmann tritt mehr die Oede des Lebens innerhalb der Culturformen in den Vordergrund; nicht sowohl die Schrecken der Natur, nicht die dämonischen Verirrungen der Menschennatur, nicht das Weh des heroisch-tragischen Unterganges, sondern die Dürre des civilisirten Lebens gegenüber dem namenlosen Sehnen der Menschenbrust, die Ermüdung in der Tretmühle des alltäglichen Lebens, wo zwar relativ selten die Abgründe tragischen Schreckens gähnen, wo aber die breite Landstrasse des modernen Culturmenschen gar so trocken, so staubig, so reizlos sich dehnt. Die Normal-Unlust der Gegenwart, aus dem Zusammenwirken einer bereits culturgebändigten Natur auf den normalen, gesunden modernen Menschen bildet das Hauptmoment der Hartmannschen pessimistischen Lebensbetrachtung, die seinem Weltbild einen grauen, kühlen Ton aufhaucht.

Auch Bahnsen braucht nicht den blutigen Jammer, nicht die Opfer der rohen äussern Gewalten als Objecte, an denen er die leidvolle Beschaffenheit des Lebens demonstrirt, sondern wo nur ein Menschengeist denkt und will, ein Gemüth empfindet, da sieht er auch die üppige Unlustsaat sprossen. Aber während — wie schon bemerkt — Hartmann die gesunde Psyche in Betracht zieht, ist Bahnsens Erntefeld das angekränkelte Gemüth, der mit sich selbst entzweite Geist, das in Hass, Missgunst und Gram verhärtete, und seine Verhärtung doch noch schmerzlich empfindende Herz, dazu die somatisch beeinfluste Grillenfängerei und Hypochondrie.

Und gewiss mit vollem Rechte weiht er diesem Gebiet seine

Aufmerksamkeit, weil eben die Möglichkeit und Wirklichkeit, dass zum äussern Kampf der innere Streit, zur Qual von aussen die Selbstquälerei kommen kann, einen schwerwiegenden pessimistischen Bestandtheil des Lebens bildet; aber mit Unrecht, wenn uns die Hypochonder und Selbstquäler als die Menschheit oder wenigstens als der maassgebende Theil derselben dargestellt werden. Schopenhauer, Hartmann bringen auch die Krankheit — und damit auch die Krankheit des Gemüthes — als Abzug am normalen Lebensgefühl in Rechnung: Bahnsen aber macht das pathologische Gebiet zum Hauptterrain seiner Lebensbetrachtung, als ob es das mit der Cultur nothwendig gegebene wäre. —

Aus der Widerspruchsnatur des krankhaft erregten Geistes schliesst nun Bahnsen auf die Widerspruchsnatur des in dem concreten Sein wesenden, und indem er Gegensätze in dem Fortgang des individuell-psychischen, wie auch des Welt-Processes, im Sinne von Hegels Dialektik, als Widersprüche nimmt, construirt er sich den Widerspruch als Seinsprincip.

Der blinde, alogische, von keiner Vernunft erleuchtete Wille ist ihm Seinsprincip; aber nicht Schopenhauers geradlinig aus sich herausgehender Wille zum Leben ist ihm das An-sich und Prius alles Seienden, sondern der in sich selbst umgebogene Wille, der sich in jedem seiner Momente will und nicht-will. Nicht ein neben dem Willen bestehendes Attribut giebt dem Willen diesen seinen Inhalt, sondern voluntas und non-voluntas zu sein, ist das Wesenhafte des Willens selbst. Daher trägt Alles, was wird und was ist, den Keim des Vergehens und des Todes in sich und zu jeder Lust gesellt sich, als deren mitgesetzte Kehrseite, die Unlust; denn wo ein Wille befriedigt ist, soweit er Affirmation ist, ist er unbefriedigt, soweit er Negation ist und umgekehrt. Während Schopenhauer seiner Theorie zu liebe der Erfahrung Zwang anthut und die positive Natur der Lust verneint, während Hartmann wieder dem unbefangenen Empfinden gerecht wird, und Lust und Unlust für gleich real und positiv erklärt, giebt es bei Bahnsen weder reine Lust noch reine Unlust, denn in jeder Lustempfindung erachtet er das negative Moment der Unlust, und in jeder Unlust die verhüllte Befriedigung des negativen Willens vorhanden; so ist alle Lust von Wehmuth und Ungenügen angehaucht, in den Schmerz aber mischt sich die Wollust des Schmerzbewusstseins ein.

Wie Hartmann zu Schopenhauer und Hegel in Relation steht, indem er des letztern Princip: die sich nach ihrem eigenen Gesetz logisch entwickelnde Idee neben dem Realprincip des Willens als Attribut des All-Einen Geistes setzt, so steht Bahnsen in Relation zu Hegel, indem er die Dialektik, den Fortgang des

Werdens und Seins durch den Widerspruch auf den Willen überträgt. So wird die bei Hegel ideelle Dialektik zur Realdialektik und das Weltdasein erscheint, im Gegensatz zu Hegels panlogistischem Optimismus und zu Hartmanns teleologischem Evolutionismus als zweck- und zielloses Zerren an sich selbst zur eigenen Qual.

Mit Schopenhauer theilt Bahnsen die Zerklüftung des Seins in eine Welt des bewussten Seins, in der allein das Gesetz des Logischen herrscht, und in das Reich des an sich seienden blinden, alogischen Realen; aber die Kluft ist tiefer bei Bahnsen, weil er consequenter als Schopenhauer ist, und sein blindes Princip sich nicht schon in seinem vorbewussten Naturweben teleologisch gebärden lässt. Er ist auch pessimistischer als Schopenhauer. Denn das Licht des Bewusstseins, das sich an den Widersprüchen des realen Seienden entzündet, und das auf alogischer Grundlage erwachsende logische Denken des bewussten Geistes wird nicht wie bei Schopenhauer zur Leuchte auf den Weg der Erlösung, sondern es dient nur dazu, den realen Widerspruch auch in's ideale Gebiet zu erheben, indem es da die Qual schafft, wo die Lust gewollt wurde, und, als logisches Denken, nur soweit wirkliche Erkenntniss bringt, als die Schranke des Erkennens, die Grenze, wo das Logische von allen Seiten sich von der Dornenhecke des realen Widerspruchs umstarrt sieht, erkannt wird.

Das logisch Unmögliche ist das Wirkliche und das logisch Nothwendige ist das real Unmögliche.

Dieser Satz ist die Quintessenz eines, jedes optimistische Element (wie den evolutionellen Optimismus Hartmann's, ästhetischen, ethischen oder religiösen Optimismus) ausschliessenden Pessimismus. Es gehört selbst zum Widerspruchswesen des Willens, dass dieser aus seiner antilogischen Beschaffenheit heraus den Schein eines Logischen und Teleologischen in der Natur erzeugen muss; aber dieser Schein zerrinnt natürlich, sowie man ihn als Sein nehmen will. Darum giebt es keine Erlösung vom Sein, weder im Sinne Schopenhauers für das Individuum, noch im Sinne Hartmanns für das Universum, und es ist die Hoffnung auf die Erlösung und Meinung, dass durch die Erkenntniss der Unseligkeit auf den Willen gewirkt werden könne, so dass er sich selbst aufhebe, eine Illusion, ein Stück titanischen Jugenddranges, es ist: das vierte Stadium der Illusion.

Bahnsen ist Individualist; der Wille ist freilich allgemeines Seinsprincip, aber in individueller Vielheit der Henaden, deren Character die Verschiedenheit innerhalb der Gleichheit der Widerspruchsnatur umschliesst; die Vielheit ist ganz real, nicht, wie Schopenhauer meint, nur Schein, und metaphysische Einheit ist nur Object der Sehnsucht der auch in dieser Hinsicht durchaus widerspruchsvollen Vielen, die sich selbst behaupten wollen und doch die Sehnsucht nach der Einheit in sich tragen.*)

Hätte der Neo-Kantianismus Recht, (Lange, Vaihinger und Andere) wäre die philosophische Speculation nur dichterische Bethätigung, hätte ein philosophisches System nur Bedeutung als Dichtung, wäre das Kriterion seines Werthes nur ein ästhetisches Moment, nicht das der Wahrheit, so müsste der Bahnsen'schen Princip-Gewinnung und Darstellung eine hohe Stelle in der Geschichte der Philosophie ertheilt werden; denn unter der Voraussetzung der Correctheit seiner Weltbetrachtung und des Resultates seiner Seelenzergliederungskunst ist die Principienstellung von packender Gewalt und überwältigend einleuchtend. Man brauchte sich auch dann, wenn man das philosophische System bloss als Dichtung betrachtete, nicht mit dem Bedenken zu plagen, dass ein Princip, welches nicht nur interindividuell sondern strict intraindividuell, d. h. in jedem seiner Actions-Momente den Widerspruch des Wollens und Nicht-Wollens enthält, nur zum Ringen nach dem Sein, nicht aber zum Sein (wenn auch nur zum ewig werdenden und immer vergehenden Sein), gelangen kann. Denn dieses Bedenken hat auf dem Standpunct des in Frage stehenden Systems keine Geltung und kein Recht auf Berücksichtigung, weil das logische Gesetz (vom Widerspruch und ausgeschlossenen Dritten) ja keine Geltung im Reich des Seienden, des realen, vorbewussten Werdens und Seins haben soll.

Es trifft aber die Voraussetzung nicht zu: jene innere Welt, die Bahnsen mit solcher Virtuosität secirt und in ihren Vorgängen demonstrirt, und welche zu ihrer Erklärung das Princip der Real-Dialectik zu fordern scheint, ist nur eine, und zwar nur die pathologische Seite der innern Welt.

Das Wesen des Tragischen, als Conflict zweier gleichberechtigter Triebe, zweier gleichgebieterischen Sittlichkeitsforderungen u. s. w., das Wesen des Humors, ein grosser Theil jener Character-Typen, die Bahnsen mit solcher Meisterschaft zeichnet, sie werden ebenso durchsichtig unter Voraussetzung des Hartmann'schen Princips des unbewussten Geistes; während jenes kleine Theil innerer Vorgänge und Subjectivitäten, die sich allerdings

---

*) „Der Widerspruch im Wissen und Wesen der Welt." „Princip und Einzelbewährung der Realdialectik." Bd. I u. II, Th. Grieben, Berlin. 1880 u. 1882. Vgl. „Bahnsens Realdialectik" von E. v. Hartmann in Phil. Monatshefte. 1881. Heft 4—5.

leichter durch das Bahnsen'sche Princip des Widerspruchs erklären lassen, doch glücklicherweise einen so beschränkten Seinskreis haben, dass sie, selbst wenn sie anderweitig nicht begriffen werden könnten, nicht jenen anderen Bedenken, die sich von der Naturphilosophie aus gegen das Princip erheben, die Wage halten könnten. Der Fall liegt aber nicht einmal so, sondern es handelt sich nur um ein mehr oder minder leichtes Zurückführenkönnen auf eine transcendente Ursache.

Die Welt, von der Bahnsen sagen muss: „Die Welt ist meine Vorstellung", ist allerdings eine durch und durch elende Welt, wo jede Blüthe eine Giftblüthe ist, in jeder Knospe der ekle Wurm sitzt. Wie diese Welt Bahnsen's aussieht, wie sich's fühlt in ihr, wird uns in knappster Form und grösster Unmittelbarkeit im „Pessimistenbrevier" gezeigt.*)

b. Extractum vitae.

Das Erste, was uns bei diesem extractum vitae auffällt, ist die psychologisch interessante Thatsache, dass der Verfasser diejenige Auffassungsweise des Lebens und dasjenige Verhalten gegen das Leben in abstracto perhorrescirt, welches er selbst in concreto durchgängig übt.

Es ist dies die Wirkung einer geistigen „Verwerfungsspalte"; der Intellect gelangt zwar hinreichend zur theoretischen Freiheit, um die eudämonologische Bedeutungslosigkeit der meisten sogenannten „Lebensgüter" zu erkennen, aber er emancipirt sich nicht vollkommen genug von der Priorität des egoistischen, glückshungrigen Willens, um von einer höheren Warte den logischen und ethischen Werth der vom eudämonologischen Standpunct aus als illusorisch erkannten Lebensfactoren gerecht zu werden.

Die theoretische Vernunft erkennt als Consequenz der pessimistischen Erkenntniss die Gebotenheit der Resignation und das „sich in die Welt schicken"; aber die Zwiespältigkeit der fatalen Characteranlage lässt die Erkenntnissvorstellung nicht zum Motiv des ethischen und practischen Handelns werden; es bleibt bei der Velleität, welche nun die Wurzel abgiebt für ein ganzes Heer lebenzernagender Widersprüche, die vom Egoismus gehätschelt, sich selber wieder gegen den Intellect wenden und dessen Waffen selbstmörderisch gegen ihn selber kehren.

---

*) „Pess. Brevier". Extractum vitae von einem Geweihten". Berlin, Th. Grieben, 1879. Es wird zur Zeit allgemein bekannt sein, dass Bahnsen der Verfasser der anonym erschienenen Schrift war; wer je etwas von Bahnsen gelesen hatte, musste den Verf. errathen, da der Stil Bahnsen's ein ganz eigenthümlicher ist.

Bahnsen selbst zeichnet das „Zerrbild" des gesunden, vernünftigen Pessimismus: „Sie (die vulgäre Unzufriedenheit und weinerliche Sentimentalität) gefallen sich in sinnlosen Selbstquälereien, vergällen sich jeden Genuss des trotz alledem und alledem noch vorhandenen Schönen durch nutzloses Vergleichen mit einstigen Träumereien eines völlig unerfahrenen Sinnes, schmähen und verschmähen aller wirklichen Unbefangenheit bar, nach Kinderart, das Gute um des Bessern willen, wie sie sich dies einst ausgemalt, ohne zu fragen nach den Bedingungen der Realität, und hinausfliegend über alle Schranken des factisch möglichen." „Nicht mit Unrecht wendet die Sympathie sich ab von jener Art von Unzufriedenheit, die nicht an dem mittleren Menschenloos sich will genügen lassen, — die in elegischer oder trotziger Verdriesslichkeit verschmäht „froh zu geniessen was ihr beschieden," sich darauf capricirt, das Vollkommenste oder gar nichts haben zu wollen, während sie doch selber von jeder Art Vollkommenheit recht weit entfernt bleibt."

Aber gerade was getadelt wird an Andern, das thut der Verfasser selbst, und rühmt hinterher wieder, was er erst gerügt. „Verlornes Leben! so predigen Schlaf und Schlaflosigkeit des Nachts — Wachen und Nichterreichen bei Tage." „Danach kommen Tage, wo unser Fühlen wie versumpft ist — wir liegen verschmachtend an der Wüste leer vorüberschleichender Tage — die Melancholie, die noch eine der Schwere des Missgeschickes gewachsene Resistenz verbürgte, verlor ihre Grossheit an den verzagten Trübsinn kleiner Hypochonderien, — selbst der Muth des Zweifels ist von einem gewichen, gebrochen der Trotz der Verneinung, und den in Ohnmacht Hingesunkenen umkrallt das Leben desto unentwindbarer, je verächtlicher das Gethier, in dessen Gestalt es sich verlarvt, ist."

Das bejammerte Elend erscheint in drei Formen: äussere Misserfolge; fatale Characterveranlagung der Wankelmüthigkeit; pathologische Gemüths- und Geistesdegeneration; die drei Formen stützen sich gegenseitig, und steigern sich im Aufeinanderwirken.

Sehr zahlreich sind die Klagen über äussere Misserfolge; hier nur eine Probe um ihre Form zu zeigen. „Wer sieht, dass alles nichts hilft, dass er nichts thun kann zur Verwirklichung seiner besten Zwecke, der muss wohl zuletzt die Hände resignirend in den Schoos legen und über sich ergehen lassen, was der Lauf der Dinge ohne oder wider sein Zuthun mit sich bringt. — In solcher Stimmung verliert man allmählich den Maassstab für Grosses und Kleines, Wichtiges und Unwichtiges. Denn alles kleidet sich dann in die gleiche Farbe eines weggeworfenen Mühens —. Grässlich grau grinst einem dann die verleidete Welt an —." „Ehe ihr über uns und unseren Schmerz so klüglich zu raisonniren Euch herausnehmt, probirt es selber, wie es thut, wenn Jahre her auf alle Wünsche kein ander Echo zurückschallt, als ein rauhes: Nein!"

Soweit diese Misserfolge objective Thatsache sind, möchten sie sich aus der Unsicherheit und Zerrissenheit der eigenen Leistungen erklären lassen. Unsere Zeit will runde, scharfausgeprägte Geistesmünzen; nur wo eine ganze Manneskraft sich mit einer Idee, einem Princip sozusagen identificirt, hat die Leistung Aussicht auf Erfolg.

Der Verfasser des Pessimistenbreviers aber klagt von seinem geistigen Besitze: „Wenn wir uns erst einmal auf einem grossen, recht eigentlichen „grundstürzenden" Irrthum betroffen, wenn unantastbare Thatsachen auch nur in einem Stücke etwas von dem widerlegten, was mit unserem heiligsten Glauben (wir durften's nach dem Maass menschlicher Einsichtsfähigkeit ohne Ueberhebung unsere Ueberzeugung nennen!) in innigem Zusammenhange stand: dann fühlen wir alles wanken, was unserer Lebensanschauung ihren innern Halt hatte geben sollen — und solch ein Stoss, der die Grundvesten unseres intellectuellen Selbstvertrauens erschüttert, gleicht sich vielleicht in der ganzen Dauer eines Menschenlebens nicht mehr aus."

Die Misserfolge mögen aber auch öfter nur subjectiv als solche erscheinen, für die Ungenügsamkeit, die Frucht der Selbstüberschätzung, die sich eben trotz besserem Wissen „an dem mittlern Menschenloose" nicht will genügen lassen, weil sie sich für einen ganz besondern Edelstein der Schöpfung hält, wobei sie sich in selbstgefälligem Stolze von den Menschen lostrennt, um nachher die Vereinsamtheit zu beklagen. „Ihm (dem Schicksal) ist es nicht genug, uns unsere Wünsche zu versagen, es giebt sich noch den Anschein, bloss unsere Ungenügsamkeit zu bestrafen — stellt uns höhnisch unannehmbare Offerten, und spottet dann hinterher: das war dir ja nicht gut genug! — Aber ist denn ein höheres Streben, das nicht mit jedem Schlechtesten vorlieb nimmt, an sich schon ein strafwürdiges Verbrechen — oder ist's nicht vielmehr ein Stück vom Besten in der Menschheitsnatur, dass sie unwürdige Abfindungen ablehnt? „werden sie nicht immer spärlicher diese hohen Seelen mit dem reinen unbestechlichen Wollen, die Adelsnaturen, die eher untergehen, als dem schnöden Begehren demüthigenden Ansinnens sich zu beugen?"

Zur Ungenügsamkeit gesellt sich dann die Ungeduld und die Ungeschicklichkeit, die das Warten nicht lernen will, weil die Ueberhebung es als „entwürdigendes Misshandeltwerden" betrachtet, und die dazu verleitet, einen Posten muthlos zu verlassen, wenn noch etwas längeres Ausharren den gewünschten Erfolg gebracht hätte.

Ein Zweiglein am Aste der Selbstüberschätzung heisst Unliebsamkeit und Unverträglichkeit; weil „das Schicksal bitter ist", darum muss auch die „Stimmung dazu passen und von gleichem Geschmacke sein," und man hält es für seines Elendes Recht, „schroff und knorrig, wie verwetterte Eichen" der Welt entgegen zu stehen; die „Griesgrämigkeit" wird gehätschelt, weil sie als Trauer über die versunkenen Jugendideale betrachtet wird: als Festhalten an Idealen, die allein als solche anerkannt werden, weil es eben die eigenen sind. —

Die zweite Form des Elendes sind jene Characteranlagen, deren Wirkungen innerlich verbleiben; die Grenze gegen die erste Formengruppe ist theilweis nur schwach markirt, anderentheils findet sie in der nachfolgenden Form der pathologischen Zustände ihre comparative und superlative Steigerung. Sie tritt uns entgegen als eine Gruppe von Specien des Genus „ich weiss nicht, was ich will"; oder der Schulsprache gemässer ausgedrückt: als doppelte Reactionsweise des Willens auf dasselbe Motiv; dieselbe Vorstellung wird in raschem Wechsel als Willenseinheit bejaht und verneint.

Bahnsen schildert den Gefühlsreflex dieser Zwiespältigkeit sehr gut, nachdem er die Eigenschaft seiner Natur zur Natur des Weltgrundes verabsolutirt hat.

„Dass das innerste Grund- und Kernwesen der Welt ein Nichtwollen seiner selbst ist, begreift das ganze Mysterium der Uebel in sich, und danach ist's weiter nicht zu verwundern, dass es den gescheitesten seiner Kinder genau so geht, wie diesem gemeinsamen Urvater: in ihrer Unzufriedenheit mit sich selber ärgern sie sich an ihrer eigenen Existenz — und ärgern sich unendlich, weil die Pein dieses Seins unentrinnbar ist, und als solches das Urbild aller lustigen wie tragischen Komik, ein gleich sehr nach der Ruhe des Nichts wie nach der Unrast des Daseins sich sehnendes — nur leider schwächer in seiner negativen, als in seiner positiven Richtung und minder kräftig als Quietiv, denn als Motiv."

Ferner wird behauptet, „der Pessimismus hat die Ideale hinter sich, nicht mehr vor sich, wie das nach Menschwerdung schmachtende Vieh", und doch pocht sein Stolz beständig auf seinen Idealismus; „ihr Standpunct und Maassstab [der Optimisten, der „Gesunden"] ist ja der des Durchschnittes, und danach will (und soll?) ja doch Menschliches abgeschätzt werden, und an ihm gehalten, werden wir als unheilbare Idealisten-Schwärmer befunden werden müssen. An was aber wir selber uns halten? — an jenes erhabene Gefühl, ein Einziger gegen eine Welt zu stehen —."

Der Zwiespältige möchte auch resigniren, aber er kann nicht: „wundert euch nicht, wenn so einer fortwährend von Verzweiflungskitzel angereizt wird, mit seinem armen strohdürren Leben wie mit Feuer zu spielen. Er heuchelt auch nicht etwa mit den Weisheitssprüchen der Resignation, die aus seinem Munde gehen — denn was er predigt, ist sein ehrlich Ideal, nur dass er selber dessen nimmer habhaft werden kann." Der Grund ist, weil er doch an die Möglichkeit gewisser Glücksformen inmitten der leidvollen Welt glaubt, obwohl er es nicht Wort haben will; darum hört er auch nicht auf, „taube Hoffnungseier zu Neste zu tragen", und ist ihm hierzu einmal die Gelegenheit abgeschnitten, so ist es ihm „auch nicht recht: wir empfinden es dann als ein Entbehren, uns ein kurzes Glück nicht einmal imaginär vorstellen zu dürfen."

Bahnsens Weltanschauung kennt keine anderen Ideale als solche im Dienste der Glückseligkeit; er gesteht das zwar nicht offen ein, sondern meint: „Euere Weisen wollen der Welt weis machen, der ganze Pessimismus sei auf das Lustprincip gestellt, also eigentlich nur ein in's Blut getretener Eudämonismus. Darum verdächtigen sie es zuletzt als blosse Blasirtheit, wenn wir betonen, auch an Genuss nicht mehr zu glauben und deshalb über alles hinaus zu sein, was solche Verleugnung bloss stellen könnte.

Bahnsen misskennt den Pessimismus und seine eigene Weltanschauung, wenn er diese kurzweg, ohne weiteres Beiwort, Pessimismus nennt. Der Pessimismus Hartmann's „glaubt" an den Genuss, z. B. den ästhetischen und wissenschaftlichen als Erkenntnissfreude, auch an die Glücksmomente, die dem Gemüthsleben entspriessen; an die Möglichkeit des Genusses glauben und den Genuss zum Lebenszweck, die Lust zum immanenten Weltprincip proclamiren, ist sehr zweierlei. Der philosophische Pessimismus besteht in der durch die Erfahrung des Lebens vermittelten Erkenntniss, dass der Genuss, die Lust, das individuelle Glück nicht Weltzweck sei, und mithin auch nicht letzter Zweck des sittlichen Handelns sein soll. Seine „Ideale" werden daher nicht dadurch geschädigt, wenn er weiss, dass sie, wenn realisirt, ihn nicht „glücklich" machen würden; um dieser negativen Eigenschaft willen aber vermeint Bahnsen, sie vor die Thüre setzen zu sollen; dagegen lehnt sich aber seine bessere Natur unbewusst auf, und dafür lobt er sich selbst nun wieder. —

Der weiteren, aus der Beeinflussung des Intellectes durch den wankelmüthigen Willen hervorsprossenden Widersprüche wollen wir nur flüchtig erwähnen: Liebe und Freundschaft werden als Institute zu gemeinschaftlichem Schelten und gegenseitigem Quälen angesehen, und doch will man auf beide nicht verzichten.*) Das Urtheil der Welt wird zwar verachtet, aber die Ehre vor der Welt soll doch nicht mangeln, denn fremde Meinung bleibt doch ein Spiegel des eigenen Werthes.**) Der Tod wird als ein blosser Wechsel der Form des qualvollen Seins erkannt, und doch auf ihn gehofft.***) Die Welt wird für unzerstörbar erklärt und trotzdem die „Gedanken an's Ende der Erden" als „Trost erkannt" (407), wenn „schöne Vertröstungen" sich wieder einmal als illusorisch erwiesen hatten; in dem Gedanken an die Nichtigkeit der Welt wird geschwelgt, und „triumphirt", dass man sie doch in Gedanken vernichtet habe.†) Endlich wird das thörichte Zürnen gegen das unpersönliche Schicksal, welches als „Gesetzlosigkeit des reinen Zufalls" bestimmt wird, gerügt;††) aber schon auf der folgenden Seite wird das Schicksal „für launisch" und „ungerecht" erklärt, und endlich sogar der „Zorn über sich selbst" bekannt, dass man so viel „Hohn des Schicksals" hingenommen habe, ohne sich vermittelst Cyankali oder Revolver emancipirt zu haben.

Hier sind wir an der Grenze der dritten Form angelangt, wo die pathologische Degeneration klar hervortritt.

Die Selbstsucht, die das unpersönliche Schicksal angrollt und ausschilt, führt zum Aberglauben, der sich in an Wahnsinn gemahnenden Gedanken und Bildern Luft macht. „Sollte es nicht eine providentia specialissima geben! aber auch die eine eines Oberteufels, der für verstärkte Ablösung sorgt, sobald einer seiner unsaubern Geister endlich über unsere Schwelle zurückgebracht ist". „Keineswegs bedarf es jeden Augenblick einer schweren Katastrophe, um stündlich die Signatur einer verfluchten Existenz zu beglaubigen — es genügt, dass etwas uns theuer sei, um den Stempel höllischer Weihe zu empfangen." „Mit spukhaftem Grausen muss es uns überkommen, wo es uns dünkt, als ob uns aus Todtenglocken und Menschenstimmen das nämliche Gesumse von Tausenden von schadenfrohen Dämonen umschwirre."

Mit dieser Empfindungsweise ist denn auch das Mittel gegeben, sich die Schmerzen der Gegenwart durch Furcht und Sorge vor der Zukunft noch mehr zu verschäfen. —

Hand in Hand mit dieser Auffassung des Schicksals, welche etwas an die Rolle erinnert, die der Teufel in der verkommenen Theologie des 17. Jahrhunderts spielte, geht das Behagen an hässlichen, ekelhaften Bildern, bei der Schilderung von Gemüths- und Herzenszuständen; „Fühltet ihr nie euer Herz, d. h. euer Wollen, im lebendigen Leibe faulen?" „Wenn je in euerem Mitempfinden

---

*) pp. 138; 32; 36—37; 134; 264; 357. **) 168. ***) 369. †) 407.
††) 333; 351.

Ekel und Grausen sich mischten beim Anblick aufgebrochener Eiterbeulen, versteht ihr vielleicht, wie es in einem gequetschten Gemüthe aussehen kann, wo auch solch Giftsack sich verfüllt hat. Unter stetigem Druck wirklicher oder eingebildeter Selbstqual sammeln so böse Säfte sich an — grüblerisch reizt das Sinnen die juckende Stelle, wo Faserbündel unsichtbar zerreissen, wie mit kratzendem Finger, bis endlich die dünn gewordene Oberhaut aufplatzt und weit umher spritzt, was Pesthauch mit sich führt und grässlichen Ansteckungsstoff, wohin es fährt auf ein versehrtes Fühlen."

Das Pathologische des Empfindens und Denkens zeigt sich auch in der Märtyrer-Sehnsucht, in dem wollüstigen Schwelgen in den Schmerzen, die doch sonst so eindringlich bejammert werden, auf deren Ertragung nun aber die Eitelkeit sich wirft, nachdem sie sich anderer Objecte beraubt sieht.

„Heiliger Schmerz! einz'ger Tröster mir!
Treuster Gefährte der Jugend, —
Auf der Höhe des Lebens mein letzter Vertrauter!
Genosse noch des absteigenden Alters —
Du gabst Gelassenheit,
Austobt' in dir der Groll,
Quillende Thräne athmet mir Friede zu,
Wehmuth ward Wohlgefühl
Bitterniss Labsal mir —". (p. 3.)

Und weiter: „Heimisch fühlt sich das umnachtete Herz nur noch zwischen den Schemen vom Vampyr des grässlichsten Jammers ausgesogener Menschenseelen, wie sie durch's Tollhaus huschen oder um Gräber" (310.) „So viel ist richtig, dem Pessimisten gewährt persönliches Pech etwas wie eine Genugthuung —". „Oder ist nicht ein schöner Schmerz viel lieblicher, begehrenswerther als eine hässliche Freude?" (383.) „Zu einzig wahrer Tröstung ist berufen, wer es geschmeckt hat, wie es süsse Freuden bringt, sich so elend zu wissen, wie nur etliche Auserwählte es werden können." (405. vergl. ferner pp. 324. 404. 297.)

Bahnsen ist sich des Pathologischen seines Zustandes theilweise bewusst, und rühmt sich desselben als eines weiteren Vorzuges vor der Masse: „Wie zwischen Weib und Schlange ist Feindschaft zwischen uns und den „Gesunden". Wer einen unendlichen Schmerz zu tragen im Stande ist, hat nichts gemein mit allen jenen, die so klug sich abzufinden wissen mit der Welt, weil sie des Muthes bar sind, offenen Auges hinabzublicken in die Tiefen all des hoffnungslosen Jammers." (214.)

Sehr characteristisch ist es endlich, dass das „Pessimistenbrevier" anonym erschienen ist, während doch durch die häufigen

Hinweise auf die real-dialectische Natur des Weltprincips der Schleier der Anonymität so durchsichtig gemacht wurde, wie die Gesichtsverhüllungen der von der fränkischen Cultur beleckten Damen Stambuls bei der Promenade in Pera. Denn wenn auch der „Geweihte" zur Bestätigung seiner Weltanschauung voraussetzt und, „als neues Probestück wie jede echte Wahrheit sich aus sich selbst neu gebiert", sogar wünschen muss, dass das Resultat seiner Herzenseröffnungen, Glaubensbekenntniss und Generalbeichte, eintrete „in die Reihe der verhängnissvollen Uebel", sich „in praxi nicht anders ausnehme als in thesi", und „Unheil stifte" und „tragische Conflicte",*) so scheint er diesmal im entscheidenden Moment doch genügend als „Gesunder" empfunden zu haben, um angesichts des drohenden Unwetters durch die Anonymität vor den möglichen fatalen Folgen auf seine persönlichen Verhältnisse sich zu schützen. —

Der Pessimismus Bahnsens bietet dem Psychologen interessanten Stoff; das System der Realdialectik ist eine ebenso interessante Episode in der Geschichte der Philosophie.

Die Kritik desselben ist bei dem ungemeinen Scharfsinn des Verfassers, durch tausend Spitzfindigkeiten und Seitenschliche den Einwendungen zum voraus die Spitze abzubiegen, und bei der Eigenthümlichkeit des aufgestellten Princips sehr umständlich; sie erweist sich aber auch als überflüssig, da man der Principienlehre immerhin zugestehen kann, dass sie aus dem Inductionsmaterial der Bahnsen'schen „Welt als Vorstellung" consequent abgeleitet sei, wenn man nachzuweisen vermag, dass die Bahnsen'sche Welt nur ein Bruchstück der Welt ist, deren Leid und Jammer innerhalb des Unlust-Contos des philosophischen Pessimismus Raum findet, ohne einen Miserabilismus (so nennt Hartmann die Weltanschauung Bahnsens) erzeugen zu müssen, dessen Verzweiflungsstandpunct anstandsgemäss den Selbstmord forderte, wenn der Durchgang durch die Erkenntniss: dass die Unlust selbst wieder zur Lust geworden sei, sowie die aufdämmernde Ahnung, „dass das Weltwesen mit all diesem Jammer ja vielleicht recht eigentlich seinen Willen gekriegt habe" („z. Phil. d. Gesch."), ihn nicht zur stumm-stolzen Resignation zu führen vermöchte.

Für die Geschichte des Pessimismus ist der Bahnsen'sche Miserabilismus ein so interessantes Monument, als solche die Wahrheit todt hetzende Extreme es immer sind; für die Bekenner und Apologeten des philosophischen Pessimismus aber von Wichtigkeit, erstens, weil die Gegner des letztern gerne die Ungereimt-

---

*) 396—397; 397. Mitte.

heiten des Miserabilismus dem Pessimismus aufs Kerbholz setzen; zweitens aber, weil der Miserabilismus als dunkle Folie dienen kann, von der sich das reine Wissen von der überwiegenden Unlust der Welt in um so rein-geistigerem Glanze abhebt. —

4. Ph. Mainländer.

Grabbe lässt seinen Faust („Faust und Don Juan") an der Leiche der Donna Anna ausrufen: „es gab einst einen Gott, der ward zerschlagen — wir sind seine Stücke." Diesen Gedanken hat Mainländer adoptirt und seine Philosophie der Erlösung*) soll dessen Wahrheit plausibel machen.

Mainländer nimmt seinen Ausgang von Schopenhauer, insofern als er den Versuch macht, dessen Grundprincip, den Willen, festzuhalten, aber mit Umgestaltung des erkenntniss-theoretischen subjectiven Idealismus in einen transcendentalen Idealismus (Real-Idealismus), und dessen Monismus in einen pluralistischen Individualismus. —

Das Absolute ist nur als einfaches, ungetheiltes, indifferentes Uebersein zu denken; die Empirie zeigt uns aber nur das unendlich mannigfaltige, und zum mindesten als Letztes ein Zweifaches. Folglich ist das Absolute, Gott, nicht mehr, sondern muss als vergangen angenommen werden. Das absolute Eine Ueberseiende hatte nur die Wahl, zu sein oder nicht zu sein; es wählte das letztere. Seine Eigenschaft der Göttlichkeit verhinderte aber das plötzliche Zunichtswerden; es zerfiel nur in die Vielheit des endlichen Seins. Der Kern jedes Individuums, deren jedes ein Stückchen Gottestrümmer ist, ist der Wille. Aber nicht der Wille zum Leben, wie Schopenhauer meint, sondern seinem eigentlichen Wesenskern nach Wille zum Tode.

Der Weltprocess ist nur der langsame, schmerzhafte, aber zuletzt doch mit dem Erfolg der absoluten Vernichtung gekrönte Sterbeact des selbstmörderischen Gottes.

In den bewussten Naturwesen ist der Wille zum Tode maskirt in den Willen zum Leben, weil das organische Leben das wirksamste Mittel zur allmähligen vollständigen Zerreibung der Daseinskraft der Gottestrümmer ist. Im Philosophen endlich kommt das Bewusstsein des wahren Sachverhaltes zum Durchbruch und die Maske fällt: die zur Philosophie gereifte Menschheit weiss, dass sie das Leben nur will als Durchgang und Mittel zum Nichtsein. —

---

*) Berlin, Th. Grieben, 1876.

Mainländer setzt den Pessimismus einfach voraus, indem er sagt: dass der empirische und der psychologische Nachweis von der überwiegenden Unlust des Daseins von „Andern meisterhaft erbracht sei."

Wie derjenige Hartmanns umschliesst sein eudämonologischer Pessimismus einen evolutionellen, d. h. socialen, politischen und culturellen Optimismus. Er versucht das Bild eines Ideal-Staates zu skizziren, in welchen die Culturbestrebungen dereinst nothwendig einmünden müssen. In diesem Ideal-Staate sind alle jene Uebelstände beseitigt, welche gegenwärtig Object der „socialen Frage" und des Entrüstungs-Pessimismus sind; die Lebensordnung wird so vernünftig und so leidensfrei sein, als das überhaupt möglich ist, aber gerade diese Abwesenheit aller (scheinbar) zufälligen und wegräumbaren Leidensursachen wird allgemein die Erkenntniss ermöglichen, dass das Sein selbst die Quelle des Leides ist, ja dass dieses selbst nichts anderes ist als der Druck der Existenz. —

So lange die Lebewesen das Leben wollen, dient all ihr Thun und Streben, aller Fortschritt der Cultur dem seinen Trägern noch verhüllten Zweck der Zermürbung der dem Untergang entgegengehenden Welt; sobald aber die Menschen diesen Sachverhalt erkennen, sowie den hohen Werth der Cultur für dies negative Ziel, so werden sie zwar ebenfalls die Cultur zu fördern helfen, jedoch zeigt sich ihnen nun auch ein anderer, directerer Weg, um sich als Individuum der seligen Vernichtung rasch zuzuführen: nämlich vermittelst der Virginität. Jedes Individuum, welches Nachkommen gezeugt, lebt nach dem empirischen Tode in diesen fort, wer aber im Zustand der Virginität stirbt, der ist vollständig vernichtet, und es hat somit ein Bruchstück Gottes sein vorweltliches Ziel erreicht. Wer schon gezeugt oder geboren hat, der kann nur insofern zu seiner künftigen Erlösung beitragen, dass er am Culturprocess regen Theil nimmt, denn von dessen Fortschritten hängt es ab, ob man Aussicht hat, nach kürzerer oder längerer Frist erlöst zu werden; wer aber noch nicht in Nachkommen lebt, der erlöst sich durch die Wahrung der Virginität vom Dasein, — das „sich" heisst aber hier ein Individuum, welches in beständigem Wechsel der Form und der Persönlichkeit zurückreicht bis zur zersprungenen Gottheit. —

Wer sich so recht mühelos und überwältigend von der Unmöglichkeit einer individualistischen Philosophie überzeugen will, dem ist die „Philosophie der Erlösung", dieser wunderliche wilde Spross aus Schopenhauerscher Wurzel, zur Lectüre zu empfehlen.*) Wir können hier von ihr Abschied nehmen, da sie bezüglich des Pessimismus weder empirisches Material noch theoretische Erörterungen zu dessen Begründung und Rechtfertigung aufbringt.

5. Pessimisten ohne selbständige Systeme.

Zum Schlusse des Capitels sei noch einiger philosophischer Schriftsteller gedacht, die sich in mehr oder minder engem Anschluss an Schopenhauer und Hartmann zum Pessimismus bekennen.

E. Deussen (Princip der Metaphysik) versucht eine Verbindung der Schopenhauer'schen Philosophie mit dem Christenthum, gestützt auf die übereinstimmenden Momente des Schopenhauer'schen Pessimismus und des christlichen contemptus mundi einerseits und die Erlösungssehnsucht in beiden Weltanschauungen anderseits. Nicht die Schopenhauer'sche Askese aber, sondern die Selbstverläugnung in der vom Christenthum gelehrten Liebe ist die zur Erlösung aus dem Leide der Welt und der Ichheit führende Willensverneinung.

Einen schroffen Gegensatz zu Deussen bildet Ferd. Laban (Vorrede zur „Schopenhauer-Literatur", 1880. Leipzig, Brockhaus); dieser bekennt sich zwar zur Schopenhauer'schen Lehre von der Positivität der Unlust, aber er will nichts vom ethischen Pessimismus Schopenhauers wissen. Vom empirischen Pessimismus soll weder auf eine metaphysische Ursache der Unseligkeit des Daseins, noch auf einen transcendenten Zweck des Leides geschlossen werden, sondern man soll ganz einfach bei der Thatsache der absolut-natürlichen Realität der leidvollen Beschaffenheit des Lebens stehen bleiben: ein Standpunct, der nach des Verfassers Meinung am reinsten von Leopardi vertreten werde. Den Pessimismus wie ihn Schopenhauer „und die pessimistischen Religionen und metaphysisch-moralischen Systeme" vertreten, ist die Spitze abgebrochen, weil an die Stelle des Glücks, als des höchsten Guts, der „metaphysische Trost" gestellt wird, indem einer angeblichen metaphysischen Erkenntniss zu Folge das Leid selbs wieder Wünschenswerthes wird, sofern es Mittel zu einem werthvollen Zwecke wird. Schopenhauer selbst war, wie bisher jeder Philosoph, insofern Optimist, als er ein Apologet der Erkenntniss war, indem er an dem Vorurtheile theilnahm, die Wahrheit

---

*) Vgl. „Zwei Individualisten der Schopenhauer'schen Schule" von O. Plümacher. Wien, B. Rosner, 1881.

müsse mit dem „höchsten Gut" Hand in Hand gehen. — Für Laban ist die Wahrheit die Vernichtung aller Metaphysik, Schopenhauer war der grösste Philosoph, aber nicht wegen, sondern trotz seiner Metaphysik, „deren unaussprechliche Schönheit und Reizentfaltung" nöthig war, damit eine solche noch einmal möglich war, und er der Letzte in dieser Richtung seiner Zeit den Tribut zahlte, dem metaphysischen Bedürfniss der Menschen Genüge zu thun. Auch Schopenhauer riss sich nicht los von dem „Wahn", dass der Knoten des Welträthsels im Menschen liege und in ihm seine Lösung finden müsse. Aber diese Illusionen zerreissen; wohl waren sie beglückend, aber sie müssen der öden, kalten Wahrheit der blossen Natürlichkeit weichen." Darwin, Lubbock, Tylor, Paul Rée sind die Wahrheitsträger, ihnen ist zu „danken", dass die Erkenntniss immer kräftiger hervortrete, „dass der moralische Mensch der intelligiblen (metaphysischen) Welt nicht näher stehe als der physische, dass auch die Moral nur natürliche Wurzeln und Bedeutung habe, dass die moralische Verantwortlichkeit nur eine Täuschung in Folge des Glaubens an die Wahlfreiheit sei." — Laban citirt eine längere Stelle von Fr. Nietzsche über den Irrthum des Verantwortlichkeitsglaubens. Wenn es einmal klar geworden sei, dass Keiner, weder für's operari noch für's esse verantwortlich, mithin jedes Urtheil eine Ungerechtigkeit sei, dann werde auch das Elend der Welt einfach constatirt, die einzelnen Formen der Unlust in den einzelnen Gelegenheitsursachen gesucht und bekämpft werden, nicht aber werde man es als das Resultat einer Schuld oder als das Mittel eines metaphysischen Zieles unter ethischen Gesichtspuncten betrachten. —

Laban verlangt also, dass der Pessimismus wieder den Rückschritt zum Weltschmerz vollziehe; er verkennt, dass dieser ein blosses Durchgangsstadium ist, welches keine Lebenskraft hat, und nothwendig nach der einen oder andern Richtung hin eine transcendent-ergänzende Weltanschauung verlangt, und dass der Mensch, so lange er Mensch bleibt, nicht der Speculation über Ursachen und Folgen des Gegenwärtigen sich wird entschlagen können. —

Auch R. Koeber („Schopenhauers Erlösungslehre." Berlin, Duncker, 1882. „Schopenhauer; ein Anhang zur 11. Aufl. von Schwegler's Gesch. d. Phil.") bekennt sich zum Glauben an die überwiegende Unlust der Welt, lehnt aber für seine eigene, wie für Schopenhauers und Hartmanns Weltanschauung die Bezeichnung als Pessimismus ab, da er den Hauptaccent auf die Erlösungshoffnung legt. Koeber acceptirt die Hartmann'sche Correctur der Schopenhauer'schen Willenslehre, wodurch die Idee dem Realprincip als metaphysisches Princip coordinirt wird. Betrachte man im fernern die Erlösungsmöglichkeit unter dem

Gesichtspunct des objectiven Idealismus, in historischem Sinne als Weltprocess, so sei keine „Spur von einem trostlosen Pessimismus" zu entdecken. Wenn das „Reich der Gnade", „die Erlösung der nothwendige, im Weltprincip selbst begründete einzige Ausgang des Weltprocesses ist, wo ist da der trostlose Pessimismus?" Aber den Weg zur Erlösung sieht Koeber mit Deussen im Christenthum, d. h. nicht im christlichen Dogma, sondern in der Idee. „Das Christenthum zeigt uns den Weg auf dem die Erlösung erreicht werden muss, indem es uns nicht eine „bessere Welt", sondern die Schlechtigkeit und Armseligkeit dieser durch und durch schönen und zweckmässig geordneten Welt aufdeckt." (In einer Fussnote setzt er diesem etwas dunklen Satze bei: „die klassische Formel für diesen Pessimismus hat uns Hartmann gegeben: die Welt ist die beste aller möglichen Welten, aber sie ist schlimmer als keine".)

Bezüglich der Weltaufhebung im Sinne Hartmanns sagt er: „die Erfahrung, das wirkliche Leben selbst zwingt uns zu der Annahme, dass die Weltaufhebung der einzig denkbare Ausgang des Weltprocesses sein kann. Denn stellen wir uns einmal die Frage: Was ist mit dem Leben anzufangen, wenn die aus der höchsten Erkenntniss folgende, Alles nivellirende, alle Individualität aufhebende Liebe einst verwirklicht ist? Die Antwort mag sonderbar klingen, ist dennoch aber ganz richtig: mit einem derartigen Leben ist gar nichts anzufangen, weil es überhaupt kein Leben ist, sondern ein absoluter Stillstand, die höchste denkbare Langweile, ein Zustand, der uns von der Allweisheit und Allgüte des Unbewussten auf das raffinirteste ersonnen werden konnte als Mittel, den letzten, möglicherweise noch vorhandenen Funken der Liebe zum Dasein im Menschen auf das sicherste auszulöschen. —

Endlich bekennen sich Moriz Venetianer („Der Allgeist." Berlin, Duncker. 1874) und A. Taubert („Der Pessimismus und seine Gegner." Berlin, Duncker. 1883) zu Hartmann's eudämonologischem Pessimismus. Venetianer betont eine energische Lebensbejahung in intellectueller Erkenntnissfreudigkeit; Taubert sieht in der Täuschungen vorbeugenden, die Selbstlosigkeit fördernden und für die kleinen Freuden des Gemüthslebens empfänglicher machenden pessimistischen Erkenntniss ein Mittel, das Leben so erträglich zu machen als möglich. Beide bekennen sich zu Hartmanns letztem Princip des All-Einen Unbewussten, verzichten aber auf welterlösungstheoretische Speculationen.*)

---

*) Der mannigfaltigen Illustrationen, welche die philosophische Lehre von der überwiegenden Unlust in der Welt und der Unvernunft des Da-

Werfen wir nun einen Blick zurück auf die vier pessimistischen Philosophien, so zeigt sich der Pessimismus E. v. Hartmanns als der Gipfel und die vollendetste Ausgestaltung der pessimistischen Weltanschauung. Erstens, durch die erschöpfende Durchforschung des empirischen Gebietes. Zweitens, durch die scharfe Präcisirung der axiologischen Frage, die saubere Auseinanderhaltung der verschiedenen Maassstäbe, die man an die Welt und das Leben legen kann, die stricte Beschränkung des Pessimismus auf die eudämonologische Sphäre, sowie die Vermeidung unberechtigter Uebertragung ethischer Begriffe auf das Gebiet des Vorbewussten. Drittens, durch die Unbefangenheit der Auffassung der Empfindungs-Vorgänge und die durch keine vorgefassten Theorien behinderte Auffassung der Erfahrungen des Gefühlslebens; viertens, durch die gänzliche Ueberwindung des Affectes: der Weltschmerz ist zum reinen affectlosen Wissen vom Leid des Daseins geläutert. Fünftens, durch die Allseitigkeit mit der die Consequenzen der pessimistischen Erkenntniss auf die practische Lebensgestaltung gezogen sind, und endlich, wegen des Resultates zu dem diese führen: zur **Versöhnung mit dem Leben und der Welt**, zum Zweck einer eventuellen Welterlösung, statt der Lebensentzweiung zu der die andern Formen des Pessimismus führen; mit welcher Versöhnung nicht nur **trotz**, sondern recht eigentlich **auf Grund** des pessimistischen Bewusstseins erst der Thatsache der innern Erfahrung Gerechtigkeit widerfährt. Jener Erfahrung nämlich, dass auch nach völliger Resignation auf Glück **der Mensch der Gegenwart**, der endliche Geist auf der jetzigen Stufe des Weltprocesses sein Leben bejaht, und zwar es bejaht als denkender Geist, nicht bloss als Dupe der Natur. —

Wenn wir daher in den folgenden Capiteln ohne weitern Zusatz vom „philosophischen Pessimismus" reden, so ist damit stets der Pessimismus gemeint, wie er von Hartmann ausgestaltet worden ist. —

---

seins in der modernen belletristischen Literatur gefunden hat, brauchen wir wohl nicht zu erwähnen, da unsere Leser ohne Zweifel hinlänglich damit bekannt sind.

Zweiter Theil.

Die neueste Reaction gegen den Pessimismus.

VI. Capitel.
Die Bekämpfung des Pessimismus vom Standpunct des naturalistischen Optimismus.

1. Die individuelle Verschiedenheit als angeblicher Grund der Unmöglichkeit einer Lust- und Unlust-Bilanz.

Obgleich der moderne philosophische Pessimismus als das Product einer langen Gedankenentwickelung vor uns steht, so ist seine Stellung in der Gegenwart doch durchaus nicht eine unangefochtene. Jener Optimismus eines Leibniz und der Popular-Philosophen des 18. Jahrhunderts beherrscht noch weite Schichten der Denkenden, denn er findet seine Stütze an dem instinctiven Lebensdrang der Jugend, an dem Wunsche jedes Lebewesens und endlich an dem Dogma des Theismus von der Priorität der Intelligenz in der Natur des Absoluten. Die Opposition gegen die Weltanschauung des Pessimismus ist seit dem Erscheinen der „Phil. d. Unb." in einer grossen Menge literarischer Productionen laut geworden, die wie das genannte Erstlingswerk E. von Hartmann's sich an die gebildete Welt im Allgemeinen wendet. Philosophen von Fach, Theologen jüdischen, katholischen und protestantischen Bekenntnisses und Schriftsteller der verschiedensten Richtungen haben sich am Kampfe gegen eine Weltanschauung betheiligt, die ihnen gefährlich erscheint, die jedoch täglich und unaufhaltsam an Terrain gewinnt, und der sie selber je länger je mehr Concessionen zu machen sich gezwungen sehen.

Diese Opposition des Optimismus dem Leser darzustellen und die vorgebrachten Gründe der Gegner auf ihre Stichhaltigkeit hin zu prüfen ist nun die Aufgabe der folgenden Capitel.

Bei den meisten Kritikern gehen die beiden Behauptungen Hand in Hand: es sei ein Urtheil über das Verhältniss von Lust und Unlust unmöglich, und es seien die wortführenden Pessimisten abnorm empfindende Naturen, welche dem eudämonologischen Verhältniss der verschiedenen Lebensfactoren nicht gerecht zu werden vermöchten; von diesen beiden Behauptungen schliesst aber immer die eine die andere aus. Wenn es sich nachweisen liesse, dass ein Abschätzen der Lust- und Unlustquantitäten unmöglich sei, so genügte das, um den Pessimismus als philosophische Theorie zu stürzen; der Versuch, nun auch noch nachzuweisen, dass die Pessimisten unglücklich angelegte Naturen seien, und dass die Welt reicher an Lust sei, als ein Schopenhauer und Hartmann behaupteten, wäre nicht nur überflüssig, sondern widerspruchsvoll; denn die Behauptung, Schopenhauer's und Hartmann's Urtheil über das Verhältniss von Lust und Unlust sei falsch, setzt ja voraus, dass ein solches Urtheil überhaupt möglich und nur aus gewissen Gründen hier nicht correct vollzogen worden sei. Sobald man sich damit abgiebt, zu zeigen, wie Schopenhauer oder Hartmann es da oder dort an der nöthigen Objectivität haben fehlen lassen, wie sie ihr subjectives Empfinden unberechtigter Weise als das allgemeine Empfinden ausgeben wollten, so setzt man damit voraus, dass es doch wirklich einen objectiv gültigen Werthmesser gäbe, wenn auch die modernen Pessimisten nicht über denselben verfügten. Wer also behaupten will, dass sich nichts Allgemeingültiges über das Lust- und Unlustquantum des Seins aussagen lasse, wer Lasson beistimmt: dass die Pessimisten eigentlich nichts anderes behaupten könnten, als dass sie sich elend fühlten, der darf auch nicht versuchen, die von den Pessimisten als eudämonologisch werthlos bezeichneten Lebensgüter und Formen zu verherrlichen, denn sonst kann man ihm entgegnen, dass er damit eben nichts weiter constatire, als dass er sich momentan wohl befinde, und ebenfalls ein subjectiv gefärbtes Urtheil abgebe.

Betrachten wir nun aber einmal den Einwurf: es sei eine Abschätzung des Lust- und Unlustverhältnisses unmöglich auf seine Stichhaltigkeit. Die vorgebrachten Gründe für diese Behauptung sind verschieden; erstens sollen die individuellen Differenzen der Reactionsmodi auf die äusseren Einwirkungen ein allgemein gültiges Abschätzen unmöglich machen; zweitens soll letzteres verhindert werden durch die Unvergleichbarkeit der aus sinnlichen und geistigen Ursachen resultirenden Gefühle der Lust und Unlust.

An diese Beiden schliesst sich dann auch in der Regel die dritte, auch selbstständig auftretende Behauptung an, die pessimistischen Werthurtheile beruhten auf **falschen psychologischen Voraussetzungen**: indem nämlich das Gefühl seiner primären Stellung entsetzt und zu einem blossen Accidens des Willens gemacht werde, gehe es seiner specifischen Eigenthümlichkeit verlustig und erscheine, zu einem leeren, haltlosen Gehäuse geworden, allerdings eher geeignet als Material eines sonst unmöglichen Summationsverfahrens zu dienen. Darin ist zugleich die Meinung enthalten: der angebliche empirische Nachweis des Pessimismus sei dies nicht, sondern nur aus einer Theorie abgeleitet.

Was nun den ersten Punct betrifft, so ist gewiss zuzugeben, dass innerhalb eines gewissen weiten Umkreises die Empfindungen subjectiv ungemein schwankend sind, so dass nicht nur den Einen etwas völlig unberührt lässt, was dem Andern eine ausgesprochene Lust, resp. Unlust ist, sondern dass auch dem Einen etwas positiv lustvoll sein kann, was dem Andern eine grosse Unlust ist (oder vice versa). Dieses Feld der Gefühlsdifferenzen wird innerhalb der Species bestimmt durch Alter, physisch stärkere oder schwächere Constitution, blühenderen oder gehinderteren Lebensprocess, durch Gewöhnung, durch Vorstellungen, die sich mit den die Empfindung unmittelbar auslösenden Eindrücken verbinden, sowie durch die auf diesen sich aufbauenden Ideen und Theorien; durch die Combination der jeweilig mit einander auf den Gesammtorganismus einwirkenden Verhältnisse, und endlich durch eine (der detaillirten Analyse sich in der Regel gänzlich entziehende) Verbindung einer Menge somatischer und psychischer Zustände.

Unterschiede ausserhalb der Species kommen in erster Linie nicht in Betracht; dass die Lallenburger dem Aal kein Leides gethan, als sie ihn in ein tiefes Wasser warfen, ist natürlich ebenso einleuchtend, als dass wir das Schwein nicht zu bedauern brauchen, dass es Trábern frisst, während die Menschen sehr zu bedauern sind, die sich schier jahraus-jahrein von Cichorien-Kaffee und Kartoffeln oder Polenta mit etwas schlechtem Käse nähren müssen, trotzdem sie es mit leidlich gutem Humor thun, so lange es ihnen unbewusst bleibt, wie ihre somatische und indirect ihre intellectuelle Constitution darunter leidet.

Die Beispiele sind sehr zahlreich, die man für die individuellen Verschiedenheiten der Gefühlsreactionen anführen könnte, und braucht man dabei noch nicht einmal die Gegensätze an den äussersten Grenzen der variantenreichen Species homo zu suchen, noch die Extreme von Kindheit und Greisenthum herbeizuziehen.

Schon blosse Standes- und Erziehungsunterschiede genügen, um dem Einen das zum Unbehagen, ja wenn dauernd, zur Qual zu machen, was dem Andern eine Behaglichkeit oder Lustbarkeit ist. Ja, selbst innerhalb des physiologisch-psychischen Gebietes, wo es sich um die unvermittelte Resonanz der Seele mit Lust oder Unlust auf specifische Sinneseindrücke, ohne Antheil von höheren synthetischen Vorstellungen handelt, finden bedeutende Unterschiede der Individuen statt.

Die Linie, wo Indifferenz in Folge von specifischen Sinneseindrücken einerseits in Unlust, anderseits in Lust übergeht, zeigt bei verschiedenen Personen sehr verschiedene Höhen- und Tiefenschwankungen, und noch bedeutendere Kurven zeigt die Linie, wo es sich um die Resonanz auf intellectuelle Wahrnehmungen handelt. Aber absolut verschieden sind die Verhältnisse nicht, und nun tritt uns auch schon ganz ungesucht eine Thatsache entgegen, welche für die pessimistische Theorie spricht: es giebt einen Punct, wo alle individuellen Unterschiede der Constitution aufhören und jeder Mensch Schmerz empfindet. Eine Dame, z. B. empfindet schon Schmerz, wenn sie ihre Hand in Wasser von 40 Grad R. eintaucht; der Käser arbeitet ohne Unbehagen in der auf 60 Grad R. erhitzten, zur Käsegerinnung bestimmten Milch mit seinen Händen und entblössten Armen herum; bei 70 Grad aber brennt es ihn gerade so unerträglich wie die zarte Dame, und Flüssigkeit von 80 Grad Wärme hat bei gleich langer Einwirkung auf eine zarte oder eine dicke Haut ganz die gleiche brühende Wirkung. Dagegen giebt es keine Grenze, über welche hinaus für jeden Menschen positive Lust entstehen muss; die negative Lust, die Contrast-Lust, durch Nachlassen eines Schmerzes oder einer Unlust, darf allerdings als überall ziemlich übereinstimmend eintretend angenommen werden, aber ihre Intensitätsscala stimmt durchaus nicht mit derjenigen der Empfindlichkeit für Schmerz überein. Das heisst also: dass derjenige, der sehr empfindlich ist, dessen Seele schon auf objectiv gelinde Einwirkungen mit Unlust oder Schmerzgefühl reagirt, nicht auch gleich energisch in der Lustproduction ist, wenn ein Schmerz vorhergegangen ist; es zeigt im Gegentheil die Erfahrung, dass bei sehr sensitiven Personen die angenehme Reaction auf einen Schmerz nur gleichsam wie zögernd auftritt, besonders im sinnlichen Gebiete, wo häufig der Unlust ein Ermüdungsgefühl nachfolgt, welches kaum Raum für die Contrastlust übrig lässt.

Bei Lust und Unlust als Seelenresonanz auf gemüthliche oder geistige Erregungen ist die individuelle Verschiedenheit noch grösser als im physiologischen Gebiet, aber auch hier lässt sich ein engumgrenzter Kreis ziehen, in Bezug auf den ein Dritter mit voller

Sicherheit sagen kann, dass jemand, der sich in einer diesem Kreise angehörigen Situation befindet, Lust oder Unlust empfinden müsse; und zwar kann dies mit grösserer Sicherheit nach der Seite der Unlust hin geschehen. Der Grad der Lust oder Unlust, die Intensität des Gefühles, lässt sich freilich nicht von einem Dritten abschätzen, und sogar vom Subject des Empfindens nur approximativ. Denn um ein positives Maass zu gewinnen, müsste es zwei Gefühle gleichzeitig empfinden können; die Empfindung aber ist immer einzeitig, auch einfach, d. h. es ist für ein Empfindungscentrum in einem Zeitmoment nur je eine Empfindungsreaction möglich, und was man als gemischte Empfindung zu bezeichnen pflegt, ist entweder der rapide Wechsel zweier oder mehrerer Empfindungsmomente, oder eine Empfindung als Synthese von zweien oder mehreren vorhergegangenen Empfindungen, welche nachträglich wieder analytisch gewonnen werden können, wenn sich die Reflexion mit diesem Interesse auf die Empfindung richtet.

Man muss den Gegnern des Pessimismus zugestehen, dass die Intensität von Lust und Unlust sich nicht durch irgend ein bestimmtes Maass ausdrücken lässt; man kann nur sagen: ich fühle einen grossen Schmerz oder eine nur geringe Freude, aber wie gross der Schmerz und die Freude ist, das auszudrücken, giebt es weder Gefühlsmeter noch Empfindungskilo. Man kann auch nicht sagen: der Schmerz einer Mutter über den Tod eines Kindes ist grösser als über den Tod des Gatten (oder umgekehrt), oder der Verlust der Braut wiegt schwerer als der der Gattin, oder das Bewusstsein mangelnder künstlerischer Begabung ist minder unlustig als dasjenige über moralische Schwäche (oder umgekehrt). Aber in allen Fällen, wo eine Mutter ihr Kind, ein Mann den Gegenstand seiner Wahlverwandtschaft verliert, kann man mit Gewissheit sagen: er oder sie sind im Zustand der Unlust, und ebenso wenn sich jemand im Zustand der Selbstkritik befindet. Es bietet aber schon die einfache psychische Zuständlichkeit der Lust resp. Unlust schlechthin genügenden Anhalt, um eine Bilanz im Sinne des modernen Pessimismus (speciell Hartmann's Pess.) zu rechtfertigen.

Bei der axiologischen Frage handelt es sich in erster Linie um die einfache Lust oder Unlust und deren zeitliche Verhältnisse zu einander; erst in zweiter Linie steht die Frage nach den Variationen, welche dieses Verhältniss auf den verschiedenen Stufen der geistigen und physischen Organisationen erleidet. Wenn nun auch der Kreis ein enger ist, innerhalb dessen mit voller Gewissheit ein Urtheil über das Vorhandensein von Unlust oder Lust gefällt werden kann, so hat doch gerade die Beschränkung auch wieder den Vortheil, dass die Fälle, welche er umschliesst, um so allgemeiner sind. Mit anderen Worten: je enger der Kreis gezogen wird, der die mit Sicherheit eudämonologisch abschätzbaren Verhältnisse in sich fasst, um so weiter wird die Sphäre der Menschen, welche jenen Verhältnissen unterliegen, ohne Rücksicht auf Zeitalter, Nationalität, Race und Stand; ja, so weit es sich um physische Verhältnisse handelt, können auch die höheren Thiere mit in die zu beurtheilende Sphäre hineingezogen werden. (Man denke an Hartmann's Erörterungen über den Hunger und die physische Liebe.)

Diese Sphäre der Uebereinstimmung ist von grosser Wichtigkeit; nicht nur ist die über ihr berechtigtes Gebiet hinausgeführte Betonung der individuellen Verschiedenheit und der daraus folgen sollenden Unmöglichkeit eines axiologischen Urtheils eine Beschränkung des philosophischen Reiches, sondern sie wird für die Praxis gefährlich, weil sie zur theoretischen Entschuldigung der mangelnden Sympathie mit der Mitcreatur wird.

2. Die angebliche Unvergleichbarkeit der aus verschiedenen Quellen stammenden Gefühle.

Wir haben im 3. Capitel gesehen, dass schon Maupertuis ganz klar und deutlich auseinandersetzte, wie eine Lust resp. Unlust rein als solche ganz dieselbe ist, gleichviel ob ihre Ursache, und damit ihre inhaltliche Bestimmung, eine durch die Sinne vermittelte oder durch seelische und intellectuelle Actionen hervorgerufene sei; dass Lust resp. Unlust eben einfache Seelenreactionen seien, die sich unter einander nur durch die Dauer und durch die Intensität unterschieden, während alle anderen Merkmale und Unterschiede der Vorstellung angehören, an welche sich die Seelenmodi der Lust oder Unlust anhefteten.

Wir haben ferner gesehen, dass Kant diese Meinung durchaus theilt und hervorhebt, dass wenn es nicht so wäre, man nicht darüber calculiren könnte, ob man auf eine sinnliche Lust zu Gunsten einer geistigen Befriedigung (resp. vice versa) verzichten sollte oder nicht, ganz ähnlich, wie später Hartmann, die von ihm ebenfalls adoptirte Theorie an einfachen Beispielen illustrirend.

Es fällt uns nicht ein anzunehmen, die Kritiker Hartmann's hätten von dieser doppelten Vorgängerschaft keine Kenntniss gehabt; es wäre diese Annahme ja für die Herren eine beleidigende;

es ist daher fast erstaunlich, dass sie die Theorie einfach als Hartmann's Aufstellung kritisiren. Wahrscheinlich thun sie dies der Einfachheit zu Liebe; dabei ist dem grossen Publicum, welches nicht den Anspruch erhebt, sich in solchen Fragen eine eigene Meinung zu gründen, sondern sich gerne belehren lässt, die eigene abweichende Meinung der Herren Kritiker leichter plausibel zu machen, als wenn die gegnerische Ansicht durch die Autorität eines Kant verstärkt wird.

Die Opposition gegen die Maupertuis-Kant-Hartmann'sche Theorie geht durch die ganze Pessimismus-Kritik hindurch, von Haym (Preuss. Jahrbücher 1872) bis zu den neuesten Kundgebungen eines Hugo Sommer und A. Horwicz; und aus dem Auslande tönt ein Echo zurück. Ja, einem J. Sully passirt sogar das lächerliche Missgeschick, Hartmann dahin misszuverstehen: Lust und Unlust unterschieden sich bloss quantitativ, was den gelehrten Engländer veranlasst, diese Ansicht „extremely curious" zu nennen.

Die vorgebrachten Gründe sind zum Theil noch dieselben, wie zur Zeit als Maupertuis um seiner Theorie willen angegriffen wurde: man glaubt darin eine Hinunterwürdigung der höheren geistigen Befriedigungen durch die sinnliche Lust zu sehen, und meint, dadurch dass man die geistige Lust zu etwas unvergleichlich Anderem als das unmittelbar sinnlich vermittelte Behagen erklärt, eine optimistische Weltanschauung auf höherer, sozusagen übernatürlicher Basis zu retten.

Maupertuis' Wort, dass die grösste Lust die edelste sei, ist ein Ausspruch, der allerdings leicht zu Missverständnissen führen kann, und seine Berechtigung nur innerhalb einer individual-eudämonistischen Weltanschauung (wie solche Maupertuis mit seinen Zeitgenossen theilt) findet, die aber nicht für Hartmann's tragisch-ethischen Standpunct passt.

Hier ist die Lust, deren objective Ursache eine neue wissenschaftliche Entdeckung oder der Sieg über eine böse Neigung ist, oder die Lust, die aus liebevoller Thätigkeit für seine Nächsten u. s. w. resultirt, allerdings „edler" als die Lust, die ein guter Bissen verursacht; aber bei der Frage, ob mehr Lust oder mehr Unlust in der Welt sei, handelt es sich nicht um ethische oder logische Qualitäten der Gefühle, sondern einfach um deren quantitative Verhältnisse. Maupertuis und Hartmann sind darin aber auch ganz gleicher Ansicht, dass innerhalb der auf höheren Culturstufen stehenden Menschheit eine grössere Summe von Lustmomenten aus geistigen Genüssen zu ziehen sein möchte als aus primär sinnlichen, weil die ersteren dauerhafter sind und keine natürliche unlustige Reaction im Gefolge haben, ihre Erreichbarkeit auch weniger von objectiven Zufälligkeiten abhängt; eine Wahrheit, die übrigens schon die Weisheit Epikurs enthielt.

Bei der axiologischen Frage handelt es sich direct nicht darum, **woher** die Lust resp. die Unlust stammt, sondern darum, **wie viel** von jeder vorhanden ist, und die Forschung nach dem psychologischen Process des „Wie" und „Woher" der verschiedenen Empfindungen hat nur Bedeutung, weil sie das Verständniss des durch unmittelbare Erfahrung Gewissen ermöglicht.

Hartmanns Kritiker, welche sich den Anschein von grosser wissenschaftlicher Genauigkeit geben wollen, scheinen der Meinung zu sein, es sei nöthig, die durch ihren Inhalt und ihre Ursache verschiedenen Gefühle qualitativ gegen einander abzuschätzen, und indem sie nun die Unvergleichlichkeit sinnlicher und geistiger Lust (resp. Unlust) fälschlicher Weise behaupten, sehen sie hierin den Beweis für die von uns zugestandene Unmöglichkeit eines objectiv bestimmbaren Intensitätsmaasses für Lust und Unlust. Ferner soll es dadurch unmöglich werden, das sich gegenseitige Bekämpfen und eventuelle Aufheben von Lust und Unlust festzustellen, welches letztere ebenfalls irrthümlicherweise als Vorbedingung für eine allgemeine Bilanz von Lust und Unlust gilt.

Citiren wir als Beispiel A. Horwicz (Phil. Monatshefte XVI. B., IV. u. V. Heft 1880). Dieser meint, Voraussetzung der Bilanz sei, dass die reale Lust und Unlust sich in Realität so entgegengesetzt seien wie in der Mathematik $+$ und $-$, oder wie im Geschäftsleben Vermögen und Schulden; ferner dass alle einzelnen Lustgefühle, Güter, Freuden u. s. w. unter sich summirt werden könnten, mit ihren Gegensätzen sich aber ausgleichen (p. 267). Dies sei aber nicht der Fall; unsere Gefühle seien nicht gleichbenannte Zahlen, sondern jedes Gefühl ein Ding eigener Art, und der Gedanke an eine Gefühlsbilanz mahne an den Versuch, „Ochsen, Schafe, Aepfel, Birnen und Stiefelknechte" zu addiren. Es sei ferner sehr selten, dass das Zusammentreffen verschiedener Lustwerthe mit a, b, c und d den vollen Lustaffect $a + b + c + d$ ergäbe, sondern verschiedene Factoren störten einander und drückten sich wechselseitig herab.

Hierauf geben wir zu bedenken: Die aus verschiedenen Quellen stammenden Lustwerthe sind nicht incommensurabel wie Vieh und Obst und Stiefelknechte; nur ihr Inhalt zeigt specifische Unterschiede, nicht aber ist ein Genus- oder gar Classen-Unterschied vorhanden, denn das ihnen allen Gemeinsame ist, dass sie **Gefühle** sind; sofern sie aber Lust und nichts anderes als Lust sind, sind sie gleichbenannte Zahlen. Ich kann auch Vieh, Obst und Stiefelknechte zu gleichbenannten Zahlen machen, indem ich sie einfach als meine Objecte bezeichne, und so die Zahl der Objecte feststellen kann.

Wer die Unvergleichlichkeit der verschiedenen Lustwerthe und Unlustmomente vertheidigt, von dem könnte man vor allem eine genaue Bestimmung der Grenze erwarten: wo sinnliche Lust aufhört und geistige Lust beginnt. Die Extreme zu bezeichnen, ist nicht schwer; die Lust an einem guten Glas Wein ist sinnlich, diejenige über eine mit Selbstverleugnung vollzogene That geistiger Art; aber wohin rangirt die Lust, die ich empfinde beim Anhören der 9. Symphonie Beethovens, und wohin diejenige über einen Walzer von Chopin und einen solchen von Strauss oder Lanner?

Da unsere Sinne alle und jede Ideen, auch die abstractesten, directer oder indirecter produciren helfen, so ist eine saubere, unbestreitbare Unterscheidung unmöglich, und die einfache Unterscheidung des alten Maupertuis noch ganz genügend, schon deswegen genügend, weil sie für das axiologische Problem wenig zu bedeuten hat. Sehr richtig ist hingegen Horwicz' Bemerkung, dass verschiedene Lustwerthe nicht die volle Summe ihrer Einzelwerthe ergeben. Aber, wenn sie sich oft gegenseitig hinuntersetzen und oft gar unterdrücken, so spricht dies ja für, nicht gegen den Pessimismus; besonders deswegen: weil bei den Unlustmomenten das Gegentheil die Regel ist, nämlich, dass Unlust a und Unlust b nicht bloss die Summe $a + b$, sondern häufig $a \times b$ ausmachen.

Als Beispiel denke man an einen Mann, der krank ist und weiss, dass seine Krankheit ihn für lange Zeit arbeits- und somit erwerbsunfähig macht, der sich aber über letztern Punct keine Sorge macht, weil ein früher erworbenes Kapital ihn aller möglichen Verlegenheit überhebt. Dieser Mann bekomme nun die Kunde, dass seine Nothpfennige in einem Bankrott unrettbar verloren sind; wird da das Unlustmoment der Krankheit sich nicht mit dem Unlustmoment der Verarmung multipliciren?

Es ist ferner richtig, dass sich Lust und Unlust nicht derart von einander abziehen lassen, wie n-Schulden von m-Vermögen. Wenn ich eine Lust empfinde, die ich mit $+ 10$ bezeichnen will, und hierauf eine Unlust an mich herantritt, die für sich $- 5$ sein möchte, so bleibt nicht etwa Lust $+ 5$ übrig, während die Unlust ausgetilgt wird. Das Verhalten von Lust und Unlust ist vielmehr ein überspringendes; entweder meine Lust hat so starke Wurzeln, dass für eine gewisse Zeit keine Unlust oder doch nur eine solche, deren negative Ziffer ganz bedeutend grösser ist als die positive Ziffer der Lust, dagegen aufkommen kann, oder aber die Unlust siegt, und dann ist auch der Lustwerth $+ 10$ mit einem mal ausgewischt und die Seelenverfassung ist Unlust — 5. Wird hierauf die Ursache der Unlust beseitigt, so kann auch die Lust plötzlich wieder in voriger Stärke vorhanden sein, oder aber auch erhöht oder erniedrigt; oder es kann eine Gefühlsstille herrschen, die das Subject weder als Lust noch als Unlust zu bezeichnen vermag.

Es ist nun aber ein Irrthum, anzunehmen, es sei die Einsicht in den psychologischen Process der sich gegenseitig ablösenden, sich beschränkenden, aufhebenden, modificirenden und multiplicirenden Lust- und Unlustgefühle die Vorbedingung der Möglichkeit eines Urtheils über das Verhältniss von Lust und Unlust. Es handelt sich bei letzterem **nicht um die reale Compensation** der actuellen Gefühle in dem sie jeweilig Empfindenden, sondern um die **begriffliche Compensation** der schlechthin seienden, gleichviel wie entstandenen Gefühle für den Betrachtenden. Es handelt sich um den Vergleich der beiden Summen der Lust- und Unlustmomente als objectiv gegebener, ohne Rücksicht auf das „Wie" des Entstehens. Es gilt zu entscheiden, ob innerhalb einer gewissen Zeit ein Individuum mehr Momente hat, wo es Lust empfand, oder mehr Momente, wo es unlustig fühlte, und wie sich bei der Mehrzahl der Empfindungswesen die Differenz stellt.

Man kann allerdings nicht bestimmen, „wie viel Nativ-Austern für den begeisterten Patrioten die Schlacht von Sedan werth gewesen ist" (Horwicz), aber für das axiologische Urtheil kommen die Austern als leckere Speise und die Siegesfreude einfach als zwei verschiedene n-werthige Lustcomplexe in Rechnung, gleichviel ob das Gefühl des Feinschmeckens und die Siegesfreude inhaltlich unvergleichlich sind. Es kommt dann aber auch **in's Conto der Unlust: der Schmerz der französischen Patrioten**, die Unlust der Strapazen der die Schlacht Schlagenden, die Leiden der Verwundeten und Sterbenden und die Trauer der Angehörigen der Letztern; ferner bezüglich der Austern der ohne Zweifel unlustvolle Zustand derselben, vom Moment, wo sie der Bank enthoben wurden, bis sie ihr dumpfes Leben enden; dagegen kommt auf's Conto der Lust bei der Sedan-Angelegenheit die Freude über Beförderungen, Tapferkeitsmedaillen u. s. w., bei den Austern aber der eventuelle Gewinn für Züchter, Fischer und Händler. Wie wird sich nun aber wohl die Bilanz stellen? Wir glauben nicht, dass eine Schlacht und eine Austernernte ein Glückssaldo zum Uebertragen in die Weltrechnung liefern wird.

Horwicz meint ferner, es sei auch eine unmögliche Forderung, vergangenes und gegenwärtiges Gefühl zu summiren und bilanciren, denn Manches verursache uns jetzt Unlust, was uns früher Lust bereitet, oder umgekehrt.

Hier ist aber beides, die damalige Lust und die jetzige Unlust, in die Bilanz einzustellen, unbekümmert um unsere jetzige Stellung zu den in früheren Zeiten Lust, resp. Unlust verursachenden Objecten oder Geschehnissen. Es ist allerdings sehr schwer, einen vergangenen Zustand nach seinem damaligen Werthe zu beurtheilen; wenn auch Hartmann Recht hat, dass der Instinct im Dienste des Erhaltungstriebes das Urtheil gerne optimistisch färbt, so sind doch auch wieder die Fälle zahlreich, wo einem vergangene Zustände schwerer erscheinen, als sie empfunden worden, weil entweder unsere Lebensauffassung eine ernstere wurde, weil wir die erleichternde Wirkung der Illusionen und der Hoffnung jener vergangenen Zeit nicht mehr in Anschlag bringen, oder weil wir inzwischen verwöhnter und zugleich weniger lebenslustig geworden sind. Darum hat Hartmann Recht, dass ein Anderer oft besser als das Subject der fraglichen Empfindungswechsel die Bilanz zu ziehen vermag.

Das meint auch J. Sully zu Gunsten des Optimismus: wenn ein Mann in gewissen Zuständen und Verhältnissen lebe, so hätten wir das Recht, ihn glücklich zu nennen, auch wenn er selber sein Glück geringe schätze. So können auch wir mit noch grösserer Gewissheit eine Menge Lebensverhältnisse als auf der negativen Seite der Glücks- und Unglücks-Scala stehend bezeichnen, selbst wenn sich ihre Träger in Folge der kurzen Momente der Contrast-Lust, wie sie ein jeder Kampf, auch der mit den widrigsten Geschicken, bietet, und im starken Lebensdrange über den eudämonologischen Gesammtwerth ihrer Existenz täuschen.

Es meint endlich Horwicz, es sei die Einheit des Subjects Bedingung für die Bilanz; diese Einheit komme aber nur Gott zu, für den wir nicht urtheilen dürften. Die Einheit des Wesens aller Creatur, welche die andere Seite davon ist, dass Gott das allgemeine Subject sein könnte, ist die Bedingung, dass man innerhalb jenes schon erwähnten engen Kreises mit Bestimmtheit den Zustand des Andern taxiren kann, trotz der Mehrheit der Empfindungssubjecte. Es beruht ja alles sittliche Handeln nach dem Princip des Social-Eudämonismus auf der Schätzung von fremder Lust und Unlust, wie alles individual-eudämonistische Streben auf dem Abschätzen und Vergleichen eigener gegenwärtiger und zukünftiger Lust und Unlust beruht, obgleich das Bewusstseinssubject, welches ich jetzt mein „Ich" nenne, nicht dasselbe ist, welches sich über einem Jahr über diesem Organismus erheben wird, und ich keine positive Garantie habe, ob „Ich" in einem Jahr noch gleich empfinden werde wie heute. Daher sind denn zwar allerlei Irrthümer über den Werth eines künftigen Zustandes möglich, aber im Grossen und Ganzen ist doch ein Urtheil möglich, und die totale Unmöglichkeit eines solchen vorsehenden Abschätzens würde allem Handeln den materialen Boden unter den Füssen entziehen.*)

3. Die angebliche Unwissenschaftlichkeit der Hartmann'schen Lust- und Unlust-Bilanz.

Es liegt ein entschiedener Missbrauch der Begriffe „subjectiv" und „objectiv" vor, wenn man dem „Gefühl" um seiner Subjectivität willen die „Thatsächlichkeit" abstreiten will, und, wie R. Seidel („Grenzboten" 1879 Nr. 16), dasselbe deswegen für nicht zur Unterlage der Induction geeignet erklärt. Es ist uns eben keine Objectivität gegeben, ohne dass sie durch das Thor der Subjectivität eingegangen sei, und was dem Inductionsmaterial des Pessimismus zum Theile an der Fähigkeit abgeht, allgemein controllirt zu werden, das hat es wiederum an der Unmittelbarkeit voraus, mit welcher der objective Vorgang sich dem, die Beobachtung vornehmenden Subjecte als sein (nunmehr selbst subjectiver) Inhalt hingiebt.

Es ist eine beliebte Manier mancher Kritiker, die angebliche Unwissenschaftlichkeit des Hartmann'schen Pessimismus in solchen Ausdrücken kund zu thun, dass dem naiven, wissenschaftsgläubigen Leser der Glaube aufgehen möchte, es wäre allerdings möglich in „exactwissenschaftlicher" Weise, etwa im Gebiete der Psycho-Physiologie das Verhältniss der Lust- und Unlustempfindungen festzustellen, es liege mithin bei den modernen Pessimisten ein Versäumniss vor. So meint Sully es bestehe noch keine „Wissenschaft des Hedonismus."

Soll nur das „Wissenschaft" heissen, was gewogen und gemessen, chemisch analysirt und mit dem Mikroskop geschaut werden kann, dann ist keine Wissenschaft des Hedonismus und keine wissenschaftliche Lösung des axiologischen Problems möglich; man darf dann aber auch nicht von der Psychologie als von einer Wissenschaft sprechen, da auch diese dann nur eine Kunde ist, zu der die gefühlsmässige Erfahrung den besten Theil geliefert hat. Die Physiologie kann nachweisen, wie gewisse Einwirkungen von aussen und gewisse spontane, dem Organ specifische Actionen auf die empfindungs-vermittelnden Nerven oder das Gehirn (als das materielle Correlat der Psyche) einwirken, und wie dieselben sie

---

*) Vgl. zu dem hier über Horwicz gesagten: E. v. Hartmann, „Zur Pessimismus-Frage"; Phil. Monatshefte 1883, pp. 71—80. Diese Abhandlung kam uns erst, nachdem dieses Capitel geschrieben war, zu Gesicht.

quantitativ und qualitativ verändern, sowie welcher Art die Verhältnisse und Bedingungen ihrer vegetativen Förderung oder Schädigung sind. Von der vermittelst der äussern Sinne zu constatirenden materiellen Veränderung am thierischen, halbtodten Object (bei der Vivisection) zu der lebendigen Empfindung ist es aber ein gewaltiger Sprung, und das Band, welches das Resultat des physiologischen Experimentes mit der seelischen Selbsterfahrung knüpft, ist viel mehr das der unmittelbaren instinctiven Ueberzeugung als ein wissenschaftlicher Beweis.

Bezüglich des Verhältnisses von Lust und Unlust kann daher das Zugeständniss an die Naturwissenschaft nicht weiter gehen als bis zur Acceptirung des Satzes: Förderung der organischen Gebilde und ihrer Lebensbedingungen wird als Lust, Gefährdung, Minderung derselben als Unlust empfunden.

Die Verwendbarkeit dieses Satzes zum Lust- und Unlust-Problem wird nun aber wieder erheblich eingeschränkt. Erstens durch die Relativität der Individualität und zweitens durch die Natur des Processes der Bewusstseinsentstehung.

Jedes höhere Individuum, bei dem wir durch annähernde Uebereinstimmung seiner organischen Bildung mit unserem Organismus auf analoge Empfindungsvorgänge schliessen dürfen, ist kein einfaches Individuum, sondern eine Individuen-Pyramide; was von oben und von aussen betrachtet als ein Einzelnes erscheint, ist nur das Einheitsproduct vieler Theile, die alle wieder für sich und in ihren Gruppirungen Elementar- und Organ-Individuen sind. Jeder lebendige Baustein der Individuen-Pyramide ist nun für sich Zweck und für das über ihn sich erhebende System Mittel; innerhalb gewisser Grenzen fördert er das über ihm stehende Individuum, dessen Theil er ist, dadurch, dass er sich selbst fördert; jenseits dieser Grenzen aber fördert er die höheren Zwecke, sofern er die Selbstbehauptung einschränkt, das eigene absolute Gedeihen opfert. Dies gilt für die Saftzelle im Blatte einer Pflanze, für die Fettzelle im thierischen Organismus, wie für die Person als Bürger der menschlichen Gesellschaft. In allen Fällen steht der Regel, dass das Gedeihen des Einzelnen das Gedeihen des Gesammten zur Folge habe, die Ausnahme zur Seite, dass das Gedeihen des Ganzen das Opfer des Behagens des Theiles verlangt. Das Gegenstück hierzu bildet die Regel, dass der Verderb des höhern Individuums den Verderb des Theil-Individuums nach sich zieht, die Regel zur Regel gemacht durch die Ausnahme, dass der Nachtheil des Ganzen zur Möglichkeit pathologischer Ueberhebung des Theiles dienen kann, welche Ausnahme aber wieder in ihrem individual-eudämonistischen Werthe beschränkt wird, durch die Kürze solcher desorganisirenden Vorgänge.

Es zeigt auch die Erfahrung, dass das Wohlbehagen des Gedeihens der niedrigen, einem höhern eingeordneten Individuen auf die betreffende Stufe beschränkt bleibt, dagegen die Unlust, als Folge von Störung oder Gefährdung des Theiles, von den höheren Stufen mit percipirt werden; z. B. Gewebebildung, Zellvermehrung, bedingt durch dem Zellleben günstige Ernährungsverhältnisse, werden gar nicht empfunden, wohl aber die Zerstörung derselben; ebenso wird das Bedürfniss nach Nahrungsaufnahme, von dem die Spitze des höheren Individuums bildenden Ich-Bewusstsein percipirt, dagegen die Sättigung nur als Befriedigung des in Folge jener Perception erregten bewussten Willens, nicht aber als eine langsam von Organ zu Organ, Zellgruppe zu Zellgruppe fortschreitende lustvolle Empfindung der Theile wahrgenommen, während doch jede Verdauungsstörung sogleich in's Central-Bewusstsein übergeleitet wird.

Es sind schon Hypertrophie und Parasitenbildung von Optimisten in's Treffen geführt worden, als angebliches Gegengewicht der Krankheitsleiden; das ihnen eigene Bewusstsein (Zellbewusstsein) ist aber jedenfalls ein sehr dunkles, und während ihre dumpfe Lust auf ihre Individualsphäre beschränkt bleibt, wird die Störung, die sie auf die umgebenden Organe ausüben, auf allen höhern Stufen der Individuen-Pyramide als Unlust und Schmerz empfunden.

Ein erheblicheres Gewicht in die Waagschale der Lust liefert jenes Behagen, welches mit den specifischen Sinnesthätigkeiten verbunden ist. (Sully, Sommer, Horwicz u. A.). Gewiss ist das Auge lichtfroh, das Ohr tonfreudig, — man kann es an kleinen Kindern, an Thieren, an sich selbst hinlänglich erfahren, — und die so erzeugte Lust ist um so erheblicher, als gerade die specifischen Sinnesfunctionen relativ wenig Behinderungen ausgesetzt sind.

Aber je höher das Individuum sich entwickelt, je mehr alle seine Organe in den Dienst geistiger, über das Individuum hinauszielender Interessen treten, um so mehr tritt der Reflex der Lust aus den Sinnes-Organen im Gesammtbewusstsein zurück, und die Seh-Lust, Hör-Lust, Bewegungs-Lust behauptet sich nur noch als specifisch färbendes Ingredienz bei den Geistesfunctionen des Erkenntnisstriebes, des ästhetischen Geniessens, der körperlichen Arbeit u. s. w.

Gewiss ist bei dem Genuss der Musik, dem Genuss eines Gemäldes, einer Landschaft, der Betrachtung einer bewegten Strassenscene, und ebenso bei dem Behagen an einer nutzbringenden Arbeit immer ein Theil reine primäre Actionslust durch Befriedigung der besondern Sinnesenergien; es wird aber in der Regel nicht auf diesen Bestandtheil reflectirt, er wird übersehen über der Befriedigung eines auf bestimmte objective oder auch subjective Ziele gerichteten Willens. Wird aber der auf letztere gerichtete bewusste Wille nicht befriedigt, indem z. B. ein Tonstück oder ein Gemälde den ästhetischen Anforderungen nicht genügt, eine Arbeit nicht zum erwünschten Resultat führt, ein Gang, ein Ritt umsonst unternommen war, dann verschlingt die Unlust über die vergebliche Action vollständig die primäre Lust der specifischen Sinnesthätigkeiten, lässt sie gar nicht zum Ich-Bewusstsein des Gesammtindividuums kommen.

Besonders der Engländer Sully hebt die Lust, die aus dem „Sport" resultirt, hervor. Ohne Zweifel erzeugt der Sport, da wo er wirklich Sport bleibt und nicht eine besondere Form der Speculation oder des Ehrgeizes wird, ein erhebliches Sümmchen Lust. Nur schade, dass die Sportwelt ein sehr kleines Stückchen der realen Welt ist, trotzdem, dass es gewöhnlich nur die „grosse Welt" ist, aus der sich die Jünger des Sports rekrutiren.

Für die überwältigende Mehrzahl der Menschen wird das normale Quantum Energie, welches activ werden muss, falls nicht Unlust eintreten soll, und deren Activwerden schon als mehr oder minder lustvoll percipirt wird, schon vollständig in Anspruch genommen durch die Gewinnung des Lebensunterhaltes oder der mit den Verhältnissen seines natürlichen und civilen Standes aufgenöthigten Pflichten, der Gewinnung, Erhaltung und Ausfüllung seiner socialen Stellung. Sobald einmal die ersten Jugendjahre vorüber sind, fängt in der Regel die Lust an der Körperaction zu schwinden an, und in den Jahren, wo sie am unverdunkelsten aufzutreten vermag, da gesellt sich ihr ergänzendes Gegentheil: die Unlust der verhinderten Körperbewegung durch Schulsitzen, häusliche Arbeiten, Kinderarbeit der Fabriken u. s. w. zu ihr, so das Lustsaldo aus dieser Quelle erheblich herunterdrückend.

Am freisten von den Lebensverhältnissen und am unermüdbarsten sind die Sinne im engern Sinne: die Organe des Hörens, Sehens und Schmeckens; besonders das letztere, während das erstere in unsern Cultur-Centren noch für vogelfrei erklärt und allen Unbilden ausgesetzt und häufig derart überanstrengt ist, dass nicht mehr die Action, sondern die ermöglichte Passivität als Wohlthat und Lust empfunden wird.*)

Man hat ferner die Lebensfreude, die blosse instinctive Daseinslust, dem Pessimismus gegenüber geltend gemacht und ein Carl Möbius hielt eine Rede (1879) über das Goethe'sche Wort: „Leben ist die schönste Erfindung der Natur, und der Tod ist ihr

---

*) Vergl. Schopenhauer: „Parerga und Paralipomena" Bd. II, Cap. XXX.

Kunstgriff viel Leben zu haben;" in dieser Rede wird auf die überwältigende Lebensfülle der Natur hingewiesen und werden die Pessimisten eingeladen, nach den Tropen, auf „ein belebtes Corallenriff" zu kommen, um die überquellende Lebensproduction anzustaunen und zu bewundern. Auf die Stellung Schopenhauer's und Hartmann's zu der ästhetischen Seite der Welt kommen wir später zu sprechen; über die Lebensfülle brauchen sie sich nicht erst durch Corallen, Krabben und Austerncolonien belehren zu lassen; es wissen beide, dass das organische Leben überall in übermässiger Fülle aufsprosst, wo nur eben die elementaren Bedingungen es erlauben. Wenn aber die Natur in ihrem Lebensdrange 1.045.000 mal mehr junge Austern erzeugt (Möbius, pag. 8), als normales glückliches Austernleben zu fristen im Stande sind, so meint das doch nichts anderes, als dass 1.045.000 mal gegen Eins der Trieb der Natur sich nicht vollständig durchzusetzen vermochte, und der Pessimist glaubt sich gegenüber solchen Zahlen zu einem andern Schlusse bezüglich der Stellung des Behagens im Haushalt der Natur berechtigt: es beweist ihm der Reichthum und die Unverwüstlichkeit des Lebens nicht das Glück des Lebens; sondern nur die Stärke des Lebensdranges um jeden, auch den theuersten, schmerzhaftesten Preis!

Es darf eben nicht vergessen werden, und es gilt so gut für die Ein-Million und fünfundvierzigtausend zum Gefressenwerden bestimmten jungen Austern wie für den höchsten Culturmenschen, dass das Werden nicht empfunden wird, wohl aber das Sterben, weil mit dem Werden das Subject selbst erst wird, beim Sterben aber das Bewusstseinssubject den theilweisen Tod seines materiellen Körpers überlebt, wobei das Central- (Grosshemisphären-) Bewusstsein noch die letzten Zuckungen der Theile als Schmerz reflectirt, bevor es mit der Lösung seines materiellen Trägers selbst erlischt.

Wenn die junge Auster den Tod unbewusst erleiden sollte, so wäre es nur, weil sie auch ihres Lebens nicht als Befriedigung des Lebenswillens froh geworden wäre; wo aber das höhere Individuum nun sich seines Lebens vollbewusst freut, da stirbt es auch den „bittern Tod," oder aber es „stirbt sein Leben,"*) d. h. sein Lebenswille wird allmählich gebrochen, so dass dann allerdings zuletzt der Tod bloss ein willkommenes Einschlafen sein kann, aber eben nur deswegen, weil nun das Leben statt einer Lust eine Last geworden ist.

---

*) „und starb das Leben weiter" sagt Graf Stadion in einer Weltschmerz-Novelle von dem Helden derselben. Man denke auch an Innocenz III.

4. Die angeblich falsche Gefühlstheorie als Verfälscherin des empirischen Pessimismus-Beweises.

Mit Obigem sind wir nun auch dem gegnerischen Einwurfe nahe gekommen: es gründe sich der Pessimismus auf eine irrthümliche Theorie des Gefühles auch insofern, als das Gefühl statt neben Wille und Vorstellungsvermögen der Seele als blosses Accidens am Willen bestimmt werde. Man kann den Satz zugeben, dass, was das Leben des Organismus fördere, Lust, was es schädige, Unlust erzeuge, ohne dass man dadurch aus dem Kreise der Gefühlstheorie der Willensphilosophie träte.

Sobald wir nämlich nicht bei der leeren Thatsache stehen bleiben wollen, sondern versuchen, uns das „Warum" des Zusammenhanges klar zu machen, so ist dies gar nicht anders möglich, als dass uns das, was als Lust erzeugendes Object erachtet wird, zugleich als gewolltes erkennbar wird; ja unser eigenes Gedeihen könnte gar nicht lustvoll sein, wenn es nicht mit dem Grundwollen unserer Psyche gewollt würde, denn sonst wäre ja auch für uns, als blosses Bewusstseins-Individuum, die Förderung des materiellen Leibes ein bloss objectiver Vorgang. Dem Gefühl als solchen geschieht aber auch an seiner Wahrheit und an seiner unsagbaren, bloss zu erlebenden Qualität kein Abbruch dadurch, dass es für ein Accidens des Willens erklärt wird, es bleibt doch, was es ist: das intimste, unmittelbarste Moment, bei dem die Seele bei sich und für sich ist. Nur dann, wenn man sich die Seele als ein für sich bestehendes leeres Etwas denkt, welches zu seiner Existenz nun erst verschiedener Eigenschaften bedarf, dann erscheint die Bestimmung des Gefühls als eines Accidens am Willen gleichsam als eine Beraubung der Seele; nicht aber wenn man die Seele im Sinne Hartmann's erfasst, als die Einheit von Wille und Vorstellung, und nur als individualisirter Actionsmodus des Absoluten seiend.

Die psychologischen Theorien bleiben aber auch für den Pessimismus als solchen ganz indifferent; das Gefühl der Lust und Unlust bleibt dasselbe, ob es als an dem Willen oder neben demselben existent gedacht wird. Es bleibt immer ursprünglichster Seelenvorgang und auch seiner inhaltlichen Qualität nach wird es durchaus nicht verändert, dass es als Accidens am Willen erfasst wird, und es ist lediglich ein Missverständniss, wenn G. Sommer (Göttinger gelehrte Anzeigen, 16. Ap. 1879) meint „weil der Wille blind sein soll", „so kenne Hartmann nun auch keine durch den Vorstellungscoefficienten bedingten qualitativen Bestimmungen des Gefühls." Das ist ein Irrthum, der das Verhältniss von Wille und Vorstellung im absoluten Geiste verkennt und einen Dualismus in Hartmann's Metaphysik hineindichtet, der dieser absolut fremd ist. Aber auch beim Willensphilosophen Schopenhauer bleiben die Gefühle — von keiner Theorie angetastet — was sie sind, da (wie von Hartmann klar nachgewiesen und von Andern wiederholt anerkannt wurde) sein Wille stets wie mit unbewusster Vorstellung gepaart erscheint.

Nicht auf den Pessimismus als solchen ist die Gefühlstheorie von Einfluss, sondern erst für eine mit auf den Pessimismus begründete Metaphysik, ein Thema, worauf wir in einem späteren Capitel zu sprechen kommen.

Der empirische Beweis des Pessimismus ist unabhängig von der psychologischen Theorie; wenn wir nun trotzdem in diesem Capitel, wo wir es ausschliesslich mit der empirischen Begründung des Pessimismus und deren Bestreitung zu thun haben, auf diesen psychologischen Streitpunct eingehen, so ist es, weil die Gegner des Pessimismus eine Beeinflussung der Erfahrung durch die Theorie glaublich machen möchten, und weil sie glauben, durch die Entfernung der Gefühlstheorie der Willensphilosophie die realen Zustände und das unmittelbare Empfindungsmaterial in eine solche Beleuchtung rücken zu können, dass nun auch ein anderes, ein optimistisches Urtheil derselben möglich werde.

In diesem Sinne haben wir noch einer Anschauung zu gedenken, die gleichsam die Mitte zwischen der Theorie Hartmann's und der ältern Psychologen einnimmt. Es meint nämlich J. Rehmke („die Phil. des Weltschmerzes", 1876): es sei wohl richtig anzunehmen, dass wo ein Wille befriedigt werde, auch Lust eintrete; aber es sei damit auch nicht schon erwiesen, dass wo Lust entstehe auch ein Wille vorhanden sein müsse, in dessen Befriedigung dieselbe bestehe (denn dieselben Ursachen mussten zwar dieselben Wirkungen haben, nicht aber brauchten gleiche Wirkungen auch gleiche Ursachen zu haben); es anerkannten aber die Pessimisten nur diejenige Lust als solche, welche aus individuellen Zuständen und Verhältnissen hervorgingen, nicht aber die Lust die aus Objecten resultirte. Zwar sei die Lust stets etwas individuelles und subjectives, aber damit sei nicht auch als alleinige Quelle derselben wieder etwas Subjectives gefordert. Es gälte, Objecte derjenigen Lust, die nicht aus Willensbefriedigung resultirte, zu schaffen, da diese letztere die dauernde, gegenüber der aus Willensbefriedigungen resultirenden sei; „während der durch die Erreichung des Zweckes verwirklichte subjective Zustand des Subjectes ein ephemerer ist, der als dieser Zustand des Subjectes und damit in seiner Wirksamkeit durch andere Wünsche und

Strebungen vernichtet wird, hat der ausserhalb des Subjectes geschaffene Zustand Bestand, und ist in seiner Beständigkeit eine Quelle der Lust für das Subject, das seine Willensbefriedigung gleichsam in Stein gehauen und Erz gegossen sieht."

Rehmke theilt also mit Schopenhauer als Aesthetiker die Ansicht, dass es Anschauungen und Empfindungszustände gäbe, wobei sich der Mensch durchaus passiv verhalte. Schopenhauer kommt zu der Idee des willensfreien Kunstgenusses, weil nach seiner, der Erfahrung nicht gerecht werdenden Behauptung jede Lust nur die Aufhebung eines empfundenen Mangels sein soll, und er doch einen solchen Mangel, als dem Kunstgenuss vorhergehend, nicht nachweisen konnte; Rehmke kommt zu der willensfreien Lustquelle durch die untergeordnete Stellung, die er überhaupt dem Willen im psychologischen, wie im metaphysischen Gebiet einräumt. Er kennt den Willen nur als bewusstes Wollen, und seine Opposition gegen die Gefühlstheorie Hartmann's ist nur die eine Seite seiner Opposition gegen die Philosophie des Unbewussten überhaupt. Hierauf haben wir uns hier nicht einzulassen, ebenso wenig auf die Art, wie hier das Wort „Object" gebraucht ist, welche nicht gebilligt werden kann, da sie zu Missverständnissen zu führen geeignet ist. Gemeint ist hier mit „Object" offenbar ein real vorhandenes Ding (erkenntniss-theoretisches „Ding an sich"), gleichviel ob Artofact oder Naturproduct, welches vermöge seiner physikalischen Wirkungen auf ein Subject für dieses zum Vorstellungs-Object (Object im echten Sinne des Wortes) wird. Seine Einwirkung auf die Seele kann entweder einfache lust- und unlustfreie Wahrnehmungen erzeugen, oder Wahrnehmung plus Lust und Unlustempfindung. Die Willensphilosophie nimmt nun an, es sei dies letztere nur dann der Fall, wenn das Subject, für das ein Ding zum Object wird, sich wollend oder ablehnend (negativ-wollend) gegen die inhaltliche Bestimmung des Objectes verhalte, während Rehmke meint, die Einwirkung als solche bewirke Lust oder Unlust in derselben Weise, wie nach der naturwissenschaftlichen Anschauung gewisse Eigenschaften der Materie die specifischen Wahrnehmungen süss, bitter, roth, heiss u. s. w. erzeugen.

Das Pro und Contra hierfür ist interessant und durchaus nicht einfach; zwar ist, was Schopenhauer in Verlegenheit brachte und zu seiner Flickwerktheorie führte, von Hartmann beseitigt: die Wahrnehmung des ästhetisch zu geniessenden Objectes ruft gleichzeitig den Willen, der das Schöne will, hervor und befriedigt ihn, und zeugt so die ästhetische Lust; dass aber das Schöne um seiner selbst willen gewollt werden kann, ist begreiflich genug, wenn man das Schöne als die angeschaute Logik versteht. Dagegen ist der positive Beweis für die Richtigkeit der Lust und Unlusttheorie im Sinne der Willenphilosophie schwieriger; die Thatsache, dass ein Ding nicht Allen, und sogar demselben Subject gegenüber nicht zu allen Zeiten, Lust erzeugt, spricht noch nicht unbedingt für unsere Theorie; denn da jedes Ding nur dieses so und so bestimmte Object für ein bestimmtes Subject ist, so ist es, wie das Subject wechselt, auch nicht mehr ganz das gleiche Object, sondern mit dem anders gewordenen Subjecte erscheint das Ding als ein anderes Object. Mögen aber die Schwierigkeiten der Theorie sein, welche sie wollen, sie berühren den empirischen Pessimismus durchaus nicht. Für den Optimismus und Pessimismus kommt einzig in Betracht, dass es allerdings eine Menge Gegenstände und Zustände giebt, welche den meisten Menschen und zu fast allen Zeiten das Gefühl der Lust hervorrufen (gleichviel durch welchen psychischen Process), und zwar zum Theil solche Gegen- und Zustände, die der Mensch erringen kann, insofern als sein bewuster Wille und seine verschiedenen Bethätigungsweisen Factoren zu deren Erzeugung bilden. Es ist gar nicht nothwendig, dass man, wie R. Seidel meint, das Experiment machen müsse, ob glückliche Menschen zu produciren wären; der Pessimismus leugnet nicht principiell, dass es nicht ausnahmsweise möglich wäre, dass in einem Menschenleben die Summe der Lust die der Unlust überwiege. Aber die Möglichkeit solcher Existenzweisen unter künstlich geordneten und immer nur als Ausnahme realisirbaren Verhältnissen vernichtet die Wahrheit des Pessimismus nicht, wie J. Sully meint, denn es handelt sich um den Zustand der Mehrzahl der Existenzen und um die Verhältnisse, wie sich dieselben aus den Naturverhältnissen und aus dem historischen Process als normal ergeben. Für uns aber fragt es sich jetzt, wie das Verhältniss derjenigen Fälle ist, wo das Individuum im Besitz der lusterzeugenden Objecte ist, zu denjenigen, wo ihm dieselben unerreichbar bleiben. Und da muss denn sicherlich jede vorurtheilslose Lebensbetrachtung erwidern: es sind unvergleichlich mehr Individuen unvergleichlich mehrmal in Verhältnissen, wo unlusterzeugende Objecte auf sie einwirken, als Quellen der Lust; es streben und ringen unvergleichlich mehr Individuen nach Gewinnung der objectiven Lustquellen, als solche erreicht werden; in diesen Fällen gesellt sich also zu der mangelnden Lust aus Mangel an lusterzeugenden Objecten noch die positive Unlust des unerfüllt gebliebenen Strebens.

Der Sachverhalt ändert sich dadurch nicht, dass man ihn durch die Brille einer anderen Theorie über die Ursache der Lust ansieht. Was als lustschaffendes Object bezeichnet wird, ist nichts anderes, als was uns die Erfahrung als das Ziel des principiell die

Lust oder instinctiv-natürlich sein „Wohl" suchenden Willens zeigt: gesicherte Existenz, günstige Stellung in Gesellschaft und Staat, Liebe und Freundschaft, Wissenschaft und Kunst u. s. w. Man kann sie objective Lustquellen nennen — dass sie es sind, lehrt uns unser eigenes Wollen und das Streben Aller; das Recept aber, dass man nach lustschaffenden Objecten, statt nach subjectiver Lust streben soll, bringt nichts Neues auf den Plan und ist nur ein Spiel mit Worten. Denn, ob ich die Lust direct oder die Lustquelle um der Lust willen will und suche, kommt auf's gleiche heraus; die Lust ist so wie so der Zweck, das Object, das Mittel, und der Unterschied ist schliesslich nur ein intellectueller: ob ich es verstehe, durch kluges Beherrschen meiner momentanen Gelüste einem Ziel unentwegt zuzustreben, das, wenn erreicht, dauernde Lust hervorruft — gleichviel auf welche Weise.

Es ist aber auch nicht zu vergessen, dass mit jedem Object als Lustquelle auch eine Möglichkeit mehr einer Unlusterfahrung gegeben ist: es ist damit etwas da, was verloren werden kann, ein Fleck mehr, wo wir verwundbar sind.

5. Der Pessimismus als angeblich pathologische Empfindungsweise.

Wir wenden uns nunmehr jener Behauptung zu, wonach die Abschätzung der von den Pessimisten als eudämonologisch werthlos verurtheilten Lebensfactoren deswegen als unrichtig erachtet wird, weil die Pessimisten pathologische Naturen seien, welche dem Leben und seinen Factoren anders gegenüber stünden, als die maassgebende Masse der Menschen.

Schopenhauer zeigt sich in manchen Partien seiner Schriften, insbesondere auch in seinen „Vorreden" als heftig, zornmüthig und unduldsam gegen Anderer Meinung; seine Biographen schildern ihn uns als reizbar und von überaus misstrauischer und ängstlicher Gemüthsart.

Die Gegner des Pessimismus machen hiervon als Beleg ihrer Behauptung Gebrauch, und haben dabei des Philosophen eigene Ansicht auf ihrer Seite: dass der Wille den Intellect, dass also die characteristischen Eigenthümlichkeiten die Erkenntniss beeinflussen und modificiren.

Bei Bahnsen mussten wir ebenfalls ein von dem normalen Empfinden abweichendes, krankhaft überreiztes Gemüthsleben annehmen, um jene Ergüsse des „Pessimisten-Breviers" begreifen zu können.

Aber wenn wir hier zwei Pessimisten vor uns haben, die eine besondere Gemüthsbeschaffenheit zwingt, ihre Aufmerksamkeit fast ganz ausschliesslich nur auf das Leiden und auf jene Puncte des Weltprocesses, wo das Alogische seine unheilvollen Siege feiert, zu richten, so haben wir auch wieder Pessimisten, bei denen wir nichts dergleichen wahrnehmen.

E. von Hartmann zeichnet sich in seiner Polemik, die ihm als die Rückseite der Vertheidigung seiner eigenen vielbekämpften Meinung aufgenöthigt wurde, durch die grösste Objectivität, Gerechtigkeit und Milde aus; nirgends lässt ein gereizter Ton auf ein verbittertes, finsteres Gemüth schliessen, und Autobiographie*) wie Mittheilungen der Freunde zeigen uns eine durchaus harmonisch veranlagte Natur.

Und jene Vielen, die im Laufe der Jahrhunderte das pessimistische Bekenntniss von dem Ueberschuss des Leides über die Lust ausgesprochen haben, und jene Zahllosen, die ihnen als Wahrheitskünder gelauscht und beigestimmt haben, diese Alle, denen die Welt und das Leben das Gesicht unverschleiert gezeigt, und die von dessen Medusenblicke nicht versteinerten, sondern muthig und unentwegt ihre jeweilige Aufgabe zu lösen sich bemühten, sollten es alles normale, mangelhaft beschaffene Seelen gewesen sein?

Sollten die Pessimisten denjenigen gegenüber, die sich nicht scheuen, die mürrische Gemüthsart von Schopenhauer's Vater und die Launen und Schrullen seiner Mutter ins Treffen zu führen, nicht ebenso berechtigt sein, den Spiess umzudrehen und zu sagen: ihr seid die Kurzsichtigen, ihr die Verblendeten; ihr die in der Entwickelung zurückgebliebenen, zur vollen Klarheit des Erkenntnissvermögens nicht Vorgedrungenen. „Nur der Stumpfsinnige kann lachen auf dem Friedhof seiner Vergangenheit, der die Gräber seiner Eltern, seiner nächsten Angehörigen und Freunde umschliesst; nur der Leichtsinnige vermag lustig zu sein im Angesicht einer Zukunft, die ihn selbst und sein Liebstes mit allen Schrecknissen des erbarmungslosen Räderwerks der Natur und der Gesellschaft bedroht. Ohne stumpfsinniges Vergessen und stumpfsinniges Dulden würden schon die erfahrenen Leiden unerträglich dünken, ohne leichtsinniges in den Tag Hineinleben würde jedes Unternehmen ein unberechenbares und furchtbares Wagniss scheinen. Erst die Vermählung eines gewissen Grades von Stumpfsinn und Leicht-

---

*) Vergl. E. v. Hartmann: „Mein Entwickelungsgang." Nr. 1 des Abschn. A. der „Gesammelten Studien u. Aufsätze" 1876. C. Heymons: „E. v. Hartmann; Erinnerungen aus den Jahren 1868 1882. C. Duncker, 1882. Ferner Schneidewin's „Lichtstrahlen aus E. v. Hartmann's Werken;" Einleitung p. 14—19; Dr. C. Schütze: „Ein Besuch bei E. v. Hartmann." („Omnibus" 1874, Nr. 2.)

sinn führt Gram und Sorge auf ein auszuhaltendes Maass zurück, erst sie ist der Boden, auf dem die Frucht des Genusses reift und die Knospe der Hoffnung keimt. Der Mensch findet das Leben um so erträglicher, je stärker Stumpfsinn und Leichtsinn in seinem Character dominiren, d. h. je näher er den characteristischen psychischen Merkmalen des Thieres steht." *)

Das sind scharfe, einschneidende, bittere Worte; wer aber je schon einen grossen, echten, vollberechtigten Schmerz getragen, und dann unter dem Widerspruche gelitten hat, ein mildes Vergessen, ein schlummersüsses Sichgetrösten über sich kommen zu fühlen, **gleichzeitig mit dem Bedauern seinen begründeten Schmerz, seine berechtigte Trauer nicht fest halten zu können**, gegenüber den Selbsterhaltungskräften seiner elementareren Natur, der wird den bittern Worten des Philosophen seine Anerkennung **nicht versagen können, wie demüthigend die Wahrheit auch ist**.

Doch werfen wir einmal einen Blick auf die Lebensanschauung jener Gegner des Pessimismus, welche diesen schon auf dem Gebiete des natürlichen Lebens und der unmittelbaren Empfindung überwinden zu können vermeinen.

Da sieht zum Beispiel E. Dühring („Der Werth des Lebens", II. Aufl.) in dem modernen Pessimismus die Weltanschauung der blasirten, im Genusse abgestumpften Müssiggänger, die diesen ihren Lebensekel vermittelst der „Nichtsverhimmelung" mystisch aufputzen wollten, und in dieser zur Schau getragenen Weltverachtung und Nirvanaverherrlichung einen Kitzel für ihre Eitelkeit fänden. Das Material, womit der „Katzenjammer" zur philosophischen Weltanschauung aufgebläht werde, sei dem religiösen Wahn entnommen, wonach das Leben eine Schuld sei.

Nur eine Form des Pessimismus erscheint Dühring berechtigt: der Entrüstungspessimismus.

Das Leben nach seinen Naturformen scheint ihm des Lebens werth und die Empfindungen, um die es der Natur beim Hervorbringen der höhern Organismen zu thun war, sind ihm „kein Widerspruch gegen die Sachlogik in der Natur". Was die Natur unmittelbar der Empfindung biete, sei immer derart, dass die natürlichen Leiden zum natürlichen Wohlgefühl im Mindergewichte stehen: der Krankheit sei weniger als der Gesundheit, des Mangels weniger als des Genügens. Wo dies Verhältniss gestört sei, da sei es durch die Schuld der Menschen, durch die ungesunden, auf Ungerechtigkeit gegründeten socialen Verhältnisse, den Missbrauch des Kapi-

---

*) E. v. Hartmann's Beitrag zu „Deutsche Dichterhelden." Abgedruckt in „Lichtstrahlen," ges. von Schneidewin. pp. 199—200.

tals, den Militarismus und den Religionswahn, dass die gewaltige Summe der Unlust über die Menschen verhängt werde.

Hiergegen, meint Dühring, gelte es zu kämpfen; besonders der religiöse Wahn müsse einer nüchternen (materialistischen) Naturauffassung weichen, denn das Nichtwissen sei zwar kein Unglück, wohl aber das Falschwissen die Quelle der Unlust.

In der Bekämpfung der Unlust erzeugenden Verhältnisse liege aber selber eine Quelle der Lust, denn Thätigkeit bringe Wechsel der Empfindung, und dieser Wechsel zwischen Höhe und Tiefe sei für den Lebensgenuss wesentlich; daher gehörten auch die Leidenschaften mit zum Lebensgenuss; ohne Liebe und ohne Hass sei das Leben eine Wüste und nur durch die Leidenschaft werde das Grosse geboren.

Soweit nun bei Schopenhauer der Entrüstungspessimismus grollt und poltert, und soweit der Weltschmerz eines Byron und Leopardi mit der rationalisirenden Unzufriedenheit über das historisch Gewordene zusammenstimmt, da werden die Genannten gelobt gegenüber dem philosophischen Pessimismus Hartmanns; die Mängel aber, die Dühring auch bei ihnen findet (z. B. jene unberechtigte Uebertragung des Schuldbegriffes auf das Weltsein bei Schopenhauer), die werden dem modernen Pessimismus überhaupt auf's Kerbholz gesetzt.

Soweit Dühring's Geist unbehindert durch die instinctiven Illusionen das Leben betrachtet, soweit muss er die thatsächlichen Zustände beklagen; soweit ist er Entrüstungspessimist.

Aber er bleibt befangen in den natürlichen Illusionen, und wenn ein Hartmann sich vom Einzelnen zum Allgemeinen, von der Vielheit des Concreten zur begrifflichen Einheit, von der Wirkung zur Ursache erhebt, und wenn sich in dieser weitblickenden Höhe die Entrüstung nicht mehr zu halten vermag, weil kein verantwortungspflichtiges Subject mehr da ist, gegen das man sich entrüsten könnte, so erscheint dies Dühring als mattherzige Indifferenz.

Der angebliche Optimismus Dühring's ist dieses nur, soweit er ein zurückliegender, der französischen Aufklärungsphilosophie verwandter Standpunct ist. Wie diese sucht er zwar allerorts das Uebel, aber er täuscht sich über die Tiefe, in die dessen Wurzeln dringen, und er klammert sich an die Hoffnung künftiger Heilung der Schäden und Unlustquellen.

Soweit er die Leidenschaft als ein Gut preist, verurtheilt er sich selber als Philosophen, und das Recept, welches er für ein glückseliges Leben zu geben hat, ist ungefähr dasselbe, welches auch J. Sully giebt, und welches darauf hinausläuft: dass man sich im Ringen und Streben nie zur Besinnung kommen lässt, dass man im zur Anstrengung anfeuernden Zorne über das als bös

Erachtete, sowie in der Befriedigung über vielleicht schmerzlich genug erkaufte Siege nie zur Frage gelangt: wozu letzten Endes dies Alles?

In vielen Zügen verwandt, aber doch tiefer und mit dem stoischen Ethicismus Fühlung gewinnend, erscheint die Lebensbetrachtung J. Duboc's („Der Optimismus als Weltanschauung"). Duboc will ganz richtig unterscheiden zwischen Stimmung als Wurzel einer Weltanschauung und Stimmung als Resultat einer Weltanschauung. Nur letztere ist philosophisch gerechtfertigt. Der moderne Pessimismus, wie er von Hartmann herausgebildet ist, soll nun bloss eine aus einer Stimmung hervorgewachsene Weltanschauung sein, und zwar aus der Stimmung der Ermüdung; gleichviel, wie diese letztere entstanden sei. Duboc selbst ist nichts weniger als blind für die Mängel des Lebens, die Machtlosigkeit des Menschen gegenüber den Naturmächten und die Rücksichtslosigkeit der letzteren gegen das Wohl und Wehe des Empfindungssubjects. Er schildert das Preisgegebensein nicht nur selber ganz gut, sondern citirt auch verwandte Stimmen.

Er bezeugt auch seine Einsicht in das Aufreibende und Ermüdende des Lebens dadurch, dass er gegenüber dem, die Hoffnung des ewigen Lebens als eudämonologisches Moment festhaltenden religiösen Optimismus, die Schrecken der persönlichen Fortdauer schildert. *)

Es ist nicht ganz leicht, diese Auslassungen mit denjenigen zu reimen, wonach das Leben, wie es ist, dennoch positiv werthvoll sein soll, sobald man nur sich nicht egoistisch auf sich selbst zurückziehe, sondern seine Interessen dem Ganzen unterordne. „Indem der Mensch sein Leben, seinen Schicksalsgang, seine Bedeutung im Zusammenhang mit der Bedeutung des Weltprocesses, und zwar im Sinne des Optimismus betrachtet, indem er sich vor allem

---

*) „Es ist unzweifelhaft, dass die ununterbrochene ewige Fortdauer, die Vorstellung des Niemalsaufhörens, positiv genommen, von so zermalmendem Gewicht ist, dass sie dem Menschen völlig unerträglich ist. Dabei sehe ich von Altersplagen natürlich völlig ab, — ich rede nur von der nackten Thatsache der Fortdauer ohne Ende, die in der Vorstellung fixirt und rein für sich betrachtet einen unüberwindlichen Schauder erweckt. Freilich nur dann, wenn man sie nicht bloss negativ, als Gegensatz der Verneinung des Lebensprocesses (wobei man von der Dauer absieht)" — als solche erscheint sie ihm vielmehr höchst verführerisch — sondern positiv betrachtet. Der Schauder wird nur deshalb bei der religiösen Vorstellung der Ewigkeit oder der ewigen Fortdauer nicht empfunden, weil dieselbe, um dem religiösen Herzensbedürfniss zu genügen, nur negativ, nur als angsterlösender Gegensatz der Lebensvernichtung, nicht positiv, ihrer unbegrenzten Dauer entsprechend, vorgestellt wird. Gleichwohl hat sich eine Anwandlung des damit verbundenen Schauders in der Sage vom ewigen Juden erhalten."

als Theil des Ganzen weiss, als Moment in einem kosmischen Process fühlt, der ihn hält und zum Licht emporhebt, gestaltet sich der Vorgang in ihm, den ich soeben bezeichnet habe: er wendet sich von der Individualität ab — „oder man kann auch die umgekehrte Bezeichnung anwenden: die Individualität löst sich von ihm ab."

Duboc nennt sich selbst einen Atheisten, aber ähnlich wie Strauss in seinem „Alten und neuen Glauben", vertritt er sozusagen einen religiösen Atheismus; denn er will das Universum mit solchen Gefühlen umfangen wissen, dass es in der Stellung einer Gottheit dem Einzelnen gegenüber steht und von diesem religiös-ästhetisch verehrt wird.

Während von den ethischen Optimisten (siehe das folgende Cap.) verlangt wird, dass das Individuum sich mit dem beseligenden Bewusstsein der Tugend begnügen und darin sein Glück finden soll, so wird hier mehr die objective Seite des Stoicismus hervorgehoben: Die Ehrfurcht vor der absoluten Weltvernunft und die Resignation im Bewusstsein, Theil derselben zu sein und an ihrer Würde zu participiren. Und nicht nur über das eigene Leid soll man auf diese Weise hinweggesetzt werden, sondern auch über das nutzlose Mitleid mit Andern. „Fühle ich mich zur Trauer gestimmt, verletzt mich an unzähligen Stellen, wohin ich blicke, ein grenzenloses Lebensleid, dem ich rathlos gegenüberstehe, oder dem ich durch mein Thun nur wenig Abhülfe gewähren kann, so ist es doch immer die Menschheit im Ganzen, zu deren Schicksal auch dies gehört, und wie ich mich Eins mit der Menschheit fühle und untrennbar zu ihr gehöre, so fühle ich mich auch Eins und untrennbar mit diesem Leid verbunden. Es wird mein Schmerz, mein Leid — nicht im pathologischen Sinn, als welches es der Praxis zufällt, und das ich durch practisches Gegenwirken zu bekämpfen suche, sondern im ästhetischen Sinne — und wie ich kein Bedenken trage, gegen mich hart zu sein, so brauche ich auch kein Widerstreben zu empfinden, ebenso mit diesem Leide abzurechnen und mich von ihm abzulösen, weil es eben als dem Ganzen angehörig, dem auch ich angehöre, mein Leid ist, meine Wesenheit trifft." (p. 278.)

Es wird kaum nöthig sein, unsere Leser darauf aufmerksam zu machen, dass hier der Realist, um den Optimismus zu retten, das Gebiet der Unmittelbarkeit des natürlichen Empfindens verlässt und als maassgebendes Moment eine Idee introducirt, welche nur unter der Voraussetzung einer metaphysischen Einheit des empirisch Getrennten einen Sinn hat. Abgesehen davon, dass das Gefühl der Menschheitsliebe und der Solidarität selbst ein Factor des psychischen Lebens ist, welcher auf seinen eudämonologischen Werth hier geprüft sein will, ist das Gefühl der Menschheitsliebe und das selbstlose Interesse an der 'Aufwärtsbewegung des Weltprocesses nur begreiflich, als der Widerschein der metaphysischen Einheit, für den Standpunct Duboc's aber zum mindesten ein Problem.

Welchen Werth, welche beseligende Rückwirkung auf das Individuum sollte denn die bewusst gewollte Theilnahme an dem „kosmischen" Process haben, wenn derselbe weder ein Mittel für einen Gott, noch für eine transcendente, geistige Einheit, noch für die unmittelbare Glückseligkeit der Natur ist?

Hier liegt der Selbstbetrug als Kreisbewegung offen zu Tage. Entweder die Thätigkeit als solche zu Gunsten des Processes ist das eudämonologische Element und der „kosmische Process" ist nur insofern werthvoll, als er das Object, das Vehikel und das Product der Thätigkeit der Individuen ist, oder aber es kommt ihm auf dem naturalistisch-realistischen Standpunct gar kein Werth zu und die Menschen, die ihm ihre persönlichen Interessen unterordnen, opfern einen Wahn. Soll der Process einen Werth haben, so muss derselbe, da er ihn nicht mit Rücksicht auf ein Transcendentes haben soll, ihn für die Individuen haben, deren Summe individueller Innerlichkeit ja dann allein die Innerlichkeit des kosmischen Processes ausmachen; wenn aber für die Individuen Befriedigung nur in der selbstverleugnenden Hingabe zu finden sein soll, so kann es damit nicht sonderlich weit her sein; denn eine Weltordnung von real-optimistischer Beschaffenheit könnte nicht die Selbstverleugnung als oberstes und hauptsächlichstes Mittel ihrer Realisation verlangen.

Eine Lebensanschauung, nach welcher das Leben, das sich individualistisch selbst behaupten will, werthlos wird, und nur dadurch sich als werthvoll sichert, dass es sich dem Allgemeinen hingiebt, setzt, um optimistisch sein zu können, einen transcendenten Hintergrund voraus; schliesst aber ihre theoretische Philosophie diesen letzteren aus, so muss früher oder später die täuschende Kreisbewegung durchschaut werden, womit das Motiv der Hingabe lahm gelegt wird.

Auf dem realistischen Standpunct, mag er immerhin einen „ästhetisch-religiösen" Aufputz tragen, müsste das Leben für das Individuum, als dem allein Wirklichen, unmittelbar und schon innerhalb der natürlich-egoistischen Formen einen eudämonologischen Werth haben, **oder es hat auch der kosmische Process keinen.**

Und dass es so sei, dass das Leben schon in den Naturformen an und für sich Ueberschuss an Lust bringe, das ist auch Duboc's Voraussetzung, wenn er den modernen Pessimismus der Unehrlichkeit zeiht. Er sagt nämlich: Der Schopenhauersche Pessimismus sei noch ehrwürdig gewesen, da er sich von der Welt, deren Nichtigkeit er erkannt, mit Entrüstung abgewandt habe und durch die Anerkennung und Seligpreisung der Askese den Ernst seiner Gesinnung zeigte; wogegen der moderne Pessimismus mit gefährlichem Scharfsinn Nebenwege ausgeklügelt habe, um nichts entbehren zu müssen, Alles aus der Hand der Natur annehmen könne, aber mit der Attitüde der Geringschätzung.*)

Nur wenn man annimmt, dass die allseitige Benützung der Naturmittel im optimistischen Sinne Lust erzeuge, wird es eine Verdächtigung der Aufrichtigkeit der Gesinnung, wenn zu constatiren ist, dass der Pessimist „isst, trinkt, reitet, fährt, Geschäfte aller Art treibt und sich wie jeder andere Sterbliche verhält." Die von Schopenhauer gelehrte (nicht geübte) Askese, die dem „ästhetisch-religiösen Atheisten" Duboc so ehrwürdig, dem nüchternen und consequentern Dühring so widerwärtig erscheint, ist eben nicht die Forderung und Consequenz des Pessimismus als solchen, sondern diejenige einer besonderen Auffassung der letzten Principien des Seins, und nur insofern Folge des Pessimismus als ihr eine pessimistische Auffassung des Verhältnisses der Naturvorgänge zu dem als letztgültig erachteten Zwecke und Ziele des Strebens zu Grunde liegt.

Wenn den modernen Pessimisten zugestanden werden muss, dass sie dem Leben und dem was es bietet, wie dem was es fordert, wie andere denkende Menschen gegenüber stehen, so ist dies doch auch wieder eine Instanz gegen die Beschuldigung, es entspringe der moderne Pessimismus einer blossen Stimmung; gerade wenn es sich bloss um krankhafte Stimmung handelte, so wäre zu erwarten, dass derselbe sich in der Conservirung der Schopenhauer'schen Velleitäten der Askese gefallen möchte.

Der Hartmann'sche Pessimismus ist nicht das Product einer Stimmung, sondern dasjenige eines Raisonnements, dem die Stimmung des Weltschmerzes nur als Inductionsmaterial untersteht. Die pessimistische Stimmung ist eine Thatsache, die dem philosophirenden Geiste das Problem stellt: die Ursachen und die Bedingungen dafür zu suchen, dass das erste und kräftigst Gewollte (das Leben) dazu kommen kann, sich theoretisch zu verneinen, während es nebenher instinctiv fortfährt, sich zu bejahen; die Lösung des Problems ist der eudämonologische Pessimismus Hartmann's (einschliesslich des teleologischen Optimismus), der zu der pessimisti-

---

*) Diese Behauptung steht nicht vereinzelt, sondern wird auch von Kritikern, die einen andern Standpunkt einnehmen, erhoben. U. A. von Weygold (Kritik d. wiss. Pessimismus d. neuesten Zeit," 1875.) „Der moderne Pessimismus musste comfortable sein, ihm dazu verholfen zu haben, ist das Verdienst E. v. Hartmann's."

schen Erfahrung und der auf diese sich stützende Weltverurtheilung die theoretische, psychische und metaphysische Erklärung giebt.

Duboc setzt den naturalistischen Optimismus voraus, aber er vermag ihn nicht festzuhalten; von allen Seiten senken sich auch vor seinen Blicken die Wolken des Leides und der Noth über das Leben hinunter und er ist zur Flucht in das Gebiet der Idee gezwungen, um womöglich an den dort erwachsenden intellectuellen und sittlichen Befriedigungen Mittel und Material zu gewinnen, um sich die optimistische Weltanschauung zu retten.

Und ganz dasselbe nehmen wir bei sämmtlichen Gegnern des Pessimismus wahr, wo immer dieselben den Versuch machen, Hartmann's sogenannten empirischen Beweis zu widerlegen. Es werden stets, im Gegensatz zu Hartmann's sauberer Auseinanderhaltung der Gebiete unmittelbaren, reinen Empfindens und der durch die Reflexion vermittelten geistigen Willensbefriedigung, die eudämonologischen Werthe der zur Abschätzung herbei gezogenen Lebensfactoren mit deren teleologischer Bedeutung und derjenigen Befriedigung verwechselt, welche da, wo die letztere zum Bewusstsein gekommen ist, erwächst.

Schon A. Taubert (d. Pess. u. seine Gegner. 1873.) hat gegenüber den Urtheilen R. Haym's, J. Bona Meyer's, L. Weis' auf diese Verwechselung hingewiesen, und das Gesagte gilt auch für eine ganze lange Reihe nachfolgender Kritiker.

Es muss zugestanden werden, dass die Bezeichnung „empirischer Beweis des Pessimismus" recht geeignet ist, Verwechselungen und Grenzverschiebungen zwischen begrifflich verschiedenen psychologischen Gebieten zu gestatten. Empirisch heisst, was erfahren wird, sei es durch die Sinne als Sinneswahrnehmung, sei es in reiner Innerlichkeit als Lust und Unlustempfindung. Da nun aber jede Geistesbewegung, jeder intellectuelle Bewusstseinsact, wie abstract er inhaltlich auch sein mag, und ob er das Resultat eines spontanen Denkprocesses oder sinnlich vermittelter, von einem andern Individualgeiste angeregter Gedanke sei, sobald er auf's practische Gebiet angewandt, nicht bloss als reine theoretische Erkenntniss erfasst wird, ein wenn auch oft nur schwaches Gefühlscorrelat ergiebt, so ist nichts leichter als das Entstehen von Grenzverschiebungen zwischen empirischem und theoretischem Gebiet.

Hartmann's Pessimismus zeigt folgende Gliederung:
Absoluter Pessimismus.

Phänomenaler Pess.	Metaphysischer Pess.
Transcendenter Pess.	Empirischer Pess.

Naturalistischer, Ethischer, Religiöser Pess.

Jede der verschiedenen Erscheinungsformen des Pessimismus ist nur Pessimismus, sofern das betreffende Gebiet des Seins, auf die sie sich bezieht, unter eudämonologischem Gesichtspunct betrachtet wird. Man muss streng unterscheiden zwischen **Befriedigung als rein geistigem Affirmationsmoment** einerseits und dessen mögliche Gefühlsresonanz als Lust, sowie ferner dieser selben Lust (resp. Unlust, wenn der Geistesact einen negativen Inhalt hat) als blosses physiologisch-psychisches Moment ohne Rücksicht auf die ideelle Bedeutung seines Ursprunges anderseits.*) In letzterem Sinne gehört die Empfindung dem der eudämonologischen Betrachtung unterliegenden Gebiete an; im ersteren Sinne aber handelt es sich um Vorgänge im Gebiet des reinen, abstracten Denkens, von dem aus das Sein nicht unter eudämonologischem Gesichtspunct betrachtet wird, mithin auch die Begriffe „Werth" und „Unwerth" ihre wirkliche Bedeutung verlieren. Es besteht aber die **Fälschung dem axiologischen Problem gegenüber darin, dass die Unterscheidung unterlassen wird und logische und ethische Werthe schlechthin auch als eudämonologische dargestellt werden, während beide nicht einmal congruente Grössenreihen bilden.**

Das Alpha und Omega der axiologischen Frage liegt im Gebiete des unmittelbaren Empfindens (gleichviel wie die Empfindung entsteht, ob auf dem geraden Wege der Sinne oder dem gewundenen Pfade der Reflexion), indem der eudämonologische Maassstab der allein gültige ist. Damit soll keineswegs behauptet sein, dass es für den Menschen als thätiges Glied der Gesammtheit nicht einen höheren Maassstab gäbe als den eudämonologischen. Wenn aber der sittliche Maassstab der höhere ist, so ist er es nicht, weil das Sittliche absolut losgelöst vom allumfassenden Naturgebiet ist, sondern nur weil in ihm das Urnatürliche, der kosmische Process sein höheres Mittel hat; nicht weil es über dem Natürlichen im engeren Sinne, sondern weil es über dem Individuell-Egoistisch-Natürlichen steht.

Der den socialen Entrüstungspessimismus in sich schliessende Optimismus behauptet die eudämonologisch günstige Beschaffenheit der Natur im engeren Sinne; ein rationalisirender Naturalismus findet die dunkle Seite des Lebens gerade in der mangelnden Fürsorge der Natur für das Wohlbefinden der Creatur. Beide Anschauungen reissen eine Kluft in das Sein. Das historisch Gewordene der socialen Verhältnisse, sowie der diesem Werdeprocess

---

*) Die idealistische Lust des in seiner Thätigkeit befriedigten Denkens und die physiologisch-psychische Lust ist natürlich nur idealiter zu unterscheiden, nicht aber ist sie realiter zweifach vorhanden.

zu Grunde liegende psychologische Process, ist selbst ein Stück Natur im weiteren Sinne, hervorgesprosst aus der Natur im engern Sinne. Es können ja keine Gestaltungen des Seins, welche Empfindung zu verursachen im Stande sind, entstehen, als solche, die durch die Natur der Dinge und Individuen bedingt und vorbereitet sind; eine Natur die unlustvolle sociale Verhältnisse aus sich hervorzugehen ermöglicht, ist eben selbst eine auf die Unlustproduction hin veranlagte. Dabei ist allerdings nicht ausgeschlossen, dass die Natur im engsten Sinne, abgesehen von ihren höheren Entwickelungsstadien, in den historischen Lebensformen eine Zuständlichkeit besitzt, welche bei enger räumlicher und zeitlicher Beschränkung eudämonologisch günstigere Empfindungsverhältnisse bieten könnte, als unsere factisch vorhandenen Zustände im grossen Ganzen sie bieten. Was aber unter Bedingungen und Einschränkungen möglich wäre und vereinzelt auch wirklich besteht, das muss im grossen Ganzen des Weltgetriebes nicht möglich gewesen sein, da gerade die Erfahrung zeigt, dass die Natur im engern Sinne immer über sich selbst hinausdrängt, damit aber auch von der Idylle zum Epos und zur Tragödie fortschreitet.

„Die Welt ist vollkommen überall, wo der Mensch nicht hinkommt mit seiner Qual" — aber dass der Mensch eben „seine Qual" entwickeln muss, ungeachtet er überall und alleweil das Gegentheil davon erstrebt, das ist das Traurige, gegen das die mögliche und zuweilen vorhandene Idylle kein hinlängliches Gegengewicht bildet.

Der Vorwurf der Verkennung des Sachverhaltes in Folge pathologischer Verstimmung oder abnormalen Empfindungslebens wird entkräftet durch die Uneinigkeit der Gegner über die eudämonologisch günstigeren oder ungünstigeren Seinsgebiete; und wenn die Vertreter eines naturalistischen, rationalistischen, ethischen und religiösen Optimismus jeweilen das Gebiet, auf welchem die andern Parteien den Schwerpunct zu Gunsten des Optimismus suchen, dem partiellen Pessimismus preisgeben, so wird durch das Endergebniss solcher gegenseitiger Einschränkungen das Feld für den absoluten eudämonologischen Pessimismus gewonnen.

Wie auseinandergehend aber auch die Meinungen sind über das Gebiet, auf welchem der Optimismus seinen ausschlaggebenden Sieg zu behaupten vermag, darin ist die Mehrzahl der Gegner Schopenhauers und Hartmanns einig, dass sie deren Beurtheilung der einzelnen Lebensfactoren bemängelt, und selbst wenn sie den positiven Werth eines Lebensfactors nicht zu retten vermögen, dass sie doch von dem pessimistischen Urtheil etwas abmarkten. Insbesonders ist es das Urtheil über den eudämonologischen Werth der Arbeit und der Liebe, welches den allgemeinsten Widerspruch hervorrief, und wo es den Gegnern des Pessimismus am leichtesten wurde, einem minder kritischen Leserkreis plausibel zu machen, dass man es bei dem Urtheil der Pessimisten mit persönlichen Schwächen und Defecten zu thun habe.

Bei der Wichtigkeit des genannten Gebietes für die axiologische Frage ist eine eingehendere Erörterung dieses Punctes geboten; eine Erörterung, deren Zweck es ist, dem Leser klar zu machen, wie die von den Gegnern des Pessimismus behauptete Verkennung des Werthes der Arbeit und der Liebe vom Pessimismus in seiner reifsten Gestalt, so wie er von Hartmann herausgearbeitet wurde, einzig nur in den Augen der Gegner vorhanden ist, weil diese mit einer doppelten Verwechselung an diese herantreten; indem sie erstens die relativen Werthe für absolute, und zweitens die teleologischen Werthe für eudämonologische zu nehmen gewöhnt sind.*)

6. Der Werth der Arbeit.

Leben ist Bewegung; Bewegung hat zu ihrem immanenten Zwecke wieder das Leben; das ist aber keine einfache Kreisbewegung, die wir den Begriff machen lassen, denn unter den Begriff der Bewegung ordnet sich auch der Begriff der Arbeit unter, und die Arbeit hat zu ihrem Zweck zwar auch die Sicherung des Lebens, aber nicht des Lebens schlechthin, sondern des Lebens in einer bestimmten, über das unmittelbar Natürliche, Individualistische hinausreichenden Form, wo es nur noch insofern Selbstzweck ist, als es auch Mittel für über-individuelle Zwecke ist.

Der Mensch arbeitet in erster Linie für sich, in zweiter Linie für die Culturentwickelung; aber auch indem er für sich arbeitet wirkt er indirect für das Allgemeine, weil er sowohl durch die Arbeit als solche, wie durch deren Resultat in Relationen zum Allgemeinen tritt. Der Begriff Arbeit ist in erster, natürlichster Form eine Species des Begriffes Bewegung mit dem specifischen Merkmal, dass während bei einfacher physiologischer Bewegung der Zweck zugleich mit der betreffenden Action erreicht ist, bei

---

*) Vergl. hierzu A. Taubert: „Der Pessimismus und seine Gegner." Abschn. III. (Ende) und IV, als Entgegnung auf die gegnerischen Einwürfe aus den Jahren 1870—73. Auch seither wurde von fast Allen, die gegen den Pessimismus schrieben, dies Thema behandelt, insbesonders auch von solchen, die den ethischen Optimismus vertreten (J. Huber, L .v. Golther, Weygold, H. Sommer, Rehmke u. v. A. m), aber dennoch auch den naturalistischen, eudämonologischen Werth dieser Lebensfactoren zu retten wünschen.

der Arbeit der Zweck ausserhalb der Bewegung liegt und ein (relativ) dauernder ist. Wenn sich mir eine Fliege auf die Nase setzt, so scheucht eine Bewegung der Hand sie hinweg und beseitigt gleichzeitig den Kitzel durch eine streichende Berührung der Stelle, wo sie gesessen; wenn ich aber Hand, Arm und Körper bewege, bis ich die Fliege gefangen, so habe ich in Wirklichkeit eine Arbeit vollzogen, indem ich mich (und wohl auch meine Zimmergenossen) von einer Unannehmlichkeit dauernd befreite, obgleich wir nicht gewöhnt sind, dergleichen Manipulationen „Arbeit" zu nennen. Sofern die Arbeit einfach als Bewegung in Betracht kommt, hat auf sie Anwendung, was wir schon oben bezüglich der verschiedenen Actionsweisen sagten; sie befriedigt den Bewegungstrieb und erzeugt so da, wo dieser als bewusster Wille vorhanden war, Lust; wo letzteres nicht der Fall war, besteht die Befriedigung in der Privation der Unlust, als dem normalen Zustande des sich seinen specifischen Fähigkeiten nach auswirken könnenden Organismus. Dabei ist natürlich vorausgesetzt, dass das durch die Arbeit erforderliche Bewegungsmaass übereinstimme mit dem, was der Organismus fordert. Das Maass oder Quantum dieser geforderten Bewegung wird nun vielleicht von Hartmann unterschätzt; aber zugegeben, dass hier und da eine persönliche Eigenthümlichkeit durchschimmern möchte, so wird dadurch doch wahrlich nicht gleich die ganze Lebensauffassung schief gezogen.

Kein Mensch wird leugnen, dass fast eine jede Art von Arbeit entweder mehr Bewegung beansprucht, als der Organismus für sein Gedeihen nöthig hätte, oder aber die für letzteres nöthige oder doch wünschenswerthe Bewegung hindert oder beschränkt, oder auch eine einseitige Form der Thätigkeit aufnöthigt, wodurch die einen Organe zu viel, die andern zu wenig in Action kommen, mithin eine doppelte Quelle der Unlust erzeugt ist. In annäherndster Uebereinstimmung mit dem physiologischen Bedürfniss nach Bewegung ist fast nur diejenige freigewählte Beschäftigung, der man häufig zögert, die Berechtigung auf den Namen „Arbeit" zuzugestehen, weil sie eines Hauptcharacteristicons der Arbeit ermangelt: erst die Bedingungen des gesicherten Lebens als Mitglied der jeweiligen socialen Gestaltungen zu schaffen.

Hartmann betrachtet in der „Philosophie des Unbewussten", entsprechend der ganzen Anlage seines Werkes, die Arbeit vom naturalistischen Standpunct aus, seine Gegner aber haben im blinden Eifer übersehen, dass wenn auch das Urtheil über den eudämonologischen Werth der Arbeit negativ ausfällt, damit doch noch nichts gegen ihren Werth als Mittel für höhere Zwecke ausgesagt ist, ihre „Würde" mithin nicht angetastet wird. Eine so eminent teleologische Weltanschauung, wie diejenige der „Philosophie des Unbewussten," ist gar nicht in Gefahr, die Bedeutung der Arbeit zu unterschätzen und ihren ethischen Werth zu verkennen; zum mindesten nachdem uns Hartmann die „Phänomene des sittlichen Bewusstseins" geschenkt, sollte hierüber kein Zweifel mehr bestehen.

In der festen monistischen Geschlossenheit der Hartmann'schen Weltanschauung, nach welcher vom ersten bis zum letzten, vom kleinsten bis zum grössten Geschehniss Alles und Jedes seinen festen Platz in der einheitlichen Idee der Weltentwickelung einnimmt, gewinnt jede Arbeit eine Bedeutung, wie sie eine solche in einer individualistischeren Weltanschauung gar nicht erlangt, und es ist dieses Verhältniss auch ein hervorragendes Moment des evolutionellen Optimismus Hartmanns, dessen Elemente seine Gegner nun gerne als Waffe gegen den eudämonologischen Pessimismus gebrauchen möchten. Aber es ist aus verschiedenen Gründen eine stumpfe Waffe. Die Lust, welche aus dem Bewusstsein von dem teleologischen und ethischen Werthe der Arbeit sprosst, erduldet erstens in all' denjenigen Fällen, wo die Arbeit als Action unlustvoll ist, einen ganz erheblichen Abzug, wenn auch nicht der Intensität des einzelnen psychischen Momentes, so doch als relativ dauernder Zustand, der das Product der physischen Unlust und der ideell vermittelten Befriedigung ist; zweitens aber darum, weil auch diese Befriedigung über den sittlichen, ökonomischen, wissenschaftlichen u. s. w. Werth der Arbeit durchaus nicht so zweifellos gewiss ist, indem auch in diesem Sinne das Ziel oft nicht erreicht oder der Erfolg der Anstrengung nicht adäquat ausfällt.

Nur für das philosophische Denken ist jede Arbeit, wie immer ihr erkennbares Resultat ausfällt, eine That für das Allgemeine, ein positives Moment des Weltprocesses; für das einfache, natürliche Empfinden und den im Dienste des Individuums und der socialen Mittelzwecke thätigen Verstand der grossen Masse kommen wesentlich nur die vielen concreten Formen als solche in Betracht, in die gleichsam maskirt der eine absolute Zweck aller Lebensthätigkeit zur Wahrnehmung des endlichen Geistes gelangt.

Eudämonologisch am günstigsten sind natürlich diejenigen Verhältnisse, wo erstens die Berufsthätigkeit im Gleichgewicht mit dem Actionstrieb der geistigen und leiblichen Individualität steht; wo zweitens die individuellen (natürlich-egoistischen) Zwecke gefördert werden, und drittens sich gleichzeitig, als allgemein nützliche Leistung, eine höhere Bedeutung gewinnen.

Aber wie wenig zahlreich sind im Verhältniss zur Masse der Arbeitenden die Fälle, wo diese Bedingungen zusammentreffen, die der Arbeit einen eudämonologischen Werth sichern! In den allermeisten Fällen, wo die Arbeit erst die Existenzmittel gewinnen oder sichern muss, übersteigt sie weit das physiologisch geforderte Bewegungsmaass und verlangt ein Opfer an physisch-psychischer Kraft, welches als Ermüdung sich geltend macht, die in unendlich vielen Abstufungen und Nuancirungen die Hauptform der Arbeitsunlust darstellt. Wer es bezweifeln möchte, dass „um seinen Lebensunterhalt arbeiten" nichts anderes heisst, als einen Theil seines Lebens einsetzen, um das Leben zu gewinnen, der denke an die statistischen Ergebnisse bezüglich der lebensverkürzenden Einwirkung so vieler Berufsarten. „Und setzt ihr das Leben nicht selber ein, nicht wird euch das Leben gewonnen sein" — das ist sicherlich ein tragischer Widerspruch des culturellen Lebens.

In den zahlreichsten Fällen ermangelt der Arbeitende des erhebenden Ausblickes auf die Gemeinnützigkeit seiner Arbeit und ihr Zweck erschöpft sich in der Förderung seiner Privatzwecke; wie mangelhaft werden diese aber in unendlich vielen Fällen erreicht! In welchem Missverhältniss steht die gewonnene Lebensstellung bei der Mehrzahl der Fabrikarbeiter zu deren Kräfteaufwand, und wie unzureichend erweist sich da, wo es überhaupt vorhanden ist, das Bewusstsein, dass jede Arbeit, auch die untergeordnetste, dem Ganzen diene, wenn der Lohn der Arbeit nur eine gar zu kümmerliche Lebensweise gestattet.

Für das Nichterreichen der individuellen Zwecke zeugen auch die sich stets mehrenden Umsattelungen im Berufe, ferner die Auswanderung, mit der in der Regel die letztere verbunden ist, und die sich häufenden Bankrotte; dass unberechtigte Ansprüche an Luxus u. s. w häufig die letztern verschulden, ist hier keine Gegeninstanz, wo es sich nur um die Behauptung handelt, dass das individuell gesetzte Ziel oft nicht erreicht werde, gleichviel, ob dieses Ziel berechtigt oder unberechtigt weit gesteckt wurde, ein relativer Begriff, der in der Regel erst festgestellt wird, wenn der Erfolg gesprochen hat.

Es ist irrig, wenn St. Gätschenberger (Deutsche Zeit- und Streitfragen. 125. H.) meint, die Unthätigkeit führe den Reichen zum Pessimismus, den Armen zum Nihilismus; der „Arme", d. h. der Besitzlose, hat in unseren Culturverhältnissen nur zu viel Arbeit im Verhältniss zum geringen Erfolg. Wo aber der Besitzlose unter noch einfacheren Verhältnissen, günstigeren Agrar-Verhältnissen und gutem Klima (z. B. in manchen Theilen der Amerikanischen Südstaaten) ohne schwere und viele Arbeit seinen einfachen, naturgemässen Unterhalt ermüdungslos gewinnt, da weiss man auch nichts von Nihilismus und socialdemocratischen Entrüstungspessimismus, und wo das pessimistische Bewusstsein dennoch erwächst, da hat es ganz andere Wurzeln und fügt sich gewöhnlich in den Rahmen des christlichen contemptus mundi.

Die Arbeit im weitesten Sinne, als Bewegung mit ausser-subjectivem Zwecke, ist nichts Zufälliges, nichts Willkürliches, nichts, was auch nicht sein könnte; sie liegt im Plan der Welt, wie das Athmen im Plan der Organismen; und in beiden Fällen ist dieser Plan nichts unserm innersten Sein von Aussen aufgedrängtes, sondern wie die Herzwurzel unseres Seins mit der Weltwurzel eins ist, so stammt auch die Bestimmung zur Arbeit aus unserem eigensten Innern heraus. Wir wollen arbeiten, weil wir unserer innern Natur nach arbeiten müssen, und wir müssen arbeiten, weil wir arbeiten wollen — fügen wir als Bekenner der Willensphilosophie hinzu.

Damit ist vollständig derjenigen Thatsache Rechnung getragen, welche man den „Segen der Arbeit" nennt.

Die Erfüllung der Arbeitsbestimmung befriedigt die innerste Seele, aber diese Befriedigung wird in sehr vielen Fällen von der Unlust durch das Unbefriedigt-bleiben-müssen naturalistisch-individualistischer Neigungen und Triebe begleitet.

Auch die tragische Selbstverleugnung bis zur Selbstvernichtung im Dienste einer Idee ist in diesem Sinne Willensbefriedigung, und doch ist sie Schmerz und nicht Lust; und so kann die Arbeit die Ruhe-, Friedens- und Segensspenderin, und doch dabei herzlich mühsam und unlustvoll sein.

Das ist gar kein Widerspruch gegen den Satz der Willensphilosophie: dass Lust die Gefühlsresonanz des befriedigten Willens, Unlust diejenige des unbefriedigten Willens sei; denn unser Seelenleben und der Fluss unseres Bewusstseins ist keine homogene, sich einfach fortschiebende Masse, sondern tausend Tropfen bilden eine Welle, tausend Wellen bilden den Strom, und Lust oder Unlust als zeitlich messbare Empfindung sind das Product vieler positiver und negativer Componenten, gleichwie unser Handeln, sowie es sich aus Motiv und Ziel, Mittel und Möglichkeit ergiebt, das Resultat eines sehr complicirten Vorstellungs- und Willens-Processes ist.

Dass wir arbeiten müssen, beweist auch der „Sport". Er ist der Versuch, das von der Natur geforderte Actionsquantum zu leisten mit directem, subjectivem Lustziel und mit Vermeidung jener Grenze, wo das Zuviel der Action Ermüdung verursacht; während aber bei der Arbeit in den individuellen Zwecken allgemeine Zwecke mit gefördert werden, so ist beim Sport das Ziel mit der Lust des Individuums erschöpft. Aber diese rein individuellen Ziele werden auf die Dauer nicht erreicht; wo der Sport rein gewahrt werden soll, da erzeugt er in der Regel bald Ueberdruss und muss nach einiger Zeit gegen wirkliche Arbeit vertauscht werden, wenn das Leben nicht ein unglückliches, verkümmertes werden soll, es sei denn, der Sport werde nur **neben** einer ernstlichen Arbeit getrieben. Wo aber der auf den Höhen socialer Stellung sich befindende „Sportsman" ein ganzes Leben lang dieses bleibt, da ist der Sport dieses theilweise nur noch dem Namen nach, theilweise aber zur arbeitenden Thätigkeit geworden, die mehr oder minder direct eine günstige Veränderung persönlicher und (local) allgemeiner Verhältnisse zum Ziele hat (z. B. wenn mit dem Rennsport die Pferdezucht und -Veredelung verbunden ist). In diesem Falle ist dann die Begriffssphäre des Sportes gesprengt, indem das Ziel nicht mehr directe, unmittelbare Lust, sondern die Erreichung objectiver Zustände ist, sei es, dass diese als gut, als angenehm, als **vernünftig**, als dem Familien-, Volks- oder Landeswohl günstig erachtet werden, so dass die allerdings erwartete Befriedigung erst intellectuell vermittelt aufzutreten hat.

Manche Optimisten verkennen die Thatsache, dass der Mensch auf einer gewissen Culturstufe den Satz: dass die Natur im Menschen über sich selbst hinaus wolle, dadurch bewahrheitet, dass er mit Bewusstsein das Unlustvolle will und auf diese Weise ein sehr schwer in seinen einzelnen Fäden erkennbares Gewebe von positiven und negativen eudämonologischen Momenten erzeugt; sie verkennen die Thatsache in ihrem optimistischen Glauben: dass die Welt um der Lust ihrer Empfindungssubjecte willen da sei, wo jenes alsdann ein Naturwiderspruch sein würde; daher wird die Unausweichlichkeit der Arbeit und die Unlust des Müssiganges direct als Beweis für die lustproducirende Eigenschaft der Arbeit gehalten, was ein falscher Schluss ist.

Wenn es aber trotzdem, dass die Hälfte des gesammten Arbeitsquantums der Menschheit mit Ueberschuss physischer Unlust gethan werden muss, wahr bleibt, dass jede Arbeit, selbst die erbärmlichste, einförmigste, unter mannigfaltigen Umständen als **Wohlthat** empfunden werden mag (und zwar ohne Rücksicht auf ihre Folgen, sondern rein nur als zweckthätige Action), so spricht dies für, nicht gegen die leidvolle Beschaffenheit des Lebens; denn ihre wohlthätige Wirkung besteht in dem Vergessenmachen des Selbsts und seines Bestehens, vermittelst der Selbstentäusserung in der mechanischen Kraftentlassung. Für den bloss relativ eudämonologischen Werth der Arbeit mag es aber auch als Beleg dienen, dass, wo immer gearbeitet wird, auch bei scheinbarer vollster Freiheit (d. h. da, wo die Arbeit nicht des Lebensunterhaltes oder übernommenen Berufes wegen gefordert ist, so lange nur die Arbeit noch gleichsam instinctiv übernommen wird, allemal die künftige **Arbeitslosigkeit** das Ziel der Arbeit bildet, d. h. dass man nur arbeitet, um dereinst nicht mehr arbeiten zu müssen. Nie wird die Arbeit um der Arbeitsaction willen gewollt, so lange die Lebensanschauung noch eine wesentlich optimistische ist, sondern stets nur als Mittel zu künftigem ruhevollem, passivem Geniessen.

Erst wenn das pessimistische Bewusstsein erwacht ist, erst nachdem erkannt wurde, dass die Ruhe, der Besitz, um den zu gewinnen man gearbeitet hat, nicht beglückender ist als die Periode der Action und des Strebens sammt ihrer selbstvergessenen Unrast, erst dann wird die Arbeit um der Arbeit willen geübt, aber nun nur mehr mit dem bewussten Verzicht auf positive Lust und indem man resignirt mit dem relativen Werth vorlieb nimmt.

7. Der Werth der Liebe.

Was schon Jean Paul vom Leben sagte: dass wir es nicht liebten, weil wir es schön fänden, sondern dass wir es schön fänden, weil wir es liebten — das lässt sich auch speciell auf die Liebe anwenden.

Wir lieben nicht, weil es uns Lust gewährt, sondern wir lieben, weil wir müssen; und weil das Muss aus der innersten, metaphysischen Wurzel unserer Seele stammt, darum fühlen wir Lust, wenn unser Liebenmüssen, das als Liebenwollen erscheint, ein Liebenkönnen wird.

Wie die Lebensfreude die Gefühlsresonanz des befriedigten Lebenswillens ist, so ist die Liebeslust die Gefühlsresonanz des befriedigten Liebeswillens. Es gilt dies von jeder Art der Liebe: sowohl von dem sinnlichen Naturtrieb, als von jenem Sehnsuchtszug der Geister, welcher das Hauptmoment der Freundschaft ausmacht, wie endlich auch von der auf der Grenze des instinctiven Gefühlsgebietes und demjenigen der Reflexion erblühenden Menschheitsliebe.

Jeder, der recht intensiv geliebt hat, wird Momente gehabt haben, wo er mit Goethe seufzte: „Liebe, Liebe lass' mich los"; wo er sein Lieben als einen Zwang, als eine sein egoistisches Wohlstreben beeinträchtigende Bürde empfunden hat, und wird gedacht haben: müsste ich doch diese nicht so lieb haben! — freilich nur um gleich im folgenden Moment aus tiefstem Seelengrunde mit einem anderen Dichter zu sprechen:

„Und brächte man mir Lethes Fluth,
Und spräche: „Trink, du sollst genesen sein,
Sollst fühlen, wie so süss Vergessen thut" —
Ich spräche: Nein!"

Aber aus diesem Liebenwollen, dem Empfinden des Müssens, als einem Gewollten, darf man ebenso wenig, als aus der Unvermeidlichkeit der Arbeit und der Unlust des Müssigganges, kurzweg auf den hohen eudämonologischen Werth der Liebe schliessen; es ist eben hier die Stelle im Empfindungsleben, wo die beiden Maassstäbe: der egoistisch-eudämonistische und der instinctiv angelegte teleologische und ethische, vom Individuum unbewusst wechselweise an das Gefühl angelegt werden, und in Folge dessen auch die schmerzlichen, unruhvollen Empfindungen der Liebe dem privativen Zustand des Nichtliebens vorgezogen werden.

Schopenhauer kennt neben dem in der negativen Sphäre verbleibenden eudämonologischen Werthe der Liebe nur noch deren teleologische Bedeutung für die Erhaltung der Gattung; und da bei ihm die Erhaltung der Gattung keinen von der Vernunft gerechtfertigten Werth hat, sondern seine Bedeutung nur in dem blinden Willen besitzt, so ist dieser teleologische Werth nur ein sehr relativer, vom höheren Standpuncte verschwindender.

Hartmann aber anerkennt in vollem Umfang, nicht nur mit Schopenhauer die teleologische Bedeutung im Naturgebiete, sondern auch den ethischen Werth der Liebe.

Bis zum Erscheinen der „Phänomenologie des sittl. Bewusstseins" war es bei seinen Kritikern gäng und gäbe, diese Thatsache zu verkennen; ja, was A. Taubert von Weis (Anti-Materialismus, III. B) sagt: dass er dasjenige, was Hartmann in vorbereitendem Sinne über die Liebe sage, um zu zeigen, was die Liebe nicht sei, allen Ernstes als Definition der Liebe nehme, das gilt für eine grosse Zahl der Hartmann-Kritiker. Neben dieser groben Verwechselung läuft aber noch die andere nebenher: es sei mit der vorwiegend naturalistischen Behandlungsweise und Abschätzung der Liebe in der „Phil. d. Unb." Hartmann's Aestimation dieses Gefühles überhaupt erschöpft.

Seit dem Erscheinen der „Phän. d. sittl. Bewusstseins" hat sich zwar in dieser Hinsicht vieles gebessert, aber volle Klarheit ist doch noch nicht in die Sache gekommen, und im grösseren Publicum findet man noch öfter ein Echo jener älteren Beurtheilungen.

Die Liebe ist die Brücke aus dem Gebiet der Selbstsucht in das Gebiet der Sittlichkeit hinüber; indem im Liebesgefühl das Ich das Du in sich aufnimmt, dessen Wohl und Wehe als das seine empfindet, sein Ich im Du gleichsam untersinken lässt, wird die im Natürlichen wurzelnde Liebe zur Triebfeder der Sittlichkeit, wenn sie auch selbst noch nicht schlechthin sittlich kann genannt werden.

Es dünkt uns, dass durch diese Auffassung der Liebe ein für alle Mal den Verkennungen ein Ende gemacht sein sollte; es ist aber nicht der Fall. Noch in einer der letzten und bedeutendsten Kundgebungen gegen Hartmann und den Pessimismus (J. Rehmke, „Der Pessimismus u. d. Sittenlehre") lesen wir, dass zwar für den egoistischen Standpunct der Liebe das pessimistische Urtheil gelte; die selbstlose Liebe aber ergebe ein eudämonistisch günstiges Resultat.

Der Pessimismus bestreitet den teleologischen und ethischen Werth der Liebe durchaus nicht. Auch wenn man mit Schopenhauer die Liebesleidenschaft als eine Kriegslist der Natur erachtet, um das egoistische Individuum den Zwecken der Gattung und damit der Weltentwickelung dienstbar zu machen, so liegt darin keine Entwürdigung der Liebe, wie Hartmann mit Recht wiederholt hervorgehoben hat: noch weniger aber, wenn man zwar deren eudämonologischen Werth verneint, aber ihre teleologische Bedeutung innerhalb eines vernünftigen, zielvollen Weltprocesses hervorhebt; denn die Liebe erscheint um so erhabener, je souverainer ihre Macht über der individuellen Wohl- und Weh-Sphäre steht. Die tragische Liebesleidenschaft, die mit Bewusstsein der Gefahr des drohenden Unterganges entgegen geht, steht nach der allgemeinen Schätzung höher da als die Lustspielliebe, welche die Kraft ihrer Dauer aus dem Bewusstsein schöpft, zu einer lustigen Hochzeit und einer reichen Mitgift zu führen. Diese Schätzung wäre aber falsch, wenn der eudämonologische Werth der Liebe maassgebend für deren Bedeutung und mithin deren Würde wäre.

An dieser Stelle aber haben wir es nicht mit der teleologischen und ethischen Bedeutung der Liebe zu thun, die — wir wiederholen es — vom Pessimismus gar nicht angefochten wird, sondern nur mit dem Verhältniss von Lust und Unlust, welche die Liebe, gleichviel welcher Art, ob von bloss naturalistischer oder ethisch verklärter Beschaffenheit sie sein mag, erzeugt.

Natürlich gilt von der Liebe in ihrer untersten, naturgebundensten Form dasselbe, was von jedem physiologisch-psychischen Vorgange: der Wechsel und die Stärkegrade ihrer lust- und unlustvollen Momente sind nicht objectiv messbar; ebenso würde auch — das Unmögliche als möglich genommen — eine vollständige Statistik sämmtlicher Liebesverhältnisse und ihrer Dauer und Ausgänge nur ein approximatives Resultat liefern; denn dieselben Umstände, die den Einen zum Selbstmord treiben, führen den Andern einfach einem andern Mädchen zu; und was für das eine Individuum nur Festtagsepisode ist, das ist für das andere Centrum der Lebensbethätigung. Aber was wir oben von dem zwar engen, aber dafür um so allgemeiner gültigen Kreise aussagten, innerhalb dessen ein Urtheil über das Empfinden eines Dritten durchaus zulässig und sicher sei, das gilt auch für die Liebe. Es beruht ja alle poetische

Schilderung auf der Voraussetzung, dass bei Kenntniss der äusseren Umstände, die Gefühlswirkung geschätzt und vorgestellt, also nachgefühlt werden könne; nur unter dieser Bedingung ist der Dichter Herzenskündiger.

Wenn die Natur auf das Glück der Geschöpfe keine Rücksicht nimmt, insofern, als zwar überall und auf allen Stufen der Entwickelung die Möglichkeit gegeben ist, dass, wie Schmerz, so auch Lust hervorgerufen werden kann, nicht aber die Bedingungen der Dauer garantirt, so zeigt sich dieser Mangel an Fürsorge recht auffällig bei der Liebe.

Wir verstehen hier unter Liebe nur diesen Trieb in seinem ausschliesslich menschlichen, höheren, psychischen Sinne, nicht im Sinne eines auf die Erhaltung der Gattung gerichteten Instinctes; denn die pessimistische Beurtheilung der geschlechtlichen Triebe bloss als solche, hat keinen erheblichen Widerspruch erlebt, obgleich nach unserer Meinung die mit dem Geschlechtsleben in der Thierwelt verbundene Lust von Hartmann etwas unterschätzt sein möchte. Zwar nicht diejenige, die mit dem Begattungsacte selbst verbunden ist, als vielmehr jene, die aus dem gehobenen Lebensgefühl herrührt, welches während der Brunstzeit besteht und das wir bei unsern Hausthieren so unverkennbar vorfinden: der Lebenstrieb ist hochgesteigert, und findet in der gesteigerten organischen Thätigkeit der Brunst seine Befriedigung.

Die Opposition der Optimisten richtet sich aber nur gegen das Urtheil über jene Liebe, die die Dichter besingen, und welche bei den Culturvölkern maassgebend für die Gestaltung der socialen Verhältnisse geworden ist. Da zeigt sich denn als ergiebigste Quelle jener Unlust, welche dem Culturmenschen aus den um der Liebe willen geknüpften Verhältnissen entsteht: das Auseinandergehen der physischen und geistigen Entwickelung und Reife.

Nun ist es zwar eine Thatsache, dass je höher die intellectuelle Stufe der Entwickelung ist, auf der ein Volk steht, durchschnittlich um so später die physische Reife beider Geschlechter erfolgt; trotzdem aber ist noch stets eine zeitliche Differenz vorhanden, zwischen dem Zeitpunct, wo der Mensch als blosses Naturwesen die Spitze seiner physischen Entwickelung erreicht und demjenigen, wo er geistig und characterologisch reif und fertig ist. Damit ist aber für alle auf Dauer berechneten Verhältnisse (und nur die Liebe, wo die Dauer des Liebesbandes, gleichviel welcher Art dieses sei, mit zu den Zielen des Liebeswillens gehört, fallen unter die Categorie der höheren, sittlich werthvollen Liebe) die Bedingung der mannigfaltigsten Unlustursachen geschaffen, ohne dass der eine oder andere Theil eine sittliche Schuld zu tragen braucht.

Beim weiblichen Geschlecht ist es ganz häufig, dass die geistigen

Fähigkeiten sich erst dann völlig entfalten, wenn der Gipfel der geschlechtlichen Reife bereits erreicht oder überschritten ist; gleichsam als ob die abstract menschliche Entwickelung des Intellectes erst ganz freie Bahn erlangte, wenn das Individuum seine Bestimmung als geschlechtlich differenzirtes Glied der Gattung erfüllt hat. Bei dem Manne aber, wo dieser Zwiespalt zwischen dem Leben im Dienste der Gattung und dem des individuellen Geisteslebens nicht vorhanden ist, ist das sociale Leben, in seinen mannigfaltigen Formen und mit seinen vielseitigen Anforderungen an den Bürger eines Culturstaates, noch mehr als ein Jahrzehnt, nachdem die physische Reife erlangt ist, eine den Character modeln helfende Schule, nachdem die eigentliche Schulzeit allgemeiner und Berufsbildung zurückgelegt ist.

Wenn nun zwei junge Menschen sich lieben und im Glauben an die nothwendige Dauer dieser tief und heilig empfundenen Liebe sich durch die Ehe verbinden, so mögen sie physisch und geistig ausgezeichnet zu einander passen und doch nach einigen Jahren durchaus ungeeignet sein, miteinander eine beglückende Ehe zu führen. Beide können sich geistig und characterologisch in divergirenden Richtungen entwickelt haben, oder aber auch nur der eine Theil.

Es kann zwar auch eine Entwickelung zweier Verbundener in der Weise stattfinden, dass der kräftigere Geist oder Character den schwächeren beeinflusst und die Entwickelung desselben in seine eigenen Bahnen lenkt, womit die Bedingung zur glücklichen Ehe gegeben ist; es kann aber auch eine Beinflussung stattfinden, die zwar wesentlich bestimmend ist für das „Wie" der Entwickelung des Andern, ohne doch deren Bahnrichtung gänzlich von ihrer vorbedingten Richtung abzulenken. Auch bilden die psychischen und geistigen Entwickelungspfade keine geraden Linien, die sich mit den Pfaden derjenigen, mit denen ihre Träger in Lebensverband traten, in rechten Winkeln schneiden; sondern die Pfade bilden Kurven, und die erzeugten Winkel sind oft sehr spitz, so dass einem zeitweiligen Nebeneinanderhergehen und einem Berührungspunct unter spitzem Winkel plötzlich eine rasche Abweichung folgen kann.

Je jugendlich-unfertiger beide Theile bei der Verbindung waren, um so grösser die Gefahr in dieser Hinsicht; und selbst wenn zwei bedeutende Naturen, die beide wahre Originalität besitzen, sich finden, ist die Gefahr auf solche Weise entstehender Unlustbedingung vorhanden; denn obgleich auf einer gewissen geistigen Höhe die Differenzen in der Geistestendenz nicht mehr störend wirken, so bleibt doch die Möglichkeit zu Conflicten auf Grund der characterologischen Unterschiede bestehen.

Ein reifer, fertiger Mann von gutem Character, aber bloss

mittlerem, durchschnittlichem Verstande, kann ein Mädchen wählen, welches ebenfalls reif scheint, weil ihre Weibesnatur allerdings reif ist, während ihr Geist erst dann seine Schwingen zu entfalten beginnt, wenn es durch die Ehe in weitere Lebenskreise geleitet wurde, und seine primitiv-natürlichen Gattungspflichten erfüllt hat; es kann in solchem Falle das Weib dem Manne geistig über den Kopf wachsen und unwillkürlich im Laufe der Begebenheiten zur Kritik des Wesens und des Thuns gelangen, was für beide Theile eine gefährliche Klippe des ehelichen Glückes darstellt.

Es kann aber auch der Mann das Mädchen höheren intellectuellen Aufschwunges fähig erachten, weil die kräftig entwickelten, specifisch weiblichen Triebe und Instincte während der Dauer der ersten Blüthezeit über die Expansionsfähigkeit der physischen Kräfte zu täuschen vermögen; fällt hernach mit dem Ende der Blüthezeit das Stimulans der regeren Lebensthätigkeit hinweg, so erscheint nothwendigerweise die Stagnation auf dem bisherigen geistigen Standpunct als ein Rückschritt; aus der reizenden Braut ist nach wenigen Jahren eine Frau entstanden, die eben nichts weiter ist als ein „Weibchen" im zoologischen Sinne dieses Wortes.*)

In diesen und vielfach variirten Fällen (Beispiele wird jeder Leser ohne Mühe finden können) findet nun ein Sterbeprocess der Liebe in ihrer höchsten Form (als Einheit von Leidenschaft im Dienste der Erhaltung der Gattung und von einer auf vermeintliche geistige Uebereinstimmung basirten Freundschaft) statt; zieht man nun die Dauer der unlustvollen Seelenvorgänge hierbei in Betracht, so ist die Summe der hierdurch erwachsenden Unlust derjenigen sicherlich nicht nachstehend, die aus solchen Verhältnissen resultirt, wo die erstrebte Vereinigung überhaupt nicht zu Stande kommen konnte, oder nicht auf eine dem Liebestrieb genügende Weise und Dauer. Dabei braucht die Tragik nicht minder gross zu sein in einem innerlich gelockerten Verhältniss, welches äusserlich in allen Schranken bürgerlicher Gehörigkeit und Anständigkeit verharrt, als in einer mit Mord und Tod endenden Liebesromanze, wo die gesteigerte Lebensintensität inmitten des leidenschaftlichtragischen Seelensturmes ein Gegengewicht (freilich nur ein auf der negativen Seite der eudämonologischen Scala verbleibendes) zu dem Liebesschmerze bildet.

Das Gefühl von dem furchtbar ernsten Character der Liebe und der auf deren Grunde erwachsenen, sittlich formirten Verhältnisse, ist allgemein vorhanden und findet seinen Ausdruck in der Beschaffenheit der dieses Thema behandelnden Literatur und dem

---

*) Solche Metamorphose schildert Bogumil Goltz (Naturgeschichte d. Frauen) schneidig aber wahr.

nicht erlahmenden Interesse, welches das Publikum dem Ehestandsdrama und Roman entgegenbringt. In wie verschwindender Minderheit ist die Liebesidylle, wo vom Beginn bis zum Ende der Ueberschuss der Lust über der Liebe Bangen unzweifelhaft ist, gegenüber den Nachtgemälden der Leidenschaft und jenen Stimmungsbildern, wo nach langem Ringen wohl die Ruhe und der Friede, aber nicht die Lust gefunden wurde.

Im modernen Lustspiel ist das sich Suchen und mit fröhlicher Verlobung endende Finden nur von nebensächlicher Bedeutung für die Wirksamkeit des Stückes. Ein einfach glückliches, das heisst durchweg lustvolles Liebesleben ist, wenn poetisch dargestellt, für den Zuschauer wehmutherregend, oder, wenn realistisch vorgeführt, langweilig; es erklärt sich dies dadurch, weil im ersteren Falle wir uns der Seltenheit von dergleichen Lebenszuständen bedauernd bewusst werden; im zweiten Falle aber erstlich, weil wir an die Dauer des sich als dauernd gebärdenden nicht zu glauben vermögen, und zweitens, weil unser unbewusst bleibendes, instinctives Werthurtheil der Geschehnisse und Zustände, wodurch unser Interesse und unsere Theilnahme an denselben bedingt wird, ein solches ist, dass ein Geschehen, ein Vorgang um so höher taxirt wird, je ernsterer Natur er ist; ernst aber ist etwas, sofern es ohne eudämonologische Rücksichten höheren Zwecken dient.

Wenn Hartmann die Ehe als dasjenige Verhältniss schildert, wo sowohl die geschlechtliche Liebe (Liebe im engeren Sinne), als auch die Freundschaft ihre schönste Blüthe treiben kann, und in dieser Liebesfreundschaft zugleich die Form erkennt, worin das oberste Gefühl der Gefühlsmoral seine ungehemmteste Entfaltung finden kann, so hat er damit zugleich dasjenige Verhältniss geschildert, wo die Liebe in ihrem beglückendsten, weil friedvollsten, wunschlosesten Zustande ist. Was sich als reinste, kampfloseste Manifestation der Liebe als eines sittlichen Princips darstellt, das ist allerdings auch ein eudämonologisch werthvoller Zustand, indem er über einem der Kreuzungspuncte liegt, wo das individuelle Interesse und dasjenige der Gattung sich momentan decken. Dies ist allen denjenigen gegenüber zu betonen, welche geneigt sind, Hartmann für unfähig zu erachten, das beglückende Moment der Liebe zu würdigen. Nach den fatalen Erfahrungen, die man gemacht hat bezüglich der Häufigkeit des Missverstehens von Hartmann's wahrer Meinung, ist es aber auch nicht unnöthig, darauf hinzuweisen, dass ungeachtet der Verherrlichung der Liebesfreundschaft in der „Phän. d. sittl. Bew." nicht das Mindeste an dem pessimistischen Urtheil der „Phil. d. Unb." über die Liebe im Allgemeinen zurückgenommen worden ist. Denn wenn auch diese Liebe durch ihrer selbst ebenbürtige, entgegenkommende Gefühle und Gesinnungen sittlich und eudämonologisch werthvoll ist, so ist auch die unglückliche Liebe nicht minder sittlich werthvoll: nicht nur die Liebe, die im Glücke der Liebe sich sonne, sei schön, sondern auch jene, die missachtet werde und doch nicht erlahme und nachlasse in ihren Liebesmühen, hebt Hartmann hervor.

Die Behauptung Rehmke's, dass das pessimistische Urtheil über die Liebe nur für die egoistische Liebe Geltung habe, ist so unzutreffend, dass in vielen Fällen das Gegentheil wahrer ist.

„Egoistische Liebe" ist eigentlich ein schiefer Begriff; die Liebe ist gerade die Sprengung der egoistischen Abschliessung der Seele. Was man so im gewöhnlichen Leben „egoistische Liebe" nennt, das erscheint nur so, wenn der Liebende zu kurzsichtig, zu beschränkten Geistes ist und daher den Gegenstand seiner Liebe nicht nach dessen Façon will selig sein lassen, sondern ihn quält, nach seinem Willen zu sein und zu thun, zu kommen und zu gehen. Eine solche kurzsichtige Liebe kann für beide Theile zum Kreuze, ja zum Unheile werden, und dabei doch ihrer Gefühlsseite nach echte, reine Liebe seine.

Oder „egoistische Liebe" ist ein Verhältniss, welches zwar äusserlich die Merkmale eines Bundes der Liebe zeigt, aber eigentlich nur ein aus egoistisch-practischen Gründen eingegangenes Arrangement ist, worin die Schätzung des Andern sich nach den Annehmlichkeiten richtet, die dem Einen daraus erwachsen; z. B. wenn ein Mann heirathet, um an der Frau eine gute Haushälterin oder eine feine Köchin zu haben, oder ein Mädchen einen ihr sonst gleichgültigen Mann, weil er reich ist und ihr ein bequemes Leben sichert. Ein solches Verhältniss ermangelt auch da, wo es ein in seiner Art gutes, d. h. durchaus friedvolles und sogar durch gegenseitige Dankbarkeit sittlich geadeltes ist, der Lust und der tiefen, beseligenden Befriedigung echter Liebe; es kennt dafür aber auch nicht das unter Umständen tödtliche Herzeleid, wenn die auf dasselbe gestellten Erwartungen nicht erfüllt werden, sondern nur den Aerger, welcher zwar auch Unlust ist, aber solche von leichterem Caliber und eher corrigirbar. Man kann es endlich „egoistische Liebe" nennen, wenn das sinnliche Moment der geschlechtlichen Liebe um seiner selbst willen gesucht wurde; löst sich nun ein bloss aus diesen Rücksichten geknüpftes Band, so wird es in der Regel auch mit Unlust verbunden sein, aber diese stammt mehr von äusseren Umständen her, als aus dem Aufhören des bestandenen Liebesgefühls, denn dieses ist oder ist nicht mehr, und ist wie nie gewesen, wenn es aufgehört hat.

Dagegen hat der echt Liebende an dem Objecte seiner selbstlosen Liebe ein erweitertes Feld, wo er von Schmerz und Leid getroffen werden kann und fühlt in manchen Fällen das Ungemach, welches das geliebte Wesen trifft doppelt schmerzlich, weil sich ihm in der Liebe sein eigenes Wesen gleichsam verdoppelt.

Wenn daher eine echte Liebesleidenschaft zu Ende geht, so ist das ein unsäglich peinlicher Sterbeact; um so peinlicher, je selbstloser geliebt wurde, weil man dann den Wandel seines Gefühls im Andern als Beraubung sympathisch mitempfindet. Auch bleibt das Sehnen nach einem Liebesverbande entweder bestehen, aber das Object, an das bisher die Sehnsucht sich heftete, genügt den an ein solches gemachten Ansprüchen nicht mehr, oder aber das Sehnen selbst erlischt; dann aber bleibt ein Gefühl der Oede und Leere zurück und die Freiheit, nicht lieben zu müssen, wird, wenn Liebe vorherging, nicht sowohl als Freiheit, sondern als Verarmung gefühlt.

Man begegnet häufig der Ansicht, es würde sich der eudämonologische Werth der Geschlechtsliebe dadurch steigern lassen, dass die Ehe, als derjenigen Form unter der die Liebesbündnisse staatlich und gesellschaftlich anerkannt und wesentliche Factoren der socialen Gestaltung der Menschheit werden, einigen Modificationen unterworfen würde. Erstens indem das Eingehen derselben dadurch erleichtert würde, dass die Erziehung der Kinder (auch die physische) vom Staate übernommen würde; zweitens indem die Ehescheidung noch mehr als bereits geschehen erleichtert würde. Erstere Ansicht wird auch von einem Philosophen der Schopenhauer'schen Schule, Lazar B. Hellenbach, beredt anempfohlen, weil dadurch die Liebesheirathen im Verhältniss zu denjenigen, welche aus Interessen, die mit der Liebe nichts zu thun haben, geschlossen werden, sich erheblich vermehren würden, was der physiologischen und intellectuellen Veredelung der Gattung zu gut kommen möchte.

Nach der zweiten Richtung hin tendiren alle unsere neuern Ehegesetze, und ihren consequentesten Ausdruck findet die Ansicht in dem Ideal der freien Liebe mancher socialdemocratischer Programme. Sofern beide Modificationen der bisherigen Form der Ehe wirklich eudämonologisch werthvoll sein sollten, so wäre es nur dadurch: dass die Liebe ihres höheren, specifisch menschlichen Characters allmählich wieder verlustig ginge durch die Angewöhnung, sie wesentlich nur von ihrer sinnlichen Lustseite zu betrachten. Nur wenn man den Accent des eudämonologischen Werthes auf die Befriedigung des blossen Naturtriebes legt, nur dann kann man von solchen Modificationen, welche die Ehe der im Thierreich herrschenden, ausschliesslich auf den Geschlechtstrieb basirten Paarung wieder nähern, eine Verminderung der mit der Liebe und ihren Bündnissen verknüpften Unlust erwarten.

Keine Unterschätzung der Liebe ist es, wenn der moderne

Pessimismus auch die Lebensfactoren der Ehe, sowie die, das Moment der Erweiterung und Ausdehnung des „Ichs" auf das „Du" mit der Liebe theilende Freundschaft, nicht von dem allumfassenden Urtheile ausnimmt. Es unterscheidet derselbe nur klar zwischen relativen und absoluten Werthen und ist über den Irrthum hinaus, aus der Stärke des instinctiven Wollens auf den eudämonologischen Werth des Gewollten zu schliessen.

Auch dem Pessimisten ist die Liebe „die Krone des Lebens", soweit das Individuum in natürlicher, aber vollbewusster Hingabe an das Leben und seine directen und indirecten Zwecke sich in sich selbst zum Selbstgenuss zusammenfasst. Aber diese bewusste Zusammenfassung ist nicht abhängig vom positiv eudämonologischen Werthe des so bejahten, sondern einzig von seinem relativ unendlich reichen Inhalt, gegenüber der, der Selbstzersprengung der Ichsphäre im Liebesgefühl ermangelnden anderen Formen der Lebensbethätigung und Kraftauswirkung. Darum sind alle Declamationen gegen den Pessimismus vermittelst der Lobpreisung der Liebe wirkungslos, weil sie nur vertheidigen können, was der moderne Pessimismus, d. h. der Pessimismus, wie er von E. von Hartmann herausgearbeitet wurde, gar nicht anficht.

8. Der Werth des Schönen.

Bei weitem einfacher und durchsichtiger als bei der Liebe und ihren Formen gestaltet sich das Verhältniss der ästhetischen Empfindung zur Weltschätzung, welche ebenfalls gegen den Pessimismus in's Treffen geführt wird.

Die Verwechselung von eudämonologischen und sittlichen oder evolutionell-kulturellen Werthe ist hier ausgeschlossen; denn wenn auch die ästhetische Empfindung ein mächtiges Moment der Culturentwickelung darstellt, so ist sie doch dieses nicht im Gegensatze zu ihrer eudämonologischen Stellung, sondern wesentlich und gerade als eudämonologischer Lebensfactor.

Die ästhetische Empfindung ist etwas ganz einfaches und ganz ursprüngliches; sie ist an sich schon, als Empfindung des Schönen Lustempfindung, gleichviel welcher Art ihr Object auch sei, ob Naturgegenstand, realer Vorgang oder Kunstwerk; ja auch gleichviel, ob das Object als solches, abgesehen von der ästhetischen Empfindung, die es auslöst, einen an sich lustvollen Zustand repräsentire oder nicht: auch die ästhetische Reaction, die das tragische Object in der Seele erzeugt, ist eine Lustempfindung.

Aus diesem Grunde möchte der ästhetische Standpunct recht

geeignet erscheinen zu einem Angriff auf den Pessimismus, so recht im Centrum, auf dem Gebiete der unmittelbarsten Empfindung und Erfahrung. Denn das Schönempfinden ist einfach und unmittelbar, was es ist; aus unbewusster Tiefe der Seele taucht es auf in den Lichtkreis des Bewusstseins und alle hinterher folgenden ästhetischen Reflexionen können nur versuchen, die Gründe für sein Auftauchen zu erforschen, können es bekritteln, das unerklärlich bleibende wohl auch verleugnen, aber es schliesslich so wenig beseitigen als es hervorrufen, wo es nicht von selbst dem unerforschbaren Mutterschoss alles Empfindens entquillt. Darum ist entweder die Schönempfindung, oder sie ist nicht, und wo sie ist, da ist sie Lust; es kann sich also kein Streit erheben, ob das Schönempfinden einen eudämonologischen oder einen andern Werth habe. Sein Werth ist nur ein eudämonologischer und bei der Feststellung der Bedeutung des Schönempfindens für die axiologische Frage, handelt es sich nur darum, **ob und in welchem Grade die Dinge und Umstände dem Zustandekommen desselben günstig sind oder nicht**.

In Bezug hierauf kann man von ästhetischem Optimismus und Pessimismus reden, wie denn Hartmann sich selbst, sowie Schopenhauer, als ästhetische Optimisten bezeichnet. (Neu-Kantianismus, Schopenhauerianismus und Hegelianismus.)

Aesthetischer Optimismus ist die Anschauung, dass die Welt derart beschaffen sei, dass sie interesselos betrachtet und rein als Object der Anschauung erfasst, einen Ueberschuss ästhetischer Lust-Empfindung über abstossende Gefühle zu erzeugen vermag. In einer Welt nun, wo selbst das Tragische und das Furchtbare, das in seinen Wirkungen auf das organische Leben verderbliche, ästhetisch genossen zu werden vermag, ist dieser Optimismus wohl a priori verständlich. Aber er ist es eben nur auf dem Standpunct der reinen interesselosen Betrachtung, und dieser rein betrachtende Standpunct ist nicht die letztgültige Weltanschauung; denn sie bietet nur ein einseitiges Weltbild und ist gerade diese Einseitigkeit die Bedingung der Möglichkeit ihres Zustandekommens.

Ferner ist der Standpunct der interesselosen Betrachtung der Welt nicht allen Wesen überhaupt erreichbar, und auch von denen, für die er erreichbar ist, nicht zu allen Zeiten und unter allen Umständen. Endlich aber ist das Postulat eines beständigen, siegreichen Festhaltens des ästhetischen Standpunctes mit einem immanenten Widerspruche behaftet: denn es könnte die rein interesselose Betrachtung als ausschliessliche nur dadurch festgehalten werden, dass der Mensch, der als solcher und in seinem Thun und Handeln mit das hauptsächlichste Object der ästhetischen Weltanschauung ist, sich theilweise seiner Eigenschaften entschlagen würde, dadurch aber eine Einbusse erlitte, wodurch er für die ästhetische Anschauung nicht mehr wäre, was er, bei bloss partieller Gültigkeit der letztern und bei voller Auslebung seiner vielseitigen Innerlichkeit ist.

Die Uninteressirtheit ist die Bedingung, dass die ästhetische Erfassung eines Objectes stattfindet; freilich nicht die Uninteressirtheit im Sinne Schopenhauers willensfreier Anschauung; sondern nur in der Freiheit von practischen Rücksichten und Beschränkung des Willens auf die Perception um dieser selbst willen. Wo nun diese Uninteressirtheit ein gar zu weites Feld einnimmt, da stellt sie einen gewissen Mangel des seelischen Lebens dar.

Aesthetische Wirkung eines (transcendent-real gedachten) Objectes ist nur eine Partialwirkung, eine Oberflächenwirkung möchten wir sagen, von secundärer, wenn auch durchaus nicht zufälliger Bedeutung. In ihrer Unabhängigkeit von den anderen Wirkungen des Objectes auf das Subject, zu dem es in Relation steht, beruht ebensosehr ihre eudämonologisch vortheilhafte Stellung in der Reihe der Erscheinungen, als auch damit ihre Grenze gegeben ist.

Der Pessimismus schliesst eine ästhetische Weltbetrachtung nicht aus und leugnet nicht das immerhin erhebliche Lustquantum, welches die Schönempfindung darstellt.

Die Reflexion auf das Wesen der Dinge und Vorgänge kann die Schönempfindung als solche nicht alteriren, nur die Stellungnahme des Bewusstseinsubjects zu seiner ästhetischen Empfindung wird durch die Reflexion beeinflusst. Die Freude an der Freude, d. h. die reflexiv bewusste Befriedigung über die Lust am Schönen, der formvollendeten Menschengestalt zum Beispiel, musste getrübt werden, als man gewohnt war, mit dem Begriff des „Fleisches", als der Materie dieser Form, denjenigen der Corruption und Erniedrigung zu verbinden; aber während (wie wir in Cap. II anführten) das Denken die Schönheit als die Blüthe der Weltlichkeit verurtheilte, war doch die unmittelbare, jeder Reflexion vorangehende Empfindung nicht auszulöschen: hierfür legen die Legenden von der Versuchung der Heiligen durch schöne Teufelinnen Zeugniss ab.

Mochte man den schönen Schein der Materie noch so sehr verachten, noch so sehr sich bestreben, nur reiner Geist in verkümmerter Hülle zu werden, ein blühender Leib, die zur sinnenfälligen Wirklichkeit gelangte, möglichst ädaequat sich realisirende Naturidee erzeugte eben doch die süsse Seelenresonanz der ästhetischen Empfindung.

Nun ist aber weder Schopenhauers noch insbesondere Hartmanns Metaphysik so beschaffen, dass sich unter ihrem Einfluss auf das Denken ein Dämpfer auf die ästhetische Anschauung legen könnte. Schopenhauer verdient die ihm von Hartmann ertheilte Benennung „ästhetischer Optimist" dadurch, dass ihm die ästhetische Anschauung recht eigentlich der Gipfel und Wendepunkt ist, auf dem der blinde Wille durch sein vollendetstes Product der Objectivirung, den Intellect in der Eigenschaft als „ewiges Weltauge", seine Objectivationen in ihrer reinsten Gestalt, als „Platonische Ideen", wahrzunehmen vermag. Für Hartmann aber ist die Schönheit die eine Wirkung des Logischen und theilt mit diesem die teleologische Berechtigung des „Wie" des Weltprocesses im Gegensatz zum unberechtigten „dass" der Weltexistenz.

Es war zuerst R. Haym (Preussische Jahrbücher, 1873, B. 31, Heft 1—3), der den ästhetischen Optimismus gegen Hartmanns eudämonologischen Pessimismus in's Feld führte, indem er in dem Schönen einen sicheren Bürgen der Lust sehen, Hartmann aber der Missachtung des Schönen und dessen eudämonologischer Bedeutung zeihen wollte. Fast alle späteren Kritiker, soweit dieselben nicht den Schwerpunct einer optimistischen Weltanschauung ausschliesslich auf religiösem Gebiete fanden, heben zum mindesten die Unterschätzung der aus der Schönempfindung resultirenden Lust hervor, wobei besonders eine angebliche Missachtung des Naturschönen betont wird, und den zahlreichen deutschen Stimmen secundiren auch Ausländer, besonders der Engländer J. Sully (Pessimism; auch in's Französische übersetzt).

Ein David Friedrich Strauss wollte im behaglichen receptiven Kunstgenuss ein wirksames Gegengewicht besitzen gegen die Schauer einer mechanistisch-materialistischen Weltanschauung, deren Unheimlichkeit er doch nicht hinweg leugnen konnte. Duboc möchte, wie wir bereits gesehen, die ästhetische Auffassung der mechanistischen Naturcausalität zum Mittel werden lassen, dass die letztere religiöses Object werden könnte; ein G. v. Amyntor plänkelt in gereimten und ungereimten Novellen für einen christlichen Aestheticismus.

A. Taubert (D. Pess. u. s. Gegner) vertheidigte Hartmann gegen die Angriffe Hayms; aber die späteren Kritiker zeihen Taubert desselben Fehlers, besonders bezüglich des Naturschönen, wobei wiederholt der Grund hierzu in einer dem Grossstädter eigenen Unempfindlichkeit für die Reize der Natur im engeren Sinne gesucht wird.

Man thut aber nach unserer Ansicht damit den Grossstädtern (besonders denen aus einförmigen Gegenden) im Allgemeinen Unrecht, wenn man ihre Genussfähigkeit der Natur geringe erachtet. Unsere Erfahrung (welche auch die „neue Welt" umschliesst) geht eher dahin, dass sie sehr genügsam sind mit ihren Anforderungen, besonders an landschaftliche Schönheit: es bedeutet aber dies nichts anderes: als dass sie schon auf leichte Reize ästhetisch reagiren. Für den eudämonologischen Werth der ästhetischen Empfindung ist es nun aber gleichgültig, wodurch diese letztere entsteht. Wir meinen, es spreche mehr für einen feinen Sinn, wenn man auf einfache, minder bunt abgetönte Landschaftsbilder ästhetisch zu reagiren vermag, statt dass man hierzu eines Compositums von Schneebergen, Cascaden, Felsenhängen, Ruinen, Schwanenseeen etc. bedarf; und da nun einfache Landschaften, ein duftiges Gehölz am leichtgewellten Hügelzug, eine Matte mit munterem Bach und zierlichem Erlengebüsch u. s. w. zahlreicher vorliegen und allgemeiner zugänglich sind als die Mustergegenden der Reisehandbücher, so ist die Genügsamkeit auf diesem Gebiet eine eudämonologisch günstiger Zustand, der wahrlich nicht zum Pessimismus beitragen wird.

A. Taubert hat Recht mit der Behauptung, dass auch beim Naturgenuss eine Illusion als Mitfactor wirke, sofern besonders der „Friede" in der Natur genossen werde. Aber das gilt nur für den Genuss, auf den man reflectirt; die Elemente des Naturgenusses sind mit keiner Illusion behaftet, denn sie sind reine Anschauung und reine Lust des befriedigten Anschauungswillens.

Da es nun weder Schopenhauer noch Hartmann einfällt, den Lustcharacter der Schönempfindung zu bestreiten, so beschränkt sich die Differenz zwischen dem Optimismus und Pessimismus auf ästhetischem Gebiete eigentlich (und von Missverständnissen abgesehen) nur auf die Schätzung des Verhältnisses zwischen der Summe dieser ästhetischen Lust zu der Unlust überhaupt.

Hierbei kommt in Betracht: erstens die Ausdehnung des seelischen Gebietes, in dem ästhetische Empfindung auftreten kann; und zweitens die subjectiven Bedingungen dieses Auftretens.

Ob schon im Thierreiche ästhetische Empfindung vorhanden ist, ist eine wohl kaum zu lösende Frage. Wo es dem Beobachter scheinen mag, als ob die Schönheit Motiv sei, dass ein Exemplar einer Species besonders gesucht werde, da darf er nicht vergessen, dass das, was wir an einem Thier als dessen Schönheit bezeichnen, immer auch physiologische Vollkommenheit ist, die als solche schon hinlänglich Grund ist, um geschlechtlich begehrt zu sein.

Ausserhalb der geschlechtlichen Sphäre aber, glauben wir, kann man den Thieren erst recht die ästhetische Befähigung absprechen. Versuche an Katzen vermittelst verschiedenfarbiger Wollknäuel haben keine Vorliebe für besondere lebhafte Farben wahrnehmen lassen, wie solche sich schon beim halbjährigen Kinde unzweifelhaft zeigen. Hunde und Katzen, die gewöhnt sind, auf Teppichen und Polstermöbeln zu liegen, legen sich mit ganz gleichem Behagen auf Strohbündel oder auf schmutzige Wäsche; und Kätzchen spielen mit derselben Freude mit einem eklen Lappen, den sie auf der Strasse finden, wie mit einer seidenen Schleife ihrer Herrin. Für Hunde, Katzen und Vögel ist Musik und Gesang nur Geräusch und zwar für die ersteren sehr unangenehmes, so dass gescheite Katzen sich bemühen, dem Singenden mit der Tatze den Mund zu schliessen. Den Pferden freilich scheint Musik Vergnügen zu machen; doch dürfte es mehr das physiologisch wirkende Moment des Rhythmus sein, welches hier in Betracht kommt: wobei dann freilich noch nicht erklärt ist, warum Blechmusik kräftiger wirkt. Dahingegen erachten wir beim Menschen die Grenze, innerhalb welcher Schönempfindung möglich ist, als sehr weit gezogen, vor allem viel weiter, als das theoretische Aesthetisiren, und auch viel weiter, als das Kunstwerk reicht.

Wo nach unten zu die Linie ist, wo die indifferente specifische Sinnesempfindung des Gesichtes und des Gehörs von der lustvollen Schönempfindung abgelöst wird, wird auch kaum festzustellen sein; nur das lässt sich bestimmt behaupten, dass sie tiefer steht bei Kindern und geistig minder entwickelten Menschen als bei solchen, die dann, wenn überhaupt einmal reagirend, höherer ästhetischer Empfindungen fähig sind; d. h. Kinder und Wilde reagiren schon auf elementare Farben- und Klangeindrücke (dem Kind und dem Wilden dünkt der scharlachene Lappen und der Glockenton schön), während der höher Entwickelte erst gewisse Combinationen als schön empfindet.

„Nur das Unnütze ist schön", sagt R. Wagner (Das Kunstwerk und die Revolution); das Wort ist richtig, wenn man „Unnütz" nicht im reinen Gegensatz zum Nützlichen nimmt, sondern im Sinne von übernützlich. Nicht das Unnütze im Sinne von „zwecklos" ist schön, denn nur das, in dessen Materie sich das Teleologische am ungehindertsten und vollendetsten hat durchsetzen können, erzeugt im Subject, dem es Object ist, das Schönempfinden; und selbst die gemeine Nützlichkeit ist nur so ausgeschlossen, dass das mit dem Bewusstsein erfasste Nützlichkeitsmoment als solches nicht ästhetisch wirkt; sondern ästhetisch wirkt nur das, was über die Nützlichkeit hinaus ist. Ein Gemälde, ein Tonstück ist zwar im engern Sinne unnütz, aber eine Vase, eine Lampe u. s. w. kann nützlich und doch schön sein. Das Uebernützliche aber beginnt schon da, wo der Pfahlbaubewohner auf dem thönernen Spinnwirtel seiner Liebsten einen Mäander einritzt und mit schwerer Mühe und grosser Geduld sein Steinbeil mit Strichen und Halbmonden verziert; und wo das Uebernützliche und Ueberflüssige erzeugt wird, da ist Zeugniss gegeben, dass es auch ästhetisch genossen und der ästhetische Genuss mit Bewusstsein erstrebt wurde. Darum geht A. Taubert wohl über das Ziel hinaus mit der Behauptung, ganze Racen, z. B. die Chinesen, Japanesen seien von der Schönheit verlassen. Es ist unberechtigt, Völkern, die innerhalb ihrer eigenthümlichen Formen ein so hochentwickeltes Kunstgewerbe besitzen, den Schönheitssinn abzusprechen, bloss weil das, was sie ästhetisch geniessen, von unsern ästhetischen Theorien nicht gebilligt wird. Bezüglich des eudämonologischen Werthes des Schönen, resp. der Schönempfindung, handelt es sich ganz und gar nur um das subjectivste Empfindungsmoment; wenn das Individuum nur irgend etwas als schön empfindet, wenn es nur von jenem nicht in Worte zu fassenden, nicht zu beschreibenden, sondern nur zu erfahrenden Gefühl überkommen wird, so genügt es. „De gustibus non disputandum est" gilt uneingeschränkt, wo es sich um die eudämonologische Bedeutung des Schönen in Kunst und Natur handelt.

Nicht die Enge des seelischen Gebietes, innerhalb dessen die Lust des Schönempfindens blüht, ist es, welche nach unserer Ansicht den ästhetischen Optimismus unfähig macht, den eudämonologischen Pessimismus zu überwältigen; denn dieses Gebiet ist immerhin ein sehr weites und breites, wenn auch seine Grenzen noch lange nicht die der Schmerzempfindungsmöglichkeit erreichen; vielmehr sind es die Bedingungen, unter denen die Schönempfindung nur auftreten kann, worin die Beschränkung des eudämonologischen Werthes des Aesthetischen liegt.

Die Affection, welche das ästhetische Object auf das Subject übt, ist eine partielle, eine Oberflächenwirkung; die Empfindung, mit der das Subject reagirt, ist in erster Linie freilich nicht auch eine partielle, denn es giebt keine partiellen primären Empfindungen, sondern die Empfindung als solche ist immer ein ganzes, einfaches Moment, und was man „gemischte Empfindungen" nennt, das ist der rasche Wechsel der einzelnen Empfindungsmomente innerhalb einer willkürlich begrenzten Zeit, welche das reflexive Bewusstein zum Rahmen für eine Summe von Eindrücken macht.

Nun zeigt aber die Erfahrung, dass die Schönempfindung bei den gewöhnlichen Menschen eine schwache Empfindung ist. Damit beabsichtigen wir nicht die Hartmann'sche Lehre: dass das Bewusstsein keine Grade habe (Ph. d. Unb., Cap. III, pag. 52 u. f.) zu verneinen; was wir als Schwäche bezeichnen müssen, weil es sich in der Vorstellung als solche giebt, das mag vielleicht in der Kürze der dem psychischen Vorgang correlativen Nervenreizauslösung, oder auch in dem beschränkten Complex der reagirenden Gehirnsubstanz seinen Grund haben, also die sogenannte Schwäche nur zeitliche Eigenthümlichkeit der Schönempfindung sein. Um die Schwäche der ästhetischen Empfindung zu prüfen, gehe man nur mit Zahnweh in's Concert oder mit Leibgrimmen in die Gemäldegallerie, oder versuche seekrank den Sonnenuntergang auf bewegter See zu geniessen.

Wo aber die Befähigung zur ästhetischen Reaction ausnahmsweise so stark vorhanden ist, dass sie sich noch in solchen Fällen, wo bei den Dutzendmenschen die Gemüthlichkeit aufhört, siegreich behauptet, da ist sie die Begleiterin einer so sensiblen Nervenorganisation, dass nun auch die unangenehmen Empfindungen intensiver auftreten; dieses Verhältniss hebt bekanntlich Hartmann hervor.

Die practische Interesselosigkeit, die man, damit die ästhetische Wirkung eintreten kann, dem schön-wirkenden Objecte soll entgegen stellen können, die muss auch nach den Hauptrichtungen des Seelenlebens bezüglich anderweitiger Objecte vorhanden sein; wo lebhaftes Sehnen, Fürchten, Bangen, Zürnen in der Seele Wellen schlägt, da kann die ästhetische Empfindung nicht zu jener dominirenden Stellung im Bewusstsein kommen, dass sie zu einem positiven eudämonologischen Factor wird. Nun ist aber das Leben so beschaffen, dass nur gar zu viele Menschen gar zu oft von diesen lebhaften Affecten bewegt sind. Der ästhetische Optimismus setzte also, damit er positive Bedeutung haben könne, schon eine friedvollere Lebensbeschaffenheit voraus; stünde das Züngleın der Lust- und Unlustwaage schon im Gleichgewichte, dann würde allerdings das Vorhandensein des Schönen den Optimismus begründen. Aber jene, das Zustandekommen der ästhetischen Empfindung hemmenden Affecte sind nicht nur da, sondern so wie die Welt einmal beschaffen ist, müssen wir bis zu einem gewissen Grade unsere Seele von ihnen bewegen lassen; denn aus ihnen heraus entwickeln sich die Motive desjenigen Thuns, womit wir am Werk unserer Zeit und unseres Lebenskreises theilnehmen.

Nur wo ein ausgesprochenes Kunsttalent vorhanden ist und deutlich als bestimmter Lebenszweck das Schaffen oder Fördern des Schönen erkennen lässt, da ist das sich Einspinnen in die Welt des schönen Scheins berechtigt; wer aber bloss zu dem Zwecke, sich ein harmonisches, optimistisches Weltbild zu sichern. sein Auge einseitig auf die interesselose Anschauung beschränken und sein anderweitiges Gefühlsleben kühl setzen will, der verzichtet auf zwei Drittheile des Reichthums seines Seelenlebens. Denn damit er die schöne Welt schlechthin zur besten Welt erheben kann, muss er sowohl gegen die sittlichen Einwände sein Ohr verschliessen, sobald das vom sittlichen Standpunct aus Nichtseinsollende nur eine ästhetische Seite hervorzukehren vermag*), als auch auf

---

*) Es ist eine gefährliche Kunst, die sich mit Vorliebe mit dem „schönen Laster" beschäftigt; sobald das Nicht-sein-sollende mit zu glänzenden Far-

die philosophische Betrachtung des Lebens und auf das durch die Reflexion vermittelte Mitleid verzichten, sobald das Leid seiner Mitcreaturen keine ästhetische Seite hervorzukehren vermag.

Mit dem, was E. von Hartmann in der „Phän. d. sittl. Bewusstseins" (A. I. 6. pag. 148—162) über Geschmacks-Moral und ihre Grenze sagt, ist auch das Gebiet bezeichnet, auf dem der ästhetische Optimismus zu Recht besteht und die Grenze, wo er diese Berechtigung verliert; zugleich aber auch diejenige Grenze, wo überhaupt die ästhetische Empfindung die Macht verliert, sich zu behaupten gegen die von allen Seiten andrängenden Unlustempfindungen des ernsthaft mitgelebten nicht bloss mitangeschauten Kampfes um die Existenz und die bewusst und unbewusst gesetzten Lebensziele.

Wo der Wille, eine schöne Welt zu schauen und in der schönen Welt sich schön zu geriren, nicht mehr hinreicht, um sich sittlich, den Weltzwecken entsprechend zu bethätigen, da ist auch der Punct erreicht, wo sich die Welt und das Leben als ein zu spröder, stachlichter Stoff erweisst, um sich bloss von seiner ästhetischen Seite erfassen zu lassen, und wo derselbe auch demjenigen, der den Wunsch hat, sich egoistisch in sein ästhetisches Schneckenhaus zurückzuziehen, noch seine Tücken und Schmerzen fühlbar zu machen weiss.

9. Der Werth der Illusion.

Mit den Einwänden gegen die pessimistische Auffassung des normalen Lebensgefühls, der Arbeit und der damit verbundenen mannigfaltigen Actionen, der Liebe in ihren vielen Formen und der Empfindung des Schönen sind auf dem naturalistischen Gebiet die Einwendungen gegen den Pessimismus erschöpft. Das Bewusstsein unserer Gebildeten ist durch Popularphilosophie und Kirchenlehre zu sehr daran gewöhnt, Reichthum, weltliche Macht und Befriedigung des Stolzes und der Eitelkeit dem lauten Bekenntniss nach für chimärische Güter zu erachten, als dass gegen deren Verurtheilung seitens des Pessimismus principiell etwas einzuwenden gewesen wäre. Nur unter der von E. Dühring gepriesenen Leidenschaft mögen auch sie mitbegriffen sein.

Der Leidenschaft schlechthin, gleichviel, was ihr Inhalt sei,

---

ben, zu reizvollen Formen geschildert wird, so ist die Entrüstungs-Tendenz zum mindesten zweifelhaft; so z. B. bei Byron's „Don Juan," so bei manchen modernen Bildern unsittlicher Ueppigkeit und grausamer Wollust von der Art der „lebenden Fackeln Neros" u. s. w.

inhärirt insofern ein eudämonologisches Moment, als sie ein intensiveres Lebensgefühl mit sich bringt und, soweit dieses sich befriedigt sieht, auch diese Befriedigung vergrössert. Aber sie ist auch die Treibhaustemperatur, worin nicht nur die Zierpflanze Lust zu höherem und üppigerem Wachsthum zu gelangen vermag, sondern worin auch das Unkraut Leid und Schmerz überwältigend in's Kraut schiesst und erstere zu ersticken droht.

Wir haben uns damit nicht weiter zu befassen; dagegen haben wir zum Schluss dieses Capitels noch einen Blick zu werfen auf den eudämonologischen Werth der Illusion.

Den zahlreichen Bemerkungen gegenüber, dass eine aus Illusionen erblühende Lust auch echte Lust sei, erinnern wir bloss daran, dass Hartmann dieses selbst und nachdrücklich an verschiedenen Orten sagt (z. B. Phil. d. Unb. II. B. der 7. u. folg. Aufl. pag. 290.; Neu-Kantianismus, Schopenhauerian. und Hegelianis. A. 17 u. 18.) So lange eine Illusion standhält, ist die aus dieser Quelle stammende Lust vollgültig; nicht die Lust, die aus einer Illusion erwächst, ist minderwerthig, nur die illusorische Lustquelle ist es, weil sie eine solche Quelle ist, deren Versiegen man stets zu gewärtigen hat, und die mit der steigenden Intelligenz immer spärlicher fliesst.

Was die principielle Illusion einer optimistischen Weltanschauung betrifft, so plaidiren für deren Conservirung J. Vaihinger, Th. Fr. Vischer, J. Volkelt und Dr. Frederichs unter der Voraussetzung und zum Zwecke, dass die gewahrte Illusion mit dahin wirke, das real empfundene Leben eudämonologisch werthvoller zu machen.

Wir können hier den Leser auf das verweisen, was Hartmann in „Neu-Kantian., Schopenhauerian. und Hegelianismus" (oben cit. Stelle) über diesen Selbsttäuschungsversuch sagt. Hartmann weist nach, wie irrthümlich es ist, wenn man die Illusion mit dem schönen Schein in der Kunst zusammen wirft, indem der schöne Schein im Kunstwerk nie etwas anderes sein will als Schein, das Wesen der Illusion aber gerade darin besteht, Wahrheit und Realität sein zu wollen. Der erstere kann also in freier Hingabe an den Schein erhalten werden, die letztere künstlich erhalten zu wollen, hiesse die Lüge zum Princip machen; es gehorcht aber auch der Gedanke einem kategorischen Imperativ und auch der Verstand hat ein Gewissen, und deshalb thun die auflösenden Kräfte nur ihre Schuldigkeit, wenn sie den Schein der Illusion zersetzen.

Wir wollen nur noch hervorheben, dass die eben Genannten mit ihrer Vertheidigung der Illusion das Wort Caro's, des französischen Kritikers des Pessimismus: die Theorie ist Optimist mit Hintenansetzung der Erfahrung, bestätigen. So sagt J. Vaihinger

("Hartmann, Dühring und Lange"): "der Pessimismus hat, wie der Materialismus, ein ungemein hohes Verdienst, nämlich den ihm entgegengesetzten Dogmatismus vernichtet zu haben." "Wir müssen zwar den Optimismus festhalten, aber mit dem Bewusstsein, dass er nur eine Art bewusster Selbsttäuschung, wissentlich verfälschte Einbildung ist und nur ein Gedicht, dem keine Wirklichkeit entspricht." (pag. 179 und 181.) Der Pessimismus sei das treue Abbild der Wirklichkeit, daher die Anschauungsweise des Werktages, während die Seele am Sonntag mit dem Optimismus Staat mache. (181.) Th. Fr. Vischer aber ruft: "die Illusion ist das Gut der Güter"; wenn Vischer wirklich meint, was er damit sagt, so ist auch er an nüchternen Wochentagen Pessimist; denn **nur dann wird man die Illusion so hoch stellen können, wenn man Grund hat, die Wirklichkeit nicht besonders hoch zu schätzen.**

Auf J. Volkelt's Versuch, den Optimismus zu retten, kommen wir im letzten Capitel dieser Schrift zu reden; dagegen sei hier noch einer im Phil. Verein zu Berlin (31. Oct. 1874) von Dr. Frederichs gehaltenen Rede gedacht.

"Vom philosophischen Standpunct aus kann man allerdings sagen, das irdische Glück sei eine Illusion; aber ein illusorisches Glück, eine eingebildete Lust ist so lange wirklich Glück und wirklich Lust, als dem, der solchem nachjagt, nicht die Augen aufgehen. Da nun dies bei den Wenigsten der Fall ist, so ist der Satz, dass die Summe der Lust der Erdengeschöpfe viel grösser ist als die der Unlust, richtiger." "Trotzdem bleibt die Wahrheit des Pessimismus für alle tiefer Denkenden insofern bestehen, als dieses Erdenleben ein Leben voller Mühen und Leiden ist, dass jede relative Befriedigung nur ein kurzer Erholungspunct ist zu neuen Mühen und Leiden."

Damit ist also auch der Pessimismus als die Wirklichkeit dem Optimismus als der Illusion gegenüber gestellt; wenn der letztere trotzdem soll behauptet werden, so soll es — komischer Weise — durch die intellectual-pessimistische Behauptung geschehen: dass die Mehrzahl der Menschen nicht fähig sei, sich zur philosophischen Wahrheit durchzuringen. Es läuft in diesem Falle aber auch der Irrthum neben her, als ob die Illusion über die Weltbeschaffenheit (die Illusion des Optimismus) die Empfindung noch anders als bloss durch die Hoffnung beeinflussen könne. Derjenige, der am Dogma von der besten Welt festhält, ist dem wirklichen, gegenwärtigen Geschehen gegenüber durchaus nicht besser gestellt als der Pessimist; bloss die Lust der Hoffnung wird ihm etwas reichlicher blühen, weil er gläubiger ihren Einflüsterungen lauscht, dafür aber trifft ihn dann auch um so häufiger und wuchtiger die Nichterfüllung seiner Erwartungen, und so kommt es dann wohl wieder im Ganzen auf eins heraus. Nicht der beglückend rückwirkende Einfluss der Illusion auf den Empfindungszustand ist es, der das Bollwerk des optimistischen Dogmas bildet, sondern wesentlich nur die Beschaffenheit des drängenden Lebens, welches so viele verhindert, inmitten seiner Unruhen und Stürme sich Rechenschaft zu geben über das Soll und Haben ihres Lustcontos.

Nicht der Ueberzeugung nach, nicht auf Grund der Erfahrung ist die unphilosophische Menge optimistisch gesinnt, sondern nur dem Wunsche und dem von Wunsche getragenen Glauben nach. Muss die Philosophie zugestehen, dass die Erfahrung für den Pessimismus spricht, so muss sie dem Pessimismus die Ehre, Wahrheit zu sein, zugestehen oder darauf verzichten, Philosophie zu sein; im letzteren Falle muss ein auf sein bestes Prädicat verzichtendes Denken dann aber auch darauf verzichten, den philosophischen Pessimismus zu kritisiren und zu bekämpfen.

VII. Capitel.

Die Bekämpfung des Pessimismus vom Standpunct des ethischen Optimismus.

1. Das Kriterion der Sittlichkeit.

Um den Werth und die Bedeutung der gegen den Pessimismus von Seiten des ethischen Optimismus erhobenen Einwendungen abzuwägen, hat man sich vorerst über zwei Puncte in's Klare zu setzen: erstens über den Begriff des Sittlichen selbst, d. h. man hat sich über das Kriterion zu einigen, wodurch eine Handlung als sittlich erkannt wird; und zweitens über den Werth, resp. die Solidität der objectiven Begründung der Forderung der Sittlichkeit, vermittelst der Stellung der Letztern im Weltprocess.

Bezüglich des ersten Punctes wird wohl ziemlich allgemein zugestanden werden, dass das natürliche Gefühl nie im Zweifel darüber war, was sittlich oder nicht sittlich sei. Dem gesunden Menschenverstande, dem durch keine Theorie denaturirten Gefühl galt es zu allen Zeiten und bei allen Völkern als Merkmal der sittlichen Handlung: dass deren Subject (Träger) mit ihr nicht das Seine sucht. Die Selbstlosigkeit, die Selbstverleugnung, die Selbstopferung — als die verschiedenen Stufen der Ueberwindung des Egoismus — im Dienste eines Andern (gleichviel ob eines Einzelnen oder einer Mehrheit), das ist es, was immer ohne Zögern als sittliche That erachtet, unter Umständen gefeiert wurde. Nur der grübelnde Verstand konnte zu Gunsten anderweitig scheinbar unentbehrlicher Theorien sich diesem Gefühlsurtheil gegenüber zweifelnd verhalten, oder gar Bestimmungen der Sittlichkeit aufstellen, als deren Consequenz das natürliche Urtheil Lügen gestraft werden sollte; Theorien und Bestimmungen, deren Schwachheit sich schon dadurch erweist, dass ihre Vertreter doch nicht umhin können jene, vom natürlichen Empfinden als sittlich bezeichnete Handlungen ebenfalls als solche anzuerkennen, so schlecht es zu ihren Theorien passt, und so viele und so künstliche Winkelzüge sie unternehmen müssen, um denselben gegenüber ihre Stellung behaupten zu können.

Zur Erhellung des hier Gesagten denke man daran, dass für die griechische Philosophie die Ethik egoistische Glückseligkeitslehre (Individual-Eudämonik) war; wenn nun das natürliche Gefühl in der Preisgebung der **Antigone**, in der Opferwilligkeit der **Iphigenie** sittliches Thun erblickte, so konnte zwar der Individual-Eudämoniker solchem gleichsam geheiligten Urtheil nicht entgegen treten, er musste aber zur Rettung seiner Theorien und um den diesen entsprechenden Motivationsprocess nachweisbar zu machen, so umständliche psychologische Vorgänge supponiren, die im Bewusstsein zu produciren, die Thäter der in Frage stehenden Handlungen der Selbsthingabe viel zu naiv, viel zu sehr Naturkinder gewesen wären.

Es giebt nur ein Kriterion der Sittlichkeit: es ist die **Darangabe des Egoismus**. Nicht schlechthin unsittlich ist der Egoismus, sondern vorerst nur rein natürlich, als unausweichlich, als eo ipso mit der Individuation gegeben, und er wird erst zum Gegensatz der Sittlichkeit, zur Unsittlichkeit, zum Bösen schlechthin, wenn er die feine Grenze, welche das „Ich" vom „Du" scheidet, zu Gunsten des ersteren überschreitet und seine Zwecke auf Kosten des Nächsten fördert. Nicht ein Gegensatz schlechthin zum Ethischen bildet der Eudämonismus; nicht weil eine Handlung das **Wohl** sucht, ist sie nicht sittlich (ich sage: „nicht sittlich", ich sage nicht: „unsittlich"), sondern sie ist nur deswegen nicht sittlich, d. h. natürlich, weil das bezweckte Wohl ein solches ist, welches dem handelnden Individuum zukommen soll. Wird aber das Wohl für ein Anderes gesucht, so ist die Handlung sittlich, obgleich sie eudämonistisch ist. Alles sittliche Streben sucht ein Wohl, ein Gut zu erstreben, gerade wie das natürliche Streben; der Unterschied liegt nur darin, dass das rein natürliche Handeln nur auf das unmittelbar eigene Interesse gerichtet ist, im sittlichen Thun aber das Subject nur vorhanden ist, sofern es handelndes Subject ist, und das Object des Strebens nur insoweit die eigene Wohl- und Wehsphäre berührt, als das handelnde Subject in Mitleid oder Mitfreude, oder in der Begeisterung für eine Idee die Schranken der Ichheit durchbricht.

Die Ethik als Individual-Eudämonik ist **Pseudo-Moral**; eine genügend umfassende Einsicht in die Weltverhältnisse einerseits und in die psychologischen Processe andererseits können bewirken, dass die Pseudo-Moral Thaten erzeugt, welche äusserlich denen echter Sittlichkeit durchaus gleich sind, so grundverschieden ihr Motivationsprocess und in Folge dessen auch ihre innere, rückwirkende Thätlichkeit ist. Die Ethik kann auch individuell-eudämonistisch bleiben, wenn das pessimistische Bewusstsein schon so gesteigert ist, dass die Bedingungen zur erstrebten Eudämonie nicht mehr in sinnlich vermittelten Verhältnissen, sondern lediglich in Geisteszuständen gesichert erscheint, oder wenn das ganze irdisch-natürliche Leben als werthlos verurtheilt und das Glückseligkeitsspiel nur im Jenseits, sowie in der Anwartschaft auf jenes gesucht wird.

Die Pseudo-Moral kann autonom sein (Individual-Eudämonismus Epikur's und der Stoa) und sie kann auch heteronom (Judaismus, Mohamedanismus, Christenthum) sein; aber die Autonomie und Heteronomie bilden nach unserer Ansicht kein zweites Kriterion der Sittlichkeit, d. h. wir können Hartmann in diesem Falle nicht unbedingt beipflichten, wenn er heteronome Moral ebenfalls Pseudo-Moral nennt. Allerdings entspricht dem wohlabgerundeten Begriff der Sittlichkeit in ihrer auf die absolute Immanenz gegründeten Gegensätzlichkeit zur Religion nur die Autonomie ihrer Principien, aber aufgehoben wird sie durch die Heteronomie der letzteren nicht. Wenn ich die Gebote der christlichen Sittenlehre halte, um des dafür in Aussicht gestellten Lohnes willen, der auf sie gesetzt ist, weil sie dem Willen Gottes entsprechen, so handle ich allerdings nur pseudo-sittlich; aber nicht weil ich den Willen Gottes zu thun vermeine, statt mit Bewusstsein meinem eigenen innersten Drange zu gehorchen, sondern weil ich egoistisch, weil ich lohnsüchtig handle. Thue ich aber den vermeintlichen Willen Gottes einzig, weil es eben dieser ist, ohne alle selbstsüchtige Lohneshoffnungen, so handle ich sittlich, weil ich meinen eigenen Willen anti-egoistisch im Interesse eines Anderen — in diesem Falle Gottes — activ werden lasse. Mag das Was und Wie der sittlichen That noch so äusserlich an mich heran kommen (wie z. B. die Gebote des jüdischen Ceremonialgesetzes), so ist es doch letzten Endes ein — autonomes Princip, welches mein Thun bestimmt, nämlich Liebe, Dankbarkeit, Ehrgefühl, Pietät etc., wie immer die Gefühle heissen mögen, die das religiöse Gemüth seinem Gotte entgegen bringt.

Dass in den kanonischen Schriften des alten und neuen Testamentes nicht nur neben wahrer Sittlichkeit, welche die Tugend um der Tugend, die Liebe um der Liebe willen thun heisst, auch die Sittlichkeit um des Lohnes willen, der ihr als das Gott wohlgefällige verheissen ist, anempfohlen wird, sondern dass auch das letztere dem uns vorliegenden Wortlaute nach die Regel bildet, ist nicht zu leugnen. Dies führte dazu, dass innerhalb der christlichen Culturwelt eine Verquickung der antiken (z. B. stoischen) Ethik mit der christlichen in dem Sinne entstehen konnte, dass das Princip des sittlichen Strebens individual-eudämonistisch autonom war, das Princip der Inhaltsbestimmung der Handlungen sich aber nach dem heteronomen Gebote richtete, und solche Verquickung ergiebt nun allerdings Pseudo-Moral, nachdem das Moment, welches die bewusste Ergreifung des heteronomen Gebotes selbst zur autonomen That macht, durch die egoistische Rücksicht verdrängt wurde. Nothwendig, d. h. mit dem Princip gegeben, aber ist die Verbindung der heteronomen Moral mit egoistischem Eudämonismus nicht; ebensowenig, als die Religion, weil sie ursprünglich aus dem eudämonistischen Streben (in Wechselwirkung mit den pessimistischen Erfahrungen) hervorging, im Eudämonismus stecken bleiben musste; vielmehr zeigt dieselbe gerade da ihre erhabensten Formen, wo ein hochgradiges pessimistisches Bewusstsein alle individual-eudämonistischen Hoffnungen als illusorisch über Bord wirft. *)

Doch wenden wir uns zurück zum Verhältniss von Sittlichkeit, Egoismus und Eudämonismus.

Es herrscht noch eine so grosse Verwirrung der Begriffe auf diesem Gebiet, dass man einerseits Kants lebensentfremdeten, abstract ausgehöhlten Rigorismus, zu dem ihn seine Purification der Ethik vom Princip des Egoismus trieb, verwirft, und andererseits doch vermeint, „Eudämonismus" schlechthin als Tadelswort gebrauchen zu dürfen.

Dieser Unklarheit ist E. Pfleiderers „Ehrenrettung des Wohlprincips" („Eudämonismus und Egoismus," Barth, Leipzig, 1880) zu steuern bemüht.

Pfleiderer entwickelt, dass „das Genus vom Begriff des Eudämonismus völlig tadellos, und verbunden mit der richtigen differentia specifica sogar höchst werthvoll sei", während nur diejenige differentia specifica der Verwerfung unterliege, die man usuell dazu denke, ohne sie zu nennen, ohne sie mit auszudrücken"; diese diff. spec. ist aber der Individual-Eudämonismus.

Pfleiderer acceptirt Hartmanns Ansicht, dass „Lust und Leid das einzige Definitivum in der Welt seien", über welches man nicht hinausgehen könne. Wenn Eudämonismus also nichts anderes bedeutet, als die Behauptung, dass alles Wollen Wollen eines Wohls, eines Werthes sei, alle „Werthe" aber dieses nur in

---

*) In „d. relig. Bewussts. d. M." erkennt E. v. Hartmann als Verdienst der heteronomen Gesetzesreligion an, dass damit für die Ethik der Eudämonismus im Princip überwunden sei.

ihrer Relation zu den hervorzurufenden Empfindungsreflexen sind, so bezeichnet Eudämonismus nichts Verwerfliches, sondern constatirt nur eine Thatsache, deren Uebersehen die Schwäche des Kantschen Rigorismus ist. Das Verfolgen z. B. von social-eudämonistischen Zielen ist so weit sittlich, als das handelnde Ich sein Interesse aus sich heraus und in andere Subjecte hinein verlegt, womit der Uebergang vom natürlichen zum sittlichen Handeln bezeichnet ist. Bekanntlich konnte auch Kant den Eudämonismus nicht absolut von seiner Ethik fernhalten, da er als Genus einmal unabtrennbar damit verbunden ist, sondern musste ihm, wenn auch nicht in der Position des Zweckes, so doch als unbeabsichtigtes Resultat postuliren, was natürlich auf einen Widerspruch hinausführt. Warum soll denn das Handeln sittlich sein, dessen Maxime zum allgemeinen Gesetz erhoben werden könnte, als weil durch dieses Gesetz der Wohl-Zustand des Allgemeinen gefördert würde? Und warum anders soll dieses Wollen des allgemeinen Wohles sittlich und nicht bloss natürlich sein, als weil es Erhebung über den Egoismus ist?

Wenn nun das von keiner philosophischen Theorie voreingenommene Gefühl einstimmig das Kriterion der Sittlichkeit in der Ueberwindung der Selbstsucht sieht, wenn die philosophischen Moralisten der verschiedensten Standpuncte nicht umhin können, die diesem Kriterion gemässen Handlungen ebenfalls als sittliche zu bezeichnen, so drängt sich die Frage auf, wie letzteres möglich sei, und was das unsichtbare Band dieser von ganz verschiedenen Prämissen ausgehenden Anschauungen sei, welches es ermöglicht, dass ungeachtet des Ausganges von so verschiedenen Puncten man sich doch beim „Wie" des concreten Falles in Harmonie begegnet. Diese Frage spitzt sich aber zu der von uns als Nummer zwei hingestellten und nunmehr zu erörternden zu, nämlich zur Frage nach der objectiven Begründung der Forderung der Sittlichkeit.

2. Die Begründung der Sittlichkeit.

Der nicht philosophirende, aber sittlich veranlagte Mensch hat in seinem reflectirenden Bewusstsein für das „Soll" der Selbstverleugnung der sittlichen That keine Begründung. Ihm genügt sein Gefühl, dass das Allgemeine seinem Ich unendlich an Werth überlegen sei; und da „das Allgemeine" nicht als Abstractum", sondern als „seine Nächsten" mit ihm in Berührung kommt, so handelt er diesen gegenüber so eudämonologisch correct, als er es vermag (und wie er wünscht, in gleicher Lage behandelt zu werden). Je nachdem hierbei jene psychischen Factoren, die man als die natürlichen Triebfedern zur Sittlichkeit zu bezeichnen pflegt (Liebe, Mitgefühl, Gerechtigkeit u. s. w.), bei einem Individuum den Stärkegraden nach combinirt sind, je nachdem wird das „Wie" seines sittlichen Thuns eine besondere Färbung erhalten. Dieses Gefühl der Verpflichtung zur Unterordnung gegen den Nächsten als concreten Repräsentant des „Allgemeinen" hat nun die im Dienste des religiösen Gefühls thätige Phantasie in Gott hinausprojicirt als dessen Wille. So handelt nun das Subject sittlich, und indem es sich selbst vergisst, auch religiös, weil es im Liebes- und Ehrfurchtsgefühl zu Gott handelt. Der Eudämonismus als berechtigtes Genus ist auch hier gewahrt, denn das sittliche Thun wird nun als ein solches erachtet, womit man Gott, dadurch dass man ihm den Willen thut, etwas angenehmes erweist.*)

Für die nicht-religiöse Reflexion weist sich das „Wohl Aller" zwar als ein bestimmtes und vorläufig hinreichend motivationskräftiges Ziel des sittlichen Strebens; dagegen ist es noch keine objective Begründung der Sittlichkeit. Es gilt nun erst die Frage zu beantworten: warum denn das Wohl des Allgemeinen die Hingebung des Einzelnen fordern dürfe. Diese Frage kann abschliessend und vollbefriedigend nur der Monismus beantworten. Es giebt nur eine endgültige Begründung, nämlich die, wenn die Sphäre der Individuation nur phänomenal, der Wesenheit nach aber das Individuum Eins mit allem Sein ist. Die Wurzeleinheit alles individuell Getrennten, dies allein ist die erschöpfende Begründung des Sollens, dadurch erhält das Urgefühl des sittlichen Triebes seine **logische** Begründung, die einzige, bei der der denkende Mensch sich für die Dauer beruhigen kann.

Nur wenn Alle dem Wesen nach Eins sind, ist es logisch gerechtfertigt, dass der Einzelne, der doch das jeweilig einzige Concrete ist, sein ganz concretes Interesse den Vielen unterordnet, die doch als „Viele" vorerst nur eine Abstraction sind. Vom Standpunct des Monismus, und zwar Monismus des Geistes (denn ein materialistisch-mechanistischer Monismus ist nur Pseudo-Monismus, d. h. nur Monismus der Action) zeigen sich nun auch die instinctiven Triebfedern der Sittlichkeit als wohlgeordnete Glieder in der Teleologie des All-Seins, und zeigt sich auch die religiöse Hinausprojicirung des sittlichen Willens in die Gottheit als die vorstellungsmässige Form, in der das wirkliche Verhältniss des Sittlichen zum Weltsein ahnungsvoll zum Bewusstsein gelangt. Weil der

---

*) Dieser Gedanke findet in seiner negativen Fassung sein Denkmal in den an verschiedene Localitäten geknüpften Legenden von der „Noth Gottes", wo Gott als unter dem Ungehorsam und der Unsittlichkeit der verstockten Menschen leidend (weil in seinem Willen contrahirt) gedacht wird.

Pluralismus des absoluten metaphysischen Bandes zwischen den Einzelnen und der Allgemeinheit ermangelt, darum muss er, die wahre Natur des Sittlichen verleugnend, eine Moral auf egoistischer Basis zu gründen versuchen, vermittelst einer über ihre Grenzen getriebenen Verwerthung der psychologischen und erkenntnisstheoretischen Thatsache, nämlich der unmittelbaren Eingeschlossenheit des Individuums in seine Welt der Vorstellung und die Sphäre seiner Empfindung.

Wir betrachten nun die Stellung unserer systematischen Pessimisten zur Sittlichkeit und deren Begründung.

a. Hartmann.

Wie bekannt ist Hartmann's theoretische Philosophie eine erkenntnisstheoretische, naturphilosophische und metaphysische Begründung eines Monismus des Geistes, und zwar, nach Hartmann's Bezeichnung, des concreten Monismus, d. h. eines solchen, in welchem die Individuen nicht blosser Schein, sondern objective, räumlich-zeitliche Erscheinung des sich in seinen Acten real individualisirenden All-Einen sind. D. h. das All-Eine Wesen individualisirt sein Wollen und Vorstellen derart, dass es in seinen peripherischen Actions-Centren sich selbst bewusst wird, während nach dem abstracten Monismus diese Vielheit nur eine Vielheit des Scheins, nur eine täuschende Vorstellung im Centrum des All-Seins selbst (Trug der Maja bei den Indiern und bei Schopenhauer) ist. Somit besitzt Hartmann's Ethik die vollgültige objective Begründung für das sittliche Sollen: die Sittlichkeit ist die Rückbeziehung des Individuums auf seinen Wesensgrund, wie er in der Individuation existirt und hinter und über derselben subsistirt.

Hartmann eröffnet seine „Phänom. d. sittlichen Bewusstseins" bekanntlich mit den Worten: „der Kern des practisch sich bethätigenden Menschen ist der Wille; der Wille ist Streben nach Befriedigung, oder da die Befriedigung des Willens, wenn sie zum Bewusstsein kommt, Lust heisst, so ist das Wesen des Willens gleichbedeutend mit dem (gleichviel ob bewussten oder unbewussten) Streben nach Lust, mag dieselbe nun positiv oder blosse Negation einer gegebenen positiven Unlust sein." Da nun das sittliche Wollen auch nur innerhalb des allgemeinen Willengebietes vor sich gehen kann, so bekennt hiermit auch er sich zum Eudämonismus, aber eben nur zum Genus desselben, wogegen ihm das Sittliche darin besteht, dass der Wille einen solchen Inhalt hat, der nicht mehr, wie beim unmittelbar natürlichen Wollen, die Lust (das Wohl) des Trägers des Willens bezweckt, sondern ein ausser der Sphäre des Subjectes gelegenes Wohl. Sittlichkeit ist die

Ueberwindung des egoistischen eudämonistischen Strebens zu Gunsten der sich stufenweise darbietenden Wohl- und Weh-Sphären: erstens des Nächsten, zweitens des Allgemeinen und drittens (auf Grund der Erkenntniss der Wesensidentität) des All-Einen Wesens. So heisst denn Hartmann's oberstes Princip der Sittlichkeit: „**mache die Zwecke des Unbewussten zu Zwecken deines Bewusstseins**".

Das pessimistische Bewusstsein tritt nun auf verschiedene Weise zu diesem Princip in Relation; erstens vermittelst der unmittelbaren gefühlsmässigen Motivation; zweitens durch die Einsicht, dass auch die erfolgreichste eudämonistische Bethätigung kein positiv befriedigendes Resultat hervorzubringen vermöge, sondern dass, je consequenter der Egoismus vorgehe (z. B. im Cynismus), das Leben nur um so ärmer, um so weniger des Lebens werth werde; endlich vermittelst dieser Einsicht durch Setzung eines (speculativen) letzten Zieles negativ-eudämonologischen Characters, in dessen Dienste alle unmittelbaren Zwecke nur wieder Mittel zu sein bestimmt sind.

Es ergiebt nun eine pessimistische Erkenntniss ersten Grades, dass die Instincte, denen zu gehorchen die Natur antreibt (indem sie die Illusion erzeugt, dieselben seien individual-eudämonologisch werthvoll), mehr Unlust als Lust im Gefolge haben, mithin der kluge Egoismus dieselben unterdrücken sollte. Eine weitere Stufe der pessimistischen Erkenntniss führt aber zur Einsicht, dass die Verarmung an Lebensinhalt in Folge des Verzichtes auf die durch die Naturtriebe und Instincte vorgezeichneten Beziehungen zu den Mitgeschöpfen eudämonologisch auf noch niedrigerer Stufe steht, als das mit der Instincte Lust und Leid erfüllte natürliche Leben. Hartmann's oberstes Princip (die Erhebung der Zwecke des Unbewussten zu Zwecken des Bewusstseins zu machen) fordert die Restitution der vom Standpunct eines klugabwägenden Egoismus als illusorisch verurtheilten Instincte; aber allerdings eine Restitution modificirter, zur Wahrung des Gleichgewichtes gebändigter, vor Ausschreitungen der Einseitigkeit gewahrter Instincte im Dienste der sittlichen Weltordnung, als dem höheren secundär-natürlichen Niederschlag der Welt-Teleologie.

Beide sittliche Forderungen verlangen also ein Opfer: vom natürlichen Menschen die **Beschränkung** der Instincte, vom Pessimisten die **Hingabe** an die eudämonologisch als trügerisch erkannten Naturtriebe. Hier ist nun aber der Pessimist im Vortheil vor dem Natur-Optimisten; denn während diesem die Forderung der Beschränkung seiner natürlichen Selbstbehauptung in den Instincten etwas **Positives** abverlangt, so findet dagegen beim Pessimisten der Vorgang (nämlich der Streit zwischen der egoistisch geforderten Unterdrückung und sittlich-geforderter Hingabe an die Instincte) bereits auf eudämonologisch negativem Gebiet statt. Der Optimist hat mit dem Individual-Eudämonismus erst zu rechnen, wogegen der Pessimist diese Species des Genus bereits beseitigt hat, die in ihrem Dienste bisan befindlichen Kräfte mithin zur Bethätigung auf einem andern Gebiet des Genus frei hat. Das berechtigte Genus Eudämonismus ist nun freilich, wie wir bereits wissen, nur ein theils relatives, theils absolut negatives: insofern keine Glückseligkeit erstrebt wird, weder für das All-Sein im Zustand des Ideals der sittlichen Weltordnung, noch für das überseiende All-Wesen.

In der Annäherung an das Minimum der Unlust des Seins vermittelst der Annäherung an das Ideal der sittlichen Weltordnung ist ein relatives eudämonologisches Moment gegeben, und die Ueberzeugung von der Möglichkeit des Erfolges repräsentirt den evolutionellen Optimismus Hartmann's innerhalb seines eudämonologischen Pessimismus. Das letzte absolute, metaphysische Ziel aber, die Befreiung des Willens vom Wollen, die Ermöglichung der Rückkehr des All-Einen-Wesens aus dem Zustand des Wollen-Müssens zum Wollen-Können und Nicht-Wollen-Können, ist das negative eudämonologische Pessimismus-Ziel, als dessen letztes — eventuelles — Realisations-Vehikel nicht mehr die äussere That, sondern nur der vom Negationswillen getragene absolut pessimistische Bewusstseinsact des individualisirten und diese Individuation negirenden Geistes fungirt; ein Geistesact, der insofern absolut sittlich ist, als er absolut anti-egoistisch ist.

b. Schopenhauer.

Auch bei Schopenhauer ist der Pessimismus, wie er die Achse des ganzen Systems bildet, auch das Alpha und Omega der Ethik, welche letztere aber auch zweispältig ist, wie seine Philosophie überhaupt.

Die Ethik zerfällt bei ihm in eine exoterische und eine esoterische; die erstere gilt für den Zustand der Willensbejahung, die letztere ist der „Zustand der Gnade", wo die Individuen nicht nur die absolute unheilbare Unseligkeit des Weltwollens zu erkennen vermögen, sondern wo ihr Wille damit zu beginnen vermag, das unselige Weltwollen zu verneinen. Die exoterische Moral hat als ihr oberstes Princip, aus dem allein Schopenhauer vermeint alles zur Aufstellung einer Sittlichkeits- und Rechtsordnung Nöthige wie aus einer Zauberbüchse hervorholen zu können, das auf der Erkenntniss des alldurchdringenden Leides gegründete Mitleid. Die esoterische Moral dagegen ruht auf der Anschauung, dass das

Weltsein eine Verschuldung sei, welche die Busse und Sühne der Lebensverneinung fordere, als deren Mittel nicht nur die willige Unterwerfung unter das von den Verhältnissen bereits gebotene Leid genügt (Resignation in das teleologisch gerechtfertigte Leid bei Hartmann), sondern als kräftigeres Mittel zur Mortification des Willens die Askese gefordert ist.

Für die exoterische Moral bleibt auch bei Schopenhauer „die Abwesenheit aller egoistischen Motivation das Kriterium einer Handlung von sittlichem Werth". (Schopenhauer verwechselt aber Motiv und Ziel [Zweck] einer Handlung, so dass hier der Zweck einer Handlung im Interesse des Wohls eines Anderen gemeint ist.) Schopenhauer gründet durch die Erhebung des Mitleids zum obersten Princip die Moral auf das Gefühl, und tritt energisch gegen die, die Berechtigung und fundamentale Bedeutung dieser letzteren verkennende Vernunft-Moral Kant's in die Schranken. Für Schopenhauer ist das Gefühl des Mitleids, woraus sich erst die andern sittlichen Triebfedern, sowie secundär die vernunftgemässen Institutionen der Sitte und des Rechtes entwickeln sollen, ebenso objectiv begründet, als es die Vernunftmoral in einem rationalistischen System sein kann; nämlich es ist die Wesenseinheit der bloss subjectiv-phänomenalen Creatur, welche als Mitleid sich im Gefühl in's Bewusstsein drängt: im Mitleid zerreisst momentan der „Schleier der Maja".

Der Widerspruch aber, welcher sich zwischen Schopenhauer's Erkenntnisstheorie und dessen Willensmetaphysik einschiebt, wirkt auch in seiner Ethik fort und zwar vermittelst des unvollendeten, schwankenden Begriffs der Individuation. Raum und Zeit als Principia individuationis sollen — im Anschluss an Kant's „transcendentale Aesthetik" — nur Formen des Intellectes sein, nicht aber dem „Ding an sich" zukommen, mithin die Vielheit nur ein Schein, in welchem das Eine, in den „Trug der Maja" gerathene Willens-Wesen sich selbst zur Erfahrung kommt. Aber dieser Auffassung widerspricht der Willensrealismus der Naturphilosophie und der Realidealismus der Aesthetik mit ihrer Welt der platonischen Ideen, in deren ästhetischer Erfassung der Zustand der Verneinung des Willens vorübergehend anticipirt sein soll. Schopenhauer's Bekenntniss: nicht entscheiden zu können „wie tief die Wurzel der Individuation reichen könnte", gestattet auch innerhalb seines Systems eine objective Basis für die Forderung der Sittlichkeit zu suchen, indem man gegen seine Erkenntnisstheorie und für seinen Willensrealismus sich entscheidet. Denn nur dann, wenn das „du" und „die Andern" reale Existenzen sind und nicht nur „meine Vorstellung", nur dann hat das Kriterion der Sittlichkeit einen Sinn.

Die vermittelst des Gefühls des Mitleids auf die Einheit des Wesens gegründete Moral ist nun, wie schon bemerkt, nur die Vorstufe zur esoterischen Ethik; auf dem Gipfel der pessimistischen Erkenntniss angelangt, giebt es nur noch Ein Ziel: die einzelne Erscheinung des sich zur Qual verurtheilenden Willens gleichsam durch einen Seitensprung aus dem feurigen Kreislauf des Daseins zu retten. Die Inconsequenz dieser obersten Lehre der Schopenhauer'schen practischen Philosophie springt in die Augen.

Entweder das Individuum ist nur Schein und befreit das Wesen in keiner anderen Weise als jeder natürliche Todesfall, der ja auch die Aufhebung (die Verneinung) des Scheins einer individuellen Existenzform ist; oder aber, wenn die Vielheit in dem Sinne täuschender Schein wäre, dass im solipsistischen Ich das ganze Eine Willenswesen sich erschöpfte (mithin die Willensverneinung nicht wie in dem vorher angenommenen Falle in der Schein-Peripherie, sondern im mährenhaften Seins-Centrum stattfände), so müsste eine, vermittelst der auf die Spitze getriebenen Askese (freiwilliges Verhungern) erreichte Lebensverneinung das Weltwesen selbst erlösen. Das letztere Verhältniss ist nun nicht anzunehmen, denn Schopenhauer giebt selbst zu, dass unter den indischen Büssern und christlichen Askesen solche Willensverneinungen merklich stattgefunden hätten; da die Welt nun thatsächlich noch besteht, so muss hier ein Fehler stecken: entweder das Verhältniss der Askese zur Welterlösung ist falsch gefasst oder der Solipsismus, der die unausweichliche Consequenz des subjectiven Idealismus ist, und den auch Schopenhauer nicht überwunden hat, obgleich er ihn in's Narrenhaus verweist, muss falsch sein.*)

Wenn nun aber der erkenntnisstheoretische subjective Idealismus falsch ist, wenn die Individuen räumlich-zeitlich reale, detachirte Thätigkeiten des Einen Wesens sind, unter welcher Bedingung ein sittliches Sollen erst möglich ist, dann wäre die individuelle Flucht aus der Existenz keine sittliche Handlungsweise, weil sie dem von Schopenhauer bekannten Kriterion nicht entspricht, sie wäre dann ein Act eines negativen Individual-Eudämonismus. Schopenhauer übersieht dies, weil er Lebensbejahung und Lebensverneinung unter den Begriff von Schuld und Sühne befasst, sowohl für das Weltsein als Ganzes, wie auch da, wo er zu Gunsten der Möglichkeit einer objectiven Grundlage der Sittlichkeit seinen Monismus pluralistisch zersprengt, d. h. für die Individuen, deren Leben-wollen als freie That aufgefasst wird.

Den unhaltbaren Begriff der Freiheit im esse übernahm Scho-

---

*) Vergl. über Solipsismus: Hartmann: Grundzüge des transcendentalen Realismus; und J. Volkelt: Kant's Erkenntnisstheorie.

penhauer bekanntlich von Kant, und als eine solche freie That, und damit toto genere verschieden von der exoterischen Sittlichkeit (und deren Kriterion) innerhalb der determinirten Sphäre der Willensbejahung,*) will er auch die Verneinung des Willens verstanden wissen.

Auf die **Schwächen** seiner exoterischen auf das Mitleid begründeten Moral, sowie auf die **Widersprüche** der esoterischen Moral mit ersterer kommen wir später zurück; hier genügt vorläufig der Hinweis, dass diese Mängel **nirgends** dem Pessimismus als solchem entspringen, sondern theils mangelhafter psychologischer Induction, theils dem Steckenbleiben in den scholastischen Begriffen von Freiheit, Schuld und Sühne. Aus dem Pessimismus ergiebt sich im Gegentheil auch für Schopenhauer nur die von jeden gesunden ethischen Standpunct zu erhebende Forderung: Aufgeben des Egoismus und der Individual-Eudämonie und Unterstellung des Handelns unter die Principien der theoretischen Erkenntniss.

c. Julius Bahnsen.

Ebenso wie **Hartmann** und **Schopenhauer** findet auch J. Bahnsen das Merkmal der Sittlichkeit wie auch des „Heldenthumes" **) in der Abwesenheit des Egoismus, in der Drangabe des Selbst an das Allgemeine oder an die Idee. Das rücksichtslose Einsetzen der Person und deren Wohl und Weh in den Dienst allgemeiner Ideen — gleichgiltig vor der Hand, welcher Art diese sind — kennzeichnet die sittliche Handlungsweise; in dieser Hingabe der Person an die Idee wurzelt die Würde des ersteren, und aus dem nicht ausbleibenden Kampf der vom Willen getragenen Ideen erwächst dem sittlich strebenden Individuum der tragische Conflict, wenn es, um der einen getreu zu bleiben, die andere verrathen muss. Bahnsen ist also mit Schopenhauer und Hartmann in Uebereinstimmung bezüglich des Merkmales, welches eine Handlung zur sittlichen macht, und ebenso energisch betont er das „Sollen" derselben. Der objective Grund des Sollens aber ist bei ihm ein ganz anderer als bei den Monisten Schopenhauer und Hartmann, weil Bahnsen **pluralistischer Individualist** ist. Ihm ist das Individuum nicht bloss eine

---

*) Bezüglich der Kritik des Begriffes der Freiheit im esse verweisen wir auf die treffliche Erörterung bei Hartmann, „Phän. d. sittl. Bewussts.", das Moralprincip der transcendentalen Freiheit III. 6, p. 469—485.
**) „Mosaiken und Silhouetten". Leipzig, Wigand, 1877. No. I. Hauptwerk: „Der Widerspruch im Wissen und Wesen der Welt"; Princip und Einzelbewährung der Realdialectik. Grieben's Verlag. Leipzig. 2 Bände. 1880 und 1882.

Summe zeitlich-räumlich bestimmter Actionen des Einen Wesens, sondern eine in sich und für sich subsistirende Monade, oder wie er sagt, um das Aufeinanderbezogensein der Vielen mit zu bezeichnen, eine Henade. Der kategorische Imperativ, das Sollen der Sittlichkeit entbehrt also hier der monistischen Begründung der wurzelhaften Einheit; dagegen ist die Henade allerdings als Eine unter Vielen auf diese angewiesen, indem sie so wie sie ist nur ist, weil auch die Andern so sind wie sie sind, und die henadische Abhängigkeit Aller von Allen, die, bis in die real-dialectische Wurzel reichende Bezogenheit der „Wir" begründet die Forderung der Beschränkung des in's Unendliche tendirenden Egoismus. In der real-dialectischen Natur des Individuums aber liegt auch ebenso wurzeltief der Grund des sittlichen Triebes: der Kern jeder Henade ist ja der Widerspruch des Wollens und Nicht-Wollens; das Egoistische entspricht nur einer Seite des Grundwollens, es ist die geradlinige logische Auswirkung ihrer selbst, sofern sie eben Eins, ein Einzelnes ist; aber der Riss des Widerspruchs, der „mitten durchs Herz der Welt geht", ergiebt auch, dass jedes Wollen nicht nur seine individuelle Selbstbehauptung, sondern auch seine Selbstverneinung in der Selbstverleugnung anstrebt, indem es das Interesse der Andern, der Vielen will. Und umgekehrt, indem das sittlich, d. h. selbstlos wollende Individuum das Wohl der Andern will, bejaht es sich selbst als sittliches Subject. Im sittlichen Handeln bethätigt sich das Individuum entsprechend seiner Natur als real-dialectische Henade; es ist das sittliche Handeln das für das Einzelne das höhere, vollendetere Thun als das gerad-linige Selbstbehauptungsstreben des Egoismus, weil damit die Zerspaltung in das velle und non-velle des An-sich des Seins im Reich des Bewusstseins reproducirt wird; es ist das sittliche Thun das höhere, weil dabei das Interesse der Vielen gewahrt wird, welches Interesse aber nicht etwa ein schlechthin eudämonologisches ist (denn der dialectische Wille will ja zwar die Lust und das Wohl, aber auch die Unlust und den Untergang), sondern was im Interesse Aller liegt, sind nur die Bedingungen zur vollkommensten Auswirkung der Einzelnen innerhalb ihrer Abhängigkeit in der Vielheit.

Weil jedes Wollen auch ein Nicht-Wollen seines Inhaltes ist, so haftet jeder sittlichen, d. h. selbstlosen That, doch auch ein Moment an, wo der Selbstlose sich selbst bejaht, das Seine will, wenn auch nur als Befriedigung seines Mitgefühls mit den Andern; und auf der andern Seite beruht die Reue darin, dass der Wille, der die unsittliche Handlung hervorrief, diese zugleich auch nicht wollte, also in seiner einen (sittlich positiven) Seite nicht befriedigt wurde.

Die Real-Dialectik kann aus ihrem Princip heraus auf pluralistischer Grundlage das Vorhandensein einer Sittlichkeit, die mehr ist, als blosse egoistische Klugheitsmoral, allerdings erklären, d. h. ihr Vorhandensein begreiflich machen; eine Begründung dafür, warum die Sittlichkeit sein soll und gefordert werden darf, hat sie doch wohl nicht zu geben vermocht oder ihrem Princip nach nicht zu geben erstrebt. Zwar liegt in erster Linie der Grund für das „Sollen" in der gegenseitigen Bezogenheit der Henaden auf einander; da aber in jeder Henade mit dem Willen zur Selbstbehauptung und der möglichst vielseitigen Geltendmachung (welches durch das sittliche Verhalten der Mit-Henaden garantirt werden soll) auch der Contre-Wille der Beschränkung und Vernichtung zusammen geht, so fehlt doch das zu der Selbsthingabe treibende Motiv: ein allseitig Werthvolles mit der Sittlichkeit zu fördern. Der Einzelne aber kann in Bezug auf die All- und vollseitige Auswirkung seiner Natur als real-dialectisch zerspaltenes Willewesen und als Eins unter Vielen, sich auch dadurch Genüge thun, dass er den Egoismus, die rücksichtslose Selbstbehauptung bis auf jene Spitze treibt, wo letztere sich umbiegt und die Selbstbehauptung zur Selbstvernichtung führt. Wenn jedes Wollen auch das Nichtwollen seines eigenen Inhaltes in sich schliesst, so wäre es doch wohl letzten Endes blosse Geschmackssache, der gegenüber es kein „Sollen" giebt, ob man das Ineinander der Selbstbejahung und Selbstverleugnung dadurch darleben wolle, dass man sich in der Selbstverleugnung der Hingabe an ausser dem Ich liegende Interesse selbst gewinnt, oder dadurch, dass man die Selbstbehauptung preisgiebt durch Provocirung der Opposition gegen zu schroffen Egoismus.

Mit der Verneinung eines allgemeinen eudämonistischen Zieles und Zweckes der Sittlichkeit verliert diese auch den Boden, auf dem sie den Einzelnen als etwas zu forderndes entgegen steht. Wenn das „Gute" und das „Wohl", welches die Sittlichkeit fördert, bloss ein zwar empirisch allgemein Verlangtes, aber für die philosophische Erkenntniss doch nur oberflächenhaftes, einseitiges Wollen der Wesen wäre, so wäre auch das Sollen der Sittlichkeit nur empirisch begründet; es wäre nur ein „Sollen", wo das Wollen als keines Grundes bedürftigen schon gesprochen hätte, aber es verhallte machtlos gegenüber dem real-dialectischen Speculiren, wenn das im Princip ja auch gegründete negative Wollen (dessen Bezeichnung als negatives eigentlich ja auch nur eine willkürliche, einseitige ist) sich das eigene und das allgemeine Nicht-Wohl als den Inhalt des gleichsam untergründigen Wollen der Henaden, zum direct zu erstrebenden Ziel egoistischen Drauflöswirthschaftens machen wollte.

Wie das real-dialectische Princip der in Wollen und Nicht-

Wollen zerklüfteten Henaden naturphilosophisch unfruchtbar ist (wenn wirklich mit der Idee des Widerspruchs im Herzen des Seins voller Ernst gemacht wird), so erscheint es uns auch für die Begründung der Sittlichkeit unfruchtbar. Entweder das „Ja" und „Nein" sind vor der höchsten Instanz: dem seine eigene Natur und sein Grundwesen erkennenden Geiste absolut gleichwerthig, dann sind auch Sittlichkeit und Egoismus gleichwerthig, oder es giebt doch ein Uebergewicht auf jener Willensseite, welche durch die Sittlichkeit in ihrer Auswirkung gefährdet wird, und dann sprengt die Ethik die Metaphysik Bahnsens auseinander.

d. Philipp Mainländer.

Mainländer's Weltanschauung ist pluralistisch und er zieht bei der Begründung der Sittlichkeit unentwegt die Consequenz des Pluralismus: er verwirft unser Kriterion und erklärt alle Handlungen, die das Individuum überhaupt thun kann, als dem Egoismus entstammend; somit „sittlich" nur als eine Bezeichnung für eine gewisse Inhaltrichtung des natürlichen Wollens ist, nicht für eine Grenze, wo das Wollen aufhört primitiv natürlich zu sein. „Sittlich" ist nach Mainländer diejenige Handlung, die das „wahre Wohl" des Individuums fordert und die gerne geschieht. Legal ist dagegen eine Handlungsweise, die das im allgemeinen Interesse der Vielen gegründete Gesetz vorschreibt, und die als Zwang empfunden gegen die Neigung der jeden Zwang und Fessel hassenden Natur doch geübt wird; dieselbe Handlungsweise wird sittlich, wenn das Individuum erkennt, dass es im allgemeinen Wohl sein eigenes mitfördert und nunmehr die legale Handlung nicht mehr als Zwang empfindet, sondern gerne thut. Das Ziel des allgemeinen Strebens, erst unbewusst, dann bewusst, ist der ideale Staat, als der möglichst günstige Schauplatz für die individuelle Erlösung aus der Existenz, damit ist denn auch der vollständigste Gegensatz dessen erreicht, was Kant unter dem Begriff des Sittlichen versteht: die Abwesenheit der Neigung; und die Ethik wird wieder — wie bei den Alten — zur egoistischen Glückseligkeitslehre — freilich mit dem negativen Ziel, wie der Pessimismus es steckt.

Was nun die Weise betrifft, wie die Erlösung vermittelst der Virginität und der dadurch verhinderten Wiedergeburt ermöglicht werden soll, so steht und fällt diese mit Mainländer's brüchiger Naturphilosophie und Ontologie, in deren Grundconception ohne Zweifel der Schopenhauer'sche Begriff der transcendenten Schuld hineinspukt, wie denn auch die Virginität aus der Schopenhauer'schen esoterischen Morallehre mit hinüber genommmen wurde in ein System, in welchem sie, falls der Begriff des Weltseins als Schuld nicht gelten soll, wie die Askese überhaupt keinen logisch gerechtfertigten Platz hat.

Wie derjenige Hartmann's umschliesst auch Mainländer's Pessimismus einen socialen Optimismus in der Ueberzeugung von Realisations-Möglichkeit eines „Ideal-Staates", in dem alle die Mängel unserer jetzigen (und vergangenen) socialen und politischen Zustände endgültig gehoben sind, womit die Unlust, die sich jetzt an die einzelnen Factoren unseres Culturlebens heftet, aufgehoben sein wird, sich aber dafür um so concentrirter auf das Daseinsleid als solches wirft.

3. Die angebliche Unmöglichkeit einer pessimistischen Ethik.

Wenden wir uns nun zu der oppositionellen Partei der ethischen Optimisten; diese richten ihre Einwendungen zumeist an die Adresse Hartmann's und nur im Anschluss an diesen hervorragendsten Vertreter des philosophischen Pessimismus wird auch Schopenhauer in den Kreis der Kritik gezogen.

Hartmann sagt in der Vorrede (p. VI.) seiner Schrift „Zur Geschichte und Begründung des Pessimismus"*): vor dem Erscheinen der „Phänomenologie d. sittl. Bewusst." habe man als Hauptvorwurf gegen den Pessimismus erhoben, derselbe sei nothwendig und wesentlich ethiklos; nachdem er mit der „Phän. d. sittl. Bew." eine Ethik des Pessimismus hingestellt habe, so werde der Spiess umgedreht, so dass nun diese Ethik nichts taugen soll, weil sie die Ethik des Pessimismus sei.

Die erste Meinung (es sei der Pessimismus wesentlich ethiklos) gründet sich auf die folgende Behauptung: der Werthmesser, den Hartmann an die Welt lege, sei der eudämonologische und an diesem Maassstabe gemessen müsse die Beschaffenheit der Welt allerdings als unzulänglich befunden werden; es schliesse aber auch die Benutzung dieses Maassstabes die Ethiklosigkeit der Hartmann'schen Philosophie in sich. Oder nach anderer Version: die Weltanschauung gestaltet sich für Hartmann pessimistisch, weil er nichts höheres kennt als natürlich-eudämonologische Werthe,

---

*) C. Duncker, Berlin 1880.

weil ihm das Verständniss für die höheren Befriedigungen des ethischen Strebens abgeht.

Das zweite Urtheil (wonach Hartmann's Ethik nichts taugen soll, weil sie auf pessimistischer Grundlage aufgebaut ist), stützt sich auf folgendes Raisonnement: Wenn keine positiven Werthe existiren und wenn alle egoistischen Rücksichten ausgeschlossen sein sollen, so fehlt es am Motiv zum egoistischen Streben; das letzte absolut-negativ-eudämonologische Princip Hartmann's sei eine metaphysische Chimäre ohne Motivationskraft; soweit also Hartmann echte Sittlichkeit lehre, finde diese nicht in seinem Princip Begründung, sondern beruhe in Widerspruch mit demselben auf optimistischen Voraussetzungen, d. h. auf psychologisch gerechtfertigter Restitution des egoistischen und eudämonistischen Strebens.

Beim ersten Urtheil findet die irrführende Verwechselung statt: erstens zwischen dem Individual-Eudämonismus als Ziel des Handelns und zwischen Eudämonismus als Werthmesser, und zweitens zwischen Individual-Eudämonismus und Eudämonismus des Absoluten — resp. des All-Seins.

Ungeachtet der zwar knappen aber durchaus durchsichtigen diesbezüglichen Auseinandersetzungen wird übersehen, dass Hartmann schon in der „Phil. d. Unb." den Individual-Eudämonismus verwirft, und zwar zu Gunsten des Opfers im Dienste des negativ-eudämonologischen Zieles des Weltprocesses. Im zweiten Urtheil, wo nach dem Erscheinen der „Phänomenologie des sittl. Bewusst." dies letztere Missverständniss nicht mehr möglich war, wird nun eben so irrthümlicher Weise angenommen, es müsste mit dem Individual-Eudämonismus als Ziel auch jeder Werthmesser, sowohl der sittliche als der eudämonologische abhanden kommen.

Dies alles bezieht sich aber erst auf das Verhältniss des Pessimismus zur Sittlichkeit; es kommt aber auch umgekehrt das Verhältniss der Sittlichkeit zum Pessimismus in Betracht, und da lauten nun die Oppositionsstimmen dahin: dass erstens durch die subjective Wirkung des sittlichen Strebens die Lust- und Unlust-Bilance für das Subject der sittlichen That zu Gunsten der Lust modificirt würde, und zweitens auch die objectiven Resultate der sittlichen Bethätigung eudämonologisch günstigere sociale Verhältnisse herbeizuführen vermöchten, so dass durch die äussere Causalität die dem axiologischen Urtheil zu Grunde liegende Empfindungen und Vorstellungen im optimistischen Sinne modificirt würden.

Wir betrachten zuerst die Einwände, welche gegen das Verhältniss des Pessimismus zur Sittlichkeit erhoben worden sind.

Was hier nun den ersten Punct betrifft, nämlich den Vorwurf: der Pessimismus sei das Resultat eines anti-sittlichen Individual-Eudämonismus, resp. eines idealistischen Zielen entfremdeten naturalistischen Hedonismus, so haben wir uns darum gar nicht weiter mehr zu kümmern, indem diese Behauptung nach dem Erscheinen der „Phänomen. des sittlichen Bewusstseins" nicht mehr haltbar ist. Es participiren aber an der von Hartmann gelieferten Rechtfertigung des Pessimismus überhaupt alle pessimistischen Philosophien, soweit sie sich zu Hartmann's Kriterion des Sittlichen bekennen. Die sorgfältigste Ausscheidung der individual-eudämonologischen, mithin egoistischen Motive aus den verschiedenen gefühl- und verstandesmässigen Principien geht als rother Faden durch die ganze „Phänomen. des sittlichen Bewusstseins" hindurch, und zeigt zusammen mit der systematischen Eintheilung in egoistische Pseudo- und in echte Moral, wie fest Hartmann an der Gegensätzlichkeit von Individual-Eudämonismus und Sittlichkeit festhält. Die älteren, ausschliesslich gegen die practisch-philosophischen Andeutungen der „Philosophie des Unbewussten" gerichteten kritischen Ausfälle haben wir daher gar nicht mehr zu behandeln, dagegen aber den zweiten Punct, der gleichsam die Kehrseite des erstern bildet; nämlich die Behauptung, dass mit dem Individual-Eudämonismus als Ziel auch der Werthmesser und mit dem Egoismus das Motiv verloren gehe — eine Behauptung, welche also einer Verwerfung unseres Kriterions der Sittlichkeit gleichkommt. Der Streit über das Verhältniss zwischen Sittlichkeit und Egoismus ist nur insofern mit der Pessimismusfrage verknüpft, als der Pessimismus den Anspruch erhebt, dadurch die Sittlichkeit zu fördern, dass durch seine Erkenntniss der Egoismus gebrochen werde. Hätten nun die Vertheidiger des Egoismus recht, so wäre die Schwächung desselben (wenn sie nicht nur ein Wahn, sondern Realität wäre), die Schwächung einer Kraft, die damit auch der Sittlichkeit entzogen wäre.

In diesem Sinne schreibt Hugo Sommer (Preussische Jahrbücher B. XLIII; Heft 4, „Die Ethik des Pessimismus"): „Egoistisch nannte man nach der bisher üblichen Bedeutung dieses Wortes einen Menschen, der auf Kosten Anderer sein eigenes Wohl durchzusetzen sucht, nicht denjenigen, der unter sorgsamster Respectirung der Ansprüche anderer desjenigen Theiles Güter des Lebens, welche ihm von Gott und Rechtswegen zukommen, neidlos sich freut und das Streben danach zum Beweggrund seines Handelns macht. Es ist bisher Niemanden eingefallen, denjenigen egoistisch zu nennen, der mit heller Freude das Erwachen des Frühlings begrüsst und dadurch Niemanden den gleichen Genuss entzieht, der Liebe seiner Angehörigen und Freunde, der Erfolge seiner wirthschaftlichen oder wissenschaftlichen Arbeit, seiner Tugend sich freut und dem Glücke, welches ihm die grössere oder geringere Erreichung seiner individuellen Lebensbestimmung gewährt, mit ganzer Seele sich hingiebt, der im ästhetischen Genusse oder in religiöser Erhebung sich beseligt und erhoben fühlt über dem Lärm und der Last des Alltagslebens; egoistisch doch wahrlich nicht der, der die Erlangung der vorausgefühlten Werthe all' der bezeichneten Güter als motivationskräftiges Ziel seines Handelns auf sich einwirken lässt, noch weniger egoistisch der, der jedem das Seine giebt und mit Hintenansetzung des eigenen Wohles dasjenige Anderer deshalb zu fördern strebt, weil er sich bewusst ist, dadurch ein sittliches Gebot zu erfüllen, dessen gefühlter Werth ihm unendlich viel erhabener dünkt als alle andern Güter des Lebens."

Dieser Bandwurm von einem Satze giebt den Schlüssel zu einer, dem fraglichen Vorwurf zu Grunde liegenden Irrthumsquelle: nämlich der Unklarheit über die Begriffssphäre Egoistisch und Sittlich. Sommer, wie eine Menge Anderer, fasst den Begriff „egoistisch" einestheils zu enge, anderseits auch zu weit. Er unterscheidet nicht den sittlich indifferenten natürlichen Egoismus (wie er mit der Individuation schlechthin gegeben ist) von dem zum Moralprincip erhobenen Egoismus des Individual-Eudämonismus, und meint, weil Hartmann den Letztern als Pseudo-Moral verurtheilt, er wolle damit auch den sittlich indifferenten Egoismus als unsittlich verurtheilen, welcher in erster Linie nichts anderes ist als der Selbsterhaltungstrieb im weitesten Sinne, so wie er sich in unseren complicirten Culturformen tausendfach gestaltet. In dem citirten Satze sind ganz verschiedene Zustände zusammengepackt. Den Menschen, der sich freut, wenn der Lenz erwacht, wenn die Genüsse der Kunst sich ihm bieten, wenn sein Liebes- und Freundschafts-Trieb befriedigt wird, wenn sein Schaffen und Wirken Früchte bringt, den nennt man allerdings nicht einen Egoisten — auch Hartmann nicht, wie Sommer anzunehmen scheint. Auch der selbsteloseste Mensch, ebenso auch der eingefleischteste Pessimist wird sich der Blüthen des Lenzes, der Liebe und der Kunst erfreuen und diese, wie auch eine gesicherte Existenz wohlthätig empfinden; der Pessimist erst recht, weil er solche Befriedigungen nicht so ohne Weiteres als selbstverständlich (als von Gott und Rechtswegen ihm zukommend) hinnimmt. Nicht der philosophische Pessimist, der sich der Sittlichkeit befleissigt, sondern nur der griesgrämige, nörgelnde Miserabilist (worin wir eine subjective krankhafte Entartung des Fühlens und Denkens erkennen zu müssen glauben) wird vor dem Lenz die Fensterladen zuschliessen und nur der verbohrte Asketiker (oder der, der diese

Rolle spielt) wird eine Grimasse schneiden, wenn er Fasan und Champagner geniessen soll. Ein Mensch, der des Angenehmen sich freut und das Unangenehme scheut, fällt damit noch nicht unter die ethische Betrachtungsweise; er reagirt eben einfach natürlich auf natürliche Reize.

Setzt sich hingegen ein Mensch die Gewinnung der Lebensgüter und Genüsse mit **vollem Bewusstsein** zum Ziele seines Strebens, so nennt ihn zwar der gemeine Sprachgebrauch noch nicht ohne weiteres einen Egoisten, der Philosoph aber muss ihn so nennen, zur Unterscheidung von Demjenigen, der die Ziele seines Strebens **ausser sich setzt**. Damit ist der erstere noch nicht als **unsittlich** verurtheilt; es ist nämlich verschiedenes möglich: er kann neben dem starken Triebe eudämonologischer Selbstbehauptung auch starke sittliche Triebfedern besitzen; dann wird sein egoistisches Streben häufig dadurch unterbrochen werden, indem er unter dem Affect der Liebe, des Mitleids, der Dankbarkeit u. s. w. ganz selbstvergessen sittlich, die gerade Bahn seiner eigenen Interessen durchkreuzend, handelt. Er kann aber ausnahmsweise auch so glücklich situirt sein, unter so günstigen Umständen handeln, dass er sein eigenes Behagen fördert, seine eigene Genusssphäre erweitert, indem er das Wohl der Andern fördert. Dann mögen die, welche seine günstige Einwirkung auf Andere wahrnehmen und dabei das Princip seiner Handlungsweise nicht kennen, ihn einen Tugendhelden preisen, während er in Wirklichkeit durchaus nicht sittlich, sondern nur sittlich indifferent **natürlich-klug** handelt.

Weiter kann der Egoist Handlungen ausführen, die, wenn selbstvergessen gethan, sittliche wären, um sich das Vergnügen zu verschaffen sich selbst als sittlich zu bewundern, oder um der nachträglichen indirecten Folgen willen; er betritt damit das weite Gebiet der Pseudo-Moral. Sittlich sind solche Thaten werthlos, als legale können sie sehr werthvoll sein; eudämonologisch ist ihr Werth zweifelhaft: denn erstens beruht die Freude über die damit bezeugte Sittlichkeit auf einer Illusion, die kaum lange vorhält; zweitens kann die erwartete indirecte günstige Wirkung ausbleiben und dann hat man zur übernommenen Unlust des pseudosittlichen Opfers noch den Verdruss am unrechten Orte in „Sittlichkeit gemacht" zu haben.

Wer also unter dem Princip des Egoismus handelt, wird am ehesten und mit dem subjectiv befriedigendsten Erfolge legale, sittlich-scheinende Handlungen ausführen, wenn er den Lohn seines Thuns erst im Jenseits erwartet, weil dann kein Aerger über das Ausbleiben zu befürchten ist. Auch wird er, weil er nicht auf irdischen Lohn, weder auf objectiven noch auf den subjectiven der stolzen Gefühle lauert, eher Zeit finden, sein Interesse auf ausser ihm Liegendes zu richten, so dass nunmehr echt sittliche Handlungen mit den pseudo-sittlichen abwechseln werden.

Darin liegt der grosse Fortschritt des transcendentalen Eudämonismus über den empirischen, wie auch Hartmann wiederholt hervorhebt. Es muss aber auch anerkannt werden, dass sich dem pseudo-ethischen Streben, welches die sittliche That nur thut, um sich den Genuss zu verschaffen, sich im Bewusstsein seiner Sittlichkeit zu sonnen, insofern ein echtes sittliches Moment beimischt, als dieser eudämonologische Motivationsprocess schon die Achtung vor der Sittlichkeit als solchen voraussetzt, hier also ohne Zweifel die Brücke aus der Pseudo-Moral zur echten, der Hingabe an die Idee, hinüberführt.

Was der gemeine Sprachgebrauch einen „Egoisten" nennt, das muss nun weiter der Philosoph als unsittlichen Egoisten bezeichnen, in welchem Falle dann aber das „unsittlich" nicht bloss im privativen Sinne als „nicht sittlich" (gleich einfach natürlich) gemeint ist, sondern als positiver Gegensatz zur Sittlichkeit. Wie der theoretische Egoist, entgegen seiner Theorie, im Drange seiner gut veranlagten Natur im einzelnen Falle sittlich handeln kann, so kann der, welcher den Egoismus theoretisch verurtheilt, momentan seinen egoistischen Instincten unterliegen; die Reue wird nachfolgen, wenn dieselben zu unlegalen oder sonst wie die Nächsten schädigenden Handlungen geführt hatten, der Rückfall in's privativ nicht-sittliche Gebiet wird sich aber in der Regel der Kritik des sittlichen Bewusstseins entziehen, wenn sie sittlich indifferent ausfallen, d. h. wenn sie keinerlei Pflichten verletzen, dem Nächsten harmlos bleiben und keine üblen psychologischen Wirkungen erkennen lassen.

Diese innern Unterschiede des äusserlich sich gleich darstellenden und äusserlich verschiedenen bei innerer Gleichheit weist Hartmann an zahlreichen über die „Phän. d. sittl. Bew." zerstreuten Beispielen auf's Feinste nach, was sich H. Sommer entgehen lässt, welcher meint, er müsse das weite Gebiet des Natürlichen, des Sittlich-Indifferenten retten, wo es gar nicht in Gefahr ist. „Unser Philosoph" — meint Sommer — „vermischt alle die specifischen, unter sich ganz incommensurablen himmelweiten Unterschiede, welche das Streben nach eigenem Wohl in des Wortes umfassendster Bedeutung in sich schliesst, und bezeichnet alles Streben nach eigenem Wohl ohne Ausnahme als egoistisch: mag dasselbe übrigens auf das Wohl im Diesseits oder in einem erträumten Jenseits gerichtet sein." Gewiss und mit vollem Rechte. Wie es das umfassende Merkmal des Sittlichen ist: nicht das Seine zu suchen, so ist es das Merkmal des Nicht-Sittlichen, das Eigene zu erstreben; aber dass das Nicht-Sittliche schon eo ipso das Unsittliche sei, das behauptet nicht Hartmann, sondern nur eine asketische Moral verdammt das Natürliche als das Unsittliche.

Die Grenze zwischen einfach natürlichem Thun und solchem, welches der sittlichen Beurtheilung unterliegt, muss strict aufrecht erhalten werden, sonst verliert man für das ganze autonome Gebiet das Kriterium des Sittlichen: denn entweder man hält daran fest, dass Selbstverleugnung sittlich sei, und kommt dann ohne die Anerkennung der Naturberechtigung zum asketischen Gebot „so dir Jemand auf die rechte Backe schlägt, so halte ihm auch die linke hin" (welche Forderung eine indirecte Unsittlichkeit enthält, indem man den Nächsten zum Unrechtthun einladet); oder man verwirft das obige Kriterium und seine unvernünftigen einseitigen Consequenzen und ist dann genöthigt, alle unschädlichen Absurditäten, welche zufällig Einer „als sein wahres Wohl" zu erkennen vermeint, unter die Rubrik „sittliches Streben" aufzunehmen. Man ist aber auch gezwungen, den klugen, alles erwägenden Egoismus auf den höchsten Thron zu erheben, welcher kluge Egoismus zwar, wie Hartmann*) sehr schön auseinandersetzt, unter hohen Culturverhältnissen und in Zeiten, wo die Gesetze sich behaupten können und die öffentliche Meinung nicht allzu corrumpirt ist, zu legalem Verhalten hinreicht, in Ausnahmsfällen aber, unter gelockerten Rechtsverhältnissen alle Gräuel sanctionirt. Wenn bei mangelnder Auseinanderhaltung von rein natürlichem Nicht-Sittlichen und Unsittlichen auch das Kriterium der Selbstlosigkeit für das Sittliche verloren geht, dann muss zum Princip der Heteronomie Zuflucht genommen werden, dann muss, um nur überhaupt festen Grund zu gewinnen, das Handeln nach dem Princip der Autorität als das Wesentliche des Sittlichen declarirt werden.

Als Beispiel hierfür kann J. H. von Kirchmann dienen; auch er vollzieht nicht die Trennung zwischen dem sittlich-indifferenten natürlichen Egoismus und dem Egoismus als Moralprincip und kommt daher zu folgendem Ausspruch: „Der Egoist ist ein Mensch wie alle anderen; es ist also nicht abzusehen, weshalb er als Mensch nur für die Andern sorgen solle, selbst wenn er und sie im Wesen nur Eins sind. Offenbar müsste dann folgerecht der Andere auch wieder für ihn sorgen. A muss die Suppe für B kochen und B muss die Suppe für A kochen; sollte dieses Ziel nicht einfacher erlangt werden, wenn jeder die Suppe für sich selbst kocht?" Wenn jeder die Suppe kochen kann, so soll es jeder für sich selbst thun; er handelt dann einfach natürlich unter natürlichen Verhältnissen, die immer noch ein weites

---

*) „Phän. d. sittl. Bew." Erste Abth. I, 1. p. 14—21.

Feld behaupten können, obwohl die Steigerung der Cultur es allmälig verengert. Wenn aber A zwar eine Suppe kochen kann, B aber nicht, weil er nicht das Nöthige dazu hat, so hört das Normale, die Natürlichkeit auf und indem A aus Mitgefühl für B's drohenden Mangel für diesen auch die Suppe kocht, erhebt er sich über die blosse Natürlichkeit: handelt er sittlich; klug-egoistisch und sittlich-indifferent würde er handeln, wenn er bloss so verführe, weil für seine Suppenlieferung B ihm das Wasser geben müsste, weil der Brunnen des B noch läuft, der des A aber versiegt ist — nach dem Sprichwort: giebst du mir die Wurst, so lösch' ich dir den Durst.

Es nimmt aber auch v. Kirchmann bei der Ehrenrettung des Egoismus diesen Begriff zu weit, so dass er z. B. auch die Liebe unter die egoistischen Triebe rechnet. Die Liebe steht aber auf der Grenze der sittlich-indifferenten Natürlichkeit und des Sittlichen — oder richtiger gesagt: sie bildet den Schritt vom einen in's andere Gebiet hinüber. Die gewöhnliche Liebe will ja allerdings die eigene Lust, aber in der Regel nicht ohne dass auch der Gegenstand der Liebe Lust empfinde; kann die eigene Lust nur mit der Unlust des anderen Theiles erkauft werden, dann tritt die echte Liebe entsagend zurück; ist der Dämon des Naturtriebes aber hierzu zu mächtig, so schwindet auch die Lust, und die Liebe ist dann die Leiden schaffende Leidenschaft.

Will man dem Egoismus, um ihn zu erheben und ihn zum Moralprincip zu machen, auch die Liebe mit all' ihren möglichen Formen der Selbstverleugnung einfügen, so wird der Begriff des Egoismus so ausgeweitet, dass er seine Sphäre ganz zersprengt, und das Wort nunmehr nichts anderes mehr bezeichnet als die Thatsache: dass der Wille seinen Inhalt will, dass nur meine Vorstellung (Idee, Gedanke, Empfindung und Gefühl) Motiv meines Willensactes werden kann. Hieraus folgen dann so schwächliche Grenzbestimmungen von Natürlich, Legal und Sittlich, wie sie z. B. Mainländer aufstellte, nachdem er auch in die psychologische Mäusefalle gegangen war, welche die mangelhafte Unterscheidung zwischen Motiv und Ziel einer Handlung bildet.

4. Die Sittlichkeit als Werthmesser der Welt.

Wir wenden uns nun zum Eudämonismus als Genus und Species und betrachten zuerst die Forderung: Die Sittlichkeit, nicht aber den Eudämonismus, zum Werthmesser der Welt zu machen.

Die Forderung könnte auf zwei verschiedene Arten gemeint und verstanden werden, sie ist doppelseitig. Man könnte nämlich die Welt derart am Begriff der Sittlichkeit messen, dass man zu erwägen trachtete: ob mehr Sittlichkeit oder mehr Unsittlichkeit in der Welt vorhanden wäre; oder man könnte aus dem Wesen des Sittlichen und aus dem Weltleben und seinen Formen und Factoren zu ergründen und zu beweisen suchen: dass die Welt, so wie sie ist, die bestmögliche Welt zur Realisation der Sittlichkeit sei. Entsprechend der ersteren Seite müsste dann die Formel des ethischen Optimismus lauten: Die Welt ist positiv werthvoll, weil in ihr mehr Sittlichkeit als Unsittlichkeit enthalten ist; die Formel der zweiten Seite aber: Die Welt ist die beste Welt, weil so, wie sie ist (und nur so), echte Sittlichkeit möglich wird.

Die erste Formel hat sonder Zweifel wenig Aussicht — für die Gegenwart wenigstens — von unseren ethischen Optimisten acceptirt zu werden. Denn es ist gerade der „sittliche Entrüstungspessimismus" diejenige Form der pessimistischen Weltbetrachtung, welche vom ethischen Optimismus in der Regel bei der Verurtheilung des Pessimismus ausgenommen wird. Es möchte aber auch sehr schwer halten, diese Formel zur Geltung zu bringen, weil das Abwägen von Sittlichkeit und Unsittlichkeit noch unendlich grössere Schwierigkeiten bieten müsste, als die schon so stark bezweifelte Möglichkeit einer Abschätzung des Lust- und Unlust-Verhältnisses.

Es soll also ohne Zweifel die zweite Formel gelten. Es leugnet nun aber der philosophische Pessimismus die Priorität der Sittlichkeit unter den relativen Werthen durchaus nicht; was er bestreitet, ist nur deren absoluter Werth. Diesen absoluten Werth und zwar als einen von jeder eudämonologischen Schätzung unabhängigen zu beweisen, ist also die Aufgabe des den Pessimismus bekämpfenden ethischen Optimismus.

Die heteronome religiöse Ethik begründet scheinbar den positiven Werth der Sittlichkeit dadurch, dass sie letztere als den Willen Gottes erklärt. Hiernach ist das, was wir jetzt sittlich, mithin „gut" nennen, dieses nur, weil es Gottes Wille ist, und wäre auch dessen conträres Gegentheil „sittlich", wenn es von Gottes Willen getragen würde. Diese Begründung kann aber nicht diejenige unserer modernen ethischen Optimisten sein; denn diese heteronome Sittlichkeit und diese Weise der Rechtfertigung des „Wie" und „Was" des Sittlichen gehört zu denjenigen Puncten der Theologie, die man gerne in den dunkelsten Winkeln des künstlichen Gewölbebaues der Dogmatik stehen lässt.

Aber lassen wir selbst diesen Beweis gelten, — wird dadurch die Sittlichkeit in einen absoluten Gegensatz zum Eudämonismus gesetzt? Durchaus nicht. Entweder das „Was" und „Wie" des

Sittlichen ist ohne Beziehung auf die menschliche Eudämonie, d. h. die Sittlichkeit ist, so wie wir sie als immanente und — vermeintliche — supernaturale Offenbarung besitzen, ohne einen aus den Weltverhältnissen erwachsenen Grund und könnte ebenso gut anders sein, dann müssen wir mit ihr Gottes Willen erfüllen, weil Gottes Willensbefriedigung Gottes Lust ist.

Oder aber der die Sittlichkeit wollende Wille Gottes will die Sittlichkeit, weil sie das Wohl der Welt ist; und dann fördert die sittliche Welt in Gottes Willensbefriedigung ihr eigenes solidarisches Wohl. Also auch vom Standpuncte der religiösen heteronomen Moral aus ist Sittlichkeit letzten Endes Mittel der Eudämonik, aber der absoluten Eudämonik im Gegensatz zum nichtsittlichen Individual-Eudämonismus.

Doch die autonome Ethik des ethischen Optimismus verzichtet auf solche heteronome metaphysische Begründung und soll eine immanente, vernunftgemässe Begründung besitzen. Es ist keine Begründung, zu sagen: es soll Sittlichkeit geübt werden, weil Sittlichkeit sein soll. Oder: Sittlichkeit soll sein, weil Sittlichkeit das Gute ist. Denn: warum ist sie das Gute, und was ist überhaupt „gut"? „Gut ist, was sittlich ist" — da wäre der Zirkel fertig. Aus diesem giebt es kein Entrinnen, als wenn man den als Werthmesser der Welt verschmähten Eudämonismus wieder hervorzieht und ihn nun an die Sittlichkeit selbst anlegt. Das Sittliche ist das Gute, das Gute ist das, was dem Wohle der Welt als eines Ganzen (Einheit von Existenz und Subsistenz) zu statten kommt; sei es positiv durch Mehrung der Summe der Lustmomente, sei es negativ, durch Minderung der Unlust, welches beides wieder direct oder indirect geschehen kann.

Wenn Kant den Satz aufstellt: „handle so, dass die Maxime deines Thuns ein allgemeines Naturgesetz sein könnte", so ist damit der Individual-Eudämonismus ausgeschlossen, nicht aber die absolute Eudämonik. Denn warum soll es das Höhere sein, der Weltordnung gemäss zu handeln, als der eigenen Empfindung gemäss? Doch nur, weil bei Respectirung und Förderung der Ordnung und Gesetzmässigkeit das Wohl der Welt gefördert wird und weil die Welt als Summe aller Individuen ein grösseres Recht auf Wohl hat, als das Individuum als solches. (Seinem nicht-individuellen Wesen nach, wie der Monismus es annimmt, geschieht im Allgemeinen auch letzterem sein eigenes Recht.)

So bleibt es denn bei der Hartmann'schen Lehre, dass die Sittlichkeit zwar für das menschliche Thun insofern das Höchste sei und die Darangabe des individualistischen Luststrebens fordern könne, weil sie das höchste Mittel zum absoluten Zweck bilde, nicht aber weil sie selber letzter Zweck sei. Den letzten Zweck sind wir nun aber einmal nicht im Stande anders zu fassen als eudämonologisch, gleichviel ob positiv oder negativ, ob in der Welt oder ausser ihr in ihrem metaphysischen Grunde. Weil nun die organische Welt das uns allein zugängliche Sensorium des Seins ist, darum sind wir auch berechtigt, den Werth oder Unwerth des Seins nach dem Resultat der Lust- und Unlust-Bilance zu beurtheilen. Damit wird der Sittlichkeit nicht zu nahe getreten, wenn man nur nicht **Eudämonik** mit Individual-Eudämonismus verwechselt. Der letztere ist der Gegensatz zur Sittlichkeit, weil er Egoismus ist; die Eudämonik des Absoluten aber ist der objective Grund der Sittlichkeit, und daher auch der endgültige Werthmesser gegenüber dem Sein, in dessen Formen der Factor der sittlichen Bethätigung bereits mit eingeschlossen ist. So steht denn auch J. Rehmke, obgleich er ein Vertreter des ethischen Optimismus ist, Hartmann bei gegen jenen Vorwurf, einen unberechtigten Werthmesser zu gebrauchen: die Hartmann daraus einen Vorwurf machen wollten, vergässen, dass hinter dem Wort Glückseligkeit, welches zum Werthmesser genommen werde, doch ein anderer Gedanke stehe, als der aus cynischen und cyrenischen Principien zusammengesetzt sei; ein anderes sei es, die Lust zum Werthmesser, ein Anderes sie zur treibenden Ursache zu machen.

Indem also der Pessimismus dem Egoismus die Unfruchtbarkeit des individual-eudämonistischen Strebens nachweist, beeinträchtigt er das sittliche Streben nicht, welches ja in einem höhern Dienste als der individuellen Glückseligkeit steht; indem er aber das Verhältniss der Sittlichkeit zur absoluten Welteudämonik festhält (gegenüber einer Anschauung, welche das Ethische zum haltlosen in-der-Luft-Schweben verurtheilt, indem es sie gegen ihre Natur zum Selbstzweck machen will), bleibt er den **psychologischen Thatsachen** gerecht, und rechtfertigt durch die Theorie das instinctive Ergreifen des Begriffes der Sittlichkeit, wonach diese Streben nach einem ausser dem Individuum und ausser seiner Wohl- und Wehsphäre gelegenen Zielen ist.

5. Der Begriff „das Gute".

Es ist ganz besonders characteristisch für die Hartmann-Kritik, dass die verschiedenen Parteien sein System immer von zwei gegensätzlichen Seiten angreifen. Z. B. bezüglich des letzten Princips tadeln die Hegelianer, dass er der Idee den Willen als coordinirtes Attribut zugesellt, und die Schopenhauerianer tadeln es umgekehrt, dass er dem Willen die Idee als Inhalt giebt. In der Naturphilosophie sehen die Theisten Materialismus, die Naturalisten aber Occasionalismus und Mysticismus. Hier im Gebiete der practischen Philosophie sehen nun innerhalb der einen Gruppe der ethischen Optimisten die Einen die Gefahr des Pessimismus für die Ethik darin, dass der Eudämonismus der Sittlichkeit übergeordnet, die Anderen darin, dass mit der pessimistischen Zersetzung des Eudämonismus die Sittlichkeit durch Entziehung der Motive geschädigt werde. So scheint Adolf Horwicz*) der Meinung zu sein, Hartmann verwerfe den Eudämonismus, weil in seinem Pessimismus kein Raum für den Begriff des Guten sei. Wir haben uns soeben bemüht zu zeigen, wie gerade Hartmann die Ethik dadurch auf festen Boden stellt, dass er sie in den Dienst des positiven, absolut „Guten", nämlich der Weltteleologie stellt. Wenn daher Horwicz sagt: „Der Begriff des Sittlichen hat keinen Sinn ohne das Gute und dieses darf nicht ein scheinbares, eingebildetes Gute, eine conventionelle menschliche Illusion sein, sondern es muss ein objectiv allgemein-nothwendiges Gut, reale Macht und Wesenheit sein", so stimmen wir durchaus bei („Reale Macht und Wesenheit" als irreleitende Ausdrücke jedoch ablehnend); dagegen ist es ein Irrthum, wenn Horwicz nun fortfährt: der „Pessimismus ist ethisch ganz impotent und kann nie dahin gelangen, eine practisch brauchbare Sittenlehre zu entwickeln, weil ihm die Idee des Guten fehlt, oder vielmehr mit seinem Grundprincip in unversöhnlichem Gegensatz steht. Die Ethik des Pessimismus ist daher ebensolch' ein hölzernes Eisen, ein sich selbst aufhebendes und in sein Gegentheil verkehrendes Nonens, wie die Metaphysik desselben mit ihrem Noumenon der Unvernunft."

Die optimistische Ethik lehrt das Suchen des Guten; die pessimistische Ethik lehrt den Kampf gegen das Böse. Um das Gute zu gewinnen muss das Böse überwunden werden; wenn der Pessimist Böses hinwegräumt, so hat er Gutes gethan. Da kein Optimist das Vorhandensein des Bösen und des Uebels leugnen kann, und am wenigsten der ethische Optimismus, der, um die Sittlichkeit auf den höchsten Thron zu heben erst recht energisch ihren Gegensatz und Kampfobject, das Böse, hervorheben muss, so ist in der Praxis dem concreten Falle gegenüber das Verhalten des sittlich handelnden Optimisten und Pessimisten das Gleiche. Der besonnene Optimist weiss, dass er auch im günstigsten Falle immer nur relative Güter gewinnt, weil alle realen Werthe innerhalb der Welt nur relativ sind; ihm ist also auch Resignation den Unvollkommenheiten gegenüber geboten, gerade wie dem Pessimisten,

---

*) „Die psychologische Begründung des Pess." Phil. Monatshefte. B. 16. H. 4 u. 5.

der zu dieser Resignation jedenfalls leichter gelangt, weil er auch mit seinen Erwartungen und Anforderungen bescheidener ist. Für den Optimismus wie für den Pessimismus ist nur Eins innerhalb des Seins das vollkommen Gute: das ist der „sittliche Wille", als das Urmoment des sittlichen Thuns, rein als solcher mit seinem eigenen Maassstab gemessen und abgesehen sowohl von seinem Object als von seinem Erfolg in der Realisation.

„Auch der rigoroseste Moralist" — meint Horwicz weiter — „kann weiter nichts verlangen, als dass man den höchsten Gefühlen und obersten Willensrichtungen folge, dass man sein wahres wesentliches und dauerndes Heil erstrebe. Die engelgleichste Tugend vermag nicht mehr zu thun, als den Gesetzen und Interessen ihres wahren Wesens zu dienen. Es übertyrannt den Tyrannen und malt den Himmel blauer als er ist, wenn man vom sittlichen Wollen verlangt, dass der absolute Werth des Guten von ihm nicht auch als individueller Werth empfunden werde." Auch dieser Hieb trifft nicht die Ethik des Pessimismus; er hat bloss der über das Ziel hinausschiessenden Ethik Kant's (und seiner oft unberufenen Nachbeter) gegenüber Bedeutung, gegen welche Schiller seine bekannten Xenien*) richtete, und welche Schopenhauer zur ausschliesslichen Erhebung der Gefühlsmoral provocirte, und welche Hartmann in der „Phän. d. sitt. Bewusst." einer so vorzüglichen Kritik unterzieht.

Das ist eben der sittliche Wille, dass er durch die objectiven (die sind doch wohl hier mit den „absoluten" gemeint) Werthe motivirt wird, dass also objective Werthe zu subjectiven werden; das ist ja gerade das Moment des Unterschiedes zwischen dem natürlichen Wollen und dem sittlichen Wollen, dass ersteres das Object will, weil es sein Object ist, im sittlichen Acte es aber als solches für sich in's Interesse des Subjectes eingeschlossen wird.

Hartmann insbesondere ist ein viel zu feiner Psychologe, um einer pessimistischen Theorie zu liebe sich so zu versteifen, dass er leugnete, dass die Befriedigung des sittlichen Wollens Lust gewährt. Seine Ansicht ist nur die, dass wenn die irgend welchem Moral-Codex conforme Handlung um der mit deren Realisirung verbundenen individuellen Lust willen beschlossen wird, ihr sittlicher Character zur Illusion wird, weil deren Triebfeder eine individual-eudämonistische ist; die aus der Befriedigung der sittlichen That resultirende Lust ist dem Individuum nur insofern gewisser als irgend welche aus andern Bestrebungen stammende, als das

---

*) „Gern dien' ich dem Freunde, doch thu' ich es leider mit Neigung, und so wurmt es mich oft, dass ich nicht tugendhaft bin."

sittliche Wollen vermöge seiner Losgelöstheit vom, und Erhebung über den psychischen Naturgrund auch dann als psychische Action die Befriedigung seiner Selbstbehauptung und der mit letzteren verbundenen Lustempfindung durchsetzt, wenn seine äussern Erfolge durch die Ungunst der Verhältnisse gleich Null zu bleiben verurtheilt sind. Aber diese aus der Sittlichkeit resultirende Lust und Unlust ist bei der allgemeinen Lust- und Unlust-Bilance schon in Rechnung gebracht (ein Punct worauf wir noch zu sprechen kommen).

Dass man den „höchsten Gefühlen" und „obersten Willensrichtungen" folge, heisst nichts anderes als: der Wille folgt dem wirksamsten Motiv; dies bestreitet kein Mensch (er versuche denn das Steckenpferd des lib. arbit. indiffer. zu reiten); dagegen sagen diejenigen Pessimisten, welche die Abwesenheit des Egoismus zum Kriterion der Sittlichkeit machen, dass eben erst dann das sittliche Wollen zu constatiren sei, wenn die „höchsten Gefühle", das kräftigste Motiv nicht ein individual-eudämonistisches ist.

Was heisst hier bei Horwicz „das Heil seines wahren Wesens?" Soll im pluralistischen Sinne „Wesen" mit Bewusstseins-Ich zusammenfallen, oder unter „Wesen" im monistischen Sinne der allem gemeinsame Seinsgrund gemeint sein? Ohne Zweifel das Erstere, und da ist denn ein Handeln, welches das „wesentliche" Heil erstrebt, allerdings das höhere, weil klügere, vernunftgemässere als dasjenige, welches nur die Lust des jeweiligen nächsten Augenblicks zum Ziele hat; aber wie der roheste Hedonismus ist auch der verfeinertste und rafinirteste Individual-Eudämonismus nur natürlich, denn das treibende Motiv ist in beiden Fällen das Bei-sich-stehen-bleiben, gleichviel ob das, was erstrebt wird, im Himmel oder auf Erden, ob es sinnliche und materielle Förderung oder geistiger und seelischer Gewinn sei. Der Unterschied ist bloss Species-Unterschied, bedingt durch die intellectuelle Entwickelung des Subjectes und der Culturverhältnisse, unter denen es handelt; es ist aber Natürlich und Sittlich ein Genus-Unterschied,*) unabhängig von niedrigerer oder höherer Intelligenz. Der Wille kann immer nur sich selbst wollen, und insofern wird allerdings der „absolute Werth des Guten" zum individuellen Werth, aber der sittliche Wille will seinen Inhalt, weil er ihn als objectiven Werth vorstellt, und dadurch giebt er sein Ich an das Allgemeine, den Nächsten, an die Idee hin, statt das Allgemeine, den Nächsten, die Idee in sich zu verschlingen.

---

*) Man missverstehe diese Worte nicht: „natürlich" ist zwar nicht unsittlich, und „sittlich" ist nicht unnatürlich; aber das Sittliche ist gleichsam die Efflorescenz des Natürlichen, wo dieses aus seiner individualistischen Verlorenheit sich wieder zu seiner urwesentlichen Einheitlichkeit ahnend zurückfindet.

Im socialen Leben macht es freilich einen bedeutenden Unterschied für den socialen Werth eines Menschen, ob dessen Neigungen auf physisch-sinnliche Dinge gerichtet sind, oder auf solche, die allgemein nützlich werden. Wenn A. sich keine Mühe verdriessen lässt, um die feinsten Weine in seinem Keller zu sammeln, und wenn B. sein Vermögen ausgiebt, um Kunstschätze zu sammeln, und diese dann dem Publikum zugänglich macht, weil es seiner Eitelkeit schmeichelt, sich seines Besitzes wegen geehrt und beneidet zu sehen, so handeln beide nicht sittlich, sondern natürlich aus ihren Neigungen heraus; aber B. ist ein werthvolleres Glied der Gesellschaft, weil er Andern Genuss bereitet und die Kunst fördert. So ist das Schaf ein nützlicheres Thier als der Steinbock, obgleich es keine sittliche That ist, Wolle und Lammbraten zu liefern. Wenn also Horwicz sagt „unsere ganze Sittlichkeit beruht subjectiv auf höheren, wärmeren und reineren Gefühlen" so heisst das in Wirklichkeit nichts weiteres als, „unsere Sittlichkeit besteht darin, sittlich zu sein", denn was gewisse Gefühle allgemein als „höhere", „reinere" anerkannt werden lässt, ist, weil sie dem halb unbewusst auf sie angewandten Kriterion der Selbstlosigkeit entsprechend erachtet worden.

„Nicht das ist wahre Tugend, was der strebenden Tugend widerwillig abgerungen wird, sondern was gern und freudig und mit Lust gethan wird." Hartmann bezeichnet selbst die Tugend als die Virtuosität in der Sittlichkeit, d. h. eine Weise, den Geboten der letzteren nachzukommen, welche keine Ueberwindung mehr kostet, wo das sittliche Streben zur andern, zweiten Natur geworden ist. Es bleibt aber auch die selbstlose That im Interesse Anderer oder aus Respect vor einer Idee, was sie ist, mag ihr Motivationsprocess ein einfacher oder ein complicirterer sein; dass die selbstlose That überhaupt geschieht, zeigt ja, dass das sittliche Motiv schliesslich siegte, mithin das kräftigste war — was man mit andern Worten auch so ausdrücken kann: dass der Character ein solcher ist, dass der Wille leichter vom sittlichen als vom natürlich-egoistischen Motiv bewegt wird.

Die Meinung, dass der Pessimismus der Sittlichkeit die Motive entziehe, und dass mithin der Anspruch desselben, die beste theoretische Vorbedingung für die Ethik zu bieten, auf einer Verkennung der psychologischen Gesetze beruhe, stammt wesentlich aus einer von der unsrigen abweichenden Fassung der Begriffe „Individuum", „Ego" und „Wesen". Diese Meinung hätte nur dann Berechtigung, wenn das Wesenhafte sich im „Ich" erschöpfte, wenn hinter dem Bewusstseinsindividuum bloss die geistlose Ausdehnung (der „Stoff") stände. Denn der Wahrheitskern derselben ist der: dass das Wesen (die Substanz) nicht aus seinem Wesen heraus kann; diese Wahrheit ist aber gewahrt im Monismus, wo der Egoismus der vielen Iche in der sittlichen That überwunden werden kann, und doch dem Wesen das Actionsfeld seiner eigenen Wesenheit (über welches es allerdings nicht hinauskönnte) gewahrt bleibt.

An den Irrthümern H. Sommer's und A. Horwicz' participirt auch E. Kreyenbühl: „Mit der Verwerfung aller Lust, mit der Aufhebung alles individuellen Wohlseins in jeder Gestalt ist die Wirksamkeit der unser Handeln bestimmenden Motive sistirt, und ein quietistisches „laissez faire, laissez aller" ist im günstigsten Falle das Verhalten, welches der consequente Pessimist dem Weltlauf gegenüber einschlagen kann". Der Pessimismus behauptet nicht, es gebe keine Lust in der Welt, sondern nur, es sei der Unlust mehr als der Lust; er behauptet auch nicht schlechthin das Wohl-Streben sei nicht sittlich, sondern nur, es beginne das Sittliche erst da, wo ohne Rücksicht auf das eigene Wohl gehandelt werde. Wenn daher Hartmann z. B. in dem Abschnitt, der das Princip des Mitgefühls behandelt, das Freudeschaffen als sittliches Thun bezeichnet, so setzt er sich auch von Ferne nicht in Widerspruch mit seiner Theorie; weder dort, wo der Werth des Freudeschaffens im engsten Kreise, noch wo die social-eudämonistischen und culturellen Bestrebungen behandelt sind, verlässt seine ethische Theorie den Boden des Pessimismus und die Behauptung Kreyenbühl's „dass Hartmann's Ethik nur so weit eine solche sei, als sie dem Pessimismus untreu werde, und aufhöre, Ethik zu sein, wo sie sich mit der pessimistischen Metaphysik decke", ruht auf einem Gewebe von Missverständnissen.

Das „laissez faire, laissez aller" wird nur da Forderung des Pessimismus, wo dieser auf einem erkenntnisstheoretischen Illusionismus fusst, d. h. wenn die Welt wesentlich deswegen als mangelhaft und das tiefste Sehnen unbefriedigt lassend erachtet wird, weil die Welt nicht wahrhaftiges Sein, sondern nur Schein, subjectiv täuschendes Phantasma ist (so wie es der Brahmaismus und der Buddhaismus meint mit dem Welttrug der Maja), oder aber auch aus der unberechtigten Hineinverlegung des Begriffes der Schuld in die Weltsatzung, welche Idee Schopenhauer mit den Indiern und gewissen Formen der christlichen Gnosis theilt. Der Pessimismus als solcher hat mit diesen erkenntnisstheoretischen und metaphysischen Theoremen nichts zu thun; er führt zwar letzten Endes zur Aufstellung metaphysischer Hypothesen, nicht aber erwächst er aus solchen, sondern ruht auf dem empirischen Fundament äusserer und innerer (psychologischer) Thatsachen. Wenn das — eventuelle — letzte Ziel, die Verneinung des Weltseins, sich auch als oberstes Vernunftsziel für den philosophischen Pessimismus ergiebt, so ist damit keineswegs mit dem Begriff des Nichtsein-sollens des Ganzen auch der Begriff des Nicht-sein-sollens für jedes einzelne Moment des Seins (wenn das Sein als Ganzes doch nun einmal ist) gegeben. Innerhalb des nun einmal real Vorhandenen bleibt der Begriff des Werthes auf die Momente anwendbar, und es bleibt sich auch gleich, ob man diese negativ oder positiv ausdrückt, d. h. ob man etwas als „minder schlecht" oder „besser" bezeichnet. In unserer Sehnsucht nach vollkommener Befriedigung (welche die vollkommene Glückseligkeit wäre) tragen wir einen Maassstab in uns, obgleich wir diesen ersehnten Idealzustand nur vermittelst doppelter Negation ahnungsweise als Gefühl in uns finden. Auf die Motivation hat aber die negative oder positive Bezeichnung keinen Einfluss, weil das am ahnungsvoll gewonnenen Maassstab Gemessene, um überhaupt Motiv zu sein, immer „das Beste" (resp. bei negativer Bezeichnung das „mindest Schlechte") sein muss; und gilt dies sowohl für die Motivation im Gebiete des privativ-sittlichen, natürlich-egoistischen Strebens, wie in dem des Sittlichen.

6. Das angeblich schwache Motiv.

Ein interessantes Beispiel theoretischer Verwirrung bei practisch correctem Streben (wobei man an das Goethe'sche Wort vom „dunklen Drang des guten Menschen" erinnert wird) liefert L. B. Hellenbach. Die Fachphilosophie wird, ja muss seiner theoretischen Unklarheiten wegen diesem so thätigen Schriftsteller keine grosse Bedeutung zugestehen, während sein warmes Gefühl für die socialen Uebelstände und die Energie seines Strebens, practische Lösung der brennenden Tagesfragen zu finden, ihn der weitesten Theilnahme werth machen.*)

„Liebe deinen Nächsten wie dich selbst und die Menschheit über alles," soll nach Hellenbach das oberste Princip des sittlichen Strebens sein. Die Welt, die socialen Verhältnisse kranken am Egoismus, dessen Gegensatz die Sittlichkeit, als die selbstlose Liebe im Dienste der Menschheit ist. Die Forderung also, die Hellenbach an das practische Verhalten stellt, fällt zusammen mit der (vorläufigen) Forderung der Ethik des Pessimismus; es

---

*) L. B. Hellenbach: „Phil. des gesunden Menschenverstandes"; „Der Individualismus im Lichte der Biologie und Philosophie"; „Vorurtheile der Menschheit", 3 Bände; „Aus dem Tagebuch eines Philosophen". L. Rosner. Wien. Vergl. auch meine Schrift: „Zwei Individualisten der Schopenhauer'schen Schule". L. Rosner, Wien 1881.

theilt aber auch Hellenbach die Anschauung des Letzteren, dass die selbstlose Hingabe Aller an das Wohl Aller immerhin nur eine **Verbesserung** der bestehenden Verhältnisse, nicht aber einen solchen Zustand hervorzubringen im Stande sei, dass für die empirische Welt das axiologische Urtheil des Pessimismus aufgehoben würde.

Aber diese Uebereinstimmung in der Formulirung des Sittlichen mit der Ethik des Pessimismus ist **keine principiell gegründete, sondern eine accidentielle.** Hellenbach verlangt zwar auch die Darangabe des Egoismus, weil das Ich nur subjectives Phänomen sei, aber das Wesen zu dessen Gunsten das Ich abdanken soll, ist nicht das All-Eine-Wesen, sondern nur wieder eine andere Sorte „Ich", nämlich die Seele des empirischen Individuums, welchem gegenüber sie sich verhält gleich einer substantiellen Monade, obgleich naturphilosophisch diese monadologische Beschaffenheit zum mindesten zweifelhaft bleibt. Der gemeine, auf's empirische Ich gehende Egoismus wird mithin nur um einen Schritt zurückgesetzt und die Rücksichten eines „metaorganischen" Individualismus und Particularismus sind es doch, welche im Sinne einer höhern Klugheitsmoral die Hingabe an das Allgemeine um seiner Rückwirkung auf's Individuum willen verlangt.

So erklärt es sich denn, dass Hellenbach, der in den „Vorurtheilen der Menschheit" so energisch gegen den Egoismus zu Felde zieht, nunmehr in dem „Tagebuch" gegen Hartmann's Ethik Einwendungen erhebt, woraus hervorgeht, wie unklar er über das Wesen des Sittlichen ist und wie er theoretisch nicht über einen Individual-Eudämonismus hinauskommt, wenn auch allerdings einen hinter die Coulissen der empirischen Weltbühne, in's Reich des „Metaorganischen" zurückgeschobenen. „Mir ist" — meint er — „gar nicht darum zu thun, ob Hartmann oder Irgendjemand, mich miteingeschlossen, eine meiner Handlungen für moralich erklärt, sondern es handelt sich bei mir nur darum, ob die in dem Glauben und den Ansichten der Menschen gangbaren Motive zureichend sind, die Menschen im grossen Ganzen so handeln zu lassen, dass Wohlwollen und Cultur über Hass, Druck und Leidenschaft die Oberhand bekommen. Mir liegt daran, dass das Wohl Aller gefördert werde, und frage ich den Teufel danach, ob meine Handlungen moralisch sind oder nicht; wohlwollend und heilbringend sollen sie sein, der Rest ergiebt sich dann von selbst. Liebe deinen Nächsten wie dich selbst — das kann genügen." Und weiter meint er: „Hartmann giebt sich einer Selbsttäuschung hin, wenn er glaubt, dass seine Ethik keinen Himmel habe; sie hat ihn. Nur ist es ein negativer, schlechter, langweiliger Himmel, der die Menschen nicht verlocken wird, ihn bald zu erreichen; es steht daher mit der Entwickelung der Menschheit weit besser, wenn die Menschen an die Ewigkeit ihrer Tugenden und Laster, also an die Folgen ihrer Handlungen glauben, als wenn sie von der unrettbar pessimistischen Erdenwelt ihren Blick nur in ein unbewusstes Nichts lenken können. Es ist daher eine Wahrheit, dass die Ethik Hartmanns nichts taugt, nicht darum weil sie die Ethik des Pessimismus ist, sondern weil sie ein **schwaches Motiv hat**".

Das „schwache Motiv" — das ist ein vielgehörter Einwand gegen die Ethik des Pessimismus. Die ihn machen, übersahen, dass die Antwort auf die Frage: ob die Hoffnung auf die Befreiung von dem Sein ein starkes oder ein schwaches Motiv sei, davon abhänge, wie das Sein geschätzt werde, und wie der metaphysische Glaube beschaffen sei, d. h. ob man an die Möglichkeit eines Seins ohne Unlust-Ueberschuss glaubt oder nicht. Es handelt sich nicht darum, ob das Nirwana oder der positiv-freudenreiche Himmel bei gleich festem Glauben an ihre Erreichbarkeit motivationskräftiger sei, sondern darum, ob das erstere überhaupt noch Motivations-Kraft besitze, **wenn es das einzig Glaubbare geworden ist.** Das letztere aber ist ohne Zweifel der Fall, freilich eben nur für den Pessimisten; dass aber der Pessimisten immer mehr werden, dafür sorgt der Weltgang.

Das Motiv der Ethik des Pessimismus ist ein schwaches Motiv für den noch in der optimistischen Illusion befangenen, aber es ist ein ebenso kräftiges innerhalb seiner Weltanschauung, wie ein irdischer oder jenseitiger Himmel innerhalb irgend eines naiven oder eines transcendentalen Optimismus. Wer nicht im Nebel herumtreibend sich begnügen mag zu sagen: Sittlichkeit muss sein, damit Sittlichkeit ist, der muss Wesen und Zweck der Sittlichkeit dahin definiren: **dass diese das zweckentsprechendste Mittel des wahren Wohls des allgemeinen Wesens sei**; diese Definition passt aber eben so genau in den Rahmen des Pessimismus, wie in den einer optimistischen Weltanschauung, soweit nämlich diese nicht beim Individual-Eudämonismus und einer Egoismus-Moral stehen bleibt. Wo immer daher der Pessimismus mit der Waffe bekämpft werden soll: er vermöge wegen des Mangels an einem wirksamen Motiv nicht eine wirksame Ethik zu produciren, da liegt eine petitio principii zu Grunde, indem seine Motive und Principien der Moral nicht an seinen eigenen Voraussetzungen, sondern an denen seiner Gegner gemessen werden.

Anknüpfend an unsere Behauptung, dass die Motivation nicht dadurch beeinflusst werde, ob der Intellect die einzelnen Seinsmomente mit negativen oder positiven Werthzeichen versehe, möchte sich der Einwand erheben: wenn es sich so verhalte, so gehe hiermit der Pessimismus auch seines Anspruchs verlustig, die günstigste Vorbedingung der Ueberwindung des Egoismus zu sein.

Hierauf ist zu antworten: der Superlativ „günstigst" schliesst noch nicht die Behauptung in sich, dass der Pessimismus überall und unter allen Umständen den Egoismus (als den Gegensatz der Sittlichkeit) beseitige, es wäre solche Behauptung wieder ein sich Verlieren in optimistische Illusionen. Für ein Individuum, in welchem das Gefühl der Einzigkeit und des Für-sich-seins sehr energisch vorhanden ist (welches mit Schopenhauer zu sprechen: sehr fest in den Schleier der Maja verwickelt ist), wird durch die Erkenntniss, dass vermöge der metaphysischen Beschaffenheit des Seins absolute Befriedigung nicht erreichbar ist, die Richtung des Strebens nicht verändert; es wird sich nun seine Energie auf das Erreichen des Minimum der Unlust richten und so kann es zum selben Abschliessungsverfahren gelangen wie ein glücksgläubiger Egoist.*)

Aber das ungewöhnlich starke Gefühl der Ichheit wird durch den Pessimismus doch wenigstens gedämpft. Der Pessimismus wirkt raumschaffend; er räumt nicht nur auf mit den Illusionen über die Werthe der Lebensfactoren, wie sie auf's Subject wirken, sondern auch mit der Illusion über den Werth und die Bedeutung dieses Subjectes bezüglich seiner Stellung im Weltganzen und zu seinen Mit-Subjecten. Indem nun aber weniger nach den als illusorisch erkannten Gütern gestrebt wird, und die Spontaneität des Thätigkeitstriebes aber (unter Voraussetzung normaler gesunder psychisch-physiologischer Beschaffenheit des Individuums) dieselbe bleibt, so sieht sich das Subject gedrängt, ausser seiner eigenen Wohl- und Weh-Sphäre Objecte seiner Bethätigung zu suchen, und wendet den sich ihm darbietenden sittlichen Zielen nunmehr jene Theilnahme zu, die der Glücksgläubige für so viele Illusionen des Lebens erfolglos verpufft.

Dazu kommt noch, dass viel mehr Menschen der Ueberwindung des Egoismus durch Mitleid fähig sind, als eines Opfers zu Gunsten der Freude eines Andern, und dieser letztern Art thätigen Mitgefühls dann noch am ehesten, wenn sie die mit dem eigenen Opfer zu erkaufende Lust des Nächsten als diesem sozusagen von Rechtswegen zukommend, d. h. durch eine grössere Summe

---

*) Hartmann macht schon in der „Phil. d. Unbew." darauf aufmerksam, dass der Pessimismus in der Verbindung mit dem Monismus es sei, der zum Förderer der Sittlichkeit berufen sei; und auch bei Schopenhauer ist es immer das Zerreissen des Maja-Truges, worauf das Hauptgewicht fällt. Die Befreiung von der Maja (wenigstens der Theorie nach) wird aber durch die pessimistische Erkenntniss eingeleitet und begünstigt.

vorausgegangener Unlust „verdient" erachten. Der Pessimismus wirkt **raumschaffend**, denn er reutet das kleine Unkraut der Bagatell-Sorgen und Ofenwinkel-Kümmernisse hinweg, wodurch die Glücksgläubigen oft genug das, was sie vor Tausenden voraus haben, nicht mehr zu erkennen vermögen und zu schätzen wissen, und in deren Hinwegräumung auf ihre Weise sie nun ihre ganze Kraft erschöpfen, weil sie nicht einsehen, dass diese kleinen Leiden nur auf die eine Art unschädlich gemacht werden können: dadurch, dass man ihrer nicht Acht hat im Hinblick auf die unendlich grosse Leidenssumme des allgemeinen Seins.

Ferner giebt es eine ganze Menge scheinbar kalter Weltmenschen, die nur deswegen so ganz im Cultus ihrer Ichheit aufgehen, **weil sie nicht an das Elend denken**, welches rings um ihre relativ glückliche Lebensinsel gähnt; sie denken aber nicht daran, weil eine optimistische Umgebung von ihrer Jugend an bemüht gewesen ist, mit optimistischen Phrasen eine chinesische Mauer zu ziehen zwischen ihnen und einer unbequem werden könnenden Aussenwelt.

Es ist allerdings ein wahrer Satz, dass wir einen Zustand, worin wir andere Menschen (oder auch Lebewesen überhaupt) vorfinden, nicht ohne weiteres und unbedingt so abschätzen dürfen, wie wir, wenn wir in dieser Lage wären, ihn selbst empfinden würden; aber dieser wahre Satz hat wie jede Wahrheit seine Grenzen, über die hinaus getrieben er zur Unwahrheit wird und dann eine auf ihn sich stützende optimistische Lebensbetrachtung ergeben kann, die das Schopenhauer'sche Urtheil „ruchlos" herausfordert. Jene Verlockung zum „laissez faire, lassez aller", zu welchem der Pessimismus führen soll, sie stammt recht eigentlich aus dem Gebiet des Optimismus, wie alle jene social-politischen Einrichtungen, wie Freihandel, unbedingte Gewerbefreiheit u. s. w., die scheinbar der **Freiheit** dienen, in Wirklichkeit aber die Schwächeren der unbeschränkten Ausbeutelung und Unterdrückung von Seite des Stärkeren und Gewissenloseren preisgeben.

Wie wiederholt bemerkt, will Schopenhauer das Mitleid als oberstes Princip der Moral darstellen: Hartmann zeigt trefflich die Unzulänglichkeiten desselben und seine engen Grenzen, über welche hinaus geführt es sogar schädlich werden kann. Aber so richtig das auch ist und so sicher die Vernunftmoral dasselbe und noch mehr zu leisten bestimmt ist, so sicher ist es auch, dass es sehr viele Menschen giebt, die echter, autonomer Sittlichkeit vermittelst der Triebfeder der Liebe nur fähig sind innerhalb eines sehr beschränkten Kreises, und ausserhalb dieses Kreises **nur auf Grund des Mitleides fähig sind selbstvergessend zu handeln**. Die Mitleidsfähigkeit steigern heisst die Sittlichkeit fördern; zu dieser

Steigerung trägt aber ausser der durch die Culturentwickelung sich ergebenden erhöhten Sensibilität des Nervensystems (also einem rein physiologischen Factor) der Pessimismus das Meiste bei. Er schafft den faulen Trost hinweg, „dass der Aal des Schindens gewohnt werde", hinter welcher optimistischen Anschauung die Selbstsucht einen so bequemen Schlupfwinkel findet.

7. Die Sittlichkeit als Garantie des Glückes.

Wir wenden uns nunmehr zu jener Seite der Opposition, welche in und mit dem Streben nach sittlicher Bethätigung einen auch eudämonologisch positiv (nicht bloss relativ) werthvollen Zustand gesichert erachtet.

J. Rehmke*) macht den Einwurf: ferne davon, dass die „Phän. d. sitt. Bewussts." dem Pessimismus eine Stütze liefert, stellt sie vielmehr die „blankeste, schneidigste Waffe gegen denselben dar." Nur für den Egoisten, der die Welt als für ihn bestehend erachtet, ergiebt sich der Pessimismus; wer dagegen erkennt, dass im Gegentheil er für die Welt bestimmt ist, für den wird sich ungesucht eine den Optimismus rechtfertigende Summe von Lust ergeben. Rehmke citirt die oben angeführten Einleitungsworte der „Phän. d. sittl. Bewussts." und knüpft hieran folgendes Raisonnement: da es das Wesen des Willens ausmacht, seine Befriedigung zu suchen, diese Befriedigung aber als Lust empfunden wird, so habe der Wille nur nöthig, sich einen constanten Inhalt zu geben, dessen Befriedigung nicht behindert werden könne; da nun Hartmann die Möglichkeit anerkenne, dass der Wille ein nicht egoistisches, sondern ein sittliches Ziel zu erstreben fähig sei, so zeige er ja selber gleichsam den Weg, der aus der „schlechtesten" in die „beste Welt". hinüberführe —, obgleich er als „blinder Theoretiker" nicht merke, dass er in dem Paradiese, welches er für Illusion erkläre, selber mitten drinne sitze.

Diese Einwendung, die gleichsam als immanente Wahrheit aus Hartmanns Auffassung des Verhältnisses von Wille und Lust zu erwachsen beansprucht, möchte für Viele sehr bestechend sein, und lohnt es daher wohl, etwas länger bei ihr zu verweilen.

Die Bedingung ist unvereinbar mit irgend einer Weltanschauung, welche den Willen als Princip des Seins anerkennt

---

*) Glossen zur „Phän. d. sittl. Bewussts." Zeitschrift für Phil. und phil. Kritik. Band 74., Heft 2.

Gerade dann nur, wenn der Wille ein einfaches, der Psyche einwohnendes Moment wäre, — gleichsam „ein Mensch im Menschen", um ein Bild Rehmkes zu wiederholen — könnte dieser einfache Wille constant auf Ziele gerichtet werden, deren Erreichbarkeit dadurch, dass sie im Weltplan liegen, garantirt ist, und die ihrem Träger beständige Befriedigung und mithin Glückseligkeit gewährten.

Nun ist aber nicht ein einfacher Wille in uns, sondern wir sind ganz und gar ein Strom, ein System von Willensacten, nach unserer psychologischen wie nach unserer physiologischen Seite hin. Indem sich das Individuum als sittlicher Mensch über die Natur erhebt, hört er doch nicht auf in der Natur zu wurzeln; nur mit den höchsten Spitzen seines Bewusstseins taucht er aus dem Strom des Egoismus auf. Mit dem sittlich indifferenten Naturgrund ist ein unerschöpfliches Feld primärer Unlust gegeben, welches auch die höchste Sittlichkeit nicht zu bewältigen vermag, obgleich es theilweise als Leidensfeld des Nächsten das erste Object ihrer Thätigkeit bildet.

Gerade das wurzelhafte Einssein der als Individuen getrennten, welches erst das für- und auf-Andere-Wirken ermöglicht, lässt den sittlichen, nicht das Seine suchenden Menschen im Andern am egoistischen Streben participiren. Ein einfaches Beispiel möge hier erläutern. A strebt egoistisch (z. B. aus Herrschsucht) nach einer bestimmten dominirenden Stellung; B erachtet es für das Gemeinde- oder Corporations-Wohl günstig, wenn A die Stelle erhält, und arbeitet, hierdurch motivirt, mit Hintansetzung seiner eigenen Interessen, mit selbstloser, also sittlicher Hingabe für A, in dessen Interesse er ein allgemeines Interesse verkörpert sieht. A erreicht aber sein Ziel nicht. Die Unlust, die ihm aus dem Fehlschlagen seiner Wünsche erwächst, mag der ethische Optimist als gerechten Lohn seines egoistischen Strebens auf die leichte Schulter nehmen; aber B, der selbstverläugnend, sittlich handelte, duldet ebenfalls Unlust: erstlich durch das Nichterreichen seines Willeninhaltes, zweitens im Mitleid mit demjenigen, mit dem er seine Wünsche identificirte. Hier ist also Unlust Resultat sittlicher Bethätigung, und wäre bei egoistischer Beschränkung vermieden worden.

Nun kann freilich eingewandt werden, was unbefriedigt geblieben sei, sei nur secundärer Art gewesen; der primäre Wille, sich sittlich zu bethätigen, sei befriedigt worden, und diese Befriedigung habe also Lust hervorgerufen. Das Bewusstsein, sittlich gehandelt zu haben, und die Ueberzeugung, unter allen (vorgestellten) Umständen und zu jeder Zeit so handeln zu können, mag durch die Befriedigung des fundamentalen sittlichen Willens eine dauernde Lustquelle darstellen; ob aber diese Lust die grosse Summe Unlust, die aus der Behinderung des concreten Inhalts des sittlichen Willens entstehen kann, immer überwiegt, ist jedenfalls mehr als nur zweifelhaft.

Nur wenigen geistig Höchststehenden wird es möglich sein, eine so ausgedehnte Ueberschau über das Allgemeine zu gewinnen, dass, mag das Resultat ihrer sittlichen Bestrebungen ausfallen wie es will, sie zu erkennen fähig bleiben, dass sie ihr Ziel, das allgemeine Wohl zu fördern, doch nach der einen oder andern Seite hin erreicht haben, wenn auch ganz anders, als sie voraussahen und beabsichtigten. Gerade für diese aber tritt dann ein neues Unlustmoment hinzu, resultirend aus der Nichtbefriedigung des Erkenntnisswillens, wenn sie glauben mussten, absolut vernünftig gehandelt zu haben, und nun durch den Misserfolg belehrt werden, dass sie die Factoren nicht alle kannten, die Verhältnisse nicht genügend überschauten, die Kräfte nicht richtig taxirt hatten. Und diese so hervorgerufene intellectuelle Unlust kann sehr hohe Grade erreichen.

Also auch der sittliche Wille, als Verbindung von formalem und concretem, inhaltlichem Streben, ist einer constanten Befriedigung nichts weniger als gewiss; nur den einen eudämonologischen Höherwerth hat der sittliche vor dem sittlich indifferenten Naturwillen voraus, dass er immer das Lustmoment sichert: das „Sollen" erfüllt, aus seiner innersten bessern Natur heraus sich behauptet zu haben, während bei den übrigen Willensbethätigungen das bloss formale Moment für das Bewusstsein wegfällt, und zum Aerger, das Ziel nicht erreicht zu haben, sich wohl gar noch die Unlust der Reue gesellt.

Dass das sittlich erfüllte Leben das beste ist, fällt keinem Pessimisten ein zu leugnen; nur führt die Sittlichkeit, wenn auch aus der Hölle heraus, doch noch nicht in's Paradies hinein; sie sichert nicht das Glück, sondern nur den Seelenfrieden. Selbst der Tugendvirtuos, der die Unlust des Schwankens zwischen sittlichen und egoistischen Motiven nicht mehr erduldet, gewinnt dadurch noch nicht einmal für sein unmittelbares Empfinden eine „beste Welt"; man darf auch nicht vergessen, dass in demselben Grade, als der Tugendvirtuos der Unlust des Kampfes zwischen „Sollen" und „Mögen" enthoben wird, auch die Befriedigung darüber, dass schliesslich der sittliche Wille siegte, sich dem Bewusstsein entzieht, dass er daher bezüglich der aus der Willensbefriedigung resultirenden Lust fast ausschliesslich auf die Realisation des Inhaltes des jeweiligen Willensactes angewiesen ist.

Je grösser ferner die Selbstlosigkeit um so grösser auch der Raum für das Mitgefühl mit der Creatur, deren Natur und Bestimmung es ist, voll und ganz im Reich des natürlichen, des sittlich-indifferenten Egoismus, als der Bedingung ihrer individuellen Erhaltung, zu verweilen, und für bloss instinctives Thun und Streben die Unlust der gekreuzten Willensacte doch voll ertragen muss.

Es kann keine „beste Welt" sein, worin um den erträglichsten Zustand hervorzubringen, jeder Einzelne sich selbst verleugnen muss um des Allgemeinen willen, während dieses Allgemeine doch nur die Summe der Einzelnen ist und in ihnen sein Sensorium hat; hieraus folgt denn auch, dass, selbst das Ideal der sittlichen Weltordnung als möglich vorausgesetzt, für die Gesammtheit der bewusst-geistigen Wesen noch kein positiver, constanter Glückzustand, sondern nur Abwesenheit des Unglücks, also das, was Hartmann den „Nullpunct der Empfindung" nennt, resultiren würde. Davon ausgeschlossen wäre dann noch immer die bloss natürliche Welt, die nie zur Sittlichkeit kommen kann. Damit aber wäre auch der Mensch nach seiner vegetativen animalischen Seite hin vor wie nach Zielscheibe der Einwirkungen der Naturkräfte im weitesten Sinne (physiologische Processe) und Beute natürlich bedingter Schmerzen.

Wenn J. Rehmke, der, wie bereits bemerkt, dem Pessimismus das Recht zugesteht, den eudämonologischen Maassstab an das Sein zu legen, meint, vermöge und in der Sittlichkeit einen Ueberschuss der Lust zu gewinnen, so versteht er darunter wirkliche Lust, d. h. jenes Gefühl, welches unbedingt und entsprechend dem allgemeinen Sprachgebrauch gemäss Lust genannt wird; dagegen ist dasjenige, was J. Huber („d. Pessimismus" München, 1876) und Prof. Schaarschmidt („Ueber den Werth des Lebens". Bonn, 1878) sowie manche Andere unter der Lust des Sittlichen verstehen, eigentlich gar keine Lust mehr; es ist eine schmerzlichsüsse, resignirte Seelenruhe, die, wenn sie innerhalb des Seins als das Höchste anerkannt werden muss, damit schon Zeugniss ablegt für die eudämonologisch missliche Beschaffenheit des Seins.

Huber thut dem Pessimismus unrecht, wenn er meint, dessen Vertreter beachteten nicht hinlänglich die Macht des Idealen, würdigten nicht genug die beglückende Macht der ethischen Ideen. Er meint ferner: das Bewusstsein der guten That verleihe eine grössere und andauerndere Freudigkeit als jeder andere ideale Genuss und dabei könne zur Erhebung durch die ethische Idee auch derjenige gelangen, dem die Erhebung an Kunst und Wissenschaft unzugänglich sei, sie sei auch der Idealismus der geistig Armen. Mit Recht fügt er dann hinzu: „Die Ideale und Ideen sind nicht wie der Materialismus (z. B. Hellwald) meint, blosse Illusionen; alle Schöpfungen der Menschheit, wodurch diese sich über die Thierheit erhebt, sind Verwirklichungen von Ideen; derjenige, vor dem die Ideen der Wahrheit und des Rechts nicht als erhabenes Ziel stehen, der nicht daran glaubt, sie in's Leben einführen zu können, wird auch seine Kräfte nicht daran setzen, darum muss der Glaube daran erhalten werden, soll nicht die Cultur wieder zu nichts werden. Durch Kunst und Wissenschaft werden Güter erzeugt, die zum allgemeinen Genuss werden können, woran die Theilnahme des Einen den Andern nicht verkürzt, wie bei den materiellen Genüssen; hier ereignet sich das Wunder der Brodvermehrung in Wirklichkeit."

Dies ist gewiss ganz wahr, es bildet aber auch gar keinen Gegensatz gegen die Anschauungen des Pessimismus; Hartmann spricht sich an verschiedenen Stellen seiner Werke ganz in diesem Sinne aus. Aber wenn auch das Wunderbrod des Idealismus noch so grosse Nährkraft hat, den ganzen Hunger des Seins stillt es doch nicht; denn es ist eben die Natur des Ideals nur immer zu sein, wo die Sehnsucht ist, ewig zu locken, immer zu werden, nie ganz zu sein; als Ideal aus jeder scheinbaren Erfüllung sich immer neu zu gebären.

Es sagt nun aber Huber ferner: Mag die Noth des physischen Daseins in das Gemüth Angst und Kummer werfen, die Glückseligkeit des gereiften Geistes wird nie ganz verdüstert werden können, weil derselbe sich in eine höhere Welt, erhaben über das physische Dasein und seine Bedrängniss erhoben hat. Da verlieren die Scheinwerthe des Lebens ihren Zauber, das Herz bleibt frei und ruhig und die Schrecken des Geschickes vermögen es nicht mehr zu brechen." Und im gleichen Sinne meint Schaarschmidt: „Statt des blossen Genusses, dem der Pöbel sclavisch huldigt, muthet uns die Pflicht freilich die Entsagung persönlicher Interessen zu, aber wir finden doch eine höhere Befriedigung durch sie, als ein nur der Lust nachjagendes Leben bieten kann, da die Anerkennung allgemeiner sittlicher Zwecke und deren Ausübung, so weit dies gestattet ist, den edleren Instincten unseres Daseins entspricht."

Es bestreitet nun aber der philosophische Pessimismus nicht von ferne den Werth der Sittlichkeit für das Dasein, da dieses nun einmal da ist, er bestreitet nur die Vernünftigkeit der Annahme: es sei Zweck des Daseins, dass darin unter Leid und Schmerz Sittlichkeit geübt werde.*) Hartmann lehrt („Die Be-

---

*) In der ihm eigenthümlichen kühlen Weise, die es zuweilen liebt, bei den wichtigsten Erörterungen die Beispiele oder Gleichnisse dem alltäglichsten Leben zu entnehmen, sagt Hartmann: „Die Behauptung, dass die Welt da sei, um sich in ihr sittlich zu betragen, steht logisch genommen auf gleicher Stufe mit derjenigen, dass ein Ball darum gegeben werde, damit

deutung des Leids") die Versöhnung mit dem Leid innerhalb des Lebens, vermittelt durch die Erkenntniss, dass es ein Mittel zur Erziehung zur Sittlichkeit, die Sittlichkeit aber Mittel zur Ueberwindung des Weltübels werde. Mithin bekämpft das Uebel sich selbst, und der Glaube hieran bildet den logisch-ethischen Optimismus innerhalb Hartmann's Pessimismus, und ein ähnliches optimistisches Element ist auch in dem Pessimismus Schopenhauer's, noch mehr bei dessen Jünger Deussen, sowie auch bei Mainländer zu constatiren, indem es die pessimistische Erkenntniss verbunden mit der sittlichen Bethätigung ist, welche zum Erlösungs-Wege werden soll. Aber so gut es ist, dass das Uebel selbst wieder zum Mittel seiner Vernichtung wird (resp. innerhalb des empirischen Seins: zur Minderung wird), so wäre es doch noch besser, wenn solche Selbstbekämpfung nicht nöthig und nicht möglich wäre, weil Object und Subject gleicherweise mangelten.

Man darf nicht vergessen, wenn man die Sittlichkeit zum Mittel höherer Befriedigung und somit eines höheren Optimismus machen will, dass die Uebung der Sittlichkeit einen Mangel, einen zur Bekämpfung bestimmten Zustand voraussetzt, und Sittlichkeit mit ihrer Voraussetzung der Selbstverleugnung hätte gar keine Objecte in einer „besten Welt". Die Erhebung ins Reich der Ideale, als Ersatz für den Mangel eines leidlosen Lebens, wie es sein sollte, um seine Existenz zu rechtfertigen, hat schon die Stoa gelehrt, und auch diese, wie nicht minder unsere letztcitirten Optimisten sind nur Quasi-Optimisten, denn sie bringen die Ehrenrettung des Seins erst auf den Trümmern aller Unmittelbarkeit zu stande. Der volle ganze Mensch, als Repräsentant des allseitigen Lebens kann in der künstlich verdünnten Luft der Stoa gar nicht athmen, ja gerade die „höheren Instincte" der Sittlichkeit hindern ihn an der Gewinnung der stoischen Ruhe. Die sittliche Bethätigung verlangt ein innigstes Eingehen in die Gesammtheit; je selbstverläugnender das sittliche Individuum ist, um so mehr lebt es im Nächsten, trägt dessen Sorgen und Leiden mit. Durch dieses Hineinleben in die Andern tritt es zwar gewissermaassen aus sich hinaus, so dass die eigene Verletzlichkeit sich mindert: die zu grosse Reizbarkeit, Eitelkeit, Stolz legen sich; grössere Genügsamkeit in Bezug auf die sinnlichen Bedürfnisse macht, dass pecuniäre Verluste weniger zu fürchten sind, kurz es kann allen Ereignissen gleichmüthiger entgegen gesehen werden.

Aber die Hingabe an das Allgemeine macht das Individuum auch insofern wieder verletzlicher, macht es zu einem um so weniger

---

die Gäste Frack und weisse Binde anlegen und sich der Ballordnung gemäss benehmen." (Phil. d. sittl. Bew.) p. 661.

zu missenden Ziele der Schmerzen, je weiter der Kreis ist, den seine sittlichen Interessen umspannen. Können auch die Triebfedern der Sittlichkeit, die Gefühle, zum Theil ersetzt werden durch die Vernunftprincipien, so werden doch die Fälle selten sein, wo letztere die Gefühlsmoral derart überwachsen haben, dass zwar allen Anforderungen derselben Genüge gethan ist, aber ohne die subjectiven Affecte. Wo dies aber nicht der Fall ist, wird in einer Welt von lauter leidensfähigen Subjecten der am innigsten mitliebende und mitleidige Tugendhafte die meisten Sorgen und Kümmernisse zu tragen haben. Je reicher an Liebe, je weiter der Kreis derer mit denen wir sympathisiren, um so grösser die Möglichkeit in den Geliebten durch die natürlichen, wie socialen und moralischen Uebel mit verwundet zu werden.

Wo aber die Vernunft die Gefühle ganz in den Hintergrund gedrängt hat, da ist auch das Gefühl der sittlichen Pflichterfüllung nicht im Stande die innere Leere zu erfüllen. Wo durch Liebe und Freundschaft und Mitleid die Anforderungen der Sittlichkeit nicht für das unmittelbare Gefühl zur Forderung des eigenen Herzens werden, da wird auch das Opfer an Bequemlichkeit, an Genuss u. s. w. als Opfer empfunden, welches, wenn es auch für keinen Augenblick ein Schwanken auf dem Pfade der Pflichterfüllung hervorzurufen vermag, doch die Befriedigung über die sittliche Bethätigung einschränkt und ein Gefühl der Ermüdung, eine Sehnsucht nach Ablösung vom (scheinbar) frei erwählten Posten hervorruft, die bei allem Frieden der Seele doch weit entfernt ist von dem Zustand, den man mit Recht „Glück" nennt.

Vernunft-Sittlichkeit ist Selbstvergessenheit: dasjenige Leid, das der Mensch, welcher sie übt, durch keinen Grad der Befriedigung über die objectiven Erfolge los wird, ist das Gefühl der Einsamkeit; bei der Gefühlsmoral ist dies nicht der Fall, weil das „Ich" im „Du" derart aufgeht, dass die Selbsthingabe für's Gefühl wieder zum Egoismus wird, wo es daher wieder zum Schmerz werden kann, wenn man sich nicht für den Gegenstand der Affection mühen, opfern darf. Gegenüber der frostigen gefühlsentleerten Vernunft-Sittlichkeit ist dies der absolut reiche Zustand, aber dieser Reichthum ist eben die Zielscheibe des möglichen Leides. In einer Welt, wo die natürlichen Bedingungen solche sind, dass der Leiden mehr sind als der Freuden, da muss die Summe des Leides für jeden Einzelnen um so grösser werden, je mehr er sein Selbst im Andern erweitert; wenn er nun dennoch in solcher Lebens- und Leidens-Verdoppelung „glücklicher" ist, als der sich egoistisch Abschliessende, so ist es, weil in dem Leben in den Vielen der jedem Einzelnen innewohnende Drang nach Leben —

recht viel Leben! — sein volleres Genüge findet. Dass dieser Weg zum Genügen der beste Weg ist, das wissen auch die Pessimisten; Hartmann spricht es aus: es ist der Weg nicht nur des Lebens froh, sondern auch des Lebens satt zu werden, so dass auch die Endlichkeit aufhört, ein gefürchtetes Leid zu sein, wie letzteres in jedem echten, natürlichen Optimismus der Fall ist.

Es erhebt sich nun die Frage: wenn es für die Vergangenheit und Gegenwart sich so verhält, wird nicht doch die Zukunft durch extensive und intensive Steigerung der Sittlichkeit (ungeachtet der gleichbleibenden physischen und physiologischen Factoren) das Leben für die Empfindung lustvoller gestalten können, vermittelst der Ausmerzung der direct und indirect durch die Unsittlichkeit — resp. Nicht-Sittlichkeit — erzeugten socialen Lebensformen? Was eine Vermehrung echter Sittlichkeit und die Zurückdrängung des Egoismus vermittelt der Durchschauung seiner Illusionen aus unsern irdischen Verhältnissen möglicherweise machen könnte, haben wir bereits im Cap. VI. zu skizziren versucht. Es bleibt uns hier nur noch ein Blick zu thun auf die Frage nach der Wahrscheinlichkeit einer Vermehrung der Sittlichkeit; es wird uns dies bequem gemacht, denn um unsere Antwort auf diese Frage zu geben, brauchen wir nur die Ansichten zweier Optimisten, und zwar eines ethischen und eines ethisch-religiösen vorzuführen.

E. Pfleiderer meint in „Die Idee des goldenen Zeitalters" (Reimer, Berlin, 1877): die Frage, ob Aussicht vorhanden sei, dass sich in Zukunft ein Welt- und Lebenszustand realisire, der als die Realisation der Idee des „goldenen Zeitalters" betrachtet werden könnte, dürfe zwar insofern bejaht werden, als sich auf dem Gipfel der Menschheitsentwickelung und als Niederschlag der intellectuellen und sittlichen Errungenschaften derartige Culturverhältnisse herausbilden möchten, dass sie eine immer allgemeinere Möglichkeit des sittlichen Lebens biete; „qualitativ und quantitativ, ... bietet sich Gelegenheit überhaupt ein moralisches Wesen im wahren Sinn des Wortes zu sein" (105). Aber ob diese „Gelegenheit", welche die, mit der jedem gewährleisteten Freiheit in religiösem, politischem und socialem Gebiete erblühende Autonomie bietet, auch vollkommen benutzt werde, dies bejahend zu entscheiden, wagt Pfleiderer nicht; denn die Empirie, auf deren Boden er bleiben will, zeigt, so weit der Lauf der Geschichte uns erkennbar ist, keine positive Zunahme der Sittlichkeit. Mit der Steigerung der Intelligenz und mit der auch in das Gebiet des sittlichen Bewusstseins dringenden schärfern Reflexion möchte sich nicht nur das sittlich Gute, sondern auch das Böse schärfer characterisiren (111). Eines nur scheint unserem Optimisten sicher: ein blosses Wachsthum des Bösen ist nicht zu befürchten, „weil das Böse in seiner innern Haltlosigkeit und Negativität dazu gar nicht die nöthige Eigenkraft hat" (110). Dass hingegen das Gute den Kampfplatz der Weltgeschichte schliesslich allein behaupten werde, ist ein Glaube, den Pfleiderer zwar niemand nehmen will; er jedoch muss der „Weisheit bestes Theil", die Vorsicht wählen und die Frage, ob gut ob böse, mit „sowohl — als auch" beantworten.

Auch was den Empfindungszustand dieser Culturstufe betrifft, so stimmt der Optimist Pfleiderer mit demjenigen Pessimismus zusammen, der einen evolutionellen Optimismus in sich schliesst (in erster Linie also Hartmann, dann auch Mainländer u. A.); nämlich: dass die Menschheit der Gegenwart und Vergangenheit keinen Grund hätte auf ihre Nachkommen in dem Sinne neidisch zu sein, als ob diese kurzweg glücklicher sein würden. Auch diese müssten sich ihre relative Glückseligkeit im guten Kampf erstreiten und dieser auf sittlicher Grundlage erblühende relativ beste Zustand sei weit entfernt von dem allen Schmerz und Unlust ausschliessenden Glücke, wie es wohl dem Vulgär-Optimismus als etwas ästhetisirtes Schlaraffenland vorschwebt.

Bischof Martensen („Christliche Ethik") sagt: „Die Zeiten werden besser, nicht in dem Sinne, dass die nachfolgende Generation gerade eine tugendhaftere sein sollte als die vorangegangene: denn in jeder Generation muss die Tugend als persönlicher Vorzug immer von vorne anfangen bei dem einen und andern Individuum; aber besser werden sie, so fern das Gute, wenn auch unter theilweisen Rückfällen, zu immer reicherer Entfaltung und immer völligerem Bewusstsein kommt, und zugleich durch die fortschreitende Entwickelung der Cultur, Gesittung und Erfahrung, in welcher ein sicherer unzweifelhafter Fortschritt stattfindet, eine immer grössere Mannigfaltigkeit gewinnt von Mitteln und Möglichkeiten, sich zu offenbaren. Die Zeiten werden schlechter, denn auch das Böse kommt, obgleich unter theilweisen Hemmungen und Niederlagen, zu reicherer Entfaltung, offenerer und kräftigerer Vertretung, nimmt zugleich einen immer geistigeren, bewusstern Character an und empfängt durch die fortschreitende Cultur und Bildung immer neue Waffen."

Diese Auffassung weicht in keiner Weise von dem ab, was Hartmann schon in der „Phil. d. Unb." (p. 377—379, 7. u. 8. Aufl.) in nichts zu wünschen übrig lassender Klarheit gesagt hat und wozu zahlreiche Erörterungen über die socialen Aussichten in der „Phän. d. sitt. B." die Belege und Illustrationen bilden. Sollen die hier von der Zukunft gelieferten Bilder dem Rahmen einer optimistischen Weltanschauung eingefügt werden, so ist das nur insofern möglich, als man (wie Martensen) die Ergänzung im Gebiete des Glaubens sucht und in der Hoffnung besitzt, was einem in der Realität abgeht, oder aber (wie Pfleiderer), indem man aus der Urwurzel des Optimismus heraus mit der ihrem wahren Wesen nach eigentlich tragischen Kampfesfreudigkeit*) (welche nur eine höhere Form des Triebes zum Sein, des Willens zum Leben ist) auch solche Zustände zu billigen und bejahen vermag, die, wenn man vermittelst einer Trennung von Gefühl und Reflexion diesen Trieb wegzudenken vermag, als nicht-sein-sollende bezeichnet werden müssen.

Alle Unsittlichkeit ist nur Ausartung und Ueberwucherung des mit der Individuation gegebenen Egoismus. Selbst der an und für sich sittlich noch indifferente Egoismus führt zu Reibungen, die als Unlust bewusst werden. Die höhere Cultur aber ist nichts anderes, als eine viel engere Bezogenheit sämmtlicher Lebensfactoren aufeinander und eine feiner organisirte Ineinanderwirkung der Individuen, mithin eine Vermehrung der Reibung. Will man ein Bild gestatten, so verhält sich der Cultur-Staat zum jagenden und nomadisirenden Volkshaufen wie das hochorganisirte Wirbelthier zum Zellhaufen des Protoplasmas. Wie auch in den höchst organisirten Bionten das teleologische Zusammenwirken nicht verhindert, dass unter Beeinflussung durch äussere Kräfte gewisse Zellgruppen und Organgebilde sich der Hegemonie des Organs entziehen und so zu Gunsten egoistischer Zwecke das Wohlbefinden und den normalen Lebensprocess des Gesammtindividuums stören können, und wie sogar die Gelegenheit zu solchen Störungen um so mehr geboten ist, je complicirter der Gesammtorganismus construirt ist, so verhält es sich auch im höchstentwickelten Culturstaat mit der Sittlichkeit, als der Krankheit seines Organismus. Wie die Krankheiten ungeachtet der Fortschritte der Prophylaxis doch nicht überwunden werden können, weil ihre Möglichkeit in der Beschaffenheit des höheren Individuums (als einer Individuen-Pyramide) selbst wurzeln, so ist auch die Unsittlichkeit mit der Vielheit gegeben, und wenn auch die steigende Intelligenz und die damit erweiterte Umschau über das Leben und seine Zwecke begünstigend für die Wirksamkeit der sittlichen Motive wirkt, so ist dagegen auch durch die complicirteren Lebensformen auch der Kampf der Selbstbehauptung erschwert und damit ist die Gefahr des gelegentlich um so rücksichtsloseren Aufbäumens der bedrängten Sonderinteressen gegeben.

---

*) Wir möchten an Felix Dahn erinnern.

8. Drei Preisschriften: der Pessimismus und die Sittenlehre.

Das vorhergehende war bereits geschrieben, als uns 3 Schriften von Hugo Sommer, Paul Christ und J. Rehmke unter dem Titel: „Der Pessimismus und die Sittenlehre" zur Kenntniss gelangten, die ihre Entstehung einer von der „Godgelaerde Genootenschap te Haarlem" ausgeschriebenen Concurrenz verdanken, und von denen diejenigen der zwei erstgenannten Autoren gleichmässig prämiirt wurden.

Weder Sommer noch Christ bringen in ihren umfangreichen und eingehenden Arbeiten irgend etwas Neues gegen den Pessimismus vor; es läuft eben auch hier wieder alles auf den Nachweis hinaus, dass die Ethik des Pessimismus für die Optimisten nicht acceptabel sei, weil die Beweggründe der Pessimisten die Optimisten eben nicht bewege, die pessimistischen Ziele den eudämonologisch anspruchsvolleren Optimisten nicht zu Motiven der sittlichen Thätigkeit werden könnten.

P. Christ sagt: „das Moralprincip, „„die Zwecke des Unbewussten zu Zwecken des Bewusstseins zu machen"" steht etwas anders ausgedrückt, jeder echten Sittenlehre gut an. Aber wenn wir schliesslich in dem absoluten Endzweck, an dem die ganze Stufenleiter niederer und höherer Zwecke befestigt sein soll, ein blosses Hirngespinst entdecken, wenn diese ganze Teleologie auf eine Weltvernichtung hinausläuft, so kann man sich des Gedankens: viel Lärm um Nichts! nicht erwehren und bekommt wenig Lust, solchen Zwecken des Unbewussten sich unterzuordnen."

Ganz gewiss! Nur der Pessimist sieht in diesem negativen Ziele etwas Vernünftiges, etwas Gutes; der Optimist aber, der die Welt bejaht, muss in deren Vernichtung den Gipfel der Verkehrtheit erblicken.

„Es ist ein grosser Fortschritt" — fährt er fort — „über den ungeschichtlichen, quietistischen Standpunct Schopenhauers hinaus, dass Hartmann an eine aufsteigende Culturentwickelung der Menschheit glaubt und zu unablässiger Arbeit an derselben auffordert; aber wer in aller Welt soll zu dieser Arbeit Lust und Liebe, Kraft und Muth gewinnen, der dahinter gekommen ist: All dieser Culturfortschritt soll und kann nur dazu dienen, unser Bewusstsein dahin zu steigern, dass es das Elend des Daseins, die Thorheit alles Glücksstrebens, das Erbärmliche des Lebens mit all' seinen Gütern und Aufgaben immer völliger einsehe und der ganzen Narrenthei zuletzt ein Ende mache? Wer wird an solch' trostloser und unendlich langer Todtengräberarbeit Gefallen finden können?"

Die Optimisten haben Recht, dass es zur Aufstellung einer wirksamen Sittenlehre absoluter Werthe bedarf, aber sie haben Unrecht, wenn sie meinen der Pessimismus ermangle solcher, weil er nicht an die positiven eudämonologischen Werthe im Sinne der Optimisten glauben kann; es ist ein Vorurtheil der Optimisten, dass nur ihre Werthe absolute, allgemein gültige Werthe sein können.

Dem Pessimisten ist das negative Ziel, welches er sich als das letzte Princip seiner sittlichen Bethätigung setzt, hinlänglich motivationskräftig, hinlänglich positiv, positiv in seiner Negativität; denn seine Positivität besteht in der Negation einer von seinem axiologischen Urtheil getroffenen Position, ganz in Uebereinstimmung mit demjenigen Optimismus, welcher die Sittlichkeit von dem Vulgär-Eudämonismus und Utilitarismus gereinigt und die Sittlichkeit als Selbst- und Eigenwerth anerkennt wissen will, und welchem daher der positive Werth der Sittlichkeit als Solcher auch nur insofern ein „positiver" ist, als er die Negation einer verurtheilten Position (der bloss natürlich-egoistischen Lebensbeschaffenheit und ihrer realen und idealen Mängel) ist.

Mit „Liebe" kann man auch am negativen Zwecke arbeiten, sofern dieser für den Pessimisten (und nur für Pessimisten ist die Sittenlehre des Pessimismus berechnet) ein gutes Ziel und ein vernünftiges Ziel ist; auch mit etwelcher „Lust", weil der Culturprocess ein logischer Process ist, und wir logischen Wesens sind, demnach im Culturkampf einen Tummelplatz für unseren Geist finden: last but not least aber mit „Lust und Liebe" gerade so sehr, als wir sittlich handeln wollen und in der bewusst-activen Betheiligung am Weltprocess unsere sittliche Aufgabe erkennen. Ob uns das „Wie" und „Was" dieses Processes, die Mittel und Wege, die dem „Zwecke des Unbewussten" dienen, gefallen oder nicht, das ist für den sittlichen Standpunct von gar keiner Bedeutung; Pflicht und Schuldigkeit einmal als solche erkannt, bleiben was sie sind, auch wenn man geneigt wäre, sie als „verfluchte Pflicht und Schuldigkeit" zu bezeichnen. Dass die Forderung der Sittlichkeit eine tragische Forderung ist, erhebt zwar die Sittlichkeit als solche, dass es sie aber erhebt ist nur, weil das Weltgesetz ein tragisches ist.

Vermittelst des Streites über die „Werthe" und „Ziele" des Pessimismus lässt sich gegen die Ethik des Pessimismus nicht aufkommen. Es handelt sich darum, ein dem Optimismus und Pessimismus gemeinsames rein formalistisches Kriterion der Sittlichkeit festzustellen; vermögen dann die Werthe des Pessimismus den Pessimisten zu den diesem Kriterion entsprechenden Handlungen zu motiviren, so ist der Pessimismus fähig, Sittlichkeit zu begründen. Nicht die Existenz der Sittlichkeit hängt von der axiologischen Weltanschauung ab, bloss das „Wie" und „Was" der Sittlichkeit wird dadurch modificirt.

Ueber das Kriterion der Sittlichkeit aber herrscht auch in den „Preisschriften" völlige Unklarheit, und zwar liegt der Grund derselben in der schwankenden Auffassung der Persönlichkeit und deren Stellung zur Welt.

H. Sommer möchte die Persönlichkeit gern verabsolutiren, um damit die Berechtigung für einen mit Idealismus aufgeputzten Individual-Eudämonismus zu gewinnen; P. Christ, der Theologe aus der Schule Biedermanns, der den Persönlichkeits-Begriff für Gott fallen lässt und zugesteht, die pessimistische Verneinung der persönlichen Fortdauer brauche die Sittlichkeit nicht zu beeinträchtigen, ist zwar bescheidener, aber darum nicht minder unklar.

Christ meint, die Sittlichkeit verlange sowohl als Subject wie als Object ein Wesen, das nicht blosse Erscheinung und blosses Mittel zu höheren Zwecken sei, sondern das Substantialität, selbstständige Bedeutung und einen Zweck in sich selber habe; er muss sich aber gleich wieder selbst einschränken. Denn nicht zu unbedingtem Selbstzweck dürfe man den Menschen machen, sondern man müsse zugeben, dass er auch wieder Mittel zu höheren Zwecken, und wo diese es verlangten, verpflichtet sei, sein individuelles Wohl zu opfern.

Damit ist nun aber kein Gegensatz constatirt; der Hartmann'sche Pessimismus bestreitet durchaus nicht, dass das Individuum, nicht nur die sittliche Person (wenn auch diese in erster Linie), in beschränktem Maasse Selbstzweck sei; aber eben Selbstzweck, als so und so specificirtes reales Phänomen des Wesens, und gerade insofern in seiner Specialisirung Selbstzweck, als es in dieser Besonderung Mittel für den höhern Zweck ist. Es ist dies aber gerade eines der pessimistischen Momente des Seins, dass dem Individuum, um auch nur als Mittel sich behaupten zu können, der absolute Selbstbehauptungsdrang und die Illusion des unbedingten Selbstzweckes von der Natur muss mitgegeben sein, welche in dem zum sittlichen Bewusstsein gereiften, und damit zur Erkenntniss der nur relativen Behauptungsberechtigung gereiften Menschen nur vermittelst schmerzlicher Resignation überwunden werden können.

Es ist endlich auch kein Gegensatz gegen den Pessimismus Hartmanns constatirt, wenn H. Sommer sein Buch mit den recapitulirenden Worten schliesst: „die Voraussetzungen der Vernunft, des Gewissens und der religiösen Gefühle sind selbst das höchste Wirkliche, welches wir kennen; sie sind das Maass der Dinge, die obersten Kategorien aller Werthe und aller Wirklichkeit; sie bilden das unverrückbare Centrum unseres Lebens und unseres Erkennens, welches allem Leben und allem Erkennen erst Bedeutung, Einheit und Zusammenhang giebt."

Die höchste Wirklichkeit der Vernunft, des Gewissens und der religiösen Gefühle leugnet der Hartmann'sche Pessimismus nicht. Die Vernunft ist ihm ebenfalls das Maass der Dinge, und er ist philosophischer Pessimismus, d. h. die denkende Verarbeitung und Entwickelung des Weltschmerzes dadurch, dass er nicht bloss beim primären Empfindungsurtheil stehen bleibt. Er sagt nicht: die Unlust ist unlustig, das Uebel ist übel; er sagt die Unlust ist unvernünftig, und wenn er erkennen muss, dass die Unlust eo ipso mit dem Sein gegeben ist, so sagt er: das Sein ist unvernünftig. Die Vernunft wird auch nicht schlechthin mit dem Logischen identificirt; Hartmann polemisirt im Gegentheil gegen den formalistischen Panlogismus,*) der das Empfinden als ungerechtfertigt von der Weltbetrachtung ausschliessen möchte. Für Hartmann ist das teleologisch Vernünftige das Logische angewandt auf ein Alogisches; dieses Vernünftige aber ist ihm das Maass aller Dinge, das höchste Wirkliche deshalb, weil hier am ehesten — wenn überhaupt irgendwo — das objectiv Seiende mit dem Subject-Seienden Eins-und-dasselbe ist, nicht bloss weset.

Aber auch das Gewissen, resp. die Stimme des religiös-sittlichen Bewusstseins ist Hartmann ein Höchstes, denn es ist die gefühlsmässige Resonanz der Vernunft im Dienste der sittlichen Weltordnung. Und dass das religiöse Gefühl vom Pessimismus nicht verkannt wird, sollte doch wohl hinlänglich daraus erhellen, dass für Hartmann die letzten Principien der Sittlichkeit zu religiösen Principien werden.

Allerdings liegt das religiöse Gefühl und das religiös-sittliche Princip des Gottes-Mitleids weit ab von der primitivsten Form der Gottessehnsucht und Gottes-Vorstellung: als der Leben garantirenden Macht. Aber der Gott, zu dem der Indianer betet: „Grosser Geist, gieb Büffel, viele Büffel", ist ja auch nicht mehr der Gott, den der ethische Optimist will; desshalb kann der Grad der Abweichung der religiösen Formen, welche innerhalb des Pessimismus noch möglich sind, von den bisher unter optimistischen Voraussetzungen conservirten wahrlich eben so wenig ein Grund sein, den Pessimismus der Verkennung der religiösen Gefühle zu zeihen,

---

*) Neu-Kantianismus, Schopenhauerianismus und Hegelianismus. C.

als die Verschiedenheit der Motive und Ziele seiner Ethik ein Grund sein können, dieser ihre Berechtigung abzustreiten.

Interessanter, weil origineller als die beiden prämiirten Arbeiten, ist die unprämiirte von J. Rehmke.

Der empirische Pessimismus, der Eigenlust-Pessimismus — meint Rehmke — sei wahr; d. h. der Eigenlust-Wille erntet immer den Ueberschuss der Unlust über die Lust; er dient der Sittenlehre als prophylactisches Mittel gegen den Egoismus. Aber er selber führt nicht zur Sittlichkeit; die Selbstverleugnung, zu der er führen kann, ist (wenn consequent durchgeführt) der Selbstmord; die Sittlichkeit erwächst nicht aus der Selbstverleugnung, welche etwas durchaus negatives ist, sondern aus dem ethischen Optimismus.

Der ethische Optimismus Rehmkes ist aber etwas ganz anderes, als was gemeinlich darunter verstanden wird. Man versteht darunter in der Regel, dass wenn auch zwar das natürlich-egoistische Streben dem Menschen nicht einen Zustand zu gewähren vermöge, in welchem die Lust die Unlust überwiege, dieses letztere Verhältniss doch resultire, sobald der Mensch sein Wollen sittlich bestimme. In diesem Sinne hat es auch Rehmke noch gemeint, als er die „Glossen" schrieb.

Jetzt meint er freilich etwas anderes. Ethischer Optimismus soll nun heissen: dass der Mensch als sittlich wollender schon glückselig ist, und nur sofern er glückselig ist, sittlich wollen kann.

„Glückseligkeit und menschliches Wollen sind also stets bei einander, und wenn man das Wollen des Menschen eintheilen wollte, so liesse es sich zwanglos in diese zwei Unterabtheilungen bringen, 1. Glückseligkeitswollen und 2. glückseliges Wollen. In der ersteren würde unterzubringen sein alles Wollen, welches die Glückseligkeit zum Zwecke hat, also vom glückseligkeitsüchtigen Individuum ausgeführt wird; in der zweiten alles Wollen, welches auf der Basis der Glückseligkeit vor sich geht, also vom glückseligen Individuum unternommen wird; jene Abtheilung wird sich durchaus decken mit dem egoistischen, und diese mit dem sittlichen Wollen". (p. 116—117.) „Darin hat Hartmann durchaus Recht, wenn er behauptet, dass das sittliche Streben die Glückseligkeit (des Individuums) nicht zum Ziele habe; er schiesst aber über das Ziel hinaus, wenn er deshalb die Glückseligkeit auch für das sittliche Individuum verneint und die Wahrheit des ethischen Optimismus leugnet. Dieser Optimismus kann wahr sein, ohne dass die Glückseligkeit das Resultat des sittlichen Wollens sein müsste, und der sittlich Wollende kann in sich diese Glückseligkeit tragen, ohne dass er als Zweck das Glückseligsein in sein Handeln aufnehmen müsste, wie ja das „sittliche" Handeln dann überhaupt nicht mehr sittlich sein würde." (p. 113.) Rehmke meint ferner: der Glaube würde nur dann sittlich hemmend wirken, wenn Glückseligkeit und Eigenwille in einem solchen Verhältniss stünden, dass erstere das Resultat und das Ziel des Letztern sein könnte, wenn also der Gedanke an Glückseligkeit unmittelbar die egoistischen Neigungen des Menschen wach riefe und stärkte, nicht aber werde die Sittlichkeit dadurch gefährdet, dass der sittlich Handelnde Glückseligkeit geniesse. Es sei die grösste Verwirrung der Geschichte der Sittenlehre, das Bestreben, die Glückseligkeit aus der Sittenlehre ausschliessen zu wollen; dem richtigen Grundsatz entsprungen, dass der sittlich Strebende niemals eine zu erreichende Glückseligkeit im Auge habe, gehe sie zu weit, wenn sie jede Verbindung von Sittlichkeit und Glückseligkeit leugne und nicht eben die Möglichkeit erwäge, dass Sittlichkeit ihrerseits die Folge der Glückseligkeit sein könne. „Erst wenn der Mensch die Glückseligkeit besitzt, so kann er sittlich handeln. Bevor er die Glückseligkeit besitzt kann er nur selbstsüchtig wollen, d. h. die Glückseligkeit suchen. Der Wunsch nach Glückseligkeit liegt dem Menschen im Blute und er kann denselben nicht in die Schanze schlagen; wo es der Fall scheint, wo ein sittlich Handelnder auf die Glückseligkeit zu verzichten scheint, da besitzt er sie eben einfach schon." (117.) „Niemals wird man im wirklichen Leben einen Menschen finden, welcher, obwohl er nicht glückselig ist, sittliches Wollen zeigt; Alle, welche etwa von sich das Gegentheil behaupten, täuschen sich, indem sie entweder in ihrem Wollen wirklich nicht sittlich sind, sondern egoistisch, dass heisst auf ihre noch nicht erlangte Glückseligkeit ihr Wollen richten, oder wirklich sittlich wollen, aber dann auch, ohne dass sie sich dessen selbst deutlich bewusst sind, auf jenem andern Wege schon die Glückseligkeit gewonnen haben, nämlich auf dem Wege des Glaubens, der ihnen das Bewusstsein ihrer Persönlichkeit als eines Kindes Gottes aufgeschlossen, und sie dadurch mit Glückseligkeit erfüllt hat." (118.)

Hier ist nun vor allem erstens zu bemerken, dass eine Glückseligkeit deren man „sich nicht deutlich bewusst ist", keine Glückseligkeit ist, da Lust und Unlust, Glückseligkeit und Unglückseligkeit subjective Zustände sind, die ganz und gar nur in der Subjectivität sind und ihr Wesen erschöpfen. Von einem gegebenen Standpunct aus kann man allerdings sagen: „glückseliger Mensch, dass er sittlich sein kann" — weil man es für sein wahres Wohl oder für seine Würde zuträglich hält, dass er sittlich handelt; gerade in dem Sinne wie die Christen der ersten Jahrhunderte denjenigen glücklich priesen, der als Märtyrer sterben konnte. Aber diese Glückseligkeit ist kein eudämonologischer Begriff mehr.

Zweitens müsste das Kindschaftsverhältniss (oder sagen wir lieber: das Zugehörigkeitsgefühl des Individuums zum Absoluten und dessen Zwecke) als die Sittlichkeit bedingend nur dann als „Gnade" bezeichnet werden, wenn der Mensch nicht schon durch seine sittlichen Triebfedern zur sittlichen, d. h. selbstlosen Handlungsweise befähigt wäre. Rehmke's kränkliche, mit dem christlichen Dogma von der Gnade liebäugelnde Theorie unterschätzt die vorbewusste Tendenz der Natur zur Sittlichkeit. Kraft der natürlichen Triebfedern der Sittlichkeit kann der Mensch selbstvergessen handeln, auch wenn er sich durchaus unglücklich weiss, sobald er überzeugt ist, dass dieses Unglücklichsein unaufhebbar ist und durch die Unterlassung der sittlichen Handlungsweise zwar noch vermehrt werden kann, nicht aber durch die Ausübung derselben vermindert wird. Der Mensch kann sich objective, ausser seiner Wohl- oder Weh-Sphäre gelegene Ziele setzen, ohne sich mit Gott in einem Intimitätsverhältniss zu wissen, ja ohne die objectiven Zwecke, die ihn seine Vernunft setzen lässt, als göttliche Zwecke vorzustellen. Man kann sittlich handeln, ohne das absolute Sein als Gottsein zu fassen und ohne sich in seiner Zusammengehörigkeit mit dem absoluten Sein beseligt zu fühlen, wenn sich das Zusammengehörigkeitsgefühl auf das Bewusstsein der Gemeinsamkeit des Leidens stützt. Worauf es ankommt ist das Bewusstsein der Verpflichtung gegenüber ausser dem Ich gelegener Zwecke; die Definition der Sittlichkeit, „dass diese die Realisation der individuellen Lebenszwecke sei", wird durch die andere umfasst: dass der individuelle Lebenszweck der sei, die allgemeinen Zwecke als die seinen zu erfassen und nach seinen Kräften zu fördern.

Rehmke meint „der Verzicht auf Glückseligkeit ist Verzicht auf die eigene Persönlichkeit"; das hat nur einen Sinn, wenn man unter Persönlichkeit das individuelle Subject der Willensaction versteht und sagt: der (gezwungene) Verzicht auf jede Willensbefriedigung lähmt auch die Willensregung. Die Möglichkeit, dass ein Wille durchgesetzt und damit Befriedigung des bestehenden Triebes erlangt wird, muss bestehen, sonst wird das Handeln (die bewusste Thätigkeit) verhindert. Aber diese Willensbefriedigung braucht noch lange nicht Glückseligkeit zu sein, welche ein das ganze Empfinden umfassender dauernder Zustand ist, während die Befriedigung über sittliche Bethätigung bestehen kann, ohne dass dadurch der Gesammtzustand eines Menschen ein solcher ist, wo die Lust die Unlust überwiegt.

Auch grosse religiöse Innigkeit kann bestehen, ohne dadurch den Menschen über das Unglück zu erheben. Marie, die hochbegnadigte, trägt als „Mater dolorosa" unter dem Kreuze des Sohnes sieben Schwerter im Herzen, und gerade in ihrem rein-menschlichen, natürlichen Schmerz ist sie die Bittträgerin der Leidenden.

Die religiösen Optimisten lieben es den Begriff „Glück" umzutauschen gegen den der „Glückseligkeit". Mit Glück bezeichnet man klar und einfach einen Zustand mit erheblichem Ueberfluss von Lust; Glückseligkeit aber, wenn durch die Brille einer religiösen Weltanschauung betrachtet, braucht nichts weiteres zu sein als ein für das „Seelenheil" vortheilhafter Zustand, wenn auch noch so sehr von Schmerz durchtränkt. Wie Rehmke von „angewandtem Pessimismus" spricht, wonach die Welt nur unter gewissen metaphysischen Voraussetzungen als vom Uebel erscheint, so muss man bei seiner Theorie des ethischen Optimismus von einem „angewandten Optimismus" reden. Diese Gotteskindschaft-Glückseligkeit des Sittlichen ist eine nahe Verwandte von dem Glück des tugendhaften Stoikers auf der Folter. Die Kinder Gottes Rehmke's unter dem Druck der natürlichen Nöthen und Schmerzen des Lebens können glückselig geschätzt werden unter gewissen Voraussetzungen über Gott und Welt, zu denen, wohl zu merken! — auch der empirische Pessimismus gehört, der es erst rechtfertigen muss, dass man den privativen Zustand des Friedens mit einem, seinem ursprünglichen Sinne nach, positiv-eudämonologischen Namen bezeichnet.

Der sittliche Friede, als das Bewusstsein seiner Zugehörigkeit zum Absoluten und der Dienstbarkeit gegenüber der sittlichen Weltordnung, mag immerhin als „Gnade" bezeichnet werden, gegenüber dem Zustand egoistischer Isolirung. (Doch darf man den sittlichen und den bloss natürlichen Zustand nicht zu weit auseinander halten, da vermittelst der Triebfedern der Sittlichkeit jenem, über das Naturbedürfniss des Individuums auf das der Gattung und der Weltentwickelung gerichteten Instincte eine Brücke von dem einen zum andern Gebiet gespannt ist.) In diesem „begnadigten" Zustand vermag der Mensch sittlich zu wollen, weil er höhere Ziele zu erkennen vermag und weil er wollen muss, activ sein muss, aber nicht, weil er nichts für sich zu wollen hätte, wenn er an die Realisirbarkeit solchen eudämonistischen Wollens glauben könnte. Der Zustand des sittlichen Wollens ist ein relativ „glücklicher", d. h. im allgemeinsten Sinne günstiger, aber diese „Glückseligkeit" eines zu Sittlichkeit fähigen Menschen ist noch nicht eo ipso ein eudämonologisch hochstehender und keine Instanz gegen den eudämonologischen Pessimismus der Hartmann'schen Lehre von der totalen Gegensätzlichkeit des Sittlichen und Individual-Eudämonistischen.

VIII. Capitel.

Die Bekämpfung des Pessimismus vom Standpunct des religiösen Optimismus.

1. Der Pessimismus als irreligiös verurtheilt.

Neben der Gegnerschaft des ethischen Optimismus ist es besonders diejenige des religiösen Optimismus des Theismus, welche sich mit den zahlreichsten Stimmen gegen den Pessimismus und speciell gegen die pessimistische Philosophie E. v. Hartmann's erhebt.

Der Vorwurf der Irreligiosität wird dem modernen Pessimismus von Seite des Theismus in zwei Formen gemacht. Nach der einen Version soll die pessimistische Weise, die Welt und das Leben zu betrachten, die religiöse Gesinnung untergraben; nach der anderen Version soll es der Mangel an religiöser Energie sein, welche zum Pessimismus führt, weil mit der Fähigkeit religiös zu empfinden, der eudämonologisch werthvollste Factor aus dem menschlichen Leben ausgeschieden sei.

In diesem letzteren Sinne sagt Eug. Lorenz Fischer („Ueber d. Pessimismus". Zeitgemässe Brochüren. 1880) mit starken Worten, entsprechend seiner das Kräftige liebenden Partei: „Ja, wenn die Religion, wenn das Christenthum aus dem Leben des Einzelnen, wie der Gesellschaft gänzlich schwindet, dann bekommt der Pessimismus vollständig Recht; denn dann verbleichen und verwesen alle Ideale, nachdem das höchste Ideal zertrümmert ist: dann wird das Leben mit seinen tausend Qualen und Leiden eine unerträgliche Last; dann geht die Tugend und Sittlichkeit mit Riesenschritten abwärts und aus den leeren Tempeln werden gefüllte Zuchthäuser; dann versumpft die Wissenschaft in der schalen Materie und giebt dem aufwärts strebenden Geiste keine Befriedigung mehr; dann senkt der Genius der Kunst trauernd die Fackel am Grabe der idealen Muse weinend; dann wird die Menschheit alterschwach und lebensmüde und sehnt sich nach dem Tode." Ebenso meint K. F. Edmund Schädlin (Der mod. Pessimismus. 1878): Der Pessimismus sei eine Weltanschauung hervorgegangen aus dem unberechtigten weltlichen Standpunct des Eudämonismus und Egoismus, während practischer Materialismus — „Mammonismus" wie Schädlin sagt — die Ursache sei, dass er so viele Gläubige finde.

Nach der ersten Version des verwerfenden Urtheiles wird der Pessimismus einfach um seiner Folgen willen verurtheilt und zu unterdrücken versucht unter der Voraussetzung, dass nicht nur Religion überhaupt, sondern speciell christlicher Theismus sein müsse. Aber das pessimistische Bewusstsein ist eine Macht für sich; ist einmal das geistige Auge geöffnet für die All-Gegenwart der Leiden und Uebel, ist der Intellect einmal vollbewusst dem gähnenden Abgrund gegenüber gestanden, welcher „zwischen Wunsch und Wonne klafft", so lässt sich der denkende Mensch nicht mehr hindern, zu suchen und zu forschen, zu constatiren, zu urtheilen und zu verurtheilen. Stimmt der so neugewonnene Bewusstseinsinhalt nicht mehr mit den bisher gehegten religiösen Vorstellungen, so werden diese unter der Einwirkung der pessimistischen Reflexionen modificirt, oder, wenn ihre Form eine derartige ist, dass sie jede Modification als Gefährdung des kunstvoll verschlungenen dogmatischen Baues ausschliesst, so gilt es durch Deutung und Umdeutung die beiden in Opposition getretenen Bewusstseinsinhalte — des pessimistischen und des religiösen Bewusstseins — in Einklang zu bringen. Wir haben in der Einleitung angedeutet, wie das pessimistische Bewusstsein einen wesentlichen Factor des erwachenden und sich entwickelnden religiösen Bewusstseins bilde, wie aber allerdings dasselbe auch zur Auflösung bestimmter Dogmen diene; beides ist eigentlich derselbe Vorgang, bloss auf verschiedenen Stufen sowohl des pessimistischen wie des religiösen Bewusstseins. Wer Religion kurzweg mit Christenthum identificiren will, wer geneigt ist, Jeden als irreligiös, ja als Atheisten zu bezeichnen, welchem es nicht gelingt, die reale Weltbeschaffenheit mit dem Begriff eines selbstbewussten, allmächtigen, allgütigen, die Welt aus reiner Liebe erschaffen habenden persönlichen Gottes in Einklang zu bringen, der muss allerdings in der Lehre des Pessimismus eine grosse Gefahr für das religiöse Leben erblicken; er mag mit einigem Rechte sagen: der Pessimismus führe zum Atheismus — wie z. B. R. O. Anhut („Das wahnsinnige Bewusstsein u. d. unbewusste Vorstellung", 1877) es ausspricht.

Als ein Beispiel des Ringens der pessimistischen Erkenntniss mit der christlich-theistischen Gottesvorstellung führen wir hier die Worte eines englischen Philosophen und eines deutschen Phy-

siologen an; wobei die Auslassungen des ersteren uns besonders
noch deshalb interessant sind, weil manche Kritiker Hartmanns
darin einen Fehler entdeckt haben wollten, dass derselbe die eudämonologischen Wirkungen der Natur nicht berücksichtigt hätte.
J. Stuart Mill betrachtet nun gerade dieses von Hartmann
in der „Phil. d. Unb." übergangene Gebiet,*) und zwar unter verschiedenen Gesichtspuncten, und sagt unter Anderem: „Nächst der
Grösse der Erdkräfte ist die Eigenschaft, welche jeden, der sich
nicht verblenden will, an ihnen auffällt, die vollkommene und unbedingte Rücksichtslosigkeit, mit der sie verfahren." „In nüchterner
Wahrheit werden all' die Thaten, für welche man Menschen als
Verbrecher hängt oder einkerkert, jeden Tag von der Natur begangen. Das Tödten, von den menschlichen Gesetzen als die am
meisten verbrecherische Handlung angesehen, vollzieht die Natur
einmal an jedem lebenden Wesen, und in unzähligen Fällen nach
solchen langen Torturen, wie sie die grössten Scheusale, von denen
wir lesen, jemals absichtlich an ihren lebenden Mitmenschen begangen haben. Wenn wir durch einen willkürlichen Vorbehalt
nur das als Mord ansehen wollen, was eine gewisse Zeit abkürzt,
von der man meint, sie sei dem menschlichen Leben zugemessen,
so thut dies die Natur, mit Ausnahme eines kleinen Procentsatzes,
jedem Leben an; sie thut es in solch' einer gewaltthätigen und
arglistigen Weise, wie es nur die schlimmsten menschlichen Wesen
untereinander thun. Die Natur pfählt und rädert den Menschen,
wirft ihn den wilden Thieren zum Frasse vor, verbrennt ihn, zermalmt ihn mit Steinen, gleich den ersten christlichen Märtyrern,
lässt ihn Hungers sterben, lässt ihn erfrieren, vergiftet ihn durch
das schnell oder langsam wirkende Gift ihrer Ausdünstungen, und
hat hundert andere entsetzliche Todesarten im Rückhalt, wie sie
die erfinderischste Grausamkeit eines Nabis oder Domitian niemals
übertraf . . ." „selbst wenn sie nicht tödten will, so verhängt sie
mit scheinbarer Muthwilligkeit dieselben Torturen." „In Folge
der unbeholfenen Vorkehrungen, welche sie für die immerwährende,
durch ihre schnelle Tödtung eines jeden Individuums nothwendig
gemachte Erneuerung des thierischen Lebens getroffen hat, kommt
kein menschliches Wesen zur Welt, ohne dass nicht ein anderes
menschliches Wesen buchstäblich stunden — ja, tagelang auf die
Folter gespannt wird, der nicht selten der Tod folgt." „Nach der
Tödtung (ihr aber gleich nach der Meinung einer hohen Autorität) kommt die Entziehung der Mittel, durch welche wir leben,
und diese setzt die Natur gleichfalls im grössten Maassstabe und
mit der verstocktesten Gleichgültigkeit ins Werk. Ein einziger

---

*) „Ueber d. Natur". Aus d. Nachlasse.

Orkan zerstört die Hoffnungen einer Jahreszeit; ein Heuschreckenschwarm oder eine Ueberschwemmung verwüstet einen Landstrich; der geringe chemische Wechsel in einer essbaren Wurzel bringt Millionen von Menschen dem Hungertode nahe." „Gleich den Banditen rauben und eignen sich die Wogen der See den Reichthum des Reichen und die ärmliche Habe des Armen mit denselben Zuthaten von Ausplünderung, Verwundung und Tödtung an, wie ihre menschlichen Gegenbilder." „Selbst die Liebe zur Ordnung, welche man für eine Nachfolge der Wege der Natur hält, steht thatsächlich im Widerspruch mit derselben. Alles was man gewöhnlich als Unordnung und ihre Folgen anklagt, ist ein genaues Gegenstück der Wege der Natur. Anarchie und Schreckensherrschaft werden durch einen Orkan und eine Pest an Ungerechtigkeit, Ruin und Tod übertroffen."

Mill möchte Natur im weitern und engeren Sinne unterscheiden. Im weitern bedeutet sie alle in uns oder ausser uns bestehenden Kräfte und alles was durch diese Kräfte geschieht. Im engeren Sinne bezeichnet Natur dasjenige, was ohne das freiwillige und absichtliche Wirken des Menschen vor sich geht. Im ersteren Sinne haben wir gar keine Macht, etwas wider die Natur zu thun, als was Natur will; es ist überflüssig, einem anzuempfehlen, man solle der Natur gemäss leben und handeln. „Jede Thätigkeit ist die Ausübung irgend einer natürlichen Kraft, und ihre Wirkungen sind ebenso viele Naturphänomene, hervorgerufen durch die Kräfte und Eigenschaften irgend eines Naturobjectes, bei pünctlichem Gehorsam gegen irgend ein Gesetz der Natur. Wenn ich meine Organe dazu benütze, um Nahrung zu mir zu nehmen, so geht dieser Act und seine Folgen gemäss den Naturgesetzen vor sich; wenn ich aber statt der Nahrung Gift verschlucke, so ist der Fall genau derselbe."

Bezüglich der zweiten Definition der Natur heisst es von derselben: „Alles Lob der Civilisation, der Kunst, der Erfindsamkeit, ist ebensoviel Tadel der Natur, ist ein Zugeständniss, dass dieselbe Unvollkommenheiten enthalte, an welchen einen bessernden und mildernden Versuch zu machen, des Menschen Pflicht und Verdienst ist."

Mill vergisst hier, dass die, die Natur im zweiten engeren Sinne bekämpfenden sog. freien Kräfte des Menschen nach der Naturdefinition im weitern Sinne ja auch Naturkräfte sind, dass also, wenn die Natur unmittelbar mangelhaft ist, sie doch dafür das Maass und Mittel zu ihrer Correctur auch in sich selber trägt. Wie man also sagen kann: das Lob der Natur schliesst einen Tadel der Culturhandlungen und willkürlichen Thätigkeiten der Menschen in sich, so kann man auch sagen: das Lob der Cultur schliesst ein

Lob der Natur ein, weil die Kräfte, die sich zu Culturformen objectiviren, auch Kräfte der Natur im weitern Sinne sind.

Aber trotz dieser mangelhaften Bestimmung des Begriffes „Natur" kann gewiss auch der eifrigste Naturschwärmer die Correctheit des von Mill gegebenen Bildes nicht bestreiten; und ebenso unbestreitbar richtig ist von einem Standpuncte aus, der die eudämonologischen Zwecke mit in die Teleologie eingeschaltet sehen möchte (wie der Optimismus, der seinem Namen entsprechen will, es muss), die weitere Behauptung Mills: dass die Natur nicht dadurch entschuldigt werden könne, dass all' diese bösen Dinge und Vorgänge die Eigenschaft besässen, gute und weise Zwecke zu fördern: indem der Zweck niemals das Mittel heilige.

Der Schluss nun, den Mill aus den Thatsachen zu ziehen sich berechtigt hält, ist dieser: die Natur kann nicht das Werk eines Gottes im Sinne des Theismus sein; denn wäre ein bewusster Gott-Schöpfer allmächtig, so wäre er nach der Beschaffenheit der Welt zu schliessen nicht allgütig; wäre er aber allgütig, so muss er, der Beschaffenheit der Natur nach, nicht allmächtig sein.*) „Die einzige zulässige, sittliche Schöpfungstheorie ist, dass das gute Princip nicht auf einmal und vollkommen die bösen Mächte, seien sie physischer oder moralischer Art, überwinden kann; dass das gute Princip die Menschheit nicht in eine Welt zu versetzen im Stande war, die frei gewesen wäre von der Nothwendigkeit eines beständigen Kampfes gegen die bösartigen Mächte, noch auch ihr stets den Sieg zu verschaffen vermöchte; dass jedoch das gute Princip wohl die Fähigkeit hatte, und auch in der That bewies, die Menschheit so auszustatten, dass sie den zu führenden Streit mit Kraft und mit stets fortschreitendem Erfolg durchfechten kann." „Wenn wir nicht zu dem Glauben gezwungen sind, die Thierschöpfung sei das Werk eines Dämons, so ist es desbalb, weil wir nicht anzunehmen brauchen, sie sei durch ein Wesen mit unbeschränkter Macht hervorgerufen."

Mill bleibt ganz und gar im Dualismus stecken: naturphilosophisch zwischen Materie und Geist, metaphysisch aber in doppelter Hinsicht. Erstens, indem er die Schöpferkraft in deistischem Sinne dem an sich seienden Schöpfungs-Roh-Material gegenüber stellt; zweitens aber darin, dass er das schöpferische Princip als der Welt transcendent, als von aussen wirkende Kraft auffasst. Daher ist keine Versöhnung mit der eudämonolgisch so rück-

---

*) Schon David Hume formulirte das Dilemma: Will Gott das Uebel hindern und kann es nicht, so ist er nicht allmächtig; vermöchte er es aber und will es nicht, so ist er übelwollend; besitzt er aber Allmacht und Allgütigkeit, woher dann das Uebel?

sichtslos handelnden Natur für ihn möglich; und ganz im Sinne des vom Manichäismus inficirten alten Christenthums ist ihm „natürlich" und „unsittlich" synonym. Er kommt daher zum Schluss: „dass die Pflicht des Menschen mit Rücksicht auf seine Natur ganz dieselbe ist, wie mit Rücksicht auf die Natur aller Dinge: nämlich ihr nicht zu folgen, sondern sie zu verbessern".

Zu einem verwandten Resultat kommt Fechner („Ueber die Seelenfrage"). Nach einer Betrachtung über die üble Beschaffenheit des Lebens fährt er fort: „Nach all' dem ziehe ich eben so wohl wegen ihrer einfachen Klarheit als ihrer Tröstlichkeit, wie als natürliche Folge aus unserem Princip die andere Ansicht vor, dass der allgemeine Grund des Uebels, so weit solches in der Welt besteht, unabhängig zwar nicht von Gott, aber von seinem Willen besteht, sein Wille vielmehr nur die Tendenz hat, es immer mehr zu bessern und zum Mittel des Bessern selbst zu machen, nicht anders als der rechte Menschenwille, nur in dem anders, was der Begriff des Höchsten anderes aus ihm macht, das ist, dass er in dieser Hinsicht eine Alles überragende und schliesslich Alles besiegende Macht hat: nicht im Augenblicke, nicht über jedes Uebel einzeln, vielmehr, unendlich wie er ist, erst in der Unendlichkeit des Raumes und der Zeit am ganzen Zusammenhange dessen, was darin ist, sich erfüllt. Unstreitig heisst das etwas von der Allmacht, zwar nicht Gottes, denn Alles was geschieht, geschieht immer nur durch Gott, in Gott aber etwas von der Allmacht seines Willens opfern. Aber es heisst nur soviel opfern, dass uns möglich wird, wahrhaftes Vertrauen auf seinen Willen in jeder höchsten und letzten Instanz zu behalten. Wer das Uebel, sei es durch Gottes freien Willen oder freie Zulassung entstanden, bestehen lässt, damit nichts seinem Willen entzogen sei, der sieht in seinem Willen eben damit etwas, was das Uebel will oder willig zulässt."

D. Hume meinte durch das Dilemma genöthigt zu sein, anzunehmen: dass keine Gottheit, sondern nur die blinde Natur — als ein ungeistiges, mechanisch wirkendes Princip — die Wurzel des Seins sei. Wäre dieser Schluss richtig, so wäre die pessimistische Natur- und Lebensbetrachtung wirklich der Weg zur Aufhebung der Möglichkeit religiöser Bethätigung und Religion, denn einem ungeistigen, blind mechanisch wirkenden Seinsgrund gegenüber kann man nicht religiös empfinden. Aber der Schluss ist verfehlt; er berücksichtigt nicht die psychologische Genesis des Gottesbegriffes, welche es zwar vollkommen erklärlich macht, weshalb die Prädicate der Allmacht und Allgüte so hochwichtig erachtet werden, dass schon der Wegfall des einen derselben die Möglichkeit der Gottesvorstellung zu gefährden scheint; aus welcher aber auch die Möglichkeit hervorgeht, einen diese Attribute nicht umschliessenden Begriff des Weltgrundes doch in einem Lichte zu erblicken, welches religiöse Reactionen auszulösen im Stande ist. Auf einer niedrigen Stufe geistiger und besonders gemüthlicher Entwickelung wird das Prädicat der Allmacht weniger zu entbehren sein, da die Macht gegenüber der Ohnmacht des Menschen das erste ist, was die Gottheit zur Gottheit macht. Ein Hiob hielt sich besonders die Macht und Grösse seines Gottes vor Augen, als er durch die Thatsachen gezwungen wurde, seine eudämonologischen Ansprüche zu beschränken; und wir haben schon darauf hingewiesen, wie ohne die dominirende Rolle, welche der Machtbegriff bei der Formulirung der Gottesvorstellung spielt, Gestalten eines Moloch u. s. w. unverständlich wären. Das moderne Empfinden aber giebt eher die Allmacht preis als die Weisheit und Güte.

Mill's Naturpessimismus degradirt Gott zum Demiurgos, der den rohen Naturstoff, als in seiner Anti-Geistigkeit schwer zu modelnde und dienstbar zu machende Macht, als seine Schranke vorfindet.

Das Princip der logischen und sittlichen Weltordnung in diesem Sinne aufgefasst ist allerdings nicht mehr der christliche Gott, aber es kann Object der religiösen Bethätigung sein und sittlich fruchtbar gemacht werden, ungeachtet der grossen Gefahr, auch für die Sittlichkeit, die darin liegt, dass die „Natur" durch den Dualismus der Principien in einen Gegensatz zur Vernunft gerückt wird.

Philosophisch bedeutend höher und dem christlichen Dogma näher, als die Ansicht des englischen Logikers, steht diejenige des deutschen Physiologen. Er hält die Fahne des Monismus hoch, und flüchtet sich in den Ideenkreis eines J. J. Böhme und Schelling: in Gott das Prädicat des allgütigen, eigentlich göttlichen Willens unterscheidend von der blossen, noch nicht göttlichen Macht. Ist bei Mill etwas ungöttliches neben Gott gesetzt, so hier etwas ungöttliches in Gott; ist dort ein starrer, naturphilosophisch unfruchtbarer, äusserlicher Dualismus, so ist letzterer hier gemildert zu einem innern Dualismus der Prädicate und Actionsmodi. So correcturbedürftig, philosophisch betrachtet, diese anthropomorphisirende, psychologische Zerklüftung des Absoluten noch ist, so lässt sich ihr gewiss nicht schlechtweg die religiöse Brauchbarkeit abstreiten, und ebensowenig die Befähigung, als transcendentales Fundament der Forderung der Sittlichkeit zu dienen.

Als ein Curiosum unter den zahlreichen Productionen, die der Streit zwischen Optimismus und Pessimismus seit dem Erscheinen der Phil. des Unb. erzeugt hat, ist Eduard Jankowski's „Panprosopismus" zu bezeichnen; eine Schrift, welche das religionspsychologische Interesse hat, dass sich darin ein Vorgang zur

Darstellung bringt, der sich ähnlich, aus ähnlichen Gründen, wiederholt und verschiedenen Ortes in der religiös-activen Völkerpsyche vollzogen hat.

Jankowski sagt: „Wenn dem Absoluten nicht die Wesenheiten der Heiligkeit, Güte und Liebe beigelegt werden können, so kann es auch kein Gott genannt werden; eine allmächtige Persönlichkeit ist nach unseren modernen Begriffen noch kein Gott; ohne Liebe ist Gott für uns nicht denkbar". Nun ist Jankowski aber durchaus empirischer Pessimist: „Wenn wir all' unsere Erfahrungsthatsachen direct auf das Absolute beziehen wollten, dann wäre das Absolute ein absoluter Satan." (p. 38.) Diesen dem Menschen unerträglichen Pessimismus oder Satanismus entgeht man nur, wenn man die, durch den freien, bösen Willen der Menschen nicht hinlänglich zu erklärenden Uebel und Leiden durch die Freiheit „böser Weltintelligenzen" entstanden annimmt: „wenn wir Gott nicht für Satan halten wollen, so bleibt nichts übrig, als wieder an Satan neben Gott zu glauben." (p. 150.) Diese böse Macht ist für uns in erster Linie der „Erdgeist", „und sollte es sich erweisen lassen, dass auch auf allen Gestirnen unserer Welt dieselben Gesetze herrschen wie bei uns, so wäre anzunehmen, dass unsere ganze Welt unter der Herrschaft einer endlichen rein-geistigen Weltintelligenz bösen Willens stehe, welcher die gesammte sichtbare Welt als Prüfungsstation angewiesen wäre, so dass wir dann von einem bösen Weltgeiste sprechen würden, der freilich auch der Fürst dieser Welt wäre."

Ueber diesen Sachverhalt tröstet Jankowski sich nun dadurch, dass ja alles Gute von Gott komme, während der freie Wille des Erdgeistes (eventuell Weltgeistes) die Veranlassung zu den schlechten Prädispositionen aller Art sei; „So leben wir also in einer Welt Satans, und hoffen auf eine jenseitige Welt Gottes. Durch diese Auffassung wird der wirkliche Pessimismus [soll heissen: pessimistische Beschaffenheit] des irdischen Daseins auf eine Weise erklärt, dass wir den Glauben an eine sittliche Weltordnung nicht aufzugeben brauchen." *)

---

*) Liebmann („Zur Analyse der Wirklichkeit") weist auf Lichtenberg hin bezüglich eines ähnlichen Gedankens. „Sei die Gottheit immanent oder transcendent, wird nicht ihr erhabenes Idealbild besudelt vom Blute unschuldig gemordeter Hekatomben? Kampf, Krieg bis auf's Messer zwischen den höchst civilisirten Nationen; ewiger Vernichtungskrieg zwischen Mensch und Thier und Pflanze; Tod und Verstümmelung zahlloser Lebewesen durch furchtbare Naturkatastrophen, wie Schiffbruch, Wassernoth, Eisenbahn-Unglücksfälle, vulkanische Ausbrüche etc., während jedes lebendige Individuum zum Leben und Dasein organisirt, berechtigt, ja mit innerer Nothwendigkeit darauf angewiesen, mit allen Fangkrallen seines Herzens sich an das Leben anzuklammern! Weshalb sind Pompeji und

Wir haben wohl nicht nöthig, noch besonders darauf aufmerksam zu machen, wie mit diesem Einschieben einer freien, bösen Macht die Schwierigkeit nur zurückgeschoben wird, und sich nunmehr nur die Frage erhebt: warum erlaubt Gott dem Erdgeiste (Satanas) solche verderbliche Freiheiten? Und wenn er sie erlauben muss, wenn seine Macht nicht hinreicht sie zu hindern, so ist eine solche, von einer bösen Gegenmacht beschränkte Gottheit nur wieder ein schwacher Rückhalt für eine dem Erdgeist zum Trotz postulirte sittliche Weltordnung. Auf den Begriff der „Zulassung" kommen wir später zurück; hier galt es nur vorläufig an modernen Beispielen zu zeigen, wie zwar allerdings pessimistische Erkenntniss am **christlichen Gottesbegriff mit Zweifeln rüttelt, religiöse Energie aber — wo solche mehr oder minder kräftig vorhanden ist — sich dadurch nicht hindern lässt, sondern nur nach andern Formen ringt.**

2. Die religiöse Apathie der untersten Bevölkerungsschichten angeblich die Folge des Pessimismus.

Es ist eine Thatsache, die von niemandem wird bestritten werden können, dass gegenwärtig immer breitere Schichten der Gesellschaft dem kirchlichen Leben entfremdet werden; ganz besonders ist es der vierte Stand, die Fabrikarbeiter, das Proletariat der Grossstädte und der Industriebezirke, bei denen der Mangel religiöser Gesinnung ganz auffallend hervortritt.

Herculanum verschüttet worden, weshalb Lissabon zerstört worden? Kommt man mir etwa mit Sodom und Gomorrha?" „Wo bleibt die Moral?! müsste nicht jeder ehrliche Theist, von tödtlicher Beängstigung über diesen furchtbaren Widerspruch durch alle Regionen des Gedankens vergeblich umhergehetzt, am letzten Ende auf jene bizarre Idee Lichtenberg's verfallen, dass nicht der höchste Gott, sondern ein subalterner, ungeschickter diese Welt auf dem Gewissen habe?! Und dann — (Euch Pantheisten sei's gesagt!) die Allmutter, Isis, die immanente Gottheit — eine Rabenmutter! $\mu\acute{\eta}\tau\eta\varrho$ $\delta\upsilon\sigma\mu\acute{\eta}\tau\eta\varrho$! Sie wirft nicht nur Millionen ihrer Kinder, wie die Sperlingsmutter, aus dem Neste heraus, sie zermalmt und verschlingt sie! Weshalb müssen an der Lampe vor mir auf diesem Gartentische Hunderte von Mücken sich den Tod holen? Erinnert euch an Werther und versucht sein Räthsel zu lösen, ehe ihr den immanenten $\vartheta\varepsilon\acute{o}\varsigma$ auf den Schild erhebt! Oder unterscheidet sich euer heidnischer $\vartheta\varepsilon\acute{o}\varsigma$ so gar vom christlichen Satanas? Hier hier steckt die wahre, die schwere, die bittere Antinomie. Gottheit, Weltseele, natura naturans sie muss, wenn überhaupt, dann infallibel gedacht werden, ja als das einzig Infallible. Und — sie ist es nicht; für unsern Verstand, für unser Herz ist sie es nicht!"

Die Meinungen über die Ursache dieser Erscheinung gehen auseinander. Diejenigen religiösen Optimisten, welche Wurzel und Wesen des Pessimismus hauptsächlich darin suchen, dass die materiellen Güter und die sinnlichen Genüsse und Freuden ungebührlich überschätzt würden und der Ausfall daran zu falscher Anklage der Weltordnung führe, diese sehen in der Ueberhandnahme pessimistischer Anschauungen innerhalb jener Stände die Veranlassung dazu, und mithin in der Thatsache selbst einen Beweis für die Berechtigung ihrer Behauptung: der Pessimismus erzeuge Irreligiosität. Bevor wir hierauf eingehen, haben wir im Vorbeigang einer andern, zu dieser sehr oppositionellen Meinung Rechnung zu tragen: nämlich derjenigen gewisser Optimisten der **Aufklärung und des Fortschrittes**, nach welcher die Entfremdung von der Kirche ein **intellectueller Fortschritt** sein soll, der, wenn er auch jetzt noch nicht abzuleugnende ungünstige Erscheinungen mit im Gefolge habe, doch um seiner künftigen Entwickelung willen, als ein für die Menschheit günstiges Moment zu betrachten sei. Wir machen uns dabei nur scheinbar einer Abschweifung von unserem Thema schuldig; in Wirklichkeit ergeben sich aus unserer ablehnenden Stellung zu dieser Behauptung unmittelbar auch **die Einwendungen**, welche wir gegen die Auffassung des **religiösen Optimismus** zu machen haben.

Gegenüber der Meinung des Aufklärungs-Optimismus muss man vor allem fest im Auge behalten, dass mit Ausnahme der wissenschaftlich und philosophisch gebildeten Spitzen der Bevölkerung es vorzugsweise die ungebildetsten, rohesten Schichten des Volkes sind, welche sich am auffallendsten kirchenfeindlich und irreligös zeigen; während es in den mittlern Regionen mehr ein unsicheres **Tappen nach neuen Formen für das alte Sehnen** ist, welches sich als religiöse Gährung bemerklich macht.

Aus dem Mangel an einem vermittelnden Uebergang glauben wir aber mit Recht auf eine ganz verschiedene Ursache für diese äusserlich etwelche Aehnlichkeit zeigenden Verhältnisse schliessen zu dürfen, und glauben wir nicht zu irren, wenn wir in der Erschlaffung des religiösen Triebes bei unserem modernen Proletariat die Erscheinung eines Rückbildungsprocesses im Gemüth- und Geistesleben dieser untersten Klassen erblicken; ein Rückbildungsprocess in Folge des übermässig erschwerten Kampfes um die baare materielle Existenz, unter dem dieselben leiden.

Nicht die Reflexion auf die Widersprüche der Dogmen unter sich oder gar auf die immanenten Widersprüche mancher dogmatischen Begriffsformulirungen ist es, welche das Proletariat unserer Industriecentren zur religiösen Indifferenz, die geistig lebhaftern zum trotzig bekannten Atheismus führt. Wären es logische Bedenken oder ein gemüthliches und sittliches Emporgewachsensein über die dem Alterthum und dem Mittelalter adäquaten Religionsformen, welche dieselben dem religiösen Leben entfremdeten, so ginge nicht die sittliche Verwahrlosung auf so traurige und eclatante Weise mit der religiösen Indifferenz Hand in Hand, während die Erfahrung lehrt, dass in den höhern Schichten der Grad der sittlichen Energie, so weit dieselbe sich in der Lebensführung darstellt, unabhängig ist von der Stellung zur Kirche. Im fernern aber müsste sich dann das Auditorium der Reform-Pfarrer erheblich aus dem 4. Stande recrutiren; dies ist aber durchaus nicht der Fall.

Die gläubige Gemeinde der freisinnigen Reform-Geistlichen bilden die halb und ganz gebildeten Männer, deren Denkfähigkeit, mit oder ohne Beeinflussung durch die Kenntniss der kritischen Leistungen auf dem bezüglichen Felde, sie dahin geführt hat, die Hinfälligkeit der orthodoxen Dogmen zu durchschauen, die aber zu wenig speculative Begabung haben oder deren geistige Energie anderweitig — durch Fachstudium oder Berufsthätigkeit — zu stark in Anspruch genommen ist, um die Halbheiten als solche zu erkennen, in welche die Reform-Kirche nach Ausmerzung der schroffsten, dem modernen Empfinden anstössigen Dogmen verfallen ist, und welche Halbheiten sie doch sorgfältig conserviren muss, wenn sie als Kirche nicht vollständig in die Brüche gehen will.

Es sind die gebildeten, geistig regen und gemüthvollen Frauen, deren sittliche Instincte der Liebe und des Mitleids vor dem finstern Dogmen der Prädestination u. s. w. zurückschrecken, Frauen, deren lebhafter Geist durch den philosophischen Duft, den die geistvolleren der Reform-Prediger über ihre Vorträge zu breiten wissen, angenehm erregt wird, und deren Trieb nach Fortschritt und geistiger Entwickelung Befriedigung findet durch das Bewusstsein, Widersprüche des „alten" Glaubens überwunden zu haben, deren Scharfsinn aber bei den mit poetischen Phrasen überkleisterten Schwächen und Breschen des modernen Glaubens nicht Stich hält. Frauen und Männer endlich, deren eudämonistisch exceptionelle Stellung*) sie besonders geneigt und geeignet für die

---

*) Der Ausdruck „eudämonistisch exceptionelle Stellung" aus der Feder eines Pessimisten befremdet vielleicht und erfordert eine Erläuterung. Es giebt in unserer Zeit und in unseren Culturverhältnissen, innerhalb unserer gesellschaftlichen Ordnung Reservationen, in denen relativ zahlreiche Existenzen möglich sind, an welche das Leid des Lebens nur in seinen mildesten Formen herantritt, und zwar nicht nur seiner äusseren Form nach, sondern hauptsächlich auch nach den innern Quellen desselben; so dass sogar die absolut unvermeidlichen Leidensformen, welche die unbesiegbare Natur einem Jeden aufdrängt: Krankheit und Tod seiner Ange-

Reformkirche macht, welche die Welt im rosigen Schleier des logischen und den blauen Wölkchen des ästhetisirend-naturalistischen Optimismus zeigt.

Der Proletarier aber will nichts von dieser Kirche wissen; nicht weil er die Halbheit ihrer Lehren durchschaut, nicht weil er zu „aufgeklärt" ist für irgend eine Form des Christenthums. O nein! So weit das Christenthum innerhalb des vierten Standes etwas von dem verlorenem Terrain wieder zurückerobert, da ist es die allereinfachste Evangelienauslegung, die realistische Darstellung undenkbarer Geschehnisse, wie sie in den „Stündlein" von zum Theil gänzlich ungebildeten Predigern vorgetragen wird, welche abermals die Mühseligen und Beladenen an sich zieht. Dass die handgreiflichsten Widersprüche, die gröbsten Verstösse gegen den gesunden Menschenverstand heute noch in so zahlreichen Secten-Versammlungen gelehrt und geglaubt werden, und dass diese Versammlungen, in denen oft genug Flickschuster und Weber und dergleichen einfache Leute Sprecher sind, hauptsächlich das religiöse Element des Proletariats umfassen, das zeigt deutlich, dass die Religionslosigkeit der untersten Classen nicht ein Uebergangsstadium des Fortschrittes ist, sondern ein Product geistiger Rückbildung, unter dem Drucke der äussern Verhältnisse, unter denen dieselben stehen.*) Ein solcher Rückbildungsprocess wird durchaus begreiflich, wenn man bedenkt, dass manchen Orts sowohl der Fabrikarbeiter als der ländliche Tagelöhner, inmitten der

---

hörigen, eigene Krankheit, Unlust unerwiderter Liebe u. s. w., u. s. w., durch allerlei den Geist zerstreuenden Beiwerks und durch Abdämpfung und Niederhaltung des Empfindungslebens einen Theil ihrer Bitterkeit verlieren. Diese wohl temperirten Menschen, denen es in ihrem ruhigen Innern so behaglich ist, wie in ihren wohlgeordneten socialen Verhältnissen, die kaum eine Verlockung zur Sünde, viel weniger zum Verbrechen haben, weil ihre Neigungen durchaus in Harmonie stehen mit dem ihnen Sichern, und deren Geist doch nicht die nöthige Expansionskraft besitzt, um sich die Gründe klar zu machen, warum ihre glückliche Ausnahmsstellung eben nur als Ausnahmsstellung eine relativ so glückliche sein kann, wie ganz und gar sie auch als innere Menschen das Product ihrer Verhältnisse sind, und wie sich mit jeder Verrückung ihres Ausnahmsstandpunctes auch ein ganz anderes Weltbild präsentiren muss — diese Leute sind hauptsächlich die Anhänger der Reformkirche.

*) Mit dieser unserer Auffassung stimmt es dann auch überein, was vom Standpunct der Fortschritts-Optimisten ein Paradoxon ist: dass es nämlich für Leute dieser Classe ein Gewinn in jeder Beziehung ist, wenn sie überzeugungsvolle Glieder einer Sectirer-Gemeinde („Stündler" sagt man in der Schweiz) werden. Die Männer werden dem Wirthshaus entzogen, die Frauen werden reinlicher im Hauswesen und in der Kleidung; die Familienbande sittlich befestigter; das Zusammenhalten der Gemeindeglieder ermöglicht Abhülfe mancher Verlegenheit, und unabwendbare Noth wird würdiger getragen.

Cultur und durch die Cultur und zu Gunsten der Cultur, in einen Zustand gerathen ist, der insofern zum Stand des Wilden auf dessen untersten Stufe eine Parallele bildet, als sich der Inhalt seines ganzen Lebens und Strebens, mit Aufgebot seiner sämmtlichen Kräfte im Gewinnen der nothwendigsten Nahrung und dem nothdürftigsten Schutze vor den Extremen der Witterung erschöpft.

Es ist aber auch nicht der Pessimismus die Ursache für die Irreligiosität im Proletariat.

Der Proletarier, so weit er mit mehr oder minderem Bewusstsein Socialdemocrat ist und auf die Kirche und die Religion schimpft, ist bloss „Entrüstungspessimist". Wir haben bereits früher auseinander gesetzt, wie der „Entrüstungspessimismus" einen eudämonologischen Optimismus voraussetzt, und können uns daher hier ohne allgemeine Erörterungen an den speciellen Fall halten.

In seiner gedrückten Lage, in seinem aufreibenden Kampfe gegen die auf ihn eindringende Noth kann der Proletarier gar nicht zu einem hinlänglich weiten Ueberblick über das Leben gelangen, um zu einem objectiv-ruhigen Urtheil über den eudämonologischen Werth der verschiedenen Lebensstellungen und Lebensfactoren befähigt zu sein. Der Unterschied zwischen der Gefährdetheit seines eigenen Lebens, dessen nothwendigsten Bedingungen er nur durch den aufreibendsten Arbeitskampf — der nur zu oft wieder das Leben direct bedroht — sich gewinnen kann, und dem wirklichen oder scheinbaren kampflosen Besitze aller Naturbedingungen von Seite der höhern Stände ist so gross, dass es ihm wahrlich nicht verübelt werden kann, wenn er den Unterschied des eudämonologischen Werthes als einen positiven statt nur relativen ansieht; denn der Grad des relativen Unterschiedes ist ja unleugbar so gross, dass er die Lebensgestaltung bis in die tiefsten Gründe geistiger Entwickelung hinein beeinflusst.

Die Bekenner des modernen philosophischen Pessimismus stammen nicht deswegen der überwiegenden Mehrzahl nach aus den begünstigteren oder begünstigsten Classen der Gesellschaft, weil die Blasirtheit in Folge Uebergenusses Vorschub des Pessimismus ist, sondern weil man erst auf einer gewissen Höhe über der rein natürlichen vegetativ-animalischen Sicherstellung des Lebens sich befinden muss, um dieses letztere abwägen und abschätzen zu können.*)

---

*) Ralph Waldo Emerson, der unlängst verstorbene amerikanische philosophische Essayist, sagt irgendwo in seiner geistreich zerfaserten Weise: der Hauptwerth von Reitpferden, Billardspiel und dergl. Sport bestehe darin, dass die jungen Leute einsehen lernten, dass dieselben das Glück nicht ausmachten.

Der Proletarier fühlt unmittelbar und stündlich, dass sein Leben elend ist, elend aus Mangel; er meint, dass wenn der Mangel, der bei ihm der dominirende und dem ganzen Leben Farbe und Ton verleihende Zustand ist, gehoben wäre, so müsste das Leben das Gegentheil von elend, also glücklich sein. Hört er nun optimistische Phrasen von der für das allseitige Glück der Menschen wohl eingerichteten Welt, so empört sich sein Gefühl als grundlos Ausgeschlossener, als Aschenputtel der Weltordnung und er grollt seinen Mitmenschen und dem Gott der Optimisten, den er nicht begreifen kann.

Die Rückkehr zur Religiosität — resp. die Erhebung auf einen, religiöse Empfindungen ermöglichenden Stand — und damit zur Ueberwindung des vulgären Entrüstungspessimismus mit seinem sittlich degenerirenden Einfluss findet das Stiefkind Fortunas nicht durch die Theorien des optimistischen Rationalismus, sondern durch die echt pessimistische Kehrseite der gefühlsmässigen religiösen Voraussetzungen. Der Weg der „Bekehrungen" ist immer der, dass der Blick sich erweitert und neben dem eigenen Leid das allgemeine erkennt, dass das äussere Elend zurücktritt durch die Erkenntniss des innern Elends, dass das „Leid" zum „Uebel" wird, welches ganz einfach, ohne weitere Speculation, als Schuld, als Sünde erscheint. Ferne davon also, dass es der Pessimismus ist, der den Verlust des religiösen Empfindens und Strebens verschuldet, ist es im Gegentheil die Vertiefung des pessimistischen Bewusstseins, der Fortgang von dem unreifen Entrüstungspessimismus, dem noch die Eierschale seiner materialistisch-hedonistisch-optimistischen Abstammung anklebt, zu einer Form, die eine entschieden höhere ist, weil sie — obgleich noch immer ein einseitiges und oberflächenhaftes Weltbild zeigend — doch bereits nach den innern Wurzeln des Elendes sucht, statt diese unmittelbar in Aeusserlichkeiten zu sehen.

Den Entrüstungspessimismus trifft der Vorwurf: dass der Pessimismus das Product der Ueberschätzung der materiellen Güter sei; den Entrüstungspessimismus kann der Vorwurf treffen, dass der Pessimismus zur Untergrabung der Religiosität führen könne — „führen könne" sagen wir, nicht einfach: dazu führe, weil der Entrüstungspessimismus selbst wieder ein Genus ist, welches verschiedene Specien aufweist, und weil die hier in Betracht gekommene Species des social-democratischen Entrüstungspessimismus selbst Voraussetzungen hat, welche schon als solche, auch ohne Durchgang durch den letztern, zur Erschlaffung der religiösen Empfänglichkeit geneigt machen. Den modernen philosophischen Pessimismus treffen diese Beschuldigungen in keinem Fall, weil es ihm gerade wesentlich ist, sowohl mit dem Entrüstungspessimismus (Genus und Species), als mit seinen optimistischen Voraussetzungen gründlich aufzuräumen.

3. Pessimistische Zugeständnisse des religiösen Optimismus.

Als E. von Hartmanns „Philosophie des Unbewussten" zuerst das scharf und deutlich formulirte Glaubensbekenntniss eines philosophisch abgerundeten Pessimismus in die Welt hinaustrug und die Gemüther in lebhafte Bewegung versetzte, da wurde auch von Seite specifisch religiöser Optimisten der Versuch gemacht, das negative Urtheil über den eudämonologischen Werth der Factoren des natürlichen Lebens zu bestreiten, meist durch den Hinweis auf die materialistische Ueberschätzung der bloss sinnlichen Seite des Lebens und Unterschätzung der sittlichen Bedeutung der betreffenden Lebensformen; im ganzen aber wurde besonders von den Theologen der empirische Pessimismus willig zugegeben, und in den letzten Jahren mehren sich die Stimmen, welche mit Anerkennung des Sachverhaltes: wonach die Weltverachtung Vorbedingung höheren religiösen Empfindens ist, der Hartmann'schen Kritik des Lebens ihren Beifall zollen.

„Es ist ein in seiner Art grossartiges Capitel", — sagt Dr. A. Ebrard („E. v. H.'s Phil. d. Unb." 1876) — „wo er (Hartmann) wie ein zweiter Koheleth in der Gesundheit, der Jugend, der Freiheit, dem guten Auskommen, der Geschlechtsliebe, dem Mitleid, der Freundschaft, dem Familienglück, der Eitelkeit, dem Ehrgeiz, dem Ruhm und der Herrschaft, dem Laster, der Wissenschaft und Kunst, dem Schlaf und Traume, dem Erwerb und bequemen Leben, der (irdischen) Hoffnung ein schmerzloses Glück sucht, und nicht nur ein solches nirgends, sondern überall ein Ueberwiegen der Unlust über die Lust findet. O freilich, wenn man in irdischen, relativen Gütern sein letztes Ziel und die Befriedigung des absoluten Seligkeitsdurstes sucht, dann findet man unausbleiblich statt dem Honig Galle." Bischof Martensen (Christliche Ethik. 1878) sagt: „Der Pessimismus ist die höhere Anschauung, als er jedenfalls die vom Optimismus verschleierten Widersprüche zwischen Ideal und Wirklichkeit entschleiert." „Optimismus und Pessimismus sind Geschwister und verhalten sich zu einander wie Unmittelbarkeit und Reflexion." „Es ist lehrreicher in ethischer Hinsicht, die unglücklichen Zeiten der Geschichte zu studiren, als die glücklichen, weil die unglücklichen Zeiten uns über das Finale des natürlichen Menschenlebens belehren, uns veranschaulichen, was die Moral der optimistischen Geschichte sei. Auch hier gilt das Wort: Respice finem. Daher ist die Betrachtung des Heidenthums um die Zeit der Geburt Christi so lehrreich; denn sie zeigt uns das Resultat, zu welchem endlich die heidnische Völkerwelt durch den langen Verlauf der Geschichte gelangte: nämlich zu völliger Resultatlosigkeit, reinem Nihilismus, in welchem das Ganze aufgeht. Der Jammer der Zeiten ist es, der den Weg bahnt zur Erkenntniss der Schuld."

Sehr deutlich spricht es auch Ch. E. Luthardt („d. modernen Weltanschauungen." 1880) aus: „Wenn man nichts kennt als dies sinnliche Dasein, so ist es ein elendes Dasein." „Es ist das unwillkürliche Zeugniss für den Adel der Menschenseele, dass auch die Fülle des irdischen Genusses sie nicht zu sättigen vermag, sondern das Gefühl der Oede nur steigert." Auch die Hingebung an die rein-menschlichen Ideen und Ideale retten den Optimismus nicht: „Man hat in den Idealen der eigenen Vernunft geschwelgt, und das Ende ist, dass man an allen Idealen irre geworden ist, weil man das eigentliche Ideal verloren hat."*)

Ebenso sagt Rudolf Pfleiderer (in „der Beweis des Glaubens"; Heft v. Februar u. März, Juni, Juli u. August, 1881): „Es ist der Pessimismus selbst, welcher die dem Christenthum zugekehrte Seite der Hartmann'schen Philosophie bildet; das Wahrheitselement desselben, welches schon das alte Testament durchgefühlt (Prediger), das Neue in geläuterter Gestalt in sich trägt." „Und so gewiss es mehr ist, den Widerspruch zwischen Ideal und Wirklichkeit zu entschleiern, den Stachel des Lebens, den Ernst des Daseins stark fühlen und hervorheben, als dies alles behaglich ignoriren, verschleiern, negiren: um so viel ist der Pessimismus die höhere Weltanschauung gegenüber dem (einseitigen) Optimismus. Daher und in dieser Hinsicht wohnt diesem ein behäbiger Realismus, jenem ein, zunächst negativ-idealer Zug inne, welcher sich im schneidigen Gericht über practischen Materialismus, ordinäre Nützlichkeits-Moral u. s. w., gegen Epikuräismus und Optimismus, kurz in der grellen Hervorhebung des Widerspruches zwischen Ideal und Wirklichkeit, in der scharfen Beobachtung und kritischen Beleuchtung des Lebens und der Zeitschäden manifestirt."

Diese Zugeständnisse werden aber gleich hinterher wieder eingeschränkt durch die Behauptung: dass durch das religiöse Leben, durch den Glauben auf die Einigung mit Gott dieser berechtigte

---

*) Sehr beachtenswerth ist was Luthardt über den modernen seichten optimist. Rationalismus in Religion und Pädagogik sagt; ebenso über die Nachtheile der sogenannten modernen Freiheiten; z. B. über die auf Wirthschaften ausgedehnte Gewerbefreiheit; endlich über den Aberglauben des Socialismus, resp. das socialistische Glückseligkeits-Ideal.

empirische Pessimismus in den Hintergrund gedrängt werde, indem sich für den im Glauben Stehenden die Lust aus dieser Quelle als alle Unlust und Noth überwiegend erweise.

„Der versöhnte Christ ist vom Pessimismus weit entfernt, er weiss nur, dass er ohne die Versöhnung allerdings ein Pessimist sein müsste", sagt in diesem Sinne Weygoldt („Kritik d. phil. Pessimismus der neuesten Zeit." 1875), und ebenso Max Frommel („Zeichen der Zeit"): „Es gibt eine Geschichte der Sünde, das ist des Christen Pessimismus, und es gibt eine Geschichte der Gnade, das ist des Christen Optimismus; aber die eine Wagschale ist voller als die andere, die Gnade ist doch viel mächtiger: so gehen die Christen durch die Zeit als die Traurigen und doch alle Zeit Fröhlichen, als die Pessimisten und doch allezeit Optimisten."

Nun leugnet der Pessimismus nicht, dass die religiöse Erhebung ein erhebliches Gewicht in die optimistische Wagschale zu werfen vermöge;*) indessen sie macht nur vermittelst der auf Resignation fussenden Versöhnung mit dem Leid das nun einmal zu lebende Leben erträglicher, besser, aber sie hebt den Pessimismus — d. h. das das Sein verurtheilende Denken, nicht auf. Sogar ein Paulus, dessen starkes, inniges religiöses Seelenleben niemand bestreiten wird, wurde des Lebens müde und wünschte abzuscheiden und bei dem Herrn zu sein. Idealiter wird die Unlust des Lebens allerdings überwunden durch das Bewusstsein, dass sie und ihre realen Correlate kein Hinderniss sind für die Vereinigung des religiös activen Individuums mit Gott, und dass sie kein Hinderniss sind im Weltplan Gottes. Es wird das Gefühl des Preisgegebenseins, welches bei einer bloss naturalistischen Weltanschauung so erdrückend wirkt, aufgehoben, indem das religiöse Bewusstsein die eudämonologisch rücksichtslose Naturteleologie als Teleologie Gottes zu höherem Zwecke betrachten lernt. Es wird auch der Druck der Unfreiheit überwunden, sobald das religiöse Gefühl sich derart in Gott zu versenken vermag, dass es nicht nur sagen kann, „nicht mein Wille, dein Wille, Herr, geschehe" — denn dies ist nur Resignation, die noch sehr schmerzlich sein kann — sondern indem es in Gottes Wille seinen Willen zu erkennen vermag.

Indem aber das religiöse Leben die Unlust der Welt idealiter überwindet, bleibt dieselbe realiter doch bestehen, ja sie muss bestehen bleiben nach der theistischen Weltansicht, wenn anders die Welt nicht aufhören soll, ihre Aufgabe als Prüfungsstätte der endlichen Geister zu erfüllen. Das Leid, die Unlust, als das Bewusstwerden dessen was dem Ideal und den allseitigen Forderungen

---

*) Phil. d. Unb. C. Cap. XIII, 6.

nicht entspricht, muss überhaupt bestehen bleiben, wenn das religiöse Leben selbst sein soll: denn dieses ist nicht ein ruhender Zustand, sondern ein beständiges Ringen und sich Erheben gegen und über etwas, was negirt wird, und es erlahmt und wird zur blossen Maske seiner selbst, wenn diese seine Vorbedingung hinwegfällt. Mögen die religiösen Optimisten zugeben, dass auch das mit dem Streben nach sittlichen Zielen und durch die Religion und ihre Hoffnungen erfüllte Leben nicht das Sehnen des Menschenherzens stillt, oder mögen sie den Pessimismus nur für dasjenige Leben, dem jene höchsten Güter mangeln, zugestehen, jedenfalls müssen sie das Uebel als Sünde voll und ganz zugeben: denn in demselben Grade als sie den Pessimismus der Sünde verblassen lassen wollten, verlöre auch der zu behauptende religiöse Optimismus seinen Glanz. „Ich bin Optimist, weil ich Pessimist bin . ." „nur durch den Pessimismus gelangen wir zum Optimismus", sagt F. Michelis (Verhandlungen d. phil. Gesell. in Berlin, 1878); und der überschwänglichste Erlösungsjubel und Gnaden-Optimismus ist dies nur in seinem Gegensatz zum Pessimismus, zur Trauer und Entrüstung über die Sündhaftigkeit und die Uebel.

Und doch wird aus der nicht zu leugnenden Thatsache in den Händen der Pessimisten eine so gefährliche Waffe gegen den Gottesbegriff des Theismus! Daher sieht sich der religiöse Optimismus in den Widerspruch verwickelt etwas, was er seinem Wesen als religiöse Lebensäusserung entsprechend in concreto als das Nicht-sein-sollende bekämpfen muss, in abstracto als das Sein-können-müssende zu vertheidigen. Wenn die religiösen Optimisten auch am Ende den Satz zugestehen können: es überwiegt in der Welt die Unlust die Lust (eine allgemeine Formel, innerhalb welcher jede specielle Formulirung des pessimistischen Bewusstseins Raum findet), den Folgesatz, „es wäre das Nicht-sein der Welt ihrem Sein vorzuziehen", können sie nicht zugeben, ohne ihren Gottesbegriff preiszugeben; in Abwehr gegen diese absolut-negative Behauptung des modernen philosophischen Pessimismus laufen nun alle bedeutenden Kritiken des modernen Pessimismus, resp. der Philosophie E. von Hartmanns auf eine Rechtfertigung der Uebel, oder eine Rechtfertigung Gottes wegen der Zulassung derselben hinaus.

4. Die Rechtfertigung des Uebels.

In seiner sehr lesenswerthen Schrift „das Leiden, beurtheilt vom christlichen Standpunkt" (1881) meint Past. Harnisch: Endziel der Weltschöpfung sei die religiös-sittliche Vereinigung persönlicher Geister mit Gott; eine solche Vereinigung aber müsse ihrem Wesen nach eine freie sein, denn wäre sie necessitirt, so wäre sie zwar noch eine religiöse, aber nicht mehr eine sittliche. Ein solches sittliches Werden aber sei nur denkbar durch den Kampf mit Hindernissen, also durch Leiden und Freiheit zum Bösen. Nur diese freie Selbstbestimmung zu Gott sei höchste Seligkeit, nicht das blosse Heranwachsen vermöge einer Naturbestimmung; dieses wäre bloss receptives Wohlempfinden, nicht volle Seligkeit, die nur als Action gedacht werden könne. Die Leiden und Uebel seien somit kein Hinderniss, Gott als allgütig zu begreifen, sie dienten im Gegentheil als Unterpfand unserer hohen Bestimmung, sobald man ihre Bedeutung für die Entwickelung der freien sittlichen Persönlichkeit erkannt habe.*) (p. 83.) Die Axe, um die sich alles dreht, ist der Begriff der Freiheit. Nun können wir hier nicht darauf eingehen inwiefern dieser Begriff philosophisch haltbar oder unhaltbar ist; hier genügt es, sich gegenwärtig zu halten, dass die Freiheit als ein Gut, als ein optimistisches Moment aufgefasst wird. Wenn aber die Freiheit nicht nur darin besteht, dass der endliche Geist sich ebenso von Gott abwenden wie zu ihm hinstreben könnte, sondern dass aus der Freiheit factisch die Gottentfremdung und mit ihr das Leid und das Uebel entsteht, so wird der eudämonologische Werth, mithin die optimistische Bedeutung der Freiheit mehr als zweifelhaft.

Wenn es ferner auch wahr ist, dass höchste Seligkeit nur als activ zu denken ist, so ist damit eben auch zugleich eingestanden, dass selbst die höchste Seligkeit nur ein relatives eudämonologisches Gut sei, welches die Unlust des Kampfes als Correlat hat, mithin immer nur als ein Uebergangsstadium zu denken ist; dass daher, wenn das Ziel der Vereinigung mit Gott erreicht wäre, die Seligkeit als activer Affect doch jener inactiven, schmerz- und lustfreien Ruhe weichen müsste, welche als bloss „receptives Wohlbefinden" unter der activen Seligkeit stehen soll. Der Kampf und die active Seligkeit sind aber nicht immer bei einander; im Kampfe unterliegen Viele und verfallen der positiven Unseligkeit, während das bloss „receptive Wohlbefinden", als Resultat eines determinirten zu Gott-Gelangens, einen so erheblichen Abzug an seinem eudämonologischen Werthe nicht erlitten hätte. Die Freiheit ist daher für die persönlich gedachten endlichen Geister immer ein gefährliches Geschenk, wenn sie auch in den günstigsten Naturverhältnissen incorporirt sind; sie wird aber zu einer furchtbaren Bürde, wenn dieselben in Verhältnissen der Leiblichkeit stehen, wo die

---

*) Harnisch beruft sich auf A. Schweizer, Glaubens-Lehre I. 307. Martensen, Dogmatik 238; und Christl. Ethik I. 418, 442.

herunterziehenden Motive zahlreicher auftreten, als diejenigen zur sittlichen Behauptung und religiösen Erhebung. Wenn daher wirklich die Nothwendigkeit besteht, dass der endliche Geist sich selbst erarbeiten muss, wodurch die Nothwendigkeit der Leiden und Prüfungen dargethan werden soll, so können wir darin nur eine harte, traurige, für den Pessimismus, nicht den Optimismus sprechende Nothwendigkeit erblicken; und wenn auch, wie E. Melzer (Autonomie der Vernunft II. Aufl. 1881) meint, das von freien Geschöpfen erworbene Gute unendlich das Böse überwiegen sollte, so wäre der Ausgleich höchstens vom Standpunct des Absoluten aus, welches über dem Gut und Böse steht, wahrnehmbar, nicht aber vom endlichen Standpunct aus, der denselben stets nur momentan und einseitig-intellectuell erfassen kann; während der endliche Geist als Ganzes, d. h. als vielseitiges Empfindungswesen unmittelbar und realiter nur in der vom Uebel beherrschten, kampfdurchtobten Welt steht, und die Seligkeit in Gott nur in flüchtigen, momentanen religiösen Erhebungen geniesst, als dauernder Zustand aber bloss in der Hoffnung anticipirt.

Melzer (an ob. g. St.) führt auch den bekannten theologischen Einwurf ins Feld: obgleich Gott gewusst habe, dass die Freiheit der endlichen Geister seine schöne Schöpfung verderben würde, so falle die Verantwortlichkeit dafür doch endgültig nicht auf ihn, indem für die Verderbniss der Welt nur der Möglichkeitsgrund in Gott liege. Aber dies scheint doch nicht ganz stichhaltig zu sein; denn warum hat Gott einen solchen Möglichkeitsgrund zugelassen? Durch die Zulassung eines Entwickelungsprocesses der endlichen Geister, welche die zum Bösen-führen-könnende Freiheit nöthig macht, wird Gott letzten Endes doch verantwortlich für das Uebel.*) Die Zulassung ist in Gott, wo Intelligenz und Wille als Einheit zu denken sein soll, kein rein passiver Zustand; denn das setzte voraus, dass in der Creatur eine formerzeugende Schaffungskraft bestünde, die absolut unabhängig von Gott wäre; was der theistische Gottesbegriff ausschliesst. Die Zulassung ist also ein Zulassenwollen, falls nicht ein Zulassenmüssen angenommen werden muss; welch letzteres zwar nicht schlechthin die Allmacht des Absoluten schädigt, wohl aber diese Seite am theistischen Gottesbegriff modificirt.

---

*) Melzer wendet das Gleichniss an: der Gärtner pflanze doch den Baum, obgleich er wisse, dass von den unzähligen Blüthen nur relativ wenige zur reifen Frucht sich entwickelten. Uns sei erlaubt zu fragen: wenn ein Vater seinem fünfjährigen Jungen eine Pistole und scharfe Patronen giebt und der Junge damit seinen Spielkameraden todtschiesst, ist der Vater dann deswegen moralisch weniger schuldig am Unglück, weil er den Jungen vorsichtig zu sein anempfahl und ihm eine Scheibe, worauf er zielen soll, zeigte?

So constatirt denn auch Harnisch wirklich eine Schranke, wenn er sagt: die Frage, warum schmerzliche Entwickelung der Geister sein müsse, warum Gott nicht gleich sittlich-religiöse Charactere geschaffen habe, sei nicht zulässig; denn letztere müssen eben werden, könnten nicht geschaffen werden. Es heisse den Begriff der Allmacht überspannen, wenn man mit Lotze behaupte das Leiden als Erziehungsmittel beschränke Gottes Allmacht, weil man Leiden nur da gebrauche, wo es keine andern Mittel gebe; denn — meint Harnisch — der Begriff von Gottes Allmacht meine nicht, Gott könne auch das Widersinnige, das Undenkbare schaffen. Die Allmacht werde nicht äusserlich beschränkt, sondern nur innerlich aus Gottes wahrem Wesen heraus: durch die logische Nothwendigkeit. Harnisch beruft sich dabei auf Weisse, (Phil. Dogmatik, I. pag. 596) und auf Fechner („Tagesansicht"): „es giebt eine logische Nothwendigkeit, gegen die Gottes Allmacht nichts vermag; denn er kann nicht aus $2 + 2 = 5$ machen und die Gültigkeit des Ludolf'schen Satzes vom Verhältniss der Kreisperipherie zum Durchmesser nicht aufheben".

Dieser Anschauung liegt die Voraussetzung der Philosophie zu Grunde: dass unsere Denkformen die Formen des absoluten Geistes, unsere discursive Logik die endliche Erscheinungsform der absoluten (intuitiven) Logik sei. Es fällt uns nicht ein, hiergegen eine Einwendug zu erheben; es ist dies die Voraussetzung alles Philosophirens, und wenn wir dieselbe nicht zum mindesten als grösste Wahrscheinlichkeit festzuhalten vermögen, so verfallen wir dem intellectuellen Pessimismus; es darf aber in diesem Falle nicht vergessen werden, dass die Wahrscheinlichkeit in dem Grade wächst, als man sich den Zusammenhang des Endlichen mit dem Unendlichen als einen innigen, einheitlichen denkt; dass hingegen jede trennende Schranke zwischen Gott und der Welt, wie sie der Theismus mit der Persönlichkeit und dem selbstständigen Bewusstsein Gottes setzt, der anderen, ebenfalls denkbaren Möglichkeit Raum schafft: dass unsere Denkformen nicht die Denkmöglichkeit in Gott erschöpfen. Doch diese Bemerkung nur beiläufig.

Hingegen ist es für uns interessant, dass auch Harnisch die optimistische Weltanschauung und die Rechtfertigung der Leiden und der Uebel doch nur aufrecht zu halten vermag, erstlich durch die Berufung auf den Glauben an die ausser unserem Gesichtskreis liegende Weisheit (vergl. Martensen, Christ. Eth. II), zweitens aber, indem er mit dem Paulinisch-Augustinisch-Lutherischen Dogma von der ewigen Verdammniss der von Gott abgefallenen Geister bricht. Nicht in dem Sinne, dass er die von Origines vertretene, in der katholischen Kirche wenigstens geduldete Anschauung theilt, nach welcher dereinst die Verdammten, die gefallenen Engel an der Spitze, selig werden, sondern indem er jene schwankenden Bibelworte vom Tode der Seelen, die durch ihre Abwendung von Gott auch ihre Existenzbefähigung einbüssen, geschickt verwerthet.

Zu der gleichen Abweichung vom alten strengen Dogma sehen sich auch Ulrici, Bacmeister (der Pess. u. die Sittenlehre. 1882) und Theodor Trautz (Pessimismus; 1876) gedrängt.

5. Weder die Rechfertigung des Uebels noch die Theodicee leisten, was sie sollen.

Die geistvollste Vertheidigung des Uebels und die überzeugendste Theodicee kann immer nur folgendes erreichen: wenn unüberwindliche Gründe zur Annahme eines bewussten Gott-Schöpfers zwingen, und wenn ebenso zwingende Gründe wären, um die Erschaffung von abgeleiteten Substanzen (freier endlicher Geister) plus einer nach mechanischen Gesetzen regierten realen Welt als unausweichlich nothwendig erscheinen zu lassen, dann, und nur dann, könnte das Uebel (Leid und Sünde) unter solchen Gesichtspuncten betrachtet werden, dass es kein Hinderniss für die den Gottesbegriff zu ertheilenden Prädicate der Allgüte und Allweisheit sein würde.

Nun führen aber die unter dem Zwange des Causalitätsgesetzes vorgenommenen transcendentalen Speculationen nur zu einem allmächtigen (d. h. alle Macht, resp. Kraft und Realitäts-Setzungs-Vermögen umschliessenden) und logischen Urwesen; während der Zwang, die Urwesenheit (das Absolute der Philosophie) als Gottheit, als bewusste, die Attribute der Allgüte und Allliebe tragende Persönlichkeit vorzustellen und zu denken, nur in dem Drucke unserer Abhängigkeit und in der Sehnsucht nach der Realität unseres Ideals, sowie in dem Trost- und Hülfe-Verlangen besteht. Nun ist aber dieses Trost- und Hülfe-Verlangen nur wieder vorhanden, weil das empirische Dasein dem Individuum die Ansprüche, die es an das Leben stellt, nicht voll befriedigt. Also erweist sich die Annahme: das Gemüthspostulat eines allgütigen, allliebenden, allweisen und allmächtigen persönlichen Gottes sei eben als Gemüthspostulat zwingender Grund für diese Form der Gottesvorstellung und Begriffsconstruction, als eine höchst wackelige Annahme, weil sie den Widerspruch in ihrem Fundamente birgt: dass eine Thatsache (nämlich das Uebel und Leid der Welt) zur Annahme einer Position führen soll, die, wenn transcendent-reale Position, die Thatsache selbst nur vermittelst künstlicher

Umdeutung eines ihrer Prädicat-Begriffe (in sich beschränkte Allmacht) wahrscheinlich erscheinen liesse.

Warum aber hat Gott die Welt erschaffen? Angenommen die Freiheit, welche zum Missbrauch und zur Unseligkeit führen konnte und wirklich geführt hat, sei nothwendig, um der echten Vereinigung mit Gott fähige Geister zu erzeugen; angenommen — und willig zugestanden — der Kampf mit dem Leid und dem Uebel sei Bedingung für die Bildung sittlich-religiöser Charactere: warum wollte Gott, der doch Alles in Allem, der Inbegriff alles Subsistirenden und Existirenden ist, eine solche Vereinigung von etwas, was er doch erst aus sich heraussetzen musste? Die naivoptimistische Auskunft: Gott schuf die Welt aus Liebe, ist nicht stichhaltig, denn sie setzt den Optimismus, dessen Berechtigung erst bewiesen werden soll, schon voraus, und dann verstösst sie gegen den Begriff der Liebe. Liebe ist gefühlsmässige Durchbrechung der Schranke zwischen den Individuen, die relative Vereinigung Getrennter in der Einheit des gegenseitigen, auf das andere bezogene Wollen, gleichzeitig mit dieser relativen Einigung die Sehnsucht nach positiver Vereinigung, die als Vorgang zwischen Individuen doch nicht möglich ist. Gott als Gott hatte keine Schranke in sich, bevor er die Welt und die endlichen Geister schuf, keine Schranke, in deren Durchbrechung die Liebe bestehen, und welche das eine Bestandtheil der Liebe: die Sehnsucht, erzeugen konnte.*) Fand aber das Absolute eine Schranke im Abgrund seiner Urnatur vor, war der Durchgang durch die Weltsetzung eine Nothwendigkeit für sein Gottwerden (das Entlassen des An-sich-seienden in das Anders-sein zum Zwecke des Für-sich-seins und Sich-Gott-Wissens, mit Hegel'scher Terminologie zu sprechen), so ist bei der realen Beschaffenheit des Anders-seins diese Nothwendigkeit eine tragische, weil sie, was gerade den Begriff des Tragischen ausmacht, eine von innen heraus zum Leiden determinirte ist, mag immerhin das nachweltliche, ausserweltliche, Jenseits des Weltprocesses als ein Zustand der Glückseligkeit gedacht werden; denn Pessimismus und Optimismus haben es nur mit dem Process, mit der Immanenz, nicht mit der — allfälligen — weltzeitlichen Transcendenz zu thun. Die Vertheidigung des Leides und des Uebels und damit die Rechtfertigung Gottes für Schaffung, resp. Zulassung desselben, stellt daher

---

*) Gott kann die Menschen nicht geschaffen haben, damit er sie lieben könnte, und um mit dem Liebesgefühl seine Leere, seine Ergänzungsbedürftigkeit auszufüllen, weil er — nach theistischer Lehre — ausser der Welt kein leidender Gott, sondern ein Gott der Herrlichkeit sein soll; aus Mitleid mit ihrer Liebesbedürftigkeit aber brauchte er die Menschen nicht zu lieben, wenn er sie nicht geschaffen hätte.

dem Pessimismus gegenüber nur eine Defensivposition dar, sofern letzterer den Gottesbegriff des Theismus bedroht; als Offensive gegen den Conclusionssatz des Pessimismus: „die Welt wäre besser nicht" aber ist sie gänzlich machtlos. Gerade wie der ethische Optimismus nur einem naturalistischen Pessimismus gegenüber, welcher meinte, dass mit der Unhaltbarkeit des eudämonologischen Postulates gleichzeitig auch die Berechtigung der sittlichen Forderung falle, im Rechte ist, so ist auch der religiöse Optimismus einem in der Verzweifelung steckenbleibenden Pessimismus der materialistisch-mechanistischen Weltanschauung gegenüber im Rechte, weil er die Fahne des Geistes hochhält und auf die mögliche Erlösung, resp. Erhebung über das Leid und das Uebel hinweist.*)

Soweit der Optimismus des Theismus im Recht ist gegenüber einem naturalistischen Pessimismus, bildet der moderne philosophische Pessimismus, wie E. von Hartmann ihn vertritt, keinen Gegensatz zu ihm. Der Letztere theilt mit dem religiösen Optimismus die Ueberzeugung, dass nicht zwecklose, blinde Mechanistik den Weltgang bestimmt, sondern dass derselbe die Auswirkung eines geistigen Principes ist; dass es eine sittliche Weltordnung giebt, und dass das Leid und das Uebel auch in deren Dienste stehen; ferner, dass eine ideelle Erklärung, wenn auch nicht vom Leid, so doch vom Uebel möglich ist, und damit eine Versöhnung mit dem Leben durch die Einsicht in deren teleologische Beschaffenheit, wonach Leid und Uebel — entsprechend ihrer dialectischen Natur — das Mittel ihrer eigenen Aufhebung werden müssen.

In dieser Hinsicht ist vor allem auf E. von Hartmanns Essay: Die Bedeutung des Leids**) hinzuweisen; eine Arbeit, von der man zu erwarten berechtigt ist, dass sie ihrem Verfasser nicht nur einige Complimente von Seite der Gegner einbringt, sondern zur wesentlichen Klarstellung der Situation, in welcher religiöser Optimismus und philosophischer Pessimismus zu einander stehen, dienen sollte.

Das Nichtsein der Welt wäre dem Sein vorzuziehen. Gegen diesen Folgesatz des philosophischen Pessimismus kommt man auf philosophischem Gebiete, wo es sich um Wissen und Denken, nicht um Glauben und Hoffnung handelt, einfach nicht auf. Wenn die Welt nicht wäre, so brauchte keine mit Unlust erkaufte Sittlichkeit zu

---

*) Vergleiche hierzu: Hartmann „Die Religion des Geistes". Band II, 2. pag. 260—263.

**) „Zur Geschichte und Begründung des Pessimismus". Abh. IV. (speciell No. 7: Die speculative Rechtfertigung des Leids u. seiner providentiellen Bedeutung).

sein; wenn Gott nicht aus sich die Welt gesetzt hätte, so brauchte die wiedervereinigende Rückkehr des Aussersich-gesetzten nicht unter Leid und Uebel und unter Gefahr des Verlorengehens eines Theiles erkämpft zu werden.*) Diesen ganz einfachen, klaren Satz kann man zwar „trivial", „platt" (Melzer) nennen, aber widerlegen kann man ihn doch nicht. Alle denkbare Seligkeit ist dies nur, weil sie ein besser gedachtes Sein ist, als das real vorhandene, und weil das Sein schlechthin gewollt wird. Wäre kein Sein, so brauchte es nicht „besser" zu sein; wäre das Sein-wollen nicht, so wäre das Nicht-sein kein Mangel. Ein seliges Sein ist nur unter der Voraussetzung werthvoll, dass Sein überhaupt sein müsse oder gewollt werde; wird es nicht gewollt und muss es nicht sein, so hat es nichts voraus vor dem Nicht-sein.

Somit ist die Wurzel alles und jedes Optimismus die Thatsache: dass Leben Wille zum Leben, Wille zum Sein ist. Nur immer unter der Voraussetzung, dass man das Sein wolle, ist das Weltsein auch dann zu rechtfertigen, wenn Seligkeit minus Unseligkeit ist. Das Wollen des Seins weggedacht, ist reines Nichtsein besser als Seligkeit minus Unseligkeit, ja sogar Seligkeit minus Möglichkeit der Unseligkeit.

6. Die Metaphysik des Pessimismus.

Zahlreich und mannigfaltig sind die Einwände, welche gegen die Schopenhauer'sche und Hartmann'sche Metaphysik erhoben werden. Zuerst der formalistische Einwand: es sei leicht aus deren Principien heraus den Pessimismus zu deduciren, nachdem das Princip vorerst auf pessimistische Voraussetzungen gegründet worden sei; aus dem blinden, vernunftlosen „Willen" Schopenhauers, aus dem pseudogeistigen „Unbewussten" könne allerdings nur eine schlechte Welt entstehen. Zum Andern ist es besonders die durchgeführte begriffliche Trennung der Attribute des Willens und

---

*) Es soll, nach dem Bibelwort, mehr Freude sein über die Rückkehr eines Verirrten als über zehn Gerechte. Wo viel Freude möglich ist, da muss auch viel Trauer möglich sein, es muss daher auch das Verlorengehen eines Sünders ein sehr grosses Leid verursachen; dieses Bibelwort möchte seiner ersten Conception nach der Idee entstammen, dass mit dem Verlorenen eine Einbusse an dem Absoluten, in dem die zur Seligkeit gelangten sind und leben, stattfindet. Der Gedanke des Abbruches, der Einbusse im Absoluten ist philosophisch natürlich unhaltbar; aber im religiösen Gebiete möglich, denn er ist factisch vorhanden: wir erinnern an das über „Noth Gottes" Gesagte.

der Vorstellung im Absoluten bei Hartmann, welche vielfache Angriffe aus dem Lager des Theismus erfahren hat, unter der Voraussetzung, dass nachgewiesene logische Fehler in den metaphysischen Constructionen auch für den Pessimismus vernichtend seien, indem diesem damit die speculative Stütze entzogen werde.

Dass der Dualismus, den die Gegner Hartmanns in seiner Principienlehre finden wollten, durchaus nicht vorhanden ist, sondern erst durch irrthümliche Auffassung der Kritik hinein interpretirt wurde, haben wir an anderem Orte*) nachzuweisen versucht, und ebenso, dass die Gefahr der Vermaterialisirung des Weltprocesses durch das dem Absoluten beigelegte Prädicat „unbewusst" durchaus nicht vorhanden ist; im Gegentheil, dass mit dem Begriff des „Unbewussten" erst die Möglichkeit gegeben sei, den Weltprocess als einen rein geistigen, als einen göttlichen Process zu erfassen.

Das oberste Princip Hartmanns ist das Resultat und Product verschiedener langer, selbst wieder mehrfach combinirter Inductionsreihen und separater Speculationen; der absolute unbewusste Geist mit den Attributen Wille und Vorstellung ist in erster Linie das Ergebniss erkenntnisstheoretischer und naturphilosophischer Untersuchungen, welche zur befriedigenden Lösung ihrer Probleme eines Princips bedürfen, welches die Realität mit der Idealität, die Geistigkeit mit der Fähigkeit, als Bewusstseinstranscendent gedacht zu werden, vereinigt. Wie die Betrachtung der Natur und ihrer Vorgänge unter dem Gesichtspunct der Teleologie auch die Berücksichtigung der dysteleologischen Factoren verlangt, so fordert die Inductionsreihe aus dem Gebiete der Psychologie auch die axiologische Betrachtung des Daseins. So kann man allerdings sagen: Das Princip der pessimistischen Philosophie sei durch den Pessimismus bestimmt, resp. mitbestimmt. Was für Hartmann gilt, gilt mit Einschränkung auch für Schopenhauer; bei letzterem sind es wesentlich erkenntnisstheoretische und psychologische Gründe, welche ihn zur Aufstellung des „Willens" als letzten Princips führten, wobei dem pessimistischen Bewusstsein in den psychologischen Reflexionen allerdings eine hervorragende Wirksamkeit zugekommen ist. Natürlich kann über den quantitativen, resp. intensiven Antheil den die verschiedenen partialen Welt- und Lebensbetrachtungen an dem speculativen Denkprocess nahmen, sowie über deren zeitlich-successive Verhältnisse bei der Entwickelung der Umrisslinien eines philosophischen Systems niemand etwas bestimmtes aussagen als der Philosoph selbst, und dieser ist die Rechenschaft darüber nicht schuldig.

---

*) „Der Kampf um's Unbewusste". C. Duncker's Verlag, Berlin 1881.

Es gilt aber ohne Zweifel von jedem philosophischen oder religiösen Princip, dass es schon unter Voraussetzungen solchen Sachverhaltes formulirt wurde, der nachträglich aus ihm deducirt wird. So kann man gewiss auch dem Theismus dasselbe entgegen halten.

Der Theismus ist nicht deswegen optimistisch gesinnt, weil aus seinem Gottesbegriff eine beste Welt deducirt werden muss; sondern der theistische Gottesbegriff ist ein solcher, der die ideelle Construction einer optimistischen Welt ermöglicht, weil er das Product einer geistigen Entwickelungsstufe ist, welche noch das Postulat der eudämonologischen Beschaffenheit des Daseins als Garantie für dieselbe ansah. Freilich ist der anfänglich auf das Verlangen und den Wunsch gegründete Ideencomplex, der sich auf das Absolute bezieht, modificirt genug, und zwar gerade modificirt durch die wachsende pessimistische Einsicht. Denn der Fortschritt in der Gottesvorstellung besteht in der Vergeistigung derselben und in Abstreifung anthropomorpher und anthropopathischer Prädicate; diese findet aber nur Hand in Hand mit der Resignation auf irdisch-sinnliches Behagen statt, da nur diese lehrt, das Augenmerk auf geistiges Leben und geistige Selbstbehauptung zu legen.

Der religiöse Optimismus kann als ausschliesslich religions-philosophisches Räsoniren den Principien der pessimistischen Philosophie, speciell der Metaphysik Hartmanns nichts anhaben. Diese kann nur bekämpft werden durch Aufzeigung von Fehlern im Inductionsmaterial und von falschen Schlüssen aus demselben. Für die Kritik vom religiösen Standpunct als solchen aus handelt es sich einzig und allein darum: ob die letzten Principien pessimistischer Philosophie (gleichviel wie dieselben genommen sind) sich fähig erweisen, Object religiöser Auffassung zu werden, dadurch dass aus ihnen die Thatsachen des religiösen Bewusstseins erklärt werden können und die Postulate desselben als berechtigte erscheinen. Die Thatsachen des religiösen Bewusstseins aber sind: 1) die Empfindung des Druckes der Endlichkeit und des Mangels; 2) die Empfindung des Uebels, subjectiv erkannt als Schuld; 3) die Sehnsucht nach Erlösung von Endlichkeit, Uebel und Schuld. Die Postulate sind: 1) ein absolutes geistiges Wesen, durch welches und in welchem wir erlöst werden, und 2) eine Seinsbeschaffenheit, welche die Erlösung möglich macht.

Schopenhauer meint bekanntlich: jede echte Philosophie müsse Atheismus sein; diese Forderung ist eine Consequenz seiner subjectiv-idealistischen Erkenntnisstheorie, welche die Speculation über ein Absolutes ausschliesst; ihre Berechtigung hat sie einem

Philosophiren gegenüber, welches den gläubig übernommenen fertigen Begriff eines Absoluten als Werg an die Kunkel seines Denkens steckt, um aus diesem heraus nun das Garn seiner Weltbetrachtung und seiner practischen Lehren zu spinnen. Der religiöse Trieb fehlt in der Schopenhauer'schen Philosophie nicht, er ist gerade so weit vorhanden, als dieser Pessimismus, Erlösungssehnsucht, Weltverneinung ist, aber es fehlt allerdings an dem Object, an dem sich der Trieb anranken kann, es fehlt an Etwas, das als Object des religiösen Bewusstseins Gott ist.

Mangelt bei Schopenhauer der Gott, weil das Absolute als Unerkennbares hinter den Coulissen der Empirie verborgen bleibt, so ist bei Bahnsen und Mainländer ein Absolutes ganz negirt; bei ersterem durch den schlechthin seienden, bei letzterem durch den gewordenen Pluralismus, und der religiöse Trieb ist wesentlich als eine Prellerei der Natur zu erachten, da er eine durchaus einseitige, in's Wesenlose hinaus zielende Action ist.

Ganz anders bei Hartmann. Das oberste Princip seiner theoretischen Philosophie theilt mit dem Princip des Theismus die Rein-Geistigkeit, die Absolutheit und das Ineinander von Immanenz und Transcendenz. Damit ist es fähig, vom religiösen Bewusstsein unmittelbar als Gott erfasst zu werden, während es in Folge der Abwesenheit anthropopathischer Attribute in der Sphäre seiner Erhabenheit unberührt bleibt durch die eudämonologischen Mängel des Weltseins. Die Gefahr, die einem fixirten Gottesbegriff droht, entspringt stets aus eudämonologischen Bedenken; d. h. aus der Unfähigkeit, die pessimistischen Erfahrungen bei Aufrechthaltung eudämonologischer Ansprüche mit der Vorstellung von Gott, wie man sie historisch übernommen hat, in Einklang zu bringen. (Man denke an Hume, Mill u. s. w.)

Das Hartmann'sche Absolute, auch wenn es im Spiegel des religiösen Bewusstseins zum Gotte geworden ist, bedarf keiner Theodicee wegen des Leids in der Welt und wegen der Zulassung des Uebels, weil durch Abstreifung der Persönlichkeit dasselbe nicht mehr das Leidenverhängende ist, sondern das immanent Selbstleidende. Gerade die von der theistischen Kritik so viel getadelten Bestimmungen der Unbewusstheit und Unpersönlichkeit werden das Mittel, dem Pessimismus die Möglichkeit zu sichern, das Absolute zum Object religiöser Betrachtung zu machen und die Religiosität zu wahren, wenn auch die Religion dabei eine andere wird.

7. Resumé.

Der Optimismus der religiösen, theistischen Weltanschauung besteht nicht darin, dass er dem Pessimismus beweisen kann: an dieser oder jener Stelle eueres Weltbildes ist die Farbe zu dunkel aufgetragen, die Linien zu tief gegraben; wenn der Eine oder Andere der Partei vielleicht vermeint, solches zu vermögen, so mag dies für ihn von individueller Bedeutung sein, nicht aber für den principiellen Standpunct. Für diesen besteht der Optimismus in dem Bewusstsein der Erlösung und Freiheit in Gott; das Leid wird idealiter überwunden durch die Bejahung desselben als eines teleologisch berechtigten Moments am Endlichen und Vergänglichen; die Sünde und Schuld wird idealiter überwunden durch die willige, mit Bewusstsein vollzogene und im frommen Gemüthe genossene Unterordnung unter den Willen Gottes, den man als seinen eigenen Willen im Sittengesetz erfasst und zu realisiren strebt. Die Erhebung über Leid und Sünde findet aber statt durch die Abdankung des individuell-egoistischen Eudämonismus, durch das Aufgeben des eigenen für-sich und in-sich Lebens und das hingebende Leben in Gott. Hierzu kommt noch die Hoffnung, dass diesem zeitlichen, idealen Ueberwinden der Welt und des Bösen ein Jenseits der Vollendung, d. h. der realen Ueberwindung des Uebels, dem idealen Aufgehen des Ich's in Gott ein wirkliches Aufgehen in Gott folgen werde: als ein Zustand der Seligkeit, welche dem an sinnliche Vorstellung gebundenen Geiste als mehr oder minder materiell-seelisches Leben vorschwebt, von einem Paulus aber als ein Zustand „wo keine Zeit mehr sein wird" gedacht wird.*) Damit ist denn eine Weltanschauung gegeben, welche

---

*) Auf unserem gegenwärtigen Stand der geistigen Entwickelung und unserer derzeitigen Einsicht in die Natur des individuellen Geisteslebens kann bei der axiologischen Frage der Glaube an ein jenseitiges persönliches Fortleben nur als ideelles Moment in Betracht kommen, nicht aber die eventuelle Wirklichkeit eines jenseitigen Lebens; denn ein solches gehörte eben nicht mehr zu der Welt, um deren Schätzung es sich handelt. Wenn nun in einer anderen Existenzform ein individuelles, persönliches Leben ohne die für unser empirisches Leben von einem solchen nicht hinwegzudenkenden Leiden und Uebel möglich wäre, dann hätten wir erst recht Ursache, diese unsere Welt als eine, die besser nicht wäre, zu bezeichnen; dann wäre sie erst recht nicht die „beste Welt." Doch die Speculationen auf andere Existenzformen, welche zwar die Individualität und Persönlichkeit umschliessen, aber ohne die in ihrem Wesen begründeten Eigenschaften, sind müssig und nicht geeignet, gegen eine philosophische Theorie in's Feld geführt zu werden. Das wird auch von den bedeutenden Gegnern des phil. Pessimismus stillschweigend anerkannt, daher nur eben die Hoffnung auf ein besseres Leben in Rechnung gebracht.

zur Versöhnung mit der Welt führt und somit im Gegensatz steht zu den untergeordneten Formen des Pessimismus, mag dieser nun naturverachtender (weil naturverkennender) contemptus mundi, Entrüstungspessimismus, Welt- oder Situations-Schmerz oder philosophischer Miserabilismus sein, nicht aber zum philosophischen Pessimismus Hartmanns, denn dieses ist zwar absoluter eudämonologischer Pessimismus, aber nicht ein Miserabilismus, der jede Versöhnung, jede Möglichkeit idealer und reeller Erlösung vom Uebel ausschliesst.

In dem intellectuellen Optimismus, das heisst: in der philosophisch gerechtfertigten Ueberzeugung von der Wahrscheinlichkeit der Welt-Erkenntniss, vermittelst der Uebereinstimmung der Logik und der Anschauungsformen mit den Auswirkungsformen des formalistischen Seins-Princips; in der idealen Ueberwindung des Weltleids durch die Erkenntniss von der teleologischen Bedeutung desselben; in der Befreiung von der Schuld durch die sittliche Ueberwindung der Selbstsucht und Hingabe an die objectiven Zwecke; in der idealen Befreiung von dem Drucke der Endlichkeit durch das Bewusstsein der Wesensidentität mit dem Absoluten und endlich in der philosophischen Berechtigung zur Hoffnung auf ein Ende der vor der Vernunft nicht zu rechtfertigenden Existenz besitzt der philosophische Pessimismus ebenfalls sämmtliche Elemente zur Versöhnung mit der nun doch einmal gegebenen Welt, welche, wenn nicht nur theoretisch mit der vernünftigen Reflexion, sondern mit dem Gemüthe erfasst und mit gefühlsmässigen Vorstellungen illustrirt, das religiöse Leben zu produciren vermag.*)

Wer nun unter Pessimismus nur das Extrem der Weltverzweifelung verstanden wissen will, der mag in diesem, die sittlich-religiöse Weltversöhnung umfassenden eudämonologischen Pessimismus ein Aufgeben des Standpunctes erblicken; es wäre dann aber dieser Rückzug nicht erst bei Hartmann, sondern schon bei Schopenhauer zu constatiren; denn wenn es auch der Schopenhauer'schen Philosophie an einem Absoluten fehlt, welches dem religiösen Subject zum Object oder Gott werden kann, so findet sie doch auf die Frage nach der Erlösungsmöglichkeit eine tröstliche Antwort: freilich auf widerspruchsvolle und sehr correctionsbedürftige Weise.**)

---

*) Diese Eigenschaften anerkennt auch G. Krummacher (Deutschevangelische Blätter. 6. Jahrg., Heft IV, 1881), weil er aber Religion mit Christenthum identificirt, so meint er, es werde die dem Pess. entsprechende Religiosität zum Christenthum zurückführen.
**) So lehnt R. Koeber (Schopenhauer's Erlösungslehre. 1881.) für sich und Hartmann den Terminus Pessimismus ab, da eine Welt, deren Inhaltsentwickelung auf eine endliche Erlösung zum seligen Frieden des potentiellen Subsistirens leite, keine schlimmste Welt sei; „ich gestehe, dass ich in dieser Lehre von der Erlösung, namentlich wenn man sie historisch, als

Der Pessimismus Hartmanns ist aber thatsächlich eudämonologischer Pessimismus, der durch die Erkenntniss der Logicität und der teleologischen Beschaffenheit des Weltinhaltes nicht berührt wird, weil diese Teleologie letzten Endes selbst nur eine solche ist, solange der Weltprocess und sein Ziel unter pessimistischen Gesichtspuncten betrachtet wird, während die Teleologie zur Disteleologie zerfaserte, sobald man mit optimistischen Ansprüchen an das Dasein herantritt. Die Hartmann'sche Weltanschauung ist zwar sittlich-religiöser-evolutioneller Optimismus, weil sie das „Wie" der Welt als das Mittel erblickt etwas Nichtsein-sollendes zur Selbstaufhebung zu führen; sie ist aber eudämonologischer Pessimismus, weil das „dass" der Welt selbst das Nicht-sein-sollende ist; wäre das „dass" nicht, so brauchte das „Wie" nicht zu sein, und das wäre noch besser als das immerhin vernünftige „Wie".

Die religiöse Versöhnung mit dem Leben und dem Leide hebt den philosophischen Pessimismus als Pessimismus nicht auf, da die Versöhnung mit dem Leide nur Bedeutung hat bei dessen Bestehen, da mithin das religiöse Leben, wenn es den Pessimismus, d. h. das Bewusstsein von dem Leid und dem Uebel des Seins aufhöbe, sich selber aufhöbe.*)

In seinem neuesten Werke sagt E. von Hartmann: „Der Mangel an eudämonologischem Pessimismus und teleologischem Optimismus ist in gleicher Weise nicht nur ein Mangel, sondern eine Störung und Untergrabung des religiösen Bewusstseins, das sich nur im Widerspruch gegen eine mit solchen Mängeln behaftete Weltanschauung behaupten kann." „. . eudämonologischer

---

einen Weltprocess unter dem Gesichtspunct des objectiven Individualismus betrachtet, nie eine Spur von einem „trostlosen Pessimismus" habe finden können."

*) Es ist eine unberechtigte Willkürlichkeit, wenn man den Erlösungs-Optimismus so einseitig betonen will, dass man zu Gunsten des religiösen Lebens das logischerweise Nicht-sein-sollende verherrlicht, bloss weil es die Voraussetzung einer secundären Position ist, deren Bedeutung doch nur darin besteht, dass sie die andere, primäre Position negirt und idealiter aufhebt. In diesem überspannten Sinne sagt Michelet: (Verh. der Phil. Gesellsch. Berlin, Oct. 1878) „ich bin Optimist, weil ich Pessimist bin, aber nicht in dem Hartmann'schen Sinne, dass ich das Schlechte zum Guten, das Nichts zum seienden Princip mache." „Das Böse, das Negative muss sein, als die dunkle Folie, auf welcher der Diamant des Guten erst recht in seinem Glanze hervortritt; und je tiefer die Entzweiung, desto höher ist auch die Versöhnung. Mein Satz ist also: quo pejus, eo melius." Hierauf erwiderte Lasson mit Recht: eine solche Anschauung sei selbst Pessimismus und es bedürfe keines Nachweises, dass „diese Gesinnung eine geradezu unsittliche sei." (Man denke an Schopenhauers Wort vom „ruchlosen Optimismus".)

Pessimismus und teleologischer Optimismus decken sich in der religiösen Weltanschauung haarscharf mit der Erlösungsbedürftigkeit und Erlösungsfähigkeit der Welt." „Die Welt muss nicht bloss, so lange sie besteht, erlösungsbedürftig sein, sondern sie muss auch erlösungsfähig, d. h. so beschaffen sein, dass das Ziel der Universalerlösung durch sie für sie erreicht wird. Als erlösungsbedürftige muss die Welt, so lange sie besteht, vom Uebel sein, d. h. nicht etwa eine solche, in der nur Uebel und Unlust ist, sondern eine solche, in der überwiegend Uebel und Unlust, oder deren eudämonologischer Werth negativ ist; als erlösungsfähige muss die Welt gut zur Erfüllung ihres Zweckes sein oder einen positiven teleologischen Werth haben. Das religiöse Bewusstsein postulirt also ebensosehr eudämonologischen Malismus (ungenau, aber herkömmlich, als Pessimismus bezeichnet), wie den teleologischen Bonismus, welcher mit Rücksicht auf die ebenfalls postulirte Allweisheit Gottes sich superlativisch zum Optimismus steigert." (Die Religion des Geistes. B. II. p. 258.)

Wir sind nicht so sanguinisch zu glauben, dass nach dem Bekanntwerden der Hartmann'schen „Religion des Geistes" die bisherigen Gegner dieses Philosophen sich für überwunden erklären würden; jedoch möchte sich der Streit fürderhin mehr um Bestimmungen der Relation von Gott und Welt, Glauben und Gnade u. s. w. drehen, während in Bezug auf die axiologische Frage das neueste Werk eine wesentlich versöhnende Wirkung üben möchte. Den Behauptungen: es untergrabe der Pessimismus die Religiosität, es sei der Pessimismus die Wirkung irreligiöser Weltanschauung, und nicht minder der weitern: es stünde der Erlösungs-Optimismus dem Pessimismus gegenüber wie die Wahrheit dem Irrthum, diesen möchte doch nun endlich und auf die Dauer der Boden entzogen sein.

IX. Capitel.
Die Opposition vom Standpunct des panlogistischen Optimismus.

1. Der Optimismus des reinen Denkens.

In den beiden vorhergehenden Capiteln haben wir den Nachweis zu erbringen versucht, dass der Pessimismus zwar ferne davon sei, sich in einen Gegensatz zu der sittlichen und religiösen Weltanschauung zu stellen, dass er vielmehr in engster Relation zu derselben stehe, indem der empirische Pessimismus gerade die Grundlage und Vorbedingung dazu bilde, dass die ethische und religiöse Lebensauffassung sich siegreich über die naturalistisch-individuell-eudämonistische erheben könne; dass aber gerade daher auch weder die Sittlichkeit noch die Religion vermöge, den absolut-eudämonistischen Pessimismus zu beseitigen. Im fernern, dass die sittliche und religiöse Weltanschauung nicht schlechthin einen Gegensatz zum Eudämonismus bilde, sondern nur zum naturalistischen Hedonismus und egoistischen Individual-Eudämonismus; dass aber Sittlichkeit und Religion selbst im Dienste des absoluten Eudämonismus (gleichviel ob dessen Ziele positiv oder negativ zu bestimmen sind) stehen, und dass mithin der Vorwurf: der Pessimismus sei die Folge einer eudämonistischen Weltanschauung eines stichhaltigen Sinnes entbehre, weil jeder an das Thun wie an das Sein zu legende sittliche oder religiöse Maassstab letzten Endes selbst wieder vermittelst des absolut-eudämonistischen Maassstabes controllirt und diesen entsprechend gefunden werden muss, wenn sich das Denken endgültig bei ihm beruhigen soll.

Wir kommen nunmehr zu der Opposition des panlogistischen Optimismus; dieselbe zerfällt in zwei Theile, von denen der eine das auf's Immanente, der zweite das auf's Transcendentale gerichtete reine Denken zum Ausgangspuncte nimmt.

Dem immanent-panlogistischen Optimismus zu Folge soll zwar der Pessimismus für das Gebiet des naturbefangenen Empfindens seine relative Berechtigung haben; das reine Denken aber soll durch die Einsicht in den logischen Character des Weltseins (und mithin der Angemessenheit alles Weltgeschehens, wenn mit dem Maassstab formalistisch-logischer Vernünftigkeit gemessen) zu einem das Weltdasein bejahenden Urtheil gelangen.

Wenn irgend ein Standpunct Aussicht haben sollte, ein vollberechtigtes Veto gegen das pessimistische Welturtheil zu erheben, so möchte es die souveraine Macht des reinen Denkens sein, welche als das specifisch menschliche, höchste Seelenvermögen das erste Anrecht hat, frei und mit einer weitgehenden Rücksichtslosigkeit die Regungen der andern Seelenthätigkeiten zu bejahen oder zu verneinen. Das reine Denken, die von keinen practischen Rücksichten beeinflusste, keinem ausser ihr selbst liegenden Ziele zustrebende Geistesaction, welche reine Bewegung nach den ihr selbst innewohnenden logischen Formalbestimmungen ist, das Idealste, und doch mit das erste, die Concretheit setzende Moment an aller Realität, durch das ich mich erst als Ich erfasse, und durch das erst die andern Standpuncte der Ideale gesetzt werden, scheint besonders berufen, die höchste und letzte Instanz abzugeben für die axiologische Frage; ja, es mag erscheinen, als ob die versuchte Lösung derselben erst dadurch den Anspruch, philosophisch zu sein, erheben könnte, wenn sie allein unter dem Gesichtspunct des reinen Denkens vollzogen würde.

Und doch ist es nicht so!

Bevor wir aber die Gründe für diese unsere Ansicht geben, haben wir in Kürze den Begriff des reinen Denkens zu erörtern.

Für den Panlogismus ist die Idee, oder der Begriff, das Absolute; die Idee oder der logische Gedanke ist schlechthin, oder — um das kaum Fassliche fasslicher zu machen — der Gedanke denkt sich selbst. Der sich denkende Gedanke ist in ewigem Fluss, und in diesem Fliessen besteht und entsteht sein Inhalt, welcher logisch ist. Indem die Idee sich bewegt kraft ihrer eigenen ewigen Natur, wird sie eine Andere; $+a$ wird $-a$, dieses ist der Widerspruch zu $+a$ und erscheint als relativ antilogisch; aber $-a$ ist ebenfalls im Fluss und wird nun zum weder $+a$ noch $-a$ und zum sowohl $+a$ als auch $-a$, als Synthese $+A$, in der, was im doppelten Widerspruch entzweit war, als das höhere beider Momente versöhnt ist. Die Urform des alle Stufen des Seins darstellenden dialectisch-logischen Vorganges ist die Welt als Process selbst. Das Absolute als Weltursache ist $+a$ (die Idee an sich); indem sie zum Gegentheil ihrer selbst wird, wird sie zum Weltsein, das Unendliche zum Endlichen, die Identicität zum Auseinander, die Idealität zur Natur (Idee in ihrem Anders-sein); aber durch die Natur hindurch gelangt die Idee wieder zum Gegensatz der gebundenen Natürlichkeit: zur freien, selbstbewussten Geistigkeit. Die absolute Idee ist nun nicht bloss das An-sich der Welt, im Sinne von überzeitlich-überräumlichen All-Sein, sondern sie weiss als bewusster Geist sich als Ursache ihrer selbst (Idee im Zustande des Für-sich-seins). Unter diesem Gesichtspunct ist das „reine Denken" das philosophische Denken, welches das Real-seiende nicht sich gegenüber hat, sondern über demselben steht, als der Schluss des Kreislaufes, als die Rückkehr des Idealen zu seiner eigensten Sphäre, zugleich das Moment, wo der endliche Geist eins ist mit dem absoluten Geiste.

Nach der Hartmann'schen Willensphilosophie setzt das Absolute das reale Weltsein nicht vermittelst der blossen Bewegung des Idealattributs, sondern kraft des Realprincips, des Willens, und die Idee bildet nur den Inhalt desselben. Alles was real ist, und dass etwas real ist, hat seinen Grund in der Willensaction des Absoluten; aber wie etwas ist, das bestimmt das Idealattribut und bestimmt es aus seiner eigensten logischen Natur heraus; den realen Fluss des Werdens und das ewige drängende Sein setzt das rastlose Streben des Willens, aber das Wie des Fortganges bestimmt die logische Idee.

So ist jedes Moment des Seins inhaltlich ganz logisch, es enthält keinen Widerspruch, denn die Idee ist einfach, was sie ist; indem aber der Wille die verschiedenen Momente der Idee festhält als seinen Inhalt, treten sie sich als reale Gegensätze entgegen und es entsteht der Kampf der Seinsmomente unter einander und die Unlust als Reflex dieses Aufeinderstossens der real sich gegenüber stehenden Willensacte. — Das „reine Denken" ist nun unter diesem Gesichtspunct erstens der Inhalt des Denkens rein als solcher und dessen logische Bewegung ohne Reflexion auf die Kraft, welche die Ursache ist, dass überhaupt eine Bewegung statt hat; denn nur die Form, in der die Bewegung des Geistes vor sich geht, hängt vom Idealprincip allein ab — dass aber die Denkbewegung ist, hat seinen Grund im Geist, als vorstellender und wollender; zweitens ist das reine Denken das Denken ohne Rücksicht darauf, wie der Geist als empfindender und wollender auf reales Geschehen hinwirkt oder vice-versa durch Reales und dessen Perception afficirt wird.

Der Theismus theilt mit der Hartmann'schen Willensphilosophie die Bestimmung des absoluten weltschöpferischen Geistes als Idee (Denken des Weltinhaltes) und realisirenden Willens; der ebenbildliche Geist umfasst ebenfalls Denken und Wollen, wozu noch als angeblich drittes Grundvermögen das Gefühl kommt. Das „reine Denken" ist also auch unter diesem Gesichtspunct nie das ganze Sein des endlichen Geistes, sondern nur die Bethätigung des höchsten Seelenvermögens, von keinem practis'che Ziele verfolgenden Willen in Bewegung gesetzt, sondern nur im Dienste des theoretischen Triebes stehende Geistesaction.

Hieronymus Lorm (H. Landesmann) sagt in seinen kritischen Essays: „Für die Menschenseele in ihrer ganzen Reinheit und Tiefe giebt es kein glühenderes Streben, kein höheres Sehnsuchtsgefühl als den Weltprocess zu begreifen; und versteht sie einmal seinen innersten Gedanken und seinen äussersten Zweck, so muss sie auch die aus jenem hervorgehenden und durch diesen bedingten Leiden der Welt als absolut nothwendig erkennen und folglich verzeihen. Gäbe es für eine reine und tiefe Seele noch Leiden, wenn sie einmal mit dem Verständniss des Urgedankens der Welt einer geistigen Erlösung theilhaft geworden wäre?"

Lorm ist erkenntnisstheoretischer Idealist; für einen solchen ist keine Aussicht, dass dieses hohe Sehnsuchtsziel erreicht werde, und in seinen gedankenreichen Gedichten findet die Klage über das leid-schaffende Nicht-wissen-können wiederholt schönen Ausdruck. Dagegen getröstet sich ja jede positive Philosophie der Erkenntniss eines Weltgrundes und Weltzweckes. Insbesondere aber ist es der Panlogismus der die Bedingung erfüllt erachtet, von der Lorm meint, sie müsste den Pessimismus unmöglich machen. —

Der Panlogismus **betrachtet** den Kampf in der Welt, den Widerstreit der mannigfaltigen inter- und intraindividuellen Strebungen einfach **von seiner inhaltlichen, begrifflichen Seite,** und da es der Widerspruch in der dialectischen Selbstbewegung der Idee (in Gestalt realer Gegensätze im Sein und Geschehen) ist, der das, was wir „Fortschritt" nennen und als solchen bejahen, bildet, — weil es der Streit des Gegensätzlichen ist, der erst recht die reale Vernünftigkeit, die Angepasstheit an die Verhältnisse, als Kern der bloss formalen Logicität herauszuschälen bestimmt ist, — so gelangt der Panlogist dazu, auch diesen Streit als solchen als **absolut** berechtigt zu erachten, um so mehr, als ja die Empfindung, die fatale Gefährtin des Streites, zu jenem zur Ueberwindung bestimmten Anders-sein gehört, auf das er, als Repräsentant des für sich gewordenen Geistes, herunterschauen darf.

Der Optimismus des Panlogismus ist Studirstuben-Optimismus. Der Philosoph ist erfreut darüber, dass sich der kategorische Weltinhalt annähernd in das sehr elastische Netz seiner dialectischen Schematik packen lässt, während dasjenige, was nicht hineingehen will, als Anderssein des Naturdurchganges begrifflich abgeschlachtet wird. So kann jene Täuschung zu Stande kommen, als ob mit dem „Begreifen" auch schon das „Versöhntsein" mit der leidvollen Existenz gegeben sein müsse; eine Täuschung, die innerhalb des Theismus in den mannigfaltigen Formen der Theodicee auftritt. —

Sofern der Geist eben nichts will als erkennen, und überzeugt ist, dass er vermöge seiner Stelle in dem All-sein erkennen kann, kommt es allerdings gar nicht darauf an, was erkannt wird. Auch die Erkenntniss der pessimistischen Weltbeschaffenheit kann auf diese Weise dem Philosophen Momente reiner intellectueller Befriedigung gewähren, solange nämlich sich seine Seelenkräfte jeweilen ganz im theoretischen Triebe concentriren*); deswegen **hebt aber die pessimistische Erkenntniss doch nicht sich selbst auf.**

Insbesondere aber wird dies der Fall sein, wenn der theoretische Trieb zugleich das, was er als das Edelste in sich erachtet, das Logisch-Vernünftige, als das An-sich des ihm objectiv gegenüber stehenden Seins erkennen darf. Aber damit steht man dann auch schon an den enggezogenen Grenzen des logistischen Optimismus in seiner vollen begrifflichen Reinheit. Denn nur so weit ist ein Optimismus des reinen Denkens vorhanden, als der Geist absolut nicht auf die, durch seine befriedigende Reflexion hervorgerufene Lust zurückschaut und sie in seinem Urtheil mit in Rechnung setzt. Nur so weit dieser Optimismus nichts weiter bedeutet als den Syllogismus: „ich bejahe mein logisches Denken, **weil es mein Denken ist**; das Weltsein entspricht inhaltlich meinem Denken, ergo: bejahe ich das Weltsein", nur soweit ist er reiner logistischer, panlogischer Optimismus und nach Object und Methode Gegensatz des Eudämonismus und einer eudämonistischen Lösung der axiologischen Frage. — Aber ist das denn überhaupt eine Lösung der axiologischen Frage? Sicherlich nicht!

Wir können ein Werthurtheil nicht fällen ohne den Begriff des „gut", „besser", „best". Sobald wir aber sagen: „mein logisches Denken ist gut; das Weltsein entspricht meinem logischen

---

*) Das erinnert an jenen französischen Arzt, der behauptete, eine tödtliche Kugel veranlasse den Getroffenen, vor dem Umsinken, einige Drehbewegungen zu machen; eine Ansicht die von Collegen bestritten ward. Während einer Revolution erschossen, drehte er sich tödtlich getroffen um sich selbst, indem er rief: ich hatte doch Recht — der Erschossene dreht sich! — Ferner auch an jenen Assistenzarzt Prof. Virchow's, der während der letzten Berliner Cholera-Epidemie eines Morgens mit ganz freudig leuchtendem Gesichte zu Virchow in's Zimmer getreten sein soll, rufend: ich habe die Cholera — ich gehe nach Hause; — erfreut an sich selbst ein Versuchsobject einer von ihm selbst erdachten Heilmethode zu haben.

Denken, ergo ist das Weltsein gut" — so stehen wir vor der Frage: warum ist mein logisches Denken gut? Das Logische ist einfach, was es ist, a = a; wäre das reine Denken, als endliches Moment des absoluten Denkens, alogisch, so könnte das dem in der Action des reinen Denkens aufgehenden Geiste ganz gleich sein, und fände er dann auch das objective äussere Sein alogisch bestimmt, und so seinem Denken adäquat, so müsste er die alogische, wie jetzt die logische Welt, bejahen und ihr seinen Beifall spenden. So wie aber der Begriff des „gut" oder „besser" mit dem Logischen verknüpft wird, wird auch die Grenze zwischen der rein logistischen und der eudämonistischen Weltbeurtheilung aufgehoben, und damit die Anerkennung ausgesprochen, dass es nicht nur für den noch in den Banden des Naturseins und seiner Zwecke befangenen Intellect und dessen practisches Calculiren, sondern auch für das theoretische Denken ein zu berücksichtigendes, ausser ihm selbst stehendes Etwas giebt.

In der That begnügt sich niemand mit der bloss formalistischen Seite des Logischen, um dasselbe zu bejahen; sondern das Logische wird bejaht als das Vernünftige, d. h. als das Logische angewandt auf das Unvernünftige. Das relativ Unlogische des Widerspruchsmoments in der dialectischen Selbstbewegung der Idee aber kann dieses Unvernünftige nicht sein, denn wie sollte es als ein Fremdes empfunden werden, inmitten des allgemeinen Fliessens des Logischen, wenn es nur eine Form dieses letztern selbst wäre?

So wenig die empirische Welt erklärt werden kann aus dem einen Princip des blinden alogischen Willens, ebensowenig kann die von dem Denken nicht construirbare, einzig zu erfahrende Realität aus dem Princip des Logischen erklärt werden. Der überzeugende Nachweis der Nothwendigkeit, die Idee als die Idealthätigkeit eines Wesens, dessen anderes Attribut der realitätsetzende Wille ist, anzunehmen, ist nach Schelling's Vorgang von E. von Hartmann erbracht worden.*)

Wie die Naturphilosophie und die Psychologie die Annahme eines solchen Attributes fordern, welches für die der begrifflichen Erfassung transcendenten Realität (die bloss negativ-richtig bezeichnet wird als „Anderssein der Idee"), so wie für die von dem reinen Denken nur zu oft als unüberwindlich empfundene Gefühlsopposition den Grund abgiebt, so sehen wir auch das reine Denken da, wo es die Weltschätzung vornehmen möchte, auf ein

---

*) E. von Hartmann: Gesamm. Studien u. Aufsätze. D. p. 663—679, und 627—629; „Neu-Kantianismus, Schopenhauerianismus und Hegelianismus, p. 268—273; „Phil. d. Unb." 9. Aufl. Bd. II. p. 419—424 u. Bd. I. p. 106—107 und 154.

ausser und neben ihm stehendes Princip verwiesen, ohne welches es doch nur ein lebloser Schemen in resultatlosem Kreisen um sich selbst bliebe.

Eine wie grosse Macht auch das reine theoretische Denken sei, es ist doch nicht die ganze Seelenthätigkeit. Das Denken wird sich bald selbst wieder dessen bewusst, dass es seine vollendetste Berechtigung erst als practisches Denken gewinnt, das heisst dadurch, dass das formal Logische als Practischvernünftiges in der Individual-, und vermittelst derselben in der Weltteleologie wirkt, welche Weltteleologie eben nicht die blosse Selbstbespiegelung der in dialectischen Kreisen tanzenden Idee ist. —

Jener berechtigte logische Optimismus des reinen Denkens, der die Logicität des Weltgeschehens nach seiner inhaltlichen Seite erkennend, sich über die Uebereinstimmung der Seins- und Denkformen freut, er ist kein Gegensatz zum modernen philosophischen Pessimismus. Wir wissen bereits, dass derselbe Raum findet innerhalb eines absoluten eudämonologischen Pessimismus, und dass er das Fundament des sogenannten evolutionellen Optimismus in Hartmann's System bildet, nämlich Fundament jener Weltanschauung, wonach innerhalb des Weltseins ein immer grösseres Quantum bewusster Vernünftigkeit in den socialen, politischen und individual-ethischen Institutionen objectivirt wird.

Wir haben gesehen, dass weder die Sittlichkeit noch die religiöse Bethätigung Selbstzweck des Weltseins sein können; eben so ist die Anschauung: es sei die Welt mit ihrem Ueberschuss an Unlust auf allen Stufen des Seins nur dafür da, dass in einer Minderheit höchststehender Individuen der absolute Geist seine ideelle Insichzurückbiegung intellectuell geniessen solle, während er wesenhaft überall sich stetig selbst besitzt, eine solche Anschauung, bei der sich auch das reine Denken nur vorübergehend beruhigen kann, indem es sich selbst sein unendliches Sehfeld beschränkt.

Es ist die Unlust der Welt das schlechthin Unvernünftige. Das Leid im Einzelfalle mag — abgesehen von der formalen Logicität des Inhalts des die Unlust verursachenden Seinsmomentes — relativ vernünftig sein, d. h. einem Zwecke angemessen (ethische und religiöse Rechtfertigung des Leides und der Unlust); aber dass überhaupt ein Sein sein soll, in dem solche Mittel gefordert sind zu einem letzten Endzwecke, der selbst nicht mehr bietet, als was das Nichtsein auch gewährt, das ist das absolut Unvernünftige.

Das Logische ist nur deswegen das „Gute", das „Bessere" einem imaginirten Alogischen gegenüber, weil es im Dienste des absoluten Eudämonismus steht, wobei es — als ein recht bitteres Mittel gegen ein bitteres Uebel — auf Schritt und Tritt die Aufopferung des Individual-Eudämonismus verlangt. **Das Logische angewandt ist das Vernünftige, weil es bezweckt seine eigene Anwendung überflüssig zu machen!**

Wenn ich mir einen Splitter in's Fleisch stosse, den ich nicht herausziehen kann, und die medicatrix naturae hilft mir, indem sie Eiterung einleitet und mit dem Eitertropfen den Splitter ausstösst, so vermag zwar mein Denken den physiologisch-pathologischen Vorgang (ausserdem, dass er ein causaler ist) auch als einen teleologischen zu verstehen und als solchen als vernünftig zu bejahen; aber deswegen habe ich die Schmerzen der Eiterung doch und wünsche den ganzen Vorgang als nicht seiend; und eine sogar für's Tollhaus passende rare Curiosität wäre ich, wenn ich mir absichtlich Splitter einstiesse, um den logischen Vorgang des Naturheilprocesses rein-denkend zu geniessen. So kann auch das Urtheil, dass der Weltinhalt logisch sei und reiche intellectuelle Befriedigung zu schaffen vermöge, nicht den pessimistischen Schlusssatz aufheben: die Welt wäre besser nicht.*) —

Eine Welt in der die reinen Denkformen einerseits und anderseits die Seinsformen (sammt den aus letzteren herauswachsenden natürlich-sinnlichen Anschauungsformen) auseinander klafften, wäre allerdings noch schlimmer als unsere Welt**); aber wenn

---

*) Wir haben schon in der Einleitung bemerkt, wie unpassend der Terminus „Pessimismus" eigentlich ist, weil auch der absolute eudämonologische Pessimismus ihn nicht strict verbal nehmen kann, sondern damit nur den Begriff „schlechter als keine Welt" verbindet.

**) Wenn daher A. Schweizer (in einer Kritik der Hartmann'schen „Phän. d. sitt. Bew.") bemerkt, es entpuppe sich der Pessimismus als gebrochener Eudämonismus, es sei derselbe nur die Verzweiflung an der posisiven Eudämonie, an deren Stelle die negative gesetzt werde, so ist das freilich durchaus richtig; es ist aber damit dem Pessimismus keine Schande nachgesagt und auch der Hartmann'schen Philosophie keine Blösse aufgedeckt. Es ist kein Widerspruch: die Verurtheilung des Individual-Eudämonismus und die Proclamation des absoluten negativ-eudämonistischen Princips des sittlichen Handelns im Dienste der Weltteleologie. Denn die Verbindung ergiebt sich aus der Natur des Idealprincips, des Logisch-Vernünftigen. Allerdings ist ein „Widerspruch" vorhanden, aber er liegt nicht in Hartmann's Weltanschauung, sondern im realen Weltsein, in dessen innerster Herzwurzel; dass die Vernunft, die letzten Endes das Wohl will, auf ihrem Wege zu diesem Ziele, der ohnedies zwischen den Dornhecken der Unlust durchführt, auch noch so oft selbst die Schaffung von Unlust fordert im Dienste vernünftiger Sittlichkeit, das ist die Folge des Realwiderspruches des Willens: der erstrebt, was nicht zu erstreben ist. Das Sein ist dafür verantwortlich zu machen, dass eine pessimistische Ethik zu Gunsten eines absoluten (negativen) eudämonologischen Zieles die Vernichtung des individual-eudämonistischen Strebens fordern muss, was die Vernunft beständig unsystematisirt in den concreten Fällen thut, wo sie die Unterordnung des sinnlichen Behagens unter ihre Gebote beansprucht, wenn auch in ihren Anwendungen auf die untergeordneten Verhältnisse des individuellen Lebens

keine Welt wäre, so wäre auch das Nichtsein des Logischen kein Mangel. Was sich gegen den Vergleich des Seins mit dem Nichtsein sträubt, das ist gar nicht das logische Princip in uns, da dieses sich nur bejaht unter der Bedingung, **dass es ist**, nicht aber **sich erstrebt**; sondern der blinde Wille zum Sein. Auch der eifrigste Weltbejaher geht jede Nacht zu Bette mit dem Wunsche: möglichst schnell in die Bewusstlosigkeit des gesunden, traumlosen Schlafes zu versinken; und doch ist diese Schlafbewusstlosigkeit für das reine Denken des endlichen Geistes gleich dem Nichtsein. Wäre der Wille quiescirt, so wäre das Nichts gleichwerthig mit dem Etwas, das Nichtsein so berechtigt wie das Sein. Man muss nur eine saubere Scheidung vornehmen zwischen dem Inhaltgebenden, denkenden, und zwischen dem Realitätsetzenden, Bewegungverursachenden, das Beharren und den Widerstand hervorbringenden Willen, um darüber klar zu werden, dass nicht die Einsicht, dass die Welt logische Entwickelung sei, sich gegen das Nichtsein sträuben kann, sondern einzig der Wille, der das Sein auch dann wollte, wenn sein Inhalt alogisch wäre, was der Wille beständig durch die Zähigkeit beweist, mit der er logisch überwundene und zum Untergang in ihrem Gegensatz bestimmte Positionen festhält.

Am reinsten findet die panlogistische Opposition in J. Volkelts Schrift „Das Unbewusste und der Pessimismus"*) ihren Ausdruck. Volkelt leugnet nicht die erheblichen Unlustquanta in dem Weltsein (obgleich auch er gegen den Hartmann'schen Nachweis des empirischen Pessimismus zu Felde zieht), er zeigt sogar auf, wie auch die Hegel'sche Philosophie, vermittelst des Bewegungsprincipes des Widerspruchs, der Thatsache des Weltleides gerecht werde. Der Widerspruch ist „der Pfahl im Fleische der Idee", und wenn die Unlust der Gefühlsreflex des real gewordenen, relativ unlogischen Widerspruchsmoments, die Lust aber der Reflex, der die Widersprüche aufhebenden höheren Synthese ist, so sieht Volkelt sich doch genöthigt, einzugestehen, dass „das Versöhnte, Harmonische in viel schwächerem Grade, als ihm objectiv zukäme, in's Bewusstsein falle"; ein Zugeständniss, welches also ganz mit Hartmann's Lust- und Unlust-Theorie übereinstimmt, und trotz der Annahme, dass jedem Entzweiungsmoment sein Versöhnungsmoment nachfolge, doch allein hinreichte, die pessimistische Behauptung von dem Ueberschuss der Unlust über die Lust zu rechtfertigen.

---

ihr Standpunct nur je um eine geringe Stufe über den des elementar-natürlichen Augenblicks-Zwecks erhaben ist.
*) Berlin, Henschel, 1873.

Der Pessimismus wird von Volkelt als die Weltanschauung bezeichnet, welche im „Widerspruch stecken bliebe". Da nun einerseits das Sein seine inhaltliche Mannigfaltigkeit nur durch den beständigen Ein- und Durchgang durch den Widerspruch gewinnt, zum andern das Weltsein als Realität, als Anderssein der reinen an-sich-seienden Idee der Widerspruch par excellence ist, so ist die allseitige Berücksichtigung des Widerspruchs in seiner allerrealsten Wirksamkeit als Unlust sicherlich vollberechtigt. Denn nirgends giebt es ja eine Stelle im Sein, wo der Widerspruch nicht wäre, und aller Fortschritt, alle Vermehrung des Formreichthums des Seins und alle Verfeinerung des Seins in der Umwandlung des nur erst Unbewusstpsychischen zum Bewusstgeistigen und reinen Für-sich-seins entsteht ja nur dadurch, dass jede höhere Einheit wieder einen noch schärfer zugespitzten Widerspruch aus sich gebärt.

Nirgends giebt es ein auch nur relativ dauerndes Schweben in der reinen Lust über den versöhnten Gegensätzen ausser in dem abstracten Denken, welches nicht sowohl das reale Sein zu seinem Objecte macht, als vielmehr nur dessen formales Schema und ideellen Grundriss. Und darum ist — wie wir bereits oben bemerkten — der Optimismus voll berechtigt für die einseitige Weltbetrachtung, die bloss den Inhalt, das „Was" und „Wie" berücksichtigt, und sich dabei ihrer willkürlichen Beschränkung auf die eine Seite bewusst bleibt; aber er wird zum aufgehobenen Moment in einer Weltanschauung, die, wie sie objectiv auch das „Dass" der Welt in ihren Betrachtungskreis zieht, auch dem ganzen Menschen auf allen Stufen seines Lebensganges, von der naturbefangensten Gefühlsunmittelbarkeit bis zur Höhe des genialen Uebersichselbsthinausschauens gerecht zu werden strebt. —

Da Hartmann selbst es unternommen hat, die von J. Volkelt erhobenen Einwürfe gegen den eudämonologischen Pessimismus zu beantworten (Neu-Kantianismus, Schopenhauerianismus und Hegelianismus), so brauchen wir nicht weiter auf die genannte Schrift einzugehen und können uns nunmehr einer andern Form der auf panlogistischer Grundlage erwachsenen Opposition zuwenden.

Unter „panlogistisch" möchten wir nämlich auch diejenige Auffassung des Weltgrundes verstanden wissen, welcher zwar nicht wie der Hegelianismus das Logische schlechthin, oder die Idee, oder den Begriff für das Absolute selbst nimmt, sondern das Logische als Attribut des absoluten Geistes auffasst, aber derart, dass es das Erste und Unbeschränkte ist, welches nicht neben dem Willen subsistirt (Schelling, Hartmann), sondern Eins mit dem Willen sein soll. Besonders die speculative Seite des Hartmann'schen Pessimismus wird unter diesem Gesichtspunct angefochten. Das Uebereinstimmende mit dem zuletzt erörterten Angriff besteht darin, dass der Pessimismus als philosophische Weltanschauung bekämpft wird, dass das für das axiologische Urtheil maassgebende Moment ausschliesslich im Denken gesucht wird, daher der empirische Pessimismus, wenn auch zugestanden für den natürlichen Menschen, doch als bloss untergeordnete, provisorische Lebensanschauung, und der Optimismus als einzig würdige Weltanschauung für den seiner ewigen Wurzelhaftigkeit eingedenken Menschen behauptet wird. Der Unterschied aber ist, dass es besonders das transcendentale Denken, das speculative Versenken in das metaphysische Seiende ist, welches den empirischen Pessimismus zum aufgehobenen Moment des Optimismus machen soll. Während also von dem bis jetzt betrachteten Standpunct aus der panlogistische Optimismus als absoluter einem, im eudämonologischen Pessimismus aufgehobenen (relativen) logisch-evolutionellen Optimismus entgegengestellt wurde, wird von der im folgenden Abschnitt zu erörternden Position aus ein metaphysischer Optimismus dem metaphysischen Pessimismus gegenüber gestellt.

2. Der metaphysische Optimismus contra metaphysischen Pessimismus.

Der metaphysische Optimismus ist die Ansicht, dass, wie immer auch die Welt bezüglich des Verhältnisses von Lust und Unlust beschaffen sei, das absolute Wesen in seiner Welttranscendenz, als göttlicher Geist, in reiner intellectueller Wonne subsistire.

Es stützt sich diese Vorstellung auf eine solche Auffassung des Absoluten und seines Verhältnisses zur Welt, wo zwar dem Wortlaut nach die Immanenz des Absoluten streng festgehalten werden soll, wirklich aber eine Schranke zwischen dem absoluten Wesen und seiner immanenten panlogistischen Action dadurch gezogen wird, dass dem ersteren ein selbstständiges, transcendentes Bewusstsein zugedacht wird; welches überseiende Bewusstsein die Summe des innerweltlichen Bewusstseinsinhaltes nur als elementaren Bestandtheil seines göttlichen Denkens in sich aufnimmt. Bei diesem Vorgang im göttlichen Selbstbewusstsein soll dann entweder der Schmerz der Creatur, als bloss dem Vergänglichen angehörend, gar nicht percepirt werden, oder doch nur als ein untergeordnetes Moment gegenüber der weltschöpferischen Wonne, die das

Absolute in seiner Selbstauswirkung im panlogistisch gedachten Weltprocesse finden soll. Der endliche Geist aber, nachdem er sich zu der speculativen Höhe des metaphysischen Optimismus aufgeschwungen, soll nun in seiner philosophisch-religiösen Selbstlosigkeit und in dem erhebenden Gefühl seiner Wesenseinheit mit dem transcendent-seligen absoluten Geiste die empirischen Mängel, die ihm, sofern er als Naturwesen davon betroffen wird, Unlust bereiten und die, wenn allein und ausschliesslich betrachtet, zum Pessimismus führen müssten, geringe achten lernen; er soll das Weltleid, wenn es auch realiter unüberwindlich ist, doch idealiter überwinden, vermittelst der Durchschauung seiner Beschränkung auf die Endlichkeit, und sich so mit dem Leben um seines transcendenten seligen Reflexes willen aussöhnen. — Die in Frage stehenden Puncte sind also: erstens der Bewusstseinszustand des Absoluten, und zweitens die Stellung des philosophirenden Individuums zu diesem Zustand des Absoluten.

In Hartmann's concretem Monismus ist es der absolute Geist, als absolutes Subject-Object, welcher in seinen individuellen Einschränkungen der All-Eine Träger aller Empfindungen ist. Es ist der All-Eine Geist, welcher in einem Individuum Lust und im andern Unlust empfindet, weil er in beiden actives und passives Subject ist. Die empfindende Creatur ist das Sensorium des Absoluten; das Bewusstsein des Absoluten ist die Summe von dem Bewusstsein in dem lebenden Wesen; und zwar empfindet das All-Eine unmittelbar in den Individuen, d. h. in der durch den individuellen Existenzmodus bedingten Form, wenn es auch das nicht mehr individuelle, sondern all-einige Wesen ist, welches die Empfindung trägt. Ausser diesem seinem Bewusstsein in der Welt hat das Absolute kein inhaltlich bestimmtes, d. h. sich als Subject objectiv entgegengestelltes Bewusstsein. Dies ist ein Fundamentalsatz eines consequent gedachten Monismus; es ist aber auch enger bestimmt die Voraussetzung eines concreten Monismus, d. h. eines Monismus, der, ohne dass er das empirische Individuum seiner Wurzelhaftigkeit im All-Einen beraubt, ihm doch die empirische, erfahrungsmässige Selbstständigkeit und (scheinbare) willkürliche Gegensätzlichkeit gegen den All-Einen Urgrund des Seins begreifen lässt. Hätte das All-Eine ein Bewusstsein in der Mensch- und Thierheit, so müsste dieses, wenn das, was man unter monistischer Einheit von Welt und Absoluten versteht (und zu einer halbwegs vollständigen Natur- und Welterklärung nicht missen kann), wirklich bestünde, in das Bewusstsein des endlichen Geistes hineinscheinen. Hiervon frei wäre nur allenfalls ein rein ausserweltliches, leeres Unlustbewusstsein, wie es nach Hartmann das Absolute in Folge der Ueberlegenheit des unendlichen Willens über die ihrer Natur nach endliche Vorstellung in sich (ausser oder hinter der Weltexistenz, d. h. ausser-raum-zeitlich) trägt, ausgenommen; weil es vermöge seiner Inhaltlosigkeit nicht in eine Bewusstseinsform eintreten könnte, deren Existenz sich auf der inhaltlichen Gegensätzlichkeit der Idee-erfüllten Willensacte erhebt.

Alle Einwendungen gegen den metaphysischen Pessimismus Hartmann's sind also eigentlich Angriffe gegen dessen Monismus und alle Versuche einen metaphysischen Optimismus auf Grund eines behaupteten transcendenten Selbstbewusstseins Gottes zu retten, welches, ungeachtet des mehr oder minder willigen Zugeständnisses, dass das empirische Leben ein überwiegend leidvolles sei, als wonnig erklärt wird, sind eben so viele Attacken gegen den Monismus überhaupt. Denn indem man dem Absoluten die innerweltliche Empfindung abspricht, oder indem man ihm ein ausserweltliches Bewusstsein zuertheilt, sinkt das Weltsein zu etwas vom Absoluten losgelösten hinunter, und wird das zweitheilige Bewusstsein zu einer Schranke, jenseits welcher die Welt, wie das Product dem Künstler, der Gottheit gegenüber steht, oder — im günstigsten Falle — als das lebendige Kleid der Gottheit, nicht aber als der Leib, die Incarnation Gottes sich darstellt, wie es der Sinn des Monismus ist. —

Die Opposition gegen den metaphysischen Pessimismus tritt theils in negativer Form auf, indem der Nachweis versucht wird, Hartmann habe falsche Schlüsse aus seinen Prämissen gezogen; theils in positiver Weise, indem Speculation gegen Speculation gesetzt, und sogar einige „Vielleicht" und „Möglichkeiten" zur Construction einer metaphysischen Seligkeit mithelfen müssen. —

In ersterem Sinne verfährt J. Rehmke (d. Pess. u. d. Sittlichkeit), indem er die Hypothese der ausserweltlichen Unlust, vermöge unerfüllten Wollens im Absoluten, für einen logisch fehlerhaften Gedanken erklärt.

Er meint (p. 70, 71), es sei das „leere Wollen" und damit die Unseligkeit im Absoluten eine blosse, unverständliche Phrase; abgesehen davon, dass der Begriff des „leeren Wollens" undenkbar sei, so müsste mit dem Beginn des Weltprocesses die Unseligkeit beseitigt sein, da ja nun die Leere erfüllt sei. Denn der aufgestellte Gegengrund, nämlich die Idee von der Endlichkeit der Vorstellung gegenüber der Unendlichkeit des Willens, sei ebenso phantastisch wie der Unbegriff des leeren Willens selbst. „Ohne neue Phantasterei hinein zu mischen, wird „der Wille ist potentiell unendlich" doch nur heissen: die Potenz Wille des Unbewussten hört nie auf zu sein; dann kann aber unmöglich folgen dürfen: „und in dem Sinne ist das Leere unendlich", denn dieses hört doch wohl auf zu sein, sobald das erfüllte Wollen, in dem also die Vorstellung hinzukommt, eintritt, und zwar müsste jenes so lange wenigstens aufhören zu sein, als ein erfülltes Wollen des Absoluten da ist." Angenommen aber auch, das vorweltliche und ausserweltliche Wollen wäre möglich und es bestände dadurch eine ausserordentliche Unseligkeit, so wäre in diesem Falle der Weltprocess selbst nicht mehr ein weiterer Grund der Unlust des Absoluten, indem der Weltprocess, als erfülltes Wollen, dem Weltwesen wenigstens keine Unlust einbringen könne. In der Welt könne zwar das Individuum Unlust erfahren, sofern dieses in seinem Wollen gehemmt werde, nicht aber das Absolute, denn das Absolute habe in der Welt seine Willensbefriedigung und sei nicht Träger der aus den individualistischen Hemmungen entspringenden Unlust. Man dürfe die dem Individuum erwachsende Unlust nicht „doppelt anschreiben", da dies eine Vermischung des Gegensatzes von Absolutem und Individuum sei.

Der erste Punct dieser Einwendung: Die Verwerfung des Begriffs des leeren Wollen-wollens (nicht „Wollen" schlechthin, da Hartmann kein echtes Wollen ohne Inhalt einer Vorstellung kennt) und der aus demselben resultirenden Unlust hat in erster Linie die Bedeutung, dass er es ermöglicht, den Weltprocess schon in seinem Beginn als absolut teleologisch bestimmt zu begreifen; er dient als Schlüssel zu dem schwierigen Problem: wie aus dem blinden, alogischen Willen und aus der, an sich bezüglich ihres Seins oder Nichtseins absolut indifferenten Idee ein logischer Process entstehen kann; und wie ferner das All-Eine zur actuellen Zerspaltung in der Weltexistenz gelangen kann; nicht aber fusst der metaphysische Pessimismus in dem Sinne darauf, dass letzterer mit jenen Begriffen steht oder fällt, was Rehmke — und wie wir gleich sehen werden auch Borries (d. Pessimismus als Durchgangspunct zu einer universalen Weltanschauung) — anzunehmen scheint. Ob des Schlüssels krauser Bart seinen soeben genannten Dienst thut oder nicht, lassen wir hier auf sich beruhen und geben auch willig zu, dass der Begriff des leeren Wollen-Wollens ein recht schwieriger, sowie das ausserweltliche Bewusstsein Unlust auf der Grenze zwischen Uebersein und Weltsein ein befremdender Gedanke ist. Aber welchen Wahrheitswerth oder Unwerth diese Partie der Hartmann'schen Philosophie habe, Rehmke's Kritik trifft dieselbe nicht, denn sie fusst auf einem doppelten Missverständniss. Rehmke meint nämlich, Hartmann mache sich dabei eines Missbrauches des Grössenbegriffs schuldig; indem erst Wille und Vorstellung zu Grössen hypostasirt, und dann die unendliche Grösse des Willens der endlichen Grösse der Vorstellung gegenüber gestellt werde. Das ist aber nicht der Fall. Mit der Unendlichkeit des Willens gegenüber der Endlichkeit der Vorstellung soll nur die Gegensätzlichkeit der beiden Attribute bezeichnet sein, wie sie es eigentlich schon mit dem Begriff der Alogicität des Willens gegenüber der Logicität der Vorstellung ist, nämlich die Eigenschaft des Willens: ausser allen Bestimmungen zu stehen, und daher stets eine jede Form, die ihm durch die Vorstellung zur Realisation geboten wird, zu überragen.

Rehmke irrt sich, wenn er meint: es könne der Wille ohne Phantasterei nur als „endlos" im Sinne von nicht aufhörend, bezeichnet werden; man braucht sich nicht mit dieser einfachen Bestimmung zu begnügen. Beim Willen als Attribut des Absoluten ist sie selbstverständlich; für das weltsetzende Wollen glaubt Hartmann, die Endlosigkeit in dem Sinne wie Rehmke sie meint, als zum mindesten fraglich nachgewiesen zu haben. Im Sinne Hartmann's bedeutet aber die Unendlichkeit des Willens die Ungefügigkeit des Willens unter das Joch des Logischen, welch' letzteres, sobald es überhaupt ist, nur ist in sich selbst seiner Form gemäss Beschränktes und Beschränkendes. Fern davon also, dass ein Missbrauch des Zeit- oder Raum- oder Grösse-Begriffs vorliegt, soll gerade die Bezeichnung dazu dienen, die Unfähigkeit des Willens deutlich zu machen, durch zeitlich-räumliches, quantitativ-qualitatives Werden und Sein seiner Ganzheit nach erfüllt zu werden. —

Wir befinden uns hier eben auf dem glattesten Glatteis des transcendentalen Denkens, welches Glatteis dadurch entsteht, dass man unräumliches, unzeitliches Geschehen durch Begriffe fassbar zu machen versuchen muss, bei deren Bildungsprocess räumlich-zeitliche Vorstellungen bereits mitwirkend waren. —

So sehen wir denn auch Borries (in oben genannter Schrift) dem Irrthum verfallen, die ausserweltliche Unlust finde nur Stellung durch falsche Anwendung des Zeitbegriffes.

Borries hat Recht, dass der Zwischenzustand der Initiative des Wollen-wollens, bis es durch Ergreifung der Vorstellung zum Wollen-können geworden ist, nur ein Moment ist, und nur durch missbräuchliche Anwendung des Zeitbegriffes auf Vorzeitliches zum Stand der Unlust gemacht werden könnte. Aber Hartmann sucht ja auch die Unlust gar nicht hier, sondern in der Ausserzeitlichkeit und Ausserräumlichkeit neben dem zeitlich-räumlichen Weltwollen. Das „neben" der Welt und ihrer Zeit-Räumlichkeit aber ist kein Missbrauch des Raumbegriffs, denn es setzt nur etwas in Gegensatz zur Innerräumlichkeit und Innerzeitlichkeit; es ist das „Neben" ein Begrenzungsbegriff, wobei aber das Begrenzende noch ganz auf innerweltlichem Gebiete bleibt.

Die „Ewigkeit" bezeichnet bei Hartmann nicht die ohne Ende dauernde Zeit, sondern die Ausserzeitlichkeit, die Nicht-Zeit,

Nun ist es auch kein Ungedanke, wenn man sich die Unlust des ewig unerfüllt bleibenden Willens als „gleichzeitig" (das „Gleichzeitig" als auf die Zeitlichkeit angewandtes Gegenstück zum Begriff „Neben" gefasst) mit der Zeit des Weltseins begreiflich zu machen sucht. Das „Gleichzeitig" ist ebenfalls nur ein Begrenzungsbegriff für das Verhältniss des Seienden und Nichtseienden — resp. Ueberseienden. —

Borries stösst sich ebenfalls an der Ueberlegenheit der Extension des leeren Wollen-wollens über die erfüllende, inhaltgebende Idee. Er meint der Unendlichkeit des Willens stände ja die unendlich reiche Idee gegenüber; der Wille brauche sich nur ganz in sie zu ergiessen, um volle Befriedigung im Weltprocess zu erlangen. Es ist bei dieser Meinung (die Borries mit so manchen Gegnern Hartmann's theilt) übersehen, dass der unendliche Reichthum der Idee, solange die Idee nur als attributives Moment im Absoluten subsistirt, nur in der Möglichkeit gegeben ist; sobald die Idee aber, durch den zum Wollen sich erhebenden Willen, aus der Möglichkeit des Seins in das Wirklich-Sein erhoben wird, wird auch mit ihrer Concretheit ihre räumlich-zeitliche Begrenztheit gesetzt, die eben so ihr Wesentliches ist, wie die Unbegrenztheit das Wesentliche des Willens. Als wirklich-wollender hat sich der Wille verendlicht, indem er selbst in begrenzende Concretheit eingegangen ist; diese partielle Verendlichung der Concretheit ist der Preis, den der Wille dafür zahlt, dass er vom Wollen-wollen zum wirklichen Wollen übergehen konnte. Er reagirt nun freilich gegen diese Beschränkung durch die Energie, mit welcher er alle Maassbestimmungen zu nichte zu machen strebt, und welcher die Idee nur durch die Vervielfältigung ihrer Momente Rechnung tragen kann; eine Vervielfältigung, der ihrerseits die Schranke nur secundär durch den Kampf der vielen Willensacte mit gegensätzlichen Inhalte gesetzt wird.

Aber ob der Wille im Drange der eigenen Unendlichkeit Milliarden über Milliarden concreter Momente der, inhaltlich unbegrenzt reichen Idee realisire, oder nur eines, immer setzt er damit, dass er einen Inhalt realisirt, sich selbst die Endlichkeit, die er als bloss Strebender überragt, wie — um ein Bild zu gebrauchen — die Zelle den Zellkern oder der kosmische Nebel den aus sich abgesonderten Kometkern. Der Wille ist überschiessend über die Realität, weil der Wille alles Maass ebenso ausschliesst, wie die Idee oder die unbewusste Vorstellung der Urquell aller Begrenztheit, und damit der raum-zeitlichen Concretheit des Seins, ist. Der unendliche Reichthum der Idee ist nur als Möglichkeit der actuell werden-könnenden Idee der Unendlichkeit des Willens adäquat; dagegen könnte der unendliche Reichthum der Idee in der Wirklichkeit des Seins nur in der Zeit, in unendlich zu setzendem Zeitlauf werden, weil die Idee, indem sie real wird, was sie an-sich überseiend ist, dasjenige ponirt, was subjectiv percipirt wird als Zeit und Raum. —

Das Vorstehende soll nur zeigen, dass mit der Hypothese der ausserweltlichen Unlust Hartmann sich nicht in Widersprüche verwickelt; nicht aber soll es dazu dienen, einen metaphysischen Pessimismus durch Nachweis der Nothwendigkeit der ausserweltlichen Unlust begründen zu helfen.

Es steht oder fällt nämlich der metaphysische Pessimismus nicht mit der Hypothese des ausserweltlichen unbefriedigten, zur Unlust verdammten Willens. Der metaphysische Pessimismus ist vielmehr die einfache Consequenz der monistischen Weltanschauung, wobei von einer „doppelten Anschreibung" keine Rede ist, wenn der innerweltliche Ueberschuss der Unlust über die Lust als Grund des metaphysischen Pessimismus angeschaut wird; ebensowenig wird das Weltdasein als solches von Hartmann als eine Quelle der ausserweltlichen Unlust angesehen, denn es hat ja der Wille, soweit er ideeerfülltes Wollen geworden ist, als primärer Act seine Befriedigung in der Welt gefunden und ist der Weltprocess in diesem Sinne keine Ursache der Unlust. Aber indem der Wille mit dem Weltsein „seinen Willen hat," schafft er sich selbst als Wesen die Unlust in seiner individualistischen Vielheit, vermittelst des Kampfes der mit gegensätzlichem Inhalt erfüllten einzelnen Willensacte; eine eo ipso bewusste Unlust, die jenem unbewussten Zustand des befriedigten Wollen-wollens als etwas Wirkliches dem Unwirklichen gegenübersteht.

Die Unlust, die das Absolute in dem unlustvollen Weltsein trägt, ist nicht ein Zweites neben der Summe der von dem Individuum erfahrenen Unlust; sondern die innerweltliche Unlust kann nur dann als Summe wirklich sein (nicht bloss als ideell gezogene Summe gedacht werden), wenn ein Subject ihr Träger ist. Die Unlust in der Welt und die Unlust des Absoluten ist eine und dieselbe Unlust. Der empirische Pessimismus und der metaphysische Pessimismus haben dasselbe Subject und dasselbe Object, sowohl Subject als Object von zwei Seiten angeschaut: von empirischer und von speculativer.*) Es ist eine wunderliche Behauptung monistischer Philosophen (Rehmke, Borries und verschiedener anderer), dass die Unlust des Individuums nicht die Unlust des Absoluten sein soll; insbesondere dann, wenn man den Monismus, wie die Genannten, in schärfster Form nehmen will,

---

*) Vergleiche: „Zur Pessimismus-Frage". Phil. Monatshefte 1883. Heft II und III. Insbesondere p. 67, Zeile 11—26.

und dass Wesen und Actus nicht einmal begrifflich unterschieden werden sollen, denn es müsste dann das Absolute, in seiner unmittelbaren und wesenerschöpfenden Aufgelöstheit in individualistischer Selbstperception, und das Absolute, als sich aus seiner individualistischen Gefühlsactivität im absoluten Denken zurücknehmender Geist, erst recht ein und dasselbe Subject sein.

Wie einst Kant in jüngeren Jahren gegenüber Maupertuis den empirischen Pessimismus dadurch zu widerlegen suchte, dass er die Wahrscheinlichkeit eines Ausgleiches von Lust und Unlust durch den Ausgleich der Kräfte darzulegen versuchte, so bekämpft Borries den metaphysischen Pessimismus durch die Behauptung, Lust und Unlust gleiche sich aus im Absoluten, vermöge der panlogistischen Natur seines Absoluten, in dem alle Weltmomente nur als logische Momente vorhanden sind. Die axiologische „Frage" — meint Borries (p. 88 d. g. Sch.) — „ist nur a priori dahin zu beantworten, dass im Absoluten sich Lust und Unlust aufheben. Die Weltseele als der letzte Träger aller möglichen physischen Empfindungen überhaupt weiss nichts von Schmerz und Glück." „Das Leben des Individuums kann sich auf der einen Seite einer seltenen Glücksertheilung rühmen, oder es kann voll von Weh und Leid sein. Zwischen diesen beiden entgegengesetzten Standpuncten, die wohl nie in der Wirklichkeit als strenge Extreme, Pole, vorkommen mögen, liegt eine unübersehbare Mannigfaltigkeit von Mischungsverhältnissen. So auch könnte es sein, dass sich annähernd in dem Leben eines Individuums ein Gleichgewicht herstellte in Bezug auf Lust und Unlust. Wollte man hier bemerken, dass in diesem Falle das einzelne Individuum Gott gleich käme, so ist zu erwidern, dass das Individuum die pathologischen Quanta nacheinander und durcheinander, also in der Zeit empfindet, während Gott in der Ewigkeit oder Einszeitigkeit von solchem Wechsel nichts weiss, sondern aller Schmerz und alle Lust der Welt, des Universums in seiner Seele zusammenströmen und sich gegenseitig ewig paralysiren." (p. 89.) „Würde man dem Individuum die Frage vorlegen: Willst du leben ein Leben, worin Lust und Schmerz wechseln, und ihm hinterher zu seiner Beruhigung versichern, dass das Facit der Rechnung am Ende sei X Lust = X Unlust, so möchte vielleicht das Individuum mit dem Dichter sprechen: Mill piacer non vogliono un tormento, und lieber ein Nichtsein diesem Wechsel vorziehen: für Gott aber, als dem Wesen, in dem im Ewigkeitsmoment d. h. der Einszeitigkeit alle Lust und Unlust sich gegenseitig vorscheinen, für Gott kommt diese Frage gar nicht in Belang. In diesem Verstande ist das Absolute in der That „das Alles absorbirende Nichts." (p. 89.)

Das Absolute als Kosmos-Logos (wie Borries das All-Eine

Sein anderorts nennt), ist nicht nur der transcendente logische Reflex, sondern auch die immanente Realität; sollte im Absoluten ein rein-denkendes, nicht fühlendes Bewusstsein vorhanden sein, in welchem Lust und Schmerz „erschienen" sind, so wäre dieses nur neben oder über der Immanenz, innerhalb welcher die noch nicht „verschienenen," sondern sehr energisch scheinenden und in ihrem Schein realen Empfindungen sind. Es wäre also im Absoluten als Kosmos-Logos nicht nur ein „Weder — noch," sondern ein gleichzeitiges „Weder — noch" und „Sowohl — als auch" von Lust und Schmerz, d. h. im Absoluten als reinem Logos gedacht, wäre die Compensation von Lust und Unlust zur Empfindungslosigkeit, und in dem zum Kosmos gewordenen Logos wäre die reale Empfindungssumme von Lust und Schmerz vorhanden. Wäre es aber wirklich nicht so, wäre das empfindende Subject nicht direct der empfindende Nerv Gottes, das Menschheitsbewusstsein nicht voll und intact und „unverschienen" das Bewusstsein des Absoluten, dann wäre auch der Monismus nicht Wahrheit; es wäre das Absolute nicht Weltpsyche, es wäre dann Gott nur Grund der Welt, nicht deren Wesen.*)

In diesem Falle hätten wir dann allerdings kein Recht mehr, den empirischen Pessimismus auch als metaphysischen Pessimismus zu betrachten, wie wir dann überhaupt keine Berechtigung zu transcendenten Speculationen hätten, die selbst ihre eingeschränkteste Berechtigung nur unter der Voraussetzung directester Einheit des empirischen Subjects (als Trägers des speculativen Denkens) mit dem All-Einen Subject besitzen.

Auf den Pessimismus als solchen hätte es nun keinen abschwächenden Einfluss, wenn auch der metaphysische Pessimismus als philosophisch unberechtigt erachtet werden müsste. Wenn der Grund der Welt weder deren Lust noch Schmerz percipirte, wenn er dieser gegenüber gleich dem Nichts wäre, dann wäre er auch für den empfindenden, und auf der Basis seines Empfindens urtheilenden Menschen in dem Sinne „gleich Nichts", dass eine möglicherweise bestehende intellectuelle Wonne des Absoluten über der zur Compensation erschienenen Empfindungssumme des Weltseins das Nichtseiende für uns und sicherlich kein Grund, unsern Pessimismus zu modificiren, wäre. Ebensowenig aber, als eine möglicherweise bestehende weltabgetrennte Wonne Gottes die pessimistische Weltbeurtheilung ändern könnte, ebensowenig änderte der Gedanke etwas am pessimistischen Urtheil: dass möglicherweise „andere Welten" bestehen könnten, in denen das Verhältniss

---

*) Wie A. E. Biedermann neuerdings das Verhältniss seines abs. Geistes zur Welt verstanden wissen will.

von Lust und Unlust ein vom empirischen abweichendes sei. „— Dieser eine Weltprocess ist vielleicht nur logischer Durchgangspunct zu einem seligkeitsreichern. Gott konnte nur durch die leidvolle hindurch die folgende sich freuende Welt verwirklichen".

Der moderne empirische Pessimismus wird zum transcendentalen Pessimismus, weil er die Ursache des Ueberwiegens der Unlust in dem Weltsein auf die Natur der Realität als Wille zurückführt und daher calculirt: soweit die Realität geht, soweit überwiegt die Unlustempfindung über die Lust. Wer sich einmal genöthigt sieht, das An-sich des Weltseins als Wille und Vorstellung zu bestimmen, für den sind, nachdem er einmal zum empirischen Pessimismus gelangt ist, die „andern Welten", worin man sich überwiegend freut, nicht einmal mehr „mögliche" Welten. Was aber die Welten unter andern Realitätsbedingungen betrifft, so sind eben solche für uns keine möglichen Welten, weil uns solche andere Bedingungen unvorstellbar sind. Borries stellt die Frage: warum dem Absoluten Hartmanns „zwei und gerade zwei" Attribute gegeben würden? Spinoza habe sich an die Erfahrung gehalten, als er sein Princip als Denken und Ausdehnung bestimmt habe, dabei aber doch bemerkt, dass diese beiden neben unendlich vielen andern eben nur die dem Menschen zugänglichen seien. Hartmann's Verfahren aber sei willkürlich.

So lange man Hartmann nicht nachweisen kann, dass die Erfahrung auf mehr oder weniger Principien hinweise, so lange ist die Zweiheit vollkommen berechtigt. Hartmann hat erschöpfend gezeigt, warum weder der Willen allein (Schopenhauerianismus) noch die Vorstellung (Idee) allein (Hegelianismus) dem Bedürfniss des Weltbegreifens genüge, dass aber beide Principien zusammen durch die Einheit des Wesens verbunden gedacht, das uns zugängliche Sein zu begreifen genügen. Mehr als diese zwei Seinsprincipien aber können wir auch nicht einmal probeweise (um zu sehen, was sich daraus deduciren liesse) voraussetzen, weil wir sie eben nicht denken können. Hat Gott mehr weltsetzende Attribute als Wille und Vorstellung, so bringt er sich diese eben in seinem Weltsensorium, welches unsere Welt darstellt, nicht zum Bewusstsein. Kommen sie in einem andern Weltsein zum Fürsich-sein, so geht das uns nichts an, da wir nicht beanspruchen können, göttliche Philosophie zu treiben, sondern uns mit menschlicher begnügen müssen, für welche es sich darum handelt, Principien zu finden, die das empirische Leben begreiflich machen, indem sie Alles mit Allem, Physisches und Ideelles und Moralisches im Zusammenhang der Wechselwirkung zu sehen ermöglichen. Borries weiss weder ein neues Attribut des Absoluten zu nennen, noch ist ihm der Wille oder die Idee überflüssig; er acceptirt beide und verwirft nur Hartmanns Distinction von Potentia- und Actu-Sein (ähnlich wie Rehmke). Wie Hegel (und den Hegelianern) ist ihm der Weltprocess ein ewiger; Wille und Idee, als Eins gedacht, sind das Absolute, in dem „einszeitig" der Kosmos ruht.

Die „möglichen Welten", in denen Wille und Vorstellung nicht das An-sich des Seins wären, und die daher nicht eben von unserer Phantasie vorgestellt werden können, sind einfach nicht für uns — ob „möglich" oder nicht möglich ist da ganz gleich. Der Pessimismus sagt nicht: die Welten sind schlechter als keine Welten, sondern nur: die Welt ist schlechter als keine Welt.

Aber selbst angenommen, die Möglichkeit anderer Welten hätte grosse Wahrscheinlichkeit für sich, so wäre die Compensation von Lust und Schmerz zum Nullpunct der Empfindung in Gott wieder ein Grund, um sie uns durchaus gleichgültig zu machen. Wenn ein Mensch leidet, so ist es für den auch nur halbwegs Selbstlosen noch eine Verschärfung des Leids, wenn er Andere mit leiden sieht; und umgekehrt ist es dem selbstlosen, liebevollen Gemüthe ein Trost in seinem Leide, Glückliche um sich zu sehen. Beides aber ist nur möglich, weil vermöge der metaphysischen Wesenseinheit das Mitgefühl, das Hineindenken des Einen in das Empfinden des Andern möglich ist. Nun vermöchten wir aber schon mit Gott nicht Mitfreude zu fühlen an seiner logischen Befriedigung, wenn das menschliche Empfinden von Schmerz und Lust so weit ab von seinem Herzen läge, dass es zum Nichts der Empfindung würde; wie viel ferner aber müsste mir erst eine jener, als möglich zu denkenden, freudvollen Welten stehen, zu der ich mich nicht einmal vermittelst der Gefühlscentralisation in Gott in Relation denken dürfte? —

3. Die Erlösung vom Sein und die Bedingungen ihrer Möglichkeit.

Wir haben mit dem Vorstehenden zeigen wollen, dass es den Pessimismus als solchen nicht alterirt, wenn man aus irgend welchen Gründen auf den Hartmann'schen metaphysischen Pessimismus zu reflectiren verzichtet; ja, dass es selbst den Pessimismus nicht aufzuheben vermöchte, wenn, aus irgend welchen Gründen, angenommen werden müsste, dass über unserer leidvollen Welt ein in reiner Denkthätigkeit sich freuender Gott subsistirte, weil letzteres nur unter der Voraussetzung als möglich anzunehmen wäre, dass der Monismus, wie wir ihn verstehen, eine Täuschung, und zwischen Gott und Welt eine Schranke bestände, welche, wie sie Gott vor dem empfindungsvollen Erfassen des Weltgeschehens schützte, viceversa unser sympathisches Versenken in Gott verhinderte. — Es erhebt sich nun aber die Frage für uns, wie es denn mit der **Hoffnung auf eine Welterlösung** beschaffen sei, wenn wir durch kritische Bedenken gezwungen wären, den metaphysischen Pessimismus fallen zu lassen.

An die Hartmann'sche Hypothese von der vor- und ausserweltlichen Unlust, in Verbindung mit der Bestimmung des Form und Inhalt gebenden Idealprincips als des absolut Logischen, knüpft sich nämlich unmittelbar die Folgerung, dass in dem ewigen Weltplane die Bedingungen schon mitgesetzt seien, die unserem Denk- und Gemüthspostulat: dem Ende des unlustvollen Weltseins, Erfüllung verheissen. Wäre aber der Weltprocess für das überseiende Absolute ein bloss mit Denkbefriedigung Gewusstes, so wäre die Dauer der Welt wohl mit in dem ewigen Plane gesetzt. Das Postulat des Weltendes wäre dann nur eine pessimistisch-negative Umgestaltung des auf naiv-optimistischem Boden gesprossten Postulates irgendwie zu realisirender, dies- oder jenseitiger Seligkeit, welches trotz seiner Unzerstörbarkeit als Postulat, doch in einer philosophischen Weltanschauung keine berechtigte Stelle mehr fände.

Es ist ganz klar, dass man schon eine empirische Form des Optimismus voraussetzen muss, um zu glauben, dass die Ablehnung eines metaphysischen Pessimismus die pessimistische Verurtheilung des Seins erschüttern könnte. Denn wenn der immanente Pessimismus fest steht, so würde im Gegentheil der Wegfall des metaphysischen Pessimismus, dadurch dass er dem Weltende-Postulat den Wurzelgrund der Hoffnung auf Realisirung entzieht, **den empirischen Pessimismus nur vertiefen.** Der Pessimismus **Bahnsens** bietet das Beispiel hierfür. Zwar ist **Bahnsen's** Pessimismus ebenfalls ein metaphysischer, denn die Ursache des Weltelendes ist die letzte fundamentale Beschaffenheit der, als absolut gedachten Henaden; aber in diesen Henaden liegt kein Moment, welches durch die Erfahrung in der Welt modificirt werden könnte; daher nennt denn auch Bahnsen die Erlösungstheorien **Schopenhauer's, Hartmann's** und **Mainländer's**: „das vierte Stadium der Illusion." Die Ueberwindung jeder der vorhergehenden Stadien der Illusion: des egoistisch-irdisch-eudämonistischen, des himmlisch-jenseitigen und des evolutionellen Optimismus führte immer zu einer Erweiterung des dem pessimistischen Urtheil verfallenden Gebietes. Die nothgedrungene Aufgabe der Hoffnung auf ein dereinstiges Ende des Weltprocesses wäre daher, da das Gebiet des Pessimismus nicht mehr erweitert werden kann, eine Vertiefung desselben.

Wir haben bereits gesehen, dass der metaphysische Pessimismus nicht sowohl darin besteht, dass man eine ausserweltliche Unlust im Absoluten annimmt, sondern darin, dass es der immanente, empirische Pessimismus ist, der zum metaphysischen wird, wenn man sein Object, die Welterscheinung und ihre Gefühlsresonanz, von der Seite ihrer Wesenheit betrachtet.

Nun ist der Monismus diejenige philosophische Idee, die den allergrössten Anspruch auf die Wahrscheinlichkeit machen darf, dass sie dem absoluten Verhältniss des empirischen Seins zu seinem Wesen und Grund conform sei. Die Idee des Monismus ist die Centralidee der Philosophie; die Achse, um die sich alles dreht. Daran, dass sie objective Wahrheit, dass sie als Idee gedankliches Abbild der transcendent-immanenten Wirklichkeit sei, hängt der Wahrheitswerth der Philosophie überhaupt; ohne Monismus keine Wahrscheinlichkeit für eine der Wirklichkeit nahe kommende Erkenntnisstheorie; ohne Monismus aber auch keine Induction. Hat der Monismus in dem stricten Sinne, dass in Allem, im Kleinsten und Grössten, im Physischen und Psychischen das Eine Subject-Object lebt, in allem Wollen will, in jedem Gefühl fühlt, in jedem Gedanken denkt, und in dem jahrtausend alten Ringen nach philosophischer Wahrheit sich auf sich selbst besinnt, keinen Anspruch auf die grösstmögliche Wahrscheinlichkeit, dann bleibt nichts übrig, als die theoretische Verzweiflung des absoluten Skepticismus. Diesem Skepticismus ist dann zwar noch immer die Anschauung gegeben, und die Erfahrung, dass innerhalb des Kreises affectloser Anschauung die Ereignisse einen logischen, d. h. einem seinen Denken-müssen conformen Character zeigen; diese Erfahrung erzeugt natürlich Befriedigung; aber dieses unmittelbar als sicher Gegebene ist ein schwacher Ersatz für die Unlust des Bewusstseins, über dieses Angeschaute nie auch nur um einen Schritt hinaus zu können, nie an die Wurzel dieser (erkenntnisstheoretisch) immanenten Uebereinstimmung des Denkens und der Wahrnehmung zu gelangen.

Wir könnten also die Vorbedingung des metaphysischen Pessimismus nur dadurch verlieren, dass wir in einen noch viel bodenloseren empirischen Pessimismus versänken, dadurch: dass wir an unserer ewigen All-Einen Wesenheit irre würden.

Mit dem metaphysischen Pessimismus aber ist die Hoffnung auf Ueberwindung des Weltleides vermittelst des Weltendes gegeben.

Wenn es das Absolute ist, welches in allem Empfinden empfindet, in allem Denken denkt, so ist es auch das Absolute, welches

ches in dem mit dem philosophischen Denken selbst anhebenden pessimistischen Bewusstsein seine eigene Activität kritisirt, und daher darf die Welt auf das Ende ihres Jammers **wenigstens mit logischer Berechtigung** hoffen — wenn auch die Möglichkeit des Gegentheils, die Ewigkeit des Weltseins, nicht ausgeschlossen werden kann.

Aber, werden die Optimisten fragen, was ist denn mit dieser Weltendshoffnung gewonnen, da ihre Realisation, ohne reinem Wahnsinn anheimzufallen, nur erst in Zeiten erwartet werden kann, die selbst der Flug der kühnsten Phantasie nicht mehr zu erreichen vermag? Hierauf ist schwer zu antworten. Wer die Schauer der Befriedigung noch nicht am eigenen Herzen empfunden hat, den der Gedanke des Endes, der absoluten Ruhe, gegenüber dem Ausblick auf den grauenvollen Jammer und das alles durchdringende Leid des Lebens gewährt, dem kann es nicht mit Worten klar gemacht werden.

Und diese Empfindung ist keine krankhafte; denn sie wird am intensivsten dann erfahren, wenn neben dem hellbewussten Wissen vom Elend des Seins und neben dem hochflutendsten Mitgefühl für die leidende Mitcreatur doch auch das Bewusstsein lebendig ist, dass man selbst, vermöge seiner gesunden Natürlichkeit, im Banne des alogischen Willens steht, und nicht nur instinctiv das Leben bejaht, sondern jene Momente, wo man gerade von besondern Unlustempfindungen frei ist, wo Willensbefriedigungen der Naturtriebe und der auf Natur-Verhältnisse gerichteten Bestrebungen, als auch Befriedigungen höherer, geistiger Verlangen stattfinden, **geniesst**; wo man aufjubeln möchte: trotz alledem und alledem — meinem Verstand zum Trotz, **ich will leben!** — wo der „unvernünftige Sonnenschein" das Herz durchbebt, trotzdem, dass ihm das Medusenhaupt aller der seienden und möglichen Furchtbarkeiten entgegen starrt, welche einem stetig von Nah' und Fern zum Wissen gebracht werden. In Augenblicken, wo man mit Schopenhauer den Optimismus als **ruchlos** verurtheilen muss, und doch sein eigenes dummes blind-williges Herz vom Optimismus gesundesten Naturempfindens geschwellt fühlen muss, **dann, und gerade dann wird die Quiescirung des Weltwillens zum Gemüths- und Verstandespostulat**, weil man seinen Lebenswillen gleichsam als ein Unrecht empfindet, als ein Bruchtheil jener die Zähne in's eigene Fleisch schlagenden, ewig unvernünftigen Macht. —

Man hat Hartmann abgeschmackter Weise angedichtet, er empfehle einen künftigen Selbstmord der Menschheit. Damit ein Pessimist auf den Gedanken einer selbstmörderischen Menschenvernichtung kommen könnte, müsste er erstlich keine Ahnung von der Idee des Monismus haben; zweitens müsste er aber sehr wenig Menschenkenntniss besitzen und nichts von psychologischen Vorgängen verstehen, um an eine solche Möglichkeit glauben zu können. Der Selbstmord ist immer von aussen motivirt; auch da, wo er, vielleicht sogar als ererbte, Gehirnkrankheit auftritt, ist der pathologische Reiz des erkrankten Gehirnes der Seele gegenüber ein Aeusseres; daher ist das Gebiet des Selbstmordes stets ein enges. Es ist gar kein Umstand denkbar, welcher, während er — sagen wir sogar für die grössere Hälfte der Menschheit — zum Motiv des gemeinschaftlich unternommenen Selbstmordes werden möchte, sich nicht für eine Minderheit zum Motiv erneuter, intensiver Lebensbejahung gestalten könnte; ja der Selbstmord Vieler möchte selbst wieder zum Stachel zum Weiterleben für Manche werden, weil sie einen weitern Spielraum für ihren Willen auf der entvölkerten Erde fänden, oder zu finden wähnten.

Der Impuls des Endes muss aus dem Centrum kommen, wenn das Ende ein umfassendes sein soll. Ein Vertreter der Idee des Massenselbstmordes müsste seine Freude daran haben, wenn Naturkatastrophen, wie die Erdbeben von Lissabon, auf Ischia, in Nicaragua und auf Java Tausende in den Tod reissen: denn wenn einmal das Sterben erfolgt ist, so ist das Resultat des sich Tödtens oder Getödtetwordenseins dasselbe; es sind aber gerade solche furchtbare Naturmorde, welche die Sehnsucht nach dem Nichtleben-wollen, nicht bloss nach dem Sterben-können — was ein gewaltiger Unterschied ist — zu lebhafterer Flamme anfachen. Dabei ist es für Aufrechterhaltung des Weltend-Postulats kein Hinderniss, dass das „Wie" des Endes nicht vorstellbar ist; man muss sich nur klar machen, wie eng in Wirklichkeit der Kreis ist, innerhalb dessen wir das Werden und das Geschehen der Wirklichkeit adäquat vorstellen können, und wie oft wir uns mit selbstgeschaffenen Bildern behelfen, die als Gleichniss und als Symbol gesetzt, später reflexionslos für das, was sie bezeichnen sollen, selbst genommen werden.

Ob man sich mit Hartmann, als letztes Moment vor dem Ende, die lebensmüde, todesfreudige Menschheit denken kann, oder ob man mehr naturwissenschaftlich phantasiren und sich einen allgemeinen Welterstarrungsprocess durch Paralysirung der Weltenenergie vorstellen muss (wobei einem aber die Theorie von der Erhaltung der Energie im Wechsel zwischen Potenzirung und Actualisirung hinderlich in den Weg tritt), das ist ziemlich gleichgültig; Hauptsache ist, dass man sich vermittelst und auf Grund der Weltprincipien entweder einen unmittelbaren, spontan vom Centrum des Wesens nach der Peripherie der Erscheinung ausgehenden Impuls, oder aber eine allgemeine kosmisch-logische Motivirung des All-Einen, als deren Reaction das Nicht-wollen-wollen erfolgt, zu denken vermag. —

„Die Welt ist die beste der möglichen Welten;" mit diesem Satze hat auch Hartmann den Optimismus des reinen Denkens, soweit derselbe seine einseitige Berechtigung besitzt, anerkannt; sein Evolutionismus und Teleologismus sind Momente dieses Optimismus, der übrigens schon bei Schopenhauer nicht gänzlich ausgeschlossen ist, sondern als ein Zersetzungsmoment gegen sein Princip auftritt, da letzteres für dieselben keinen Raum gewährt. — Die Welt in der absoluten Logicität ihres Inhaltes ist die Beste der uns denkbaren Welten, womit schon die Voraussetzung gegeben ist, dass kein reales Sein ohne unlustvolle Gefühlsreflexe möglich wäre. Denn wäre eine Welt ohne Unlust möglich, so wäre diese Welt, aller Logicität ungeachtet, schlechter als jene Welt. Da aber das Nichtsein die Freiheit von der Unlust garantirt, so schliesst das Zugeständniss: „Die Welt ist die beste der möglichen Welten" das pessimistische Urtheil nicht aus: „aber sie ist schlechter als keine Welt".

Practisch, endlich, ist der Optimismus des reinen Denkens absolut unfruchtbar: da jedes Seinsmoment, sowohl das positiv logische, als das relativ antilogische des Gegensatzes logisch gleich nothwendig ist, so giebt es theoretisch keinen Grund dafür, auf eines oder das andere practisch zu reagiren. Wenn die Rücksicht auf die Empfindung wegfällt, so ist alles gleichwerthig, und das Wort „Alles begreifen, heisst alles verzeihen" müsste bis zur sittlichen Indifferenz ausgedehnt werden, falls der Standpunct strict eingehalten werden sollte. Da nun die Vernunft selbst sich hiergegen sträubt, so ist damit eben wieder der Beweis gegeben, dass mit der Logicität des Seinsinhaltes als solcher der Werth der Welt und des Lebens noch nicht schlechthin gegeben, und mit der Bejahung des Weltinhaltes von Seite des reinen Denkens die axiologische Frage auch nicht endgültig gelöst ist.

Schlusswort.

Wir haben versucht den Pessimismus in seinen verschiedenen Entwickelungsstadien zu schildern, bis zu derjenigen neuesten Formulirung, in welcher sich derselbe fähig erweist, allen Anfechtungen gegenüber Rede zu stehen und seinen Standpunct siegreich zu behaupten.

Es ist diese letzte Entwickelungsform des Pessimismus eine solche, die alle die früheren Stufen, auf denen das pessimistische Bewusstsein sein Urtheil über die Welt fixirte, **sowohl umfasst, als auch aufhebt**.

Der moderne Pessimismus umfasst den antiken **Pessimismus des an sich selbst verzweifelnden Individual-Eudämonismus**, sofern derselbe nur das negative Resultat des Glücksstrebens proclamirt; aber er hebt ihn auf, sofern derselbe dieses Glücksstreben **als Recht des Individuums als solchen** behauptet.

Er umfasst den **religiösen Pessimismus**, sofern derselbe der Welt die Eigenschaft des **Selbstzweckseins** abspricht und sie zum Mittel eines metaphysischen Zweckes macht; aber er hebt ihn auf, sofern jener den Begriff der Schuld transcendental überspannt und das Weltübel, statt **als reines Leiden**, als Sünde und Strafe auffasst.

Er bejaht und umfasst den **Entrüstungspessimismus**, sofern dieser ethisches Pathos ist und die dem Gesammtinteresse hinderlichen individualistischen Grenzüberschreitungen verurtheilt; aber er hebt ihn auf, sofern jener meint, in den unberechtigten Uebergriffen Einzelner und einzelner Classen liege die Quelle der überwiegenden Unlust je einer Culturepoche.

Er umfasst den **Weltschmerz**, sofern derselbe die Allgegenwart des Leids constatirt, mit mitfühlendem Herzen theilnimmt an dem Schmerz auch der niedrigen Creatur und die namenlose Sehnsucht der Menschenseele als das nirgends mangelnde Erbtheil des Seins proclamirt, und ihrem unstillbaren Durst nach einem, in tausend Formen sich maskirenden unnennbaren Etwas, das ewig lockt und nie erreicht wird (und gemeinhin „Glück" genannt wird, obgleich gerade in sogenannten „glücklichen Stunden", falls diese uns zugleich Raum zur Selbstbesinnung lassen, die undefinirbare Sehnsucht erst recht empfunden wird), ein Denkmal setzt; aber er hebt den Weltschmerz auf, sofern dieser sich durch sein Unbefriedigtsein berechtigt glaubt, sich dem activen Leben schneller zu entziehen und aus der Klage und der Constatirung des Weltelendes Beruf zu machen.

Er umfasst endlich den theoretischen Pessimismus des Skepticismus, sofern dieser auf der Thatsache der Abhängigkeit unserer Erkenntniss von unserer psychisch-physischen Beschaffenheit und dem absoluten Mangel eines Kriterion für die Frage: ob das sogenannte Erkennen wirklich transcendent oder bloss transcendentale Bedeutung habe, fusst und diesen Mangel an Gewissheit beklagt; aber er hebt ihn auf, sofern derselbe in dem Mangel an positiver Gewissheit die Aufforderung zum Verzicht auf die Nährung des theoretischen Triebes und zu der Versenkung in das naturalistische Genussleben finden möchte.

Und während der moderne philosophische Pessimismus sich in dem Wechsel von Bejahung und Verneinung der verschiedenen Stufen des pessimistischen Bewusstseins herangebildet hat, tritt er auch auf jeder der Stufen seiner Bejahung und Verneinung in Connex zu den verschiedenen Formen der optimistischen Weltanschauung, wie sie zu den jeweiligen pessimistischen Formen den jeweiligen Gegensatz bildet; hierbei ergiebt sich aber ebenso manche relative Affirmation des optimistischen Credos, als pessimistische Formulirungen zu verneinen sind.

Es ist der moderne philosophische Pessimismus als absoluter eudämonologischer Pessimismus ethischer Optimismus, gegenüber dem an sich selbst verzweifelnden Individual-Eudämonismus; indem er die Sittlichkeit als relativen Selbstzweck, gegenüber jener Pseudo-Moral, welche die Sittlichkeit in den Dienst der Individual-Eudämonik stellt, auf seine Fahne schreibt.

Es ist der eudämonologische Pessimismus religiöser Optimismus gegenüber dem Skepticismus, welcher in dem religiösen Trieb einen Wahn erblickt, der ferne davon, die Menschheit ihrem wahren Ziele näher zu bringen, sie nur auf dornenbewachsene Nebenwege leiten soll, die teleologische Bedeutung der religiösen Bethätigung festhält und in den verschiedenen religiösen Formen mehr oder minder der Wahrheit adäquate Abbilder des objectiven Verhältnisses der Welt zu ihrem Grunde erachtet. —

Es ist der eudämonologische Pessimismus ästhetischer Optimismus, gegenüber jener religiösen Weltverachtung, die da glaubt, ihr Auge der Schönheit verschliessen zu müssen, und der ein irrthümliches Raisonnement die Lust des Schönempfindens vergiftet. — Es ist der eudämonologische Pessimismus **evolutioneller Optimismus** gegenüber dem Weltschmerz einer unhistorischen Weltanschauung, die in der Weltbewegung und deren Hauptfactoren, dem Menschheitsleben, nur einen „Kreislauf auf feurigen Kohlen", ohne Fortschritt und ohne objectiven Zweck und Ziel beklagt.

Der moderne philosophische Pessimismus wird dem **natürlichen Empfinden** gerecht, indem er erstens weder an der Realität und Positivität der Lust noch der Unlust sophistisch herummakelt, um die eine oder andere für blosse Privation zu erklären, und indem er zweitens denselben ihre welt-centrale Stellung und Bedeutung gegenüber einem einseitigen Rationalismus sichert.

Er wird aber auch dem **rationalistischen Triebe** in uns gerecht, indem er das Empfindungsproduct zum reinen Wissens-Object, zum affectlosen Inhalt des Geistes umformt, in welcher Gestalt es zwar aufhört, Erreger lyrisch-poetischer Action und Production zu sein, nicht aber der Eigenschaft verlustig geht, Motiv des vernünftig-sittlichen Handelns zu werden.

Seine ideal-reale dialectische Genesis garantirt dem modernen philosophischen Pessimismus seine Unverletzlichkeit und siegreiche Selbstbehauptung gegenüber sämmtlichen gegnerischen Angriffen; seine besondere Befähigung, Motiv des sittlichen Handels zu werden, entkräftigt die Behauptung (J. H. v. Kirchmann's) es sei der philosophische Pessimismus nur eine „Doctorfrage", ohne Wirkung auf das active Leben.

Sämmtliche bloss partielle Pessimismusformen schliessen die Versöhnung mit der Welt und dem Leben innerhalb ihres Gebietes principiell aus; es ist aber diese Versöhnung ein ebenso auf tiefstem Seelengrunde wurzelndes Gemüthspostulat, wie das Ende des jeweilig als Grund des Weltübels erachteten Verhältnisses und Zustandes; es erfolgt daher die Versöhnung mit dem Leben, wenn sie überhaupt zu Stande kommt, auf Grund einer, den partiellen Pessimismus zum aufgehobenen Moment hinuntersetzenden optimistischen Idee; d. h. durch Verlegung des Schwerpunctes des Lebens auf ein Gebiet, welches dem pessimistischen Urtheil noch nicht verfallen ist. Es vollzieht sich z. B. für den Bekenner des antiken individual-eudämonistischen Pessimismus die Versöhnung mit dem Leben auf dem Gebiete der Moral der objectiven Vernünftigkeit (Optimismus des Stoicismus); für den jüdischen und christlichen Weltverächter im Glauben an das Reich Gottes oder an die jenseitige himmlische Seligkeit; für den Entrüstungspessimisten durch den Optimismus des Culturfortschrittes. Für den strict durchgeführten Skepticismus giebt es keine, für den Weltschmerz nur eine widerspruchsvolle, kaum auf die Dauer bestehende Versöhnung mit dem Leben; der erstere kann nur mit Verzicht auf sich selbst als philosophisches Denken sich der Leitung der Instincte überlassen und so das Leben naturalistisch bejahen, ohne mit der Welt principiell versöhnt zu sein; der letztere kann, bei niedrigeren Graden der Intensität der Empfindung, sich in den ästhetischen Optimismus flüchten, und indem er die Schönheit seines eigenen Empfindens bejaht, indirect die Welt, an der sich dieses entzündet, ästhetisch geniessen; auf höheren Stufen des Weltschmerzbewusstseins aber wird diese Position ironisch zersetzt und nur das verzweiflungsvolle, faustische sich in's Leben Stürzen, zum Zwecke des taumelvollen Zerscheiterns, ist möglich und mag die Aussenstehenden über die Stellung zum Leben täuschen.

Der moderne philosophische Pessimismus, als absoluter eudämonologischer Pessimismus, ermöglicht die Versöhnung mit der Welt nicht durch die Flucht auf ein vom pessimistischen Urtheil unberührtes Gebiet — denn es giebt für ihn kein solches — sondern aus sich selbst heraus; aus der Erkenntniss heraus, dass das Leid, welches das die Lust wollende Wollen statt dieser findet, gerade das Mittel wird, sich selbst in seiner Wurzel aufzuheben. Indem die Quelle des Leidens alles Seienden im Sein selbst, und nicht nur in einem accidentiellen So-Sein erkannt wird, wird das So-Sein, die empirische Welt, das empirische Leben, relativ wieder acceptabel, gegenüber der Ur-Thatsache, dem unseligen Sein-Wollen.

Schopenhauer spricht es aus: das Leben sei beschaffen wie etwas, das einem **verleidet** werden soll. Wie bezeichnend ist das gute deutsche Wort „verleiden"! Das So-Sein soll das Sein sich selbst „verleiden", d. h. durch Leiden das Wollen zur Ruhe bringen. Das predigt das Leben im Kleinen und im Grossen, von den Tagen der Kindheit bis zum Alter: sollte da die Philosophie vom blinden Willen und der absoluten Vernunft, die ersterem das Wollen „verleiden" möchte, nicht Anspruch darauf haben **die Philosophie der grössten Wahrscheinlichkeit** genannt zu werden?

Das Sein mitsammt seinem Leid ist uns nicht von einem ausser der Welt stehenden Demiurgos aufgenöthigt worden; darum erzeugt die Welt keinen Groll; denn das Leid, das wir im Sein tragen, tragen wir kraft unseres eigenen Sein-Wollens. Wäre das Sein ein uns von aussen aufgedrängtes, dann könnte auch die Vernünftigkeit des Leids als Seins-Verleider nicht mit dem So-Sein versöhnen; aber weil ich, sofern ich hinter meinem Ich Wesen bin, es selbst bin, welches als Wollendes das Sein setzt, so kann ich mir nun auch das So-Sein gefallen lassen und versöhnt mein Leben leben, obgleich ich weiss, dass ich es nur lebe, um es sterben zu können.

Wäre der Mensch in seinem Wesenskern nicht Wille zum Sein, wäre er ohne seinen Willen in's Sein gestellt, dann wäre es allerdings unbegreiflich, dass er als absoluter Pessimist um seiner selbst willen noch leben könnte und leben wollte, und die von einigen Gegnern erhobenen Zweifel der Ehrlichkeit des Bekenntnisses des absoluten Pessimismus gewännen einige Berechtigung; da aber sein Wesens-Kern ebenso blinder Lebenswille ist, wie logische Idee und Vernunft, und weil dieser blinde Wille als **Action des Absoluten denn doch wohl auch sein grundloses Ur-Recht beanspruchen darf**, so wird es begreiflich, dass er den Gegensatz in seinem Bewusstsein zur Einheit erheben kann: das leidvolle Leben zu wollen, trotzdem dass es als das „verleidete" Sein als nicht-zu-wollendes zu wünschen und zu erstreben ist.

Eine Versöhnung in letzterem Sinne als die natürliche, subjective des Individuums, sofern dieses als in seiner Besonderheit Einziges zur Welt Stellung nimmt, schliesst natürlich jene erhabenere, rein sittliche des Selbstvergessens und Selbstverleugnens nicht aus; vielmehr zieht sie aus dem Wissen von der Bedeutung des Sittlichen ihre Lebenskraft, und umgekehrt gewährt sie jener Stütze und Schutz: sie ist der derbere, naturwüchsige Stecken neben die zartere Culturpflanze gesteckt. Endlich sprosst aus dieser monistisch-individualistischen Weltversöhnung auch eine der preiswerthesten Blumen des irdischen Jammerthales: der Humor.

Wir haben andern Orts*) bezüglich des letzten Princips der Hartmann'schen Philosophie bemerkt, dass wir uns nicht in dem Sinne zu dieser Philosophie bekannten, „dass sie die absolute Wahrheit sei, sondern nur so, dass wir sie für die höchste Form der philosophischen Erkenntniss auf der vom bewussten Geiste in der Gegenwart erreichten Stufe erachteten"; diesen Satz wiederholen wir auch in Bezug auf die speculative Seite des Hartmann'schen Pessimismus: es mag auf einer künftigen Entwickelungsstufe dem Geiste vorbehalten sein, die Bedeutung des metaphysischen Pessimismus bezüglich des Anfangs und Endes des Weltprocesses, oder für das Verhältniss von Wesen und Erscheinung anders zu erfassen. Sofern der Pessimismus aber nur rationelles Urtheil auf

---

*) „Der Kampf um's Unbewusste". C. Duncker, Berlin, 1881.

inductiver Grundlage über den Werth des empirischen Seins ist, ohne Daranknüpfung speculativer Schlüsse, so ist obige kritische Reserve wohl überflüssig, und man darf den Hartmann'schen eudämonologischen Pessimismus als absolut höchste Form des letzteren erklären, in welcher sämmtliche partiale Wertherkenntnisse enthalten und gesichtet sind. Wie der Bergsee die hundert Wasseradern, Bäche und Wildwasser, nachdem sie in seinen Abgründen ihre Trübung und ihren Schutt abgelagert haben, als krystallheller Strom aus sich entlässt, so klären sich die vielen Momente des pessimistischen Bewusstseins in Hartmann's tiefen Geiste von den mannigfaltigen Trübungen und culturfeindlichen Schutte subjectiver Vorstellungen, welche schiefe Problemstellung, falsche Prämissen und ein durch Instincte und irrige metaphysische Theorien verdunkeltes Sehfeld in die Werthurtheile gebracht hatte.

Alle Anfeindungen des modernen philosophischen Pessimismus, d. h. des Hartmann'schen absolut-eudämonologischen Pessimismus, stammen letzten Endes nur daher, dass die Kritiker den gereinigten Strom übersehen und einen der noch hinter dem klärenden See liegenden Wildbäche für denselben halten, und nun dessen culturgefährdende Strudel dem ruhigen Strome des affectfreien Wissens vom Ueberwiegen des Leides andichten.

„Wie die Menschen leben, als ob es gar keinen Tod gäbe, bloss darum, weil sie überzeugt sind, dass jede Bemühung, ihm zu entfliehen, schlechthin nutzlos wäre, so werden sie auch practisch so leben, als ob es kein Leid gäbe, sobald nur erst der Pessimismus in ihnen die Ueberzeugung geweckt hat, dass das Leid, abgesehen von der Form seiner Erscheinung, ebenso unentrinnbar ist wie der Tod." *)

Der Einsicht von der Bedeutung des philosophischen Pessimismus für die Culturentwickelung, im allgemeinsten Sinne der Weltentwickelung, steht noch die herrschende Unklarheit über die Bedeutung und Berechtigung von absolutem Eudämonismus und Eudämonismus des Individuums, und des Verhältnisses des einen zum andern entgegen. Dazu beizutragen, dass diese Verwirrung, die practisch ebenso sehr das Zustandekommen partieller Pessimismusformen befördert, als sie theoretisch die Anerkennung der culturellen und welt-teleologischen Bedeutung des absoluten Pessimismus verhindert, sich mehr und mehr löse, und dass statt der vielen einseitigen Pessimismusformen, welche die Ent-

---

*) E. v. Hartmann: „Zur Geschichte und Begründung des Pessimism." No. IV. Die Bedeutung des Leides. Schlusssatz.

zweiung mit der Welt drohen und den Streit und den Kampf des Daseins nur hitziger anfachen, der, die Versöhnung in sich tragende, absolute eudämonologische Pessimismus zur Herrschaft gelange, ist mit der practische Zweck vorstehender Blätter.

Dass es dazu komme, dass wir leben lernen, „als ob es kein Leid gäbe", d. h. aber: wie ein im Drachenblut gehärteter Siegfried die Bahn der Pflicht wandern, ohne Rücksicht auf die hindernden Dornen am Wege, das walte der das Kreuz des Seins tragende Gott!